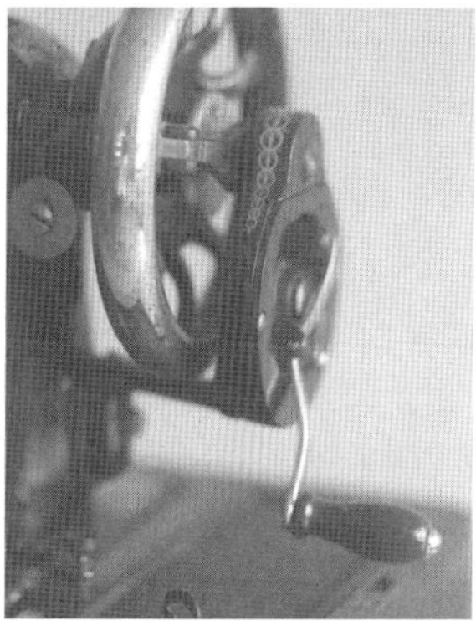

# 소잉디자이너

저자 : 안별 · 김흥진 · 김은희
실기 감수 : 이지은

SEWING
DESIGNER

# 소잉디자이너 Sewing Designer

**지은이** 안별, 김흥진, 김은희
**실기감수** 네오의꿈 이지은
**실기제작** 박지은
**발행인** 안민웅
**발행처** 도서출판 경춘사
**등록번호** 제1987-13(1987. 11. 28)

**인쇄** 2019년 10월 15일
**발행** 2019년 10월 25일
**개정판 발행** 2022년 9월 30일

서울시 마포구 마포대로 14길 31-9
경춘빌딩 101호

**전화** (02)716-2502, 714-5246
**팩스** (02)704-0688
**www.kcpub.co.kr**

값 **32,000**원

ISBN 978-89-5895-199-5 93590

PART 1

# 소잉디자이너 자격 2급

필기과정
(객관식)

## CHAPTER 01. 소잉디자인



## CHAPTER 02. 소잉소재기획

## PART 2
# 소잉디자이너 자격 2급
### 실기과정 (주관식)

## CHAPTER 01. 소잉디자인 및 실무



## PART 3
# 기출문제 및 부록
### 필기과정 (객관식)
### 실기과정 (주관식)

# 들어가는 글

섬유패션산업은 세계화의 진전과 더불어 변화하고 있다. 산업화 초기 단계부터 국가경제에 중요한 역할을 하였으며 최근까지 우리나라 최대의 고용산업으로 생활에 미치는 영향이 막대하다. 섬유패션산업은 어떤 산업분야보다 정치적·경제적·문화적 변화에 따르는 역동성을 가지고 개인의 취향과 소비패턴, 그에 따른 시장구조 변화의 영향을 받으며 빠르게 발전한다. 일반적으로 국민소득이 높아질수록 섬유 소비량이 증가하며, 섬유패션산업의 다양한 분야의 상품이 개발되고 있다. 이에 따라 전문 인력에 대한 수요는 증가하고 있으며 세분화된 전문 인력 양성의 필요성이 매우 절실하게 요구된다.

소잉(sewing)은 단순한 취미 단계를 넘어서 창의적 패션 산업 분야로 발전하여 소잉디자이너(Sewing Designer)라는 새로운 직업을 탄생시켰다. 세분화된 섬유패션 전문 인력인 소잉디자이너는 새로운 트렌드 개발과 소잉산업의 융합 및 허브역할을 하고 핸드메이드 트렌드를 선도하는 문화산업의 전문가로서 역할이 기대되고 있다.

본서는 섬유패션산업 분야의 전문 인력인 소잉디자이너 자격 2급 배양을 위한 안내서로 이론과 실기를 담고 있다. 이론편은 소잉디자인, 소잉소재기획, 소잉테크닉, 소잉마케팅 및 창업 등 4 Chapter로 구성되어 있으며 실기편에서는 기초 소품과 의류 12가지의 제작방법을 싣고 있다.

제 1장 소잉디자인은 패션디자인, 디자인을 이해하기 위한 기초 이론으로 소잉디자인. 소잉디자인 원리와 요소, 디자인 표현기법, 디자인 표현방법에 대해 기술하고 있다.

제 2장 소잉소재기획은 소잉디자인의 재료가 되는 소재기획, 섬유소재, 섬유의 종류, 실과 직물, 섬유의 가공에 대해 서술하였다.

제 3장 소잉테크닉은 소잉재료와 기술에 대한 내용으로 소잉부자재. 재봉기, 제작 실기에 대해 설명하였다.

제 4장 소잉마케팅 및 창업은 패션산업에 대한 이론과 소잉창업에 필요한 지식의 내용으로 패션과 패션산업, 패션마케팅, 패션머천다이징, 패션 브랜드 기획, 공방창업으로 구성되었다.

Part 2 실기편은 파우치, 에코백, 바란스커튼, 티슈커버, 카드지갑, 앞치마, 클러치백, 주방장갑, 룸슈즈, 쿠션커버, 유아 반바지, 랩스커트의 제작방법이 상술되었다.

소잉과 관련된 기술뿐만 아니라 패션과 패션디자인, 소재, 산업에 관한 전반적인 지식의 습득과 공방의 창업과 운영에 관한 경영기법에 대해 수록하여 자격증을 위한 수험서의 역할뿐만 아니라 저자진의 다년간의 교육경험과 실무경험을 바탕으로 이론과 실무가 적용된 지침서의 역할도 할 수 있도록 집필되었다. 소잉디자이너와 공방 창업을 꿈꾸는 많은 분들에게 한국소잉디자이너협회와 더불어 도움이 되길 바란다.

마지막으로 이 책의 출간을 위해 기획하고 도움을 주신 (사)한국소잉산업진흥원의 전형준 국장님, 오정희 간사님, 매우 바쁘신 와중에도 기꺼이 감수를 맡아주신 한국소잉디자이너협회의 전시홍보분과 위원장 이지은님(네모의꿈 대표), 최고의 작품 한 장을 위해 끝이 보이지 않는 야근으로 긴 여름을 보냈던 싱거코리아의 박지은 대리님, 경춘사의 안민웅 부장님과 편집디자이너님께 감사의 마음을 전한다.

2019년 10월

편저자

# 추천의 글

신 경 섭
한국여성경제인협회 서울지회 회장
한국패션비즈니스학회 부회장

우리나라 섬유산업의 국제적인 산업경쟁력을 위한 전문가 양성 교재가 많이 출간되고 있으나, 패션산업 및 의류산업의 근간이 되는 소잉 분야에 대한 교재 출간은 그 중 반가운 소식이다. 최근 패션 산업은 생활 전체를 대상으로 커다란 변화를 가져오게 되었으며, 그 중 하나가 개성과 디자인을 중요시하는 소비형태로, 이러한 변화가 핸드메이드와 DIY라는 키워드로 각종 제품과 콘텐츠에 반영되고 있는 추세이다. 특히, 바느질을 뜻하는 소잉(sewing)은 최근 핸드메이드 트렌드를 대표하는 핵심용어이다.

이 책은 패브릭제품을 디자인해서 바느질로 제작할 수 있는 전문가인 소잉디자이너로서 갖추어야하는 지식과 기본적인 기술을 처음으로 체계적으로 연구하고 정리하였다.

패션 및 의류산업을 배우는 학생들뿐만 아니라 초보자도 쉽게 배우고 따라하면 재봉기를 다루기 위해 알아야 할 기초적인 방법부터 손바느질, 원단 다루는 방법 등을 소개하고, 이를 응용하여 만들 수 있는 다양한 아이템과 실기제작법을 함께 수록하여 소잉을 처음하는 사람들이 쉽게 소잉을 배우고 접할 수 있도록 도움을 줄 수 있다.

패션분야에 관한 일에 종사하는 사람들이나 학습을 하고 있는 학생들에게 소잉에 관한 전문적인 지식과 기술을 습득하는 것은 매우 중요한 일이며, 이를 토대로 여성중심의 1인 기업, 소자본 창업 및 전문 강사로 활동할 환경도 다양하게 많아졌고, 상품화한 제품을 온라인, 오프라인 채널을 통해 수익사업으로 연계할 수 있다.

뛰어난 손재주와 창의력 그리고 뜨거운 열정을 품고 있는 한국 소잉디자이너 한 사람 한 사람이 자신만의 특별한 능력으로 만들어진 온리원(only one) 제품으로 패션의 메카인 뉴욕 맨하탄, 파리 샹젤리제에 당당히 걸릴 날이 오기를 바라며, 한국 소잉디자이너의 직종을 만들어낸 (사)한국소잉산업진흥원 관계자와 김은희 이사장님, 한국소잉디자이너협회 회원들 그리고 소잉디자이너로서 성장할 수 있도록 관련이론 및 기본 기술을 잘 정리해주신 집필진에게 진심으로 감사한 마음을 갖는다.

2019년 10월

# 추천의 글

김 임 순
㈜한국섬유신문사 대표이사

천고마비 독서의 계절인 10월에 4차 산업 및 메이커플레이스운동 등 미래의 패션산업 및 섬유산업 최신 트렌드에 부합하는 새로운 유망 직업인 소잉디자이너를 준비하기 위한 교재가 처음 출간되었다는 귀한 소식을 듣게 되었습니다.

1981년에 창간된 한국섬유신문을 발행하며 한국 패션산업 및 섬유산업의 40여년의 역사를 함께하면서 패션관련 산업에서 다양한 신직업군의 등장을 지켜봐왔습니다. 되돌아보면 패션관련 직업하면 가장 먼저 떠오르는 패션디자이너부터 가장 최근에 등장한 패션스타일리스트와 퍼스널컬러리스트까지 다양한 패션관련 직업이 등장하고 성장하고 발전하였습니다. 새로이 생긴 직업군이 사회에서 인정받고 체계적으로 발전하려면 관련 교육 및 교재, 자격증 등이 뒷받침 되어야 합니다.

이제 패브릭을 디자인해서 바느질로 다양한 상품을 제작하여 판매하는 전문가인 소잉디자이너는 패션산업 및 섬유산업의 당당한 직업으로 한자리를 차지하고 본격적으로 발전을 시작하는 단계로 접어들었습니다. 그 첫 발걸음이 소잉디자이너가 되기 위한 지식 및 이론을 집대성한 본서의 발간이라고 생각합니다.

이 책은 소잉디자이너로 새로이 입직하기 위한 초보자의 입문서이며 기존의 패션산업 및 소잉관련 산업에 종사하고 있는 경력자의 직업능력을 개발하고, 직무능력을 향상하기 위한 지침서의 역할을 충분히 담당할 것입니다. 또한 현재 대학에서 패션산업을 배우고 있는 학생들의 수업교재로도 활용이 가능하며, 취미로 직접 재봉기를 다루며 본인, 가족, 반려동물의 간단한 실용의상 및 패브릭소품을 만들고자하는 초보자에게도 큰 도움이 될 것입니다.

소잉디자이너라는 새로운 유망 직업의 발전을 위하여 사명감을 가지고 뜨거운 여름의 삼복더위에도 본서의 집필을 위해 여름휴가까지 포기하고 수고하신 집필진의 노고에 감사드리며 추천의 글을 마무리 하고자 합니다.

2019년 10월

## 발간을 축하하며

김 은 희
(사)한국소잉산업진흥원 이사장
한국소잉디자이너협회 회장

사단법인 한국소잉산업진흥원은 소잉 분야 최고의 자격증 검정 시스템인 소잉디자이너(Sewing Designer) 체계를 개발하고 자격을 공신력 있게 운영함으로써 소잉 지식 및 기술을 새로운 트렌드에 부합하는 교육 과정으로 개발하여, 자격검정의 표준화 및 정형화를 통해 숙련된 전문인력을 양성하고, 다양한 계층의 인력들을 산업 현장으로 유도하여 우리 경제의 신성장 동력을 창출하는 등 소잉 산업의 융합 및 허브 역할을 담당함으로써 소잉을 21세기 핸드메이드 트렌드를 선도하는 문화 산업으로 도약시키려는 기치를 내걸고 출범하였습니다.

2010년 이후 스마트폰의 등장으로 개인의 자유와 행복, 선택권을 중시하는 포노사피엔스가 최근 소비의 주체로 성장함에 따라 소비패턴은 개성과 디자인을 중요시하는 형태로 특히 더 발전하고 있으며, 이런 변화가 핸드메이드와 DIY라는 키워드로 각종 제품과 콘텐츠에 반영되는 추세입니다. 바느질을 뜻하는 소잉(sewing)은 핸드메이드 트렌드를 대표하는 근간이자 핵심 분야입니다. 소잉은 이미 단순한 취미 단계를 넘어 개성과 디자인과 문화를 융합하는 하나의 전문 창작 디자인 분야로 발전하고 있으며, 이제 21세기를 이끄는 핵심 문화 산업으로 성장할 산업적 기반이 구축되어 1인 기업, 소자본 창업 및 전문 강사, 스타 강사로서의 활동이 가능한 분야로 인식되고 있으며 수익을 창출하는 비즈니스로써의 관심과 수요가 확장 되고 있습니다.

사단법인 한국소잉산업진흥원은 소잉디자이너 자격 검정 운영을 중심으로 여성과 청년인력이 당당하게 산업현장에 진입할 수 있는 길을 열어갈 것입니다. 소잉분야 전문가 양성 및 창업·취업 지원과 빅데이터에 기반한 O2O 일감연계 및 구인구직, 트렌드 정보 제공 및 공방 창업 컨설팅 지원, 온오프 커뮤니티 확산 보급 및 정책개발, 포럼 등을 통한 유관기관과의 네트워크 구축 등 소잉분야 발전을 위한 협력을 모색함으로써 기업에서 즉각 활용할 수 있는 기술인력 교육, 공방이나 전문강사 등 소기업 창업의 확산 그리고 관련 정책의 개발 등의 활동을 통해서 소잉산업을 우리 경제의 지속가능한 성장 동력으로 발전시키는 것이 본 진흥원의 미래 비전입니다.

위와 같은 미래비전을 달성하고자 소잉분야에 종사하는 모든 분과 앞으로 소잉분야로 진출하고자하는 모든 분들의 소잉디자이너 자격대비 및 소잉디자이너의 직무능력향상을 위해 이 책을 시작으로 소잉산업 관련 서적을 지속적으로 발간하고자 합니다. 이 책을 집필하신 저자분들과 감수진의 노고에 감사드리며 앞으로 소잉분야에 관심 있는 모든 분들께서 사단법인 한국소잉산업진흥원의 활동과 새로운 도전을 지켜보며 성원해주시고 또 함께 동참해주시길 부탁드리겠습니다.

2019년 10월

# 사단법인 한국소잉산업진흥원 소개

한국소잉산업진흥원은 소잉 기술의 전문자격화, 교육, 창업·취업 컨설팅 등을 통한 여성들의 경제적 자립 능력 향상 지원을 설립목적으로 하여 만들어진 비영리 단체 입니다.

### 1. 주요활동

① 소잉디자이너 자격 검정 개발 및 시행주관

② 소잉디자이너 자격대비 양성교육 운영 (온라인/오프라인)

③ 한국소잉디자이너협회 설립과 활동 운영 및 지원

④ 소잉산업 활성화를 위한 정책 제안과 정부 정책 지원 도출

⑤ 산학연대 인력양성 프로그램 추진

### 2. 미래비전 및 발전 방안

① 소잉디자이너 직군 위상강화 및 자격시험의 공신력 강화

- NCS(국가직무능력표준)에 맞춘 자격검정 및 교육 체계 개편
  (2급 : 지식, 기능 / 1급 : 기술 / 지도사 : 태도)
- 국가 및 공공기관 직업훈련시설에 소잉디자이너 양성교육 위탁 운영
- 전문인력 양성을 위한 대학 전공/학과 도입 및 부설 교육기관 설립
- 국가공인 및 국제 자격화 점진적 추진(2급/1급 중점 추진 검토)

② 소잉디자이너의 취업/창업 네트워크 강화
(방문위탁교육/지자체 민간위탁 고용 서비스 기관)

③ 소잉 산업 발전을 위한 정책제안 및 정부 지원 사업 참여
서울시, 산업자원부, 고용노동부, 여성가족부 등 정부지원사업 제안 및 운영

### 3. 활동분야

- 전통적인 메이커플레이스 경영자(공방경영, 온라인 쇼핑몰 입점, 체험 교육)
- 공방 및 문화센터, 방과후 강의, 기업특강 등에서 인정받는 강사
- 대학 및 직업훈련시설, 평생교육시설 전공 및 학과 외래교원 및 겸임교수
- 관련 산업의 제품디자인, 상품개발, 제품 제작 분야 등의 전문 인력
- 공방개설 및 운영 전문 컨설턴트

# 소잉디자이너 자격 소개

소잉디자이너 민간자격이란?

패브릭 등의 제품을 창작 디자인하고, 재봉으로 제작하는 전문가의 직업능력을 인정하는 최초의 전문 자격증입니다(한국직업능력개발원 등록 제2016-003606호).

소잉디자이너 자격을 취득하면 전문가로서의 능력을 증명할 수 있고, 소비자가 선택할 수 있는 기준자격이 되어 향후 공방 창업자, 공방운영컨설팅 등 독립사업자, 직업학교 및 문화센터 강사, 관련 분야 취업 등으로 진출하는데 유리합니다.

### 소잉디자이너 자격체계

| 등급 | 2급 | 1급 | 지도사 |
|---|---|---|---|
| 직무수준 | 초급 | 중급 | 고급 |
| 자격요건 | 제한없음 | 2급 합격자 | 1급 합격자 |
| 검정방법 | 필기(객관식/주관식) | 실기(제작) | 면접/시범강의 |
| 검정과목 | 소잉디자인, 소잉소재기획,<br>소잉테크닉, 소잉마케팅창업,<br>소잉디자인 및 실무 | 10개 전공분야중 1개<br>선택 | PPT제작/시범강의 |
| 합격기준 | 객관식/주관식<br>각각 평균60점 이상 | 평균 60점 이상 | 평균 60점 이상 |
| 검정료 | 필기10만원<br>부가세 별도 기준 | 실기10만원<br>재료비5만원<br>재봉틀대여 3만원(선택)<br>부가세 별도 기준 | 15만원<br>부가세 별도 기준 |

# 소잉디자이너 2급 출제기준

| 구분 | | 검정 과목 | 출제 기준 | 내용 | NCS해당 세분류 |
|---|---|---|---|---|---|
| 2급 | 1차 필기 (객관식 60문제) | 소잉 디자인 | 소잉디자인 | 디자인, 소잉디자인, 패션디자인 | 패션 디자인 |
| | | | 디자인 조형요소 | 디자인 조형요소, 형태, 색채, 재질과 무늬 | |
| | | | 디자인 조형원리 | 균형, 비례, 리듬, 강조, 통일 | |
| | | | 디자인 표현기법 | 드로잉, 프리젠테이션, 패션 아이템 | |
| | | | 디자인 표현방법 | 패션코디네이션, 작업지시서 | |
| | | 소잉 소재 기획 | 소잉소재기획 | 소잉소재, 소재기획 | 섬유생산 가공 |
| | | | 섬유소재 | 섬유의 형태, 섬유소재의 조건 | |
| | | | 섬유의 종류 | 천연섬유, 인조섬유 | |
| | | | 실과 직물 | 실의 종류와 구조, 직물, 편성물, 기타 재료 | |
| | | | 섬유의 가공 | 염색과 가공, 직물 가공 | |

<table>
<tr><th colspan="2">구분</th><th>검정<br>과목</th><th>출제<br>기준</th><th>내용</th><th>NCS해당<br>세분류</th></tr>
<tr><td rowspan="8">2급</td><td rowspan="7">1차 필기<br>(객관식<br>60문제)</td><td rowspan="3">소잉<br>테크닉</td><td>소잉부자재</td><td>기초용구, 소잉부자재</td><td rowspan="3">패션소품<br>생산</td></tr>
<tr><td>재봉기</td><td>재봉기의 역사와 분류, 재봉바늘과 실</td></tr>
<tr><td>제작실기</td><td>기초바느질, 재단 및 제도, 소잉디자인</td></tr>
<tr><td rowspan="4">소잉<br>마케팅<br>및 창업</td><td>패션과<br>패션산업</td><td>패션, 패션산업</td><td rowspan="4">패션소품<br>유통관리</td></tr>
<tr><td>패션 마케팅</td><td>패션마케팅, 패션머천다이징</td></tr>
<tr><td>패션 브랜드<br>기획</td><td>패션정보 분석, 브랜드 분석,<br>STP 전략, 브랜드 전략</td></tr>
<tr><td>소잉디자인<br>공방 창업</td><td>창업기획, 사업성 분석, 공방 창업</td></tr>
<tr><td>2차 실기<br>(주관식<br>5문제)</td><td>소잉디자이너<br>자격 2급<br>실기과정</td><td>소잉디자인<br>및 실무</td><td>아이템분석, 디자인컨셉, 도식화,<br>작업지시서, 스트링파우치,<br>양면 에코백, 주방 바란스커튼,<br>걸이형 티슈커버, 카드지갑,<br>카페앞치마(허리앞치마),<br>지퍼클러치백, 주방장갑, 룸슈즈,<br>쿠션커버, 유아 반바지, 랩스커트</td><td>패션소품<br>생산</td></tr>
</table>

# PART 1

# 소잉디자이너 자격 2급

## 필기과정 (객관식)

CHAPTER **01**

# 소잉디자인

# 01
# 소잉디자인

## 1. 디자인(Design)

### 1) 디자인의 개념

디자인(design)은 디자이너의 생각과 느낌, 유용성의 의미가 결합하여 시각적 조형요소와 조형원리를 통해 실제적인 형태로 나타나는 것으로 인간과 친밀한 관계를 맺으며 미적인 조형을 실행하는 과정을 말한다.[1] 디자인은 라틴어의 데시그나레(designare)에서 유래한 것으로 의장, 계획, 도안 등의 의미를 지니며, 목적에 따라 생각이나 의도를 구체적인 조형물로 제작하기 위한 창조활동이라고 할 수 있다. 여기서, 조형(gestaltung)이란 점·선·면·색·빛·공간·시간 등의 요소와 다양한 재질을 이용하여 시각적·촉각적 또는 역학적으로 2차원·3차원 공간 내에 자율적이며 창조적으로 형(shape)이나 형태(form)를 조직화하는 것으로 외형적으로 드러나는 결과에 따라 입체구성과 평면구성 등으로 분류되어진다.[2]

### 2) 디자인의 조건

#### (1) 기능성

디자인은 사용 목적에 따라 적합한 재료를 선택하여야 하며 사용 용도에 적절한 기능과 구조적 특성을 이루어야한다.

---

1 안별, 「패션디자인에 나타난 대칭과 비대칭의 조형성 비교분석」, 홍익대학교 박사학위 논문
2 민철홍 외 4인, 「디자인 사전」, 서울:안그라픽스

(2) 심리성

디자인은 사용자의 연령과 성별, 기호 등을 고려하여 사용자의 심리적 욕구를 만족시켜야 한다.

(3) 심미성

외관의 순수한 미적 측면의 조화와 시대적 감성에 적합한 디자인을 창조하는 것이다.

(4) 경제성

디자인은 경제적 가치를 고려하여 적은 비용으로 최대의 가치를 만들어 내는 것을 말한다.

(5) 독창성

디자인의 실용성과 미적가치를 만족하면서 타 디자인과는 구별되는 특유의 특성을 가지고 있어야 한다.

### 3) 디자인의 범위

디자인은 생산성을 기반으로 산업기술과 예술의 조화로 인간의 생활에 기여하는 것을 의미한다. 즉 디자인은 인간이 영위하는 생활환경과의 관계있는 것을 지칭한다고 할 수 있다. 디자인을 인간과의 관계를 중점으로 분류하면 크게 3가지로 전달디자인(communication design), 제품디자인(product design), 공간디자인(environment design)으로 분류할 수 있다.

(1) 전달디자인(communication design)

인간에게 정보와 지식을 전달하고, 인간의 감정이나 심리상태를 표현하는 인간과 인간과의 관계를 중심으로 설계한 디자인이다(광고디자인, 시각디자인, 무대디자인 등).

(2) 제품디자인(product design)

인간의 생활 전반에 필요한 제품이나 도구를 생산하는 일련의 행위들로, 인간과 물체의 관계를 중심으로 설계한 디자인이다(산업디자인, 패션디자인, 소잉디자인 등).

(3) 공간디자인(space design)

인간이 영위하는 공간과 사물을 연결하고 인간생활을 위해 조화시키는 디자인이다(건축, 인테리어, 도시디자인 등).

### 4) 디자인의 목표

디자인은 조형 요소와 조형 원리로 디자인의 목표에 도달하는 조형 활동이다. 디자인의 목적에 맞는 디자인을 추구하되 사용자의 성별·직업·나이를 고려한 사회적 환경과 심리적 요건에 적합한 디자인을 해야 한다. 또한 미의 기준은 사회 환경, 자연 환경, 과학기술, 가치관에 따라 변화한다. 시대적 흐름에 따라 변화하는 미의 기준에 적합한 디자인을 해야 한다.

(1) 디자인 요소의 조화

디자인 요소인 선, 형태, 색채, 재질과 디자인 원리에 따른 조화로운 디자인

(2) 적합성의 증대

디자인의 목적에 적합하고 사용자를 고려한 실용적인 디자인

(3) 시대적 미의 표현

시대적 흐름의 변화에 따른 미의 기준에 부합하는 디자인

## 2. 소잉디자인

### 1) 소잉디자인 개념

소잉디자인(sewing design)은 바느질·재봉을 뜻하는 단어인 소잉(sewing)에 디자인(design)이 결합된 용어로 직물, 편물, 부직포 등의 섬유제품(Fabric)을 사용하여 재봉기(sewing machine)나 손바느질을 이용한 재봉기술로, 조형물을 기획하고 설계하는 과정을 말한다. 소잉디자인은 패션디자인의 한 범주에 속하며 디자인의 요소와 원리에 입각하여 예술적으로 표현하는 것을 목적으로 한다. 소잉 디자이너(Sewing Designer)란 다양한 원단과 부자재를 활용하여 재봉기(sewing machine)와 손바느질을 통해 아이템을 디자인하고 제작할 수 있는 전문가를 말한다.

### 2) 소잉디자인 특징

소잉디자인은 다른 조형 디자인과 달리 패션 디자인과 밀접한 관계를 가지고 있다. 소잉

디자인은 미적 표현과 기능적 욕구를 충족시키면서 착용자의 특성과 의복의 특성을 고려한 디자인이 서로 조화를 이루어야 하는 특징을 가진다. 소잉디자인은 패션디자인과 연관하여 인간생활에 필요한 정보와 지식을 기반으로 개인적·사회적 특성과 시대적 흐름, 감성에 적합한 디자인이 요구된다.

### 3) 소잉디자인 기본요건

(1) 기능성

사용자와 사용환경을 고려한 기능적 디자인

(2) 합리성

TPO에 적합한 재료와 소재를 사용

(3) 심미성

시대적 흐름과 사회적 환경에 적합한 아름다움의 추구

(4) 창조성

기능적이고 독창적인 조형물을 창출하는 실천적 발상

(5) 경제성

최소한의 비용으로 최대한의 효과를 나타내는 경제적 가치의 고려

## 3. 패션디자인

### 1) 패션디자인 개념

패션(fashion)을 위한 디자인(design)으로 착용자의 특성과 의복의 특성을 고려한 디자인을 우선으로 한다. 인간의 미적 표현 욕구와 신체보호를 위한 기능적인 욕구, 그리고 인간이 속한 주변 사회 환경과 인간 개인의 심리적 요인에 따른 욕구를 반영한다. 유행과 피복 재료의 특성을 고려하며 디자인 요소와 원리의 조화를 통해 예술적으로 구성하는 복합적이면서도 종합적인 설계 과정이다.

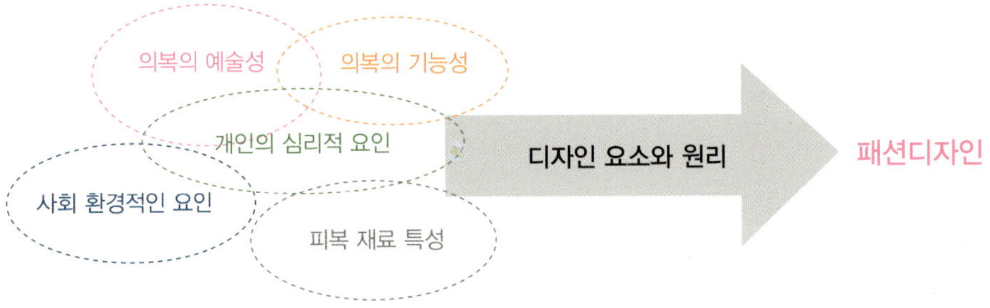


### 2) 패션디자인의 기본요건

#### (1) 합목적성

심리적 기능, 물리적 기능, 생리적 기능을 고려한 디자인

#### (2) 심미성

착용자의 사회적 환경에 적합하고 공감할 수 있는 디자인

#### (3) 창조성

지식과 경험을 기반으로 새롭고 독창적인 디자인

#### (4) 경제성

인건비, 재료비, 가공비 등의 최소한의 비용으로 최대한의 효과를 내는 디자인

# 02 디자인 조형요소

디자인은 필요 목적에 의한 유형적의 의미가 결합되어 실제적인 형태로서의 결과물로 나타난다. 형태는 사물이 드러나는 모양으로 시각적인 외형이며 시각과 촉각에 의해 인지되며 시지각과의 관계성에서 확인할 수 있다. 디자인이란 어떠한 형태를 창조하는 행위이며 조형 활동에 의해 구체적으로 시각화가 이루어 졌을 때 디자인이라고 할 수 있다.

## 1. 디자인의 조형요소

디자인의 조형요소는 시각 요소(visual element), 개념 요소(conceptual element), 상관 요소(correlation element)와 실제 요소(actual element)로 구분된다. 개념 요소로서의 조형요소는 시각적으로 인식하기보다 학습에 의해 머리로 인식하는 개념으로 이해할 수 있다. 형태를 머리가 이해하는 방식으로 점, 선, 면, 형태 등이 여기에 속한다. 시각요소는 개념요소들이 실제 눈을 통해 지각되는 요소로 형, 형태, 방향, 크기, 색채, 명암, 질감 등을 말하며, 각각의 요소들이 결합되었을 경우 나타나게 되는 연관된 속성으로의 상관요소는 위치와 방향, 공간감과 중량감 등이 있다. 실제 요소는 디자인의 목적과 합리성에 따른 필요한 요소들이 가지는 내면의 의미이다.[3] 디자인의 조형요소는 연구자에 의해 다양하게 세분화되고 분류되는데, 연구자들이 공통적으로 언급한 선, 형태, 색채, 질감을 디자인의 조형요소로 정리하였다.

---

3 안별, 전게서

| 조형 요소 | |
|---|---|
| 개념 요소 | 학습에 의한 개념 : 점, 선, 면, 형태 |
| 시각 요소 | 시각에 의한 개념 : 방향, 크기, 색채, 명암, 질감 |
| 상관 요소 | 형태나 위치의 상관관계, 중량감 등 |
| 실제 요소 | • 디자인의 내용적인 면, 전달하고자 하는 메시지<br>• 디자인 기능과 조형적인 표현 등의 현실적 요소 |

### 1) 선

선은 조형적 요소로서 형태의 시각적인 전달 매체이다. 선은 형태의 시각적 요소이며 형태 생성 인자로서 시각적 형태를 만들어 낸다. 선의 방향에 따라 시선을 유도하고, 분위기나 성격을 전달하는 조형 활동의 요소로서 의미를 지니게 한다.

평면의 직물은 입체의 형태로 제작하는 과정에서는 다양한 선들의 조합에 의해 만들어진다. 소잉디자인에서는 봉제선(sewing line)과 디테일선(detail line), 디자인선(design line)의 조합에 의해 구성되고, 패션디자인에서는 입체적인 인체에 나타난 선을 제작 과정에서 솔기선(seam line), 다트선(dart line), 디자인선(design line)으로 나타낸다.

#### (1) 솔기선(seam line)

솔기선(seam line)은 평면의 옷감에서 입체적인 형태를 만들 때 생기는 재봉선, 바느질선으로 봉제선과 디테일선(detail line)으로 나타나며, 패션디자인에서도 봉합선, 옆선(side seam line), 소매이음선, 암홀선(armhole line), 앞·뒤 중심선(center front·back line), 목둘레선(neck line), 단선(hem line) 등이 있다.

#### (2) 다트선(dart line)

평면에서 입체적인 표현을 위해 나타나는 바느질선으로 크게 가슴 다트선, 어깨 다트선, 허리 다트선등이 있다. 다트는 M.P(manipulation)에 의한 다트선의 위치를 변경함으로

써 다양한 디자인에 적용할 수 있다.

(3) 디자인선(design line)

두 개의 점이 연결되어 만들어진 형태의 선은 형태를 표현하는 필수적인 조형 요소이다. 선은 방향·방위·운동감 등의 에너지를 가지며, 다양한 표현 가능성을 가진 선은 시각적 표현의 다양한 조형요소들 중에서 가장 결정적인 역할을 담당하고 있다.[4]

■ 선의 분류

| 선의 종류 | | 선의 유형 | |
|---|---|---|---|
| 선(line) | 직선(straight line) | 수직선(vertical line)<br>사선(diagonal line) | 수평선(horizontal line)<br>지그재그선(zigzag line) |
| | 곡선(curved line) | 원(circle)<br>파상선(wave)<br>나선(spiral) | 타원(oval)<br>스칼럽(scallop) |

① 직선(straight Line)

| 선의 종류 | | 선의 느낌 | | 선의 형태 | 이미지 |
|---|---|---|---|---|---|
| 직선 | 수직선 | • 앞단선<br>• 길이로 절개된 솔기선<br>• 수직 주름<br>• 긴 단추선 | • 신뢰감 주는 디자인에 응용<br>• 고상, 위엄, 장중, 경직, 절제 | |  |
| | 수평선 | • 평상복, 스포츠웨어<br>• 요크선<br>• 벨트<br>• 밑단선 | 평화, 정숙, 안정, 영원, 단정 | | 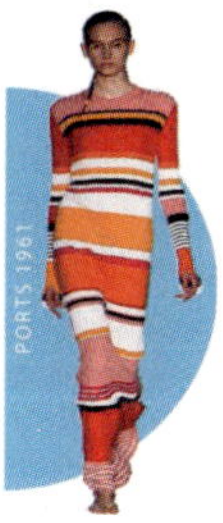 |

4 안별, 전게서

| | | | | | |
|---|---|---|---|---|---|
| 직선 | 사선 | • V네크라인<br>• 플레어 스커트의 사선 솔기선 | • 가볍고 활동적인 디자인<br>• V자 : 불안정한 느낌, 운동감<br>• ∧자 : 중후한 안정감<br>• 자극, 인공, 불안정, 긴장감 |  |  |
| | 지그재그선 | • collar<br>• 의복 구성선<br>• 트리밍선 | • 예민하고 날카로운 느낌<br>• 이지적, 경쾌한 느낌<br>• 불안정 |  |  |

② 곡선(curved line)

| 선의 종류 | | 선의 느낌 | | 선의 형태 | 이미지 |
|---|---|---|---|---|---|
| 곡선 | 원 | • 라운드 네크라인<br>• 단추<br>• 둥근 포켓 | 명랑, 온화, 부드러운, 여성적 | 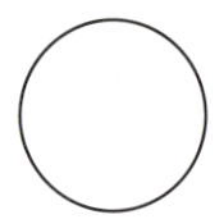 |  |
| | 타원 | • 보트 네크라인<br>• 부드러운 요크선 | 여성적 온유함과 따뜻하고 부드러운 느낌 | 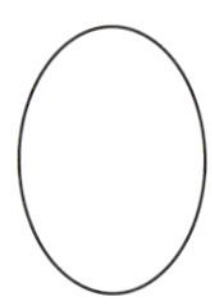 | 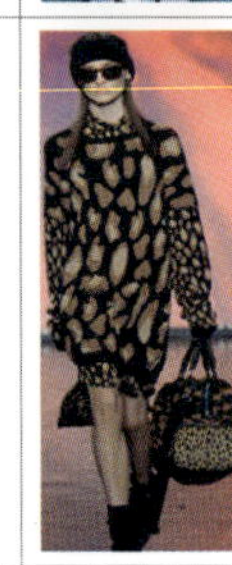 |
| | 파상선 | • 플레어 스커트의 밑단<br>• 프릴<br>• 플라운스<br>• 러플 | 율동적, 자유롭고 섬세한 선 |  |  |

| 곡선 | 스캘럽 | • 루프 단추<br>• 스캘럽 네크라인<br>• 트리밍 | 명랑, 귀여움,<br>섬세한 느낌 |  |  |
|---|---|---|---|---|---|
| | 나선 | • 네크라인<br>• 절개선<br>• 장식 트리밍 | 복잡, 불명료 |  |  |

### ③ 선의 착시

착시(optical illusion)는 사물이 가지고 있는 형태가 주변의 환경이나 상황에 의해 변형되어 보이는 현상을 말한다.

• 세로선에 의한 착시현상

㉠ 세로선에 의하여 분할된 면(b)은 분할되지 않는 면(a)에 비하여 길이는 길어 보이게 하고 폭은 좁아 보이게 한다 (앞여밈, 주름, 솔기, 장식 상침, 파이핑 등 선의 강조 효과).

㉡ 세로선의 수가 하나일 때 효과가 크다(b>c).

㉢ 세로선의 간격이 좁을수록 수직 효과가 커서 길어 보이고 날씬하게 보인다(c>d).

㉣ 세로선의 수가 늘어나면 오히려 시선이 수평으로 분산되어 폭이 넓어 보인다(e).

㉤ 세로선의 길이가 길수록 수직 효과가 크다.

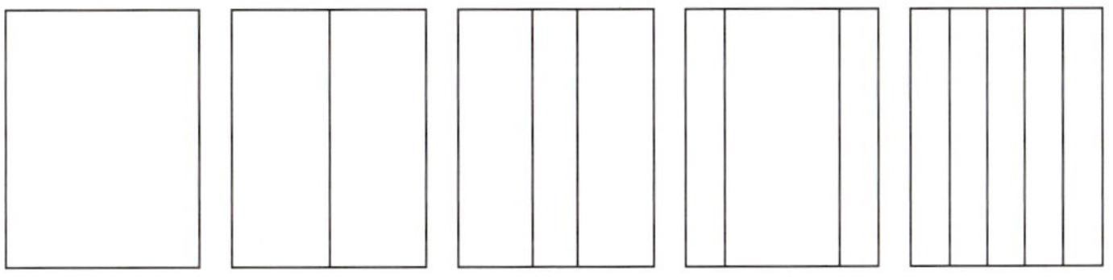

(a) (b) (c) (d) (e)

• 가로선에 의한 착시현상

㉠ 가로선에 의하여 분할된 면(b)은 분할되지 않은 면(a)에 비하여 폭이 넓어 보이게

하고 길이는 짧아 보이게 한다(허리 벨트, 상의 밑단선, 가로 요크선, 수평 턱크).

㉡ 가로선의 수가 하나일 때 효과가 가장 크다(b>c).

㉢ 가로선의 간격이 좁을수록 수평 효과가 크다(c>d).

㉣ 가로선의 수가 늘어나면 시선이 수직으로 분산되어 길이가 길어 보인다(e).

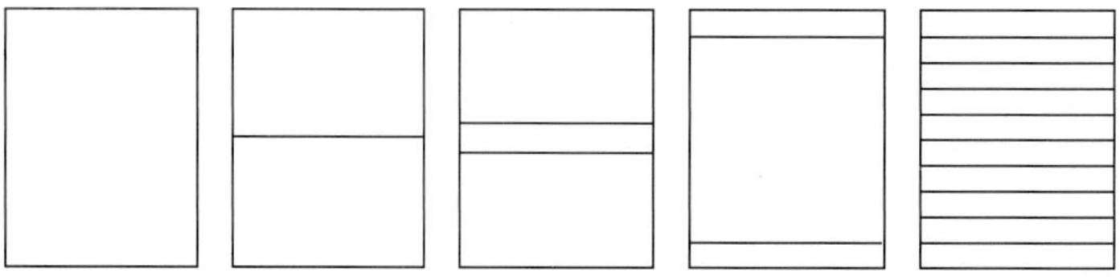

(a) (b) (c) (d) (e)

• 사선에 의한 착시현상

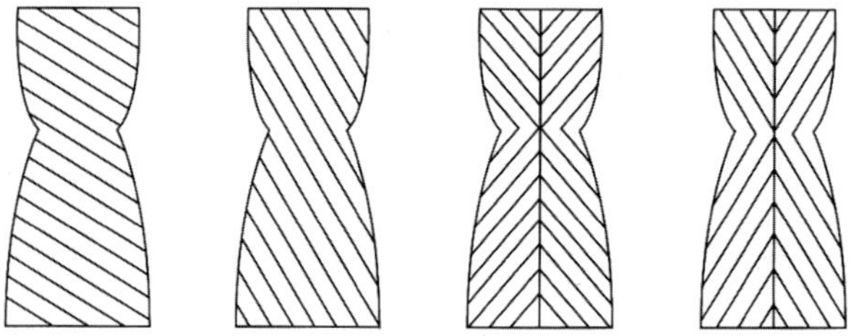

(a) (b) (c) (d)

㉠ 사선의 방향은 몸의 중심에서 바깥쪽으로 가는 사선은 사선이 모이는 곳의 폭을 좁아 보이게 하고, 사선의 간격이 넓어지는 곳의 폭은 넓어 보이게 한다.

㉡ 사선의 경사각도가 작아 가로선에 가까운 사선(a)은 가로 효과를 보다 강하게 나타낸다.

㉢ 사선의 경사 각도가 커서 세로선에 가까운 사선(b)은 세로 효과를 강하게 나타낸다.

㉣ 사선의 간격이 좁을수록 주목 효과가 크다(c).

㉤ 사선의 경사 각도가 크면 중심으로의 주목 효과가 크다(c<d).

(4) 디테일선(detail line)

디테일은 의복을 봉제 과정에서 장식을 목적으로 만들어진 세부 장식을 말한다. 구조적 디테일(neckline, collar, sleeve, pocket)과 장식적 디테일(frill, gather, drape, shirring, tuck) 등으로 구분된다.

① 구조적 디테일

- 네크라인(neckline) : 얼굴에 가장 가까운 부분으로 디자인에서 중요한 포인트가 된다. 네크라인의 모양은 얼굴의 형태, 목둘레, 목길이에 따라서 영향을 받는다.

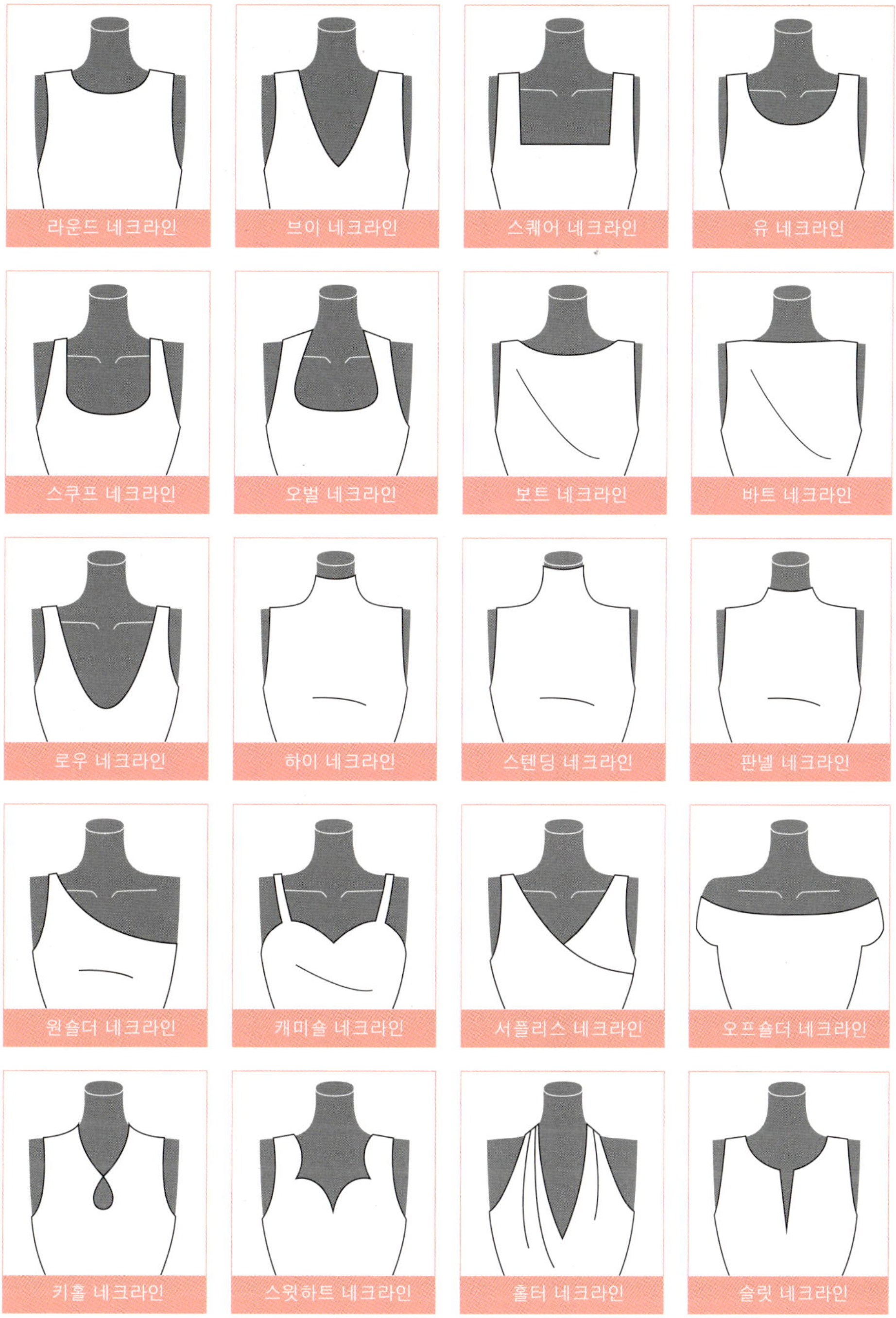

• 칼라(collar) : 얼굴과 가까운 위치에 있어 칼라의 모양에 따라 얼굴에 영향을 미치므로 의상 디자인의 중요한 부분을 차지한다. 착용자의 체형, 취향과 용도에 따른 디자인을 선택해야 한다.

칼라의 종류

• 슬리브(sleeve) : 슬리브, 즉 소매는 의복 전체 분위기에 주조적, 보조적 역할을 하며 디자인 전반의 디자인 변화에 중요한 관계를 갖는다. 소매의 모양은 몸판(Bodice)에 주조적 역할을 하여 분위기를 주도하거나, 다른 부분과 대립을 이루기도 하고 소매만의 독립적인 역할을 하며 상의 디자인에 영향을 미친다.

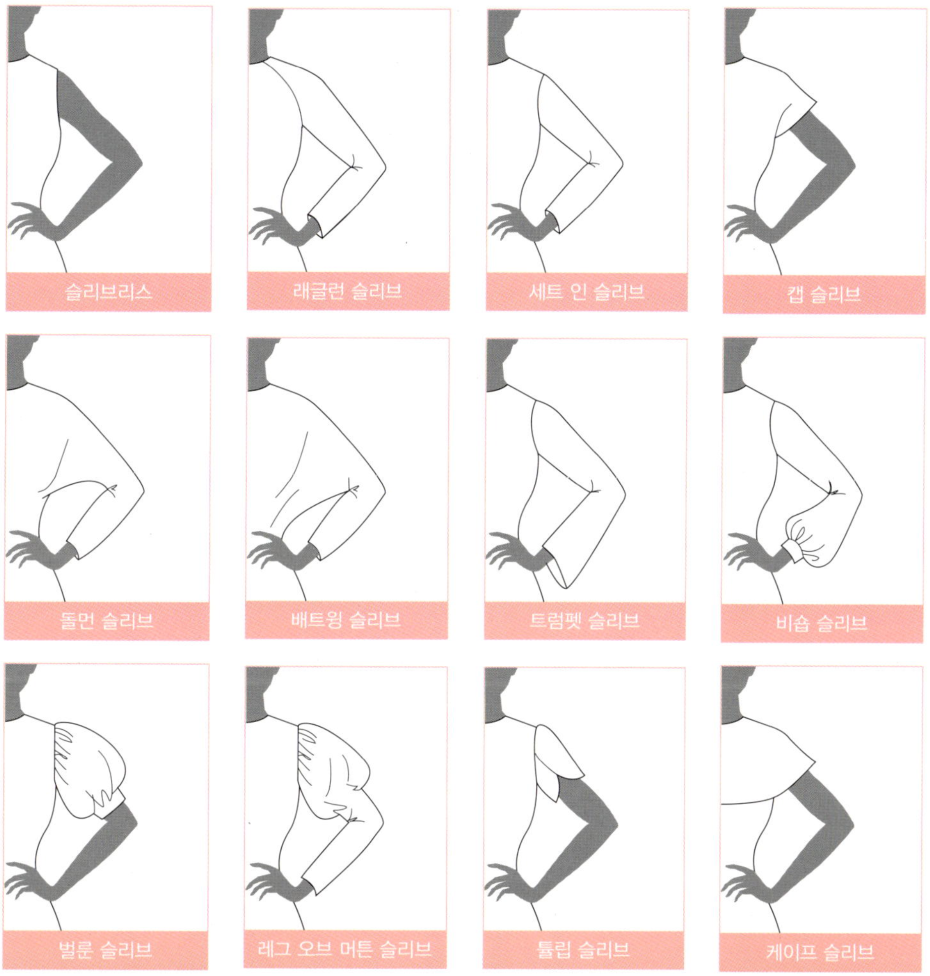


슬리브의 종류

• 포켓(pocket) : 포켓은 디자인에서 기능적인 역할과 장식적인 목적을 수행하는 역할을 한다. 패션디자인에서는 의복에 관련해서 절개선의 위치 관계를 고려하여 구성되어야 한다.

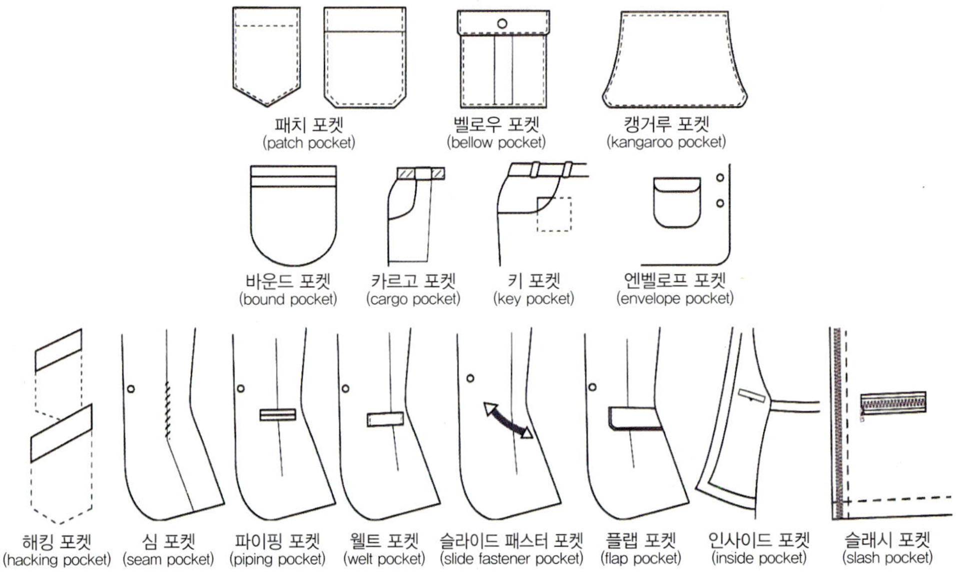


출처 : 이경희, 이은령, 뉴패션디자인플러스발상, 교문사

포켓의 종류

② 장식적 디테일

디테일은 '세부', '부분'의 뜻으로 장식적 효과를 높이는 세부장식을 의미하며 봉제 과정에서 형성된다.

**봉제방법에 의한 장식적 디테일**

| | | |
|---|---|---|
| 파이핑(piping) | 퀼팅(quilting) | 플라운스(flounce) |
| 프릴(frill) | 스모킹(smocking) | 드레이프(drape) |
| 개더(gather) | 스캘럽(scallop) | 패치워크(patchwork) |
| 러플(ruffle) | 보(bow) | 톱 스티치(top stitching) |
| 셔링(shirring) | 에폴렛(eqaulet) | 슬릿(slit) & 슬래쉬(slash) |
| 턱(tuck) | 플리츠(pleats) | 드로우 스트링(draw string) |

- 턱(tuck) : 턱은 '주름잡기', '주름 겹단'으로 가로 또는 세로방향으로 옷감에 주름을 접어 박은 것을 말한다. 주름의 넓이·간격·방향에 따라 다양한 연출이 가능하며 패션디자인에서는 블라우스, 스커트, 드레스에 많이 사용한다.
- 톱 스티치(top stitching) : 동색 또는 대비색의 실을 사용하여 장식 상침을 하는 것으로, 무늬 없는 소재에 다른 색상을 사용하여 경쾌하고 명료하게 표현할 수 있다.
- 파이핑(piping) : 칼라, 커프스, 포켓, 파우치, 에코백 등의 가장자리에 옷감과 옷감 사이의 솔기선에 사용한다. 다른 원단이나 색상을 사용하여 배색효과를 표현하기도 한다.
- 바인딩(binding) : 색채나 재질이 다른 옷감을 바이어스방향으로 잘라 가장자리의 디테일로 장식한다. 심플한 라인의 의복 디자인에 깔끔한 이미지로 선을 정리하고자 할 때 바인딩을 사용하기도 한다.
- 슬릿(slit) & 슬래쉬(slash) : 좁고 긴 트임으로 소맷부리, 칼라의 가장자리, 재킷이나 스커트의 헴라인에 슬릿을 이용한다. 슬래쉬는 칼집 모양으로 장식 디테일로 많이 사용한다.
- 퀼팅(quilting) : 옷감을 안팎으로 맞붙여서 그 사이에 솜이나 심을 넣어 촘촘하게 홈질하거나 봉제하여 부분적으로 부풀리거나 장식 모양을 내기도 한다.
- 레이스 업(lace up) : 양쪽의 구멍을 이용하여 끈이나 천으로 타이트하게 잡아당겨 장식하는 방법으로 당겨서 여미는 기능적인 역할과 장식적인 역할 표현이 가능하다.
- 개더(gather) : 주름을 모은다는 의미에서 개더는 천에 주름을 잡아 한 곳으로 모으면 볼록한 입체 형태를 만들 수 있으며, 패션디자인에서는 의복의 요크나 스커트의 절개선, 소매, 소매산 등에 많이 이용한다.
- 셔링(shirring) : 천에 적당한 간격을 두고 재봉기로 박아 밑실을 잡아당겨 줄이는 방법으로 개더보다 조밀하게 주름이 모여진 상태를 말한다.
- 프릴(frill) : 주름을 잡아 붙인 가장자리 장식으로 귀엽고 여성적인 이미지를 표현할 때 사용된다.
- 러플(ruffle) : 가장자리 장식으로 플레어 물결 모양의 주름을 말한다. 일반적으로 프릴보다 너비가 넓은 것을 말하며 드레스·블라우스·아동복에 많이 사용된다. 너비가 좁은 원단·레이스·리본 등을 사용하여 가구덮개, 커튼, 파우치, 에코백 등 장식

디테일로 사용된다.

- 아플리케(applique) : 여러 가지 재료나 색상을 사용하여 다양한 형태의 디자인을 의복에 부착하는 것이다.
- 드로우 스트링(draw string) : 터널을 만들고 터널안에 고무줄이나 끈을 넣어 잡아당겨 볼륨감 있는 주름을 만드는 데 많이 사용되는 방법이다. 패션디자인에서는 소맷부리, 네크라인, 웨이스트라인 등에 사용하여 실용적인 캐주얼 이미지로 사용한다.
- 스모킹(smoking) : 천에 장식스티치로 잔주름을 만들어 무늬를 나타내는 유럽풍 자수로, 자수천을 봉축(縫縮)하여 올 사이사이로 자수실을 넣어 다양한 무늬로 여미거나 봉제한 장식적인 주름을 말한다. 에이프런이나 영 · 유아복, 여성복에 많이 사용된다.
- 플라운스(flounce) : 러플보다는 폭이 넓고 아래로 떨어지는 주름으로 바이어스로 재단하여 의복의 칼라, 커프스, 블라우스, 스커트밑단 등에 이용된다.
- 드레이프(drape) : 일정한 형식을 가지지 않는 부드럽고 자연스럽게 표현된 부정형 입체적인 주름으로 고대 그리스에서 유래되었다.
- 에폴렛(epaulet) : 소재와 어깨 봉제선을 가리기 위해 고안한 어깨 장식으로 트렌치 코트나 재킷의 어깨에서 자주 볼 수 있다.
- 플리츠(pleats) : 주름의 나비와 방법에 따라 다양한 종류가 있다.
- 컷워크(cut-work) : 옷감에 도안을 그리고 도안의 한 부분을 잘라내어 표현한 것으로 레이스 같은 효과를 내는 장식 기법 중의 하나이다. 펀칭(punching)은 컷워크와 비슷한 기법으로 가죽이나 비닐과 같은 소재에 구멍을 뚫는 기법으로 컷워크와 같은 효과를 낼 수 있다.
- 페플럼(peplum) : 짧은 스커트로 드레스의 허리선이나 블라우스, 재킷의 허리선에 달린 스커트 형태를 말하며 턱 · 프릴 · 러플 · 플라운스를 사용할 때가 많다.
- 패치워크(patch work) : 여러 가지 형태의 조각천을 이어붙이는 장식 기법을 말한다.

③ **트리밍**(trimming)

이미 제작되어진 장식을 제품의 적당한 곳에 부착하는 것을 트리밍이라고 한다.

• 브레이드(braid) : 짜거나 좁게 엮어 만든 끈을 브레이드라 하며 짠 것, 꼰 것, 수놓은 것 등 종류가 많고, 넓이, 모양, 색 등이 다양하다.

• 루싱(luching) : 옷감을 특수한 바느질로 오그려 만든 일종의 장식끈을 루싱이라고 한다. 어린이 모자, 여성복 슈트의 안주머니, 코트의 안단선 장식에 사용된다.

• 코드(cord) : 굵은 끈을 단독으로 사용하여 장식하는 방법이다.

• 지퍼(zipper) : 의복의 기능적인 목적과 장식적인 목적으로 재료로는 금속, 나이론, 플라스틱 등 다양한 재료가 있다.

• 버튼(button) : 금속, 플라스틱, 조개껍질, 사기, 유리, 뼈, 나무, 피혁 등 기능적인 목적과 장식적인 목적으로 사용된다.

• 큐빅(cubic) : 유리제 또는 원석으로 만들어진 장식물로 다양한 색상과 모양 및 크기가 있으며 아름답고 고급스러운 광택이 나는 것을 말한다.

• 비드(bead) : 실 꿰는 구멍이 있는 유리제 또는 도자기제의 작은 구슬로써 소잉디자인의 재료로 다양하게 사용된다. 다양한 크기의 바(bar)와 투명과 불투명한 비드로 2차원의 평명적인 선과 면적 효과뿐만 아니라 입체적인 표현도 가능한 편리한 장식이다.

• 스팽글(spangle) : 금속이나 합성수지로 만든 다양한 모양의 얇은 조각으로 색채와 광택은 빛에 의해 반사하여 화려한 장식에 많이 활용되는 방법이다.

• 진주(pearl) : 진주 또는 진주 색상의 구슬을 실로 꿰어 사용하는 장식이다. 은은하고 고급스러운 광택이 우아하고 여성스러운 이미지를 연출한다.

• 로즈버드(rosebud) : 손으로 만든 장미 모양을 로즈버드라고 한다. 이브닝 드레스와 웨딩 드레스에 많이 사용되며 전체적으로 사용되기도 한다.

• 퍼(fur) : 독특한 인조털이나 고급스러운 모피 등과 같이 다양한 털을 사용한 장식이다.

**트리밍의 활용 예**

- 가장자리를 장식하는 것 등의 마무리 장식
- 다품종 소량생산을 목적으로 할 때 많이 활용되는 것으로 기성복에서 흔히 사용하는 방법
- 개성적인 의복을 만들고자 할 때 사용되며, 의복의 선을 강조하거나 부드럽게 마무리 하기 위해 사용

## 2. 형태

형태는 눈에 보이는 가시적인 존재이며, 실루엣을 강조하는 측면에서 형체라고 할 수 있다. 형태는 구체적인 대상의 표현에 바탕을 둔 구상적 형태와 사물의 형태, 인물의 표현 등의 추상적인 형태로 구체적인 형상을 알 수 없는 기하학적인 형태와 구상과 추상의 중간단계의 형태를 말하는 반추상적인 형태로 분류 할 수 있다.[5] 패션디자인에 나타나는 형태로는 스트레이트 실루엣(straight silhouette), 아워글라스 실루엣(hourglass silhouette), 벌크 실루엣(bulk silhouette) 등으로 설명할 수 있다.

### 1) 스트레이트 실루엣(straight silhouette)

몸의 부분을 특별히 강조하지 않고 상하가 거의 비슷한 폭을 유지하는 직선적인 실루엣을 말한다.

시스 실루엣 튜블러 실루엣 H 실루엣 트라페즈실루엣 엠파이어 실루엣 시프트 실루엣

- 시스 실루엣(sheath silhouette) : 시스(sheath)는 '칼집'이라는 뜻으로 몸에 적당히 밀착되며, 날씬하고 길게 보이도록 의도된 실루엣을 말한다.
- 튜블러 실루엣(tubular silhouette) : 튜브의 형태로 어깨에서 밑단까지 일자형의 직선적인 실루엣을 말한다.
- H-라인 실루엣(H-line) : 어깨 폭은 좁고 가슴이 밋밋하며 허리와 힙이 강조되지 않은 직선적인 실루엣으로 장식선이 배제된 모던한 느낌의 실루엣을 말한다.

---

5 안별, 전게서

• 트라페즈 실루엣(trapeze silhouette) : 사다리꼴의 형태로 어깨폭이 좁고 밑단이 넓게 퍼지는 실루엣을 말한다.

• 엠파이어 실루엣(empire silhouette) : 하이 웨스트가 특징인 가늘고 긴 H-line의 실루엣을 말한다.

• 시프트 실루엣(shift silhouette) : 시스 실루엣보다는 여유가 있는 편안하고 부드럽게 흘러내리는 직선의 실루엣을 말한다.

### 2) 아워글라스 실루엣(hourglass silhouette)

모래시계의 형태를 본뜬 실루엣으로 허리는 좁고 힙을 풍성하게 부풀려 가슴부분을 넓힌 X자형 실루엣을 말한다.

돔 실루엣 미나렛 실루엣 머메이드 실루엣 버슬 실루엣 프린세스 실루엣 피티드 실루엣

• 돔 실루엣(dome silhouette) : 돔과 같은 반구형으로 밑단이 부풀린 실루엣을 말한다.

• 미나렛 실루엣(minaret silhouette) : 몸체와 스커트 부분은 타이트하게 하고 허리부터 스커트 형태가 전등갓처럼 둥글게 부풀려 과장되는 실루엣을 말한다.

• 머메이드 실루엣(mermaid silhouette) : 허리에서 무릎까지 몸에 꼭 맞고 무릎 밑자락이 인어의 꼬리처럼 넓게 퍼지는 실루엣을 말한다.

• 버슬 실루엣(bustle silhouette) ; 상체는 몸에 꼭 맞게 허리는 가늘게 조이며, 힙부분을 허리받이로 둥글게 곡선미를 강조한 실루엣을 말한다.

• 프린세스 실루엣(princess silhouette) : 어깨나 진동부터 밑단까지 수직의 절개선인 프린세스 라인을 이용하여 인체의 상반신을 허리까지 타이트하게 피트시키고 실루엣의

밑은 넓게 퍼지는 실루엣이다.

• 피티드 실루엣(fitted silhouette) : 인체의 곡선이 그대로 드러나는 실루엣으로 가슴, 허리, 힙의 부드러운 곡선을 표현한 실루엣을 말한다.

### 3) 벌크 실루엣(bulk silhouette)

몸의 중심 부분을 넓게 부풀린 실루엣으로 부피감과 함께 몸을 여유 있게 감싸주는 넉넉한 실루엣이다.

박시 실루엣　배럴 실루엣　코쿤 실루엣　O-라인 실루엣　T-라인 실루엣　Y-라인 실루엣

• 박시 실루엣(boxy silhouette) : 주로 부피감이 있는 형태로 상자와 같이 사각의 실루엣을 말한다.

• 배럴 실루엣(barrel silhouette) : '배럴'은 몸통 부분이 불룩한 통을 말하는 것으로 통 모양으로 부피감이 있는 실루엣을 말한다.

• 코쿤 실루엣(cocoon silhouette) : 누에고치의 모양과 같이 어깨와 밑단은 좁고 허리 부분이 부풀려진 긴 타원형의 실루엣을 말한다.

• O-라인 실루엣(O-line silhouette) : 알파벳 O의 형태를 나타내는 실루엣으로 어깨, 가슴, 허리, 소매 등을 부풀린 둥근 곡선을 나타내는 실루엣을 말한다.

• T-라인 실루엣(T-line silhouette) : 알파벳 T의 형태로 어깨부분은 수평으로 퍼진 형태를 이루고, 몸통은 가늘고 날씬하게 표현된 실루엣을 말한다.

• Y-라인 실루엣(Y-line silhouette) : 알파벳 Y의 형태로 어깨에서 가슴에 이르는 부분은 풍성하게 부피감을 살리고 형태의 밑은 좁은 실루엣을 말한다.

## 3. 색채

### 1) 색채의 개념

색채는 시각을 통하여 지각되는 감정을 일으키는 심리적인 현상의 요인으로 시각예술의 기본 표현에 가장 중요한 조형요소 중의 하나이다.

① 색은 물체자체에 빛을 바라는 것을 의미하여 빛(light)이고, 색채는 빛의 색으로 전자기파의 파장에 의해 나타난다. 색채는 빛의 의해 반사하는 반사광에 의해 눈에 인지되는 것으로 가시광선의 약 360~760nm(나노미터) 파장의 범위로 인지된다.

② 색채는 빛의 반사에 의한 반사광에 의해 눈이 인지되는 것이다. 빛이 물체에 반사·투과·흡수될 때 눈의 망막과 시신경을 자극하여 뇌의 시간 중추에 전달되어 대뇌에 판단된 색을 색채라고 한다. 이러한 색채를 '지각색'이라고 한다.

③ 색채는 광원에서 나온 빛이 물체에 닿을 때 물체의 표면적 특성에 따라 특정한 파장으로 반사·투과·흡수될 때 빛의 파장이 '물체색'으로 지각된다.

④ 색채는 물리적, 생리적, 심리적 측면에서 설명할 수 있다.

- 물리학적 과정 : 광원에 의한 빛이 물체에 부딪혀 반사될 때 인간의 눈이 수광(受光) 하는 과정
- 생리학적 과정 : 물체의 표면에서 반사된 광선이 눈을 통해 시신경을 지나 뇌의 중추 신경에 전달되어 색을 지각하는 과정
- 심리학적 과정 : 지각된 색이 개인의 주관적 감정과 경험에 의해 심리적 연상이나 상징으로 인지하는 과정

### 2) 색채의 속성

#### (1) 색의 분류

① **무채색**(achromatic color)

흰색과 단계별로 여러 층의 회색 및 검정색에 속하는 색감이 없는 계열의 색을 통틀어 무채색이라고 한다. 밝고 어두운 정도의 차이를 나타내는 것으로 명도는 있지만 색상,

채도의 속성은 없다.

② 유채색(chromatic color)

순수한 무채색을 제외한 색감을 갖고 있는 모든 색을 말한다. 색상, 명도, 채도의 속성을 가지고 있다.

### (2) 색의 속성

색의 3속성인 색상(hue:H), 명도(value:V), 채도(chroma:C)로, 색은 색상을 비롯하여 색의 선명도인 채도와 색의 밝고 어두움을 표현하는 명도로 색이 결정된다.

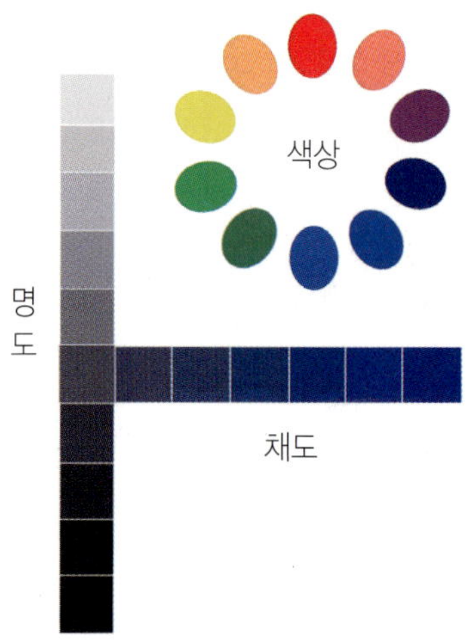

색의 3속성

① 색상(hue:H)

색상은 색의 종류를 나타내며 색을 분류하기 위한 명칭이다. 색상을 시지각적인 등간격이 되도록 원 주위에 배열하는 것을 색상환이라고 한다. 색상은 색채의 물리적인 빛 파장의 차이를 말한다. 빛의 파장에 따라 다르게 보이는 빨강, 노랑, 녹색, 파랑, 보라 등의 구별이 되는 색의 이름을 색상이라고 한다.

② 명도(value:V)

명도는 색의 밝고 어두운 정도를 말하는 것으로 무채색과 유채색에 모두 존재한다. 명도의 표준은 백색, 회색, 흑색의 무채색 11단계로 표현하며 명도척도(value scale)라고 불리운다. 명도의 변화는 백색이나 흑색을 더함에 따라 몇 가지의 색으로 표시된다.

명도가 가장 높은 색은 흰색, 가장 낮은 색은 검정색이며 명도가 높은 색은 경쾌한 느낌을 주고, 명도가 낮은 색은 무겁고 우울한 느낌으로 수축되어 보인다.

③ 채도(chroma:C)

채도는 색의 선명도를 말하는 것으로 색의 맑고 탁한 정도를 말한다. 채도가 가장 높은 색은 순색이며, 흰색, 회색, 검정색 등 무채색을 혼합하는 정도에 따라 채도는 낮아진다.

무채색은 채도가 없고 명도만을 갖는다. 무채색의 채도를 0으로 두고, 단계를 형성했을 때는 색기미가 강해질수록 채도가 높은 색이 된다.

IRI HUE & TONE 120 System

### 3) 색체계

#### (1) 먼셀(Munsell)의 표색계

- 국제적으로 널리 사용되는 표색계인 먼셀 색체계는 색의 3속성인 색상, 명도, 채도를 바탕으로 색을 구분하여, 기호화·수치화한 결과 값을 색으로 표기하였다.
- 색의 3속성을 3차원의 공간에 배열한 것으로, 수직방향은 명도, 명도 축으로부터 방사형 축은 채도, 원주방향은 색상을 설정하고 등간격을 유지하며 배열하였다.
- 먼셀 색상환의 분할은 빨랑(R), 노랑(Y), 초록(G), 파랑(B), 보라(P)의 5색상을 주요색상으로 하고, 이들의 중간색이 주황(YR), 연두(GY), 청록(BG), 남색(PB), 자주(RP)를 포함하여 10가지 색상을 원형으로 순환시켜 분할한다.

- 명도는 V로 표시하고 검정색(B)을 0, 흰색(W)을 10으로 하고 11단계로 분류한다.
- 먼셀의 색기호는 색상(hue:H), 명도(value:V), 채도(chroma:C)를 나타내어 'H,V/C'로 표기한다.

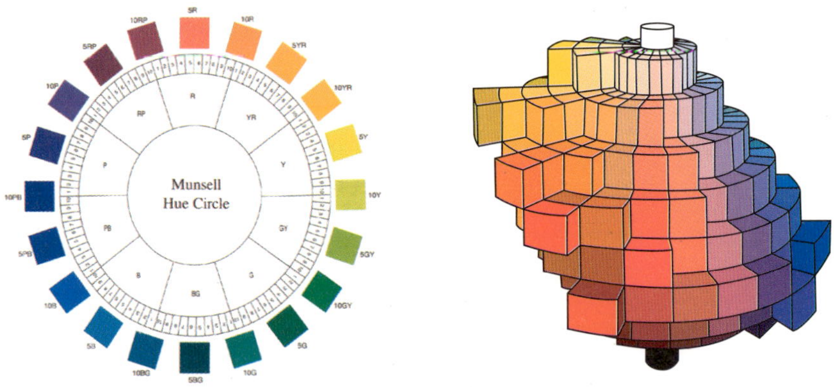


먼셀의 색상환

(2) 오스트발트 표색계(Ostwald System)

- 감각적 특성을 기초로 만들어진 먼셀 표색계에 비해 과학적인 체계에 의해 혼합되는 색량의 비율로 색을 나타내고 있다.
- 오스트발트 색상환은 노랑(yellow), 남색(ultramarine blue), 빨강(red), 청록(sea green)의 4원색과 그 사이에 간색을 만들어 8가지 색상을 기본 색상으로 만들고, 8색상을 3단계로 나누어 24단계의 색상환을 이룬다.
- 이상적인 완전한 검정색, 흰색, 순색을 기본적인 3요소로 그 3요소의 혼합량이 100이 되도록 표시한다.
- 예) 검정색(B) + 흰색(W) + 순색(C) = 100(%)

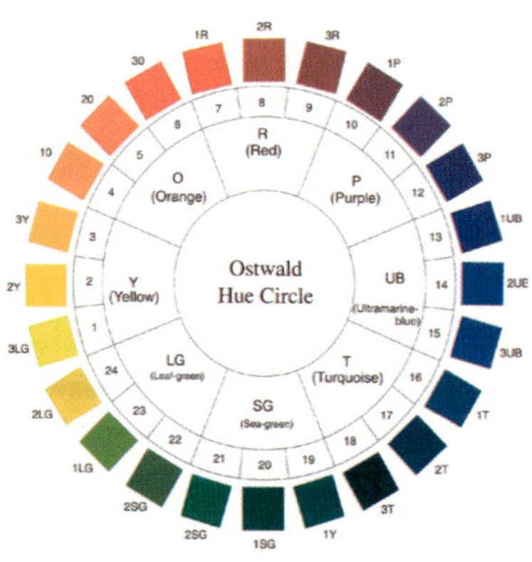


오스트발트 색상환

### (3) PCCS 색체계(Practical Color Coordination System)

PCCS의 색체계는 명도와 채도를 톤으로 정리한 색체계이다. 즉, 색상과 톤(tone)의 두계의 색채 조화의 기본적인 색채 계열을 나타내고 있다. 톤(tone)은 명도와 채도의 복합개념으로, 색의 명암, 농도, 강약 등의 정도에 따라 분류된다.

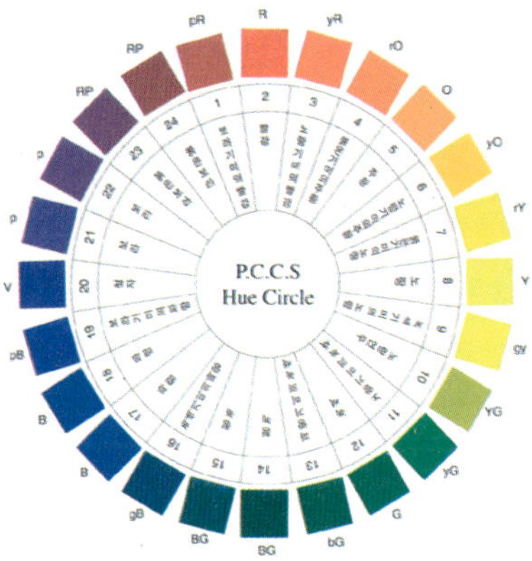


PCCS 색체계

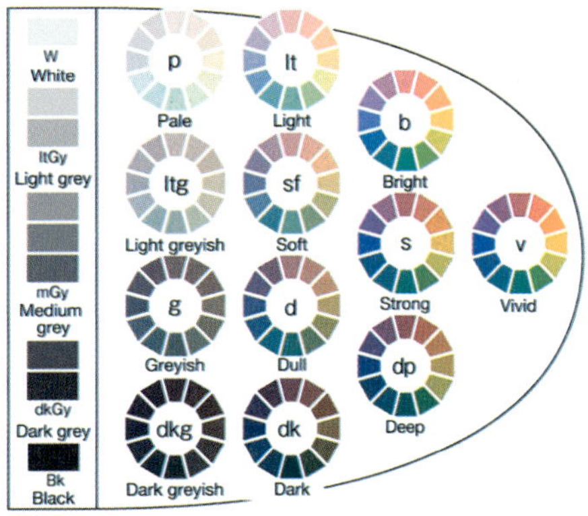


톤(tone)별 의미와 이미지

세로축은 명도단계, 가로축은 채도단계를 표현하여 명도와 채도를 동시에 느낄 수 있다. 색조를 사용하면 색채를 기억하기 쉽고 이미지 반영이 용이하여 자연스런 색의 조화를 이끌어 내기 쉽다.

출처 : 이경희, 이은령, 뉴패션디자인플러스발상, 교문사

패션에 나타난 색상

#### (4) 한국공업규격 색상환

한국 공업규격에 따른 색 이름은 먼셀의 색체계 중 10색을 기준으로 하고 있다. 빨강(5R), 주황(5YR), 노랑(5Y), 연두(5GY), 청록(5BG), 파랑(5B) 남색(5PB), 보라(5P), 자주(5RP)의 10가지 색을 기본으로 명도와 채도에 관한 수식어는 먼셀의 표기를 사용하여 표기한다.

한국공업규격 색상환

### 3) 색의 이미지

색은 고유한 특성과 연상적 의미를 가지고 있다. 색상이 주는 색의 연상과 상징성의 의미를 파악하여 소잉디자인에 적용하면 색과 색의 상징성을 통한 창의적인 디자인 발상을 할 수 있다.

| 색상 | | 색의 이미지 | 패션이미지 |
|---|---|---|---|
| | 빨강 | 정열, 힘, 사랑, 열정, 죽음, 증오, 분노, 혁명 | 의욕적, 정열적, 생명력 있는, 섹시한, 긴장감, 흥분한, 분노한, 공격적, 자극적 |
| | 주황 | 친근, 태양, 유행, 지혜, 사치, 허풍, 소란 | 발랄한, 즐거운, 사교적인, 친근한, 화사한, 선명한, 상큼한 |
| | 노랑 | 희망, 상상, 따뜻한, 즐거운, 질투, 배신, 변덕, 인색한 | 귀여운, 쾌활한, 밝은, 호기심 있는, 지혜로운, 연약한, 환한, 빛나는 |
| | 초록 | 건강, 행운, 안전, 희망, 신선, 천박한, 독, 재앙, 격노한 | 침착한, 평온한, 조화로운, 청결한, 편안한, 수용적인, 안정된 |
| | 파랑 | 신뢰, 성공, 희망, 첨단, 청결, 의무, 독선적, 우울, 보수적 | 차가운, 시원한, 깊은, 맑은, 지적인, 내성적인, 청량감 있는, 소극적인 |
| | 보라 | 신비로운, 고상함, 명상적, 관능, 슬픈, 오만, 허영, 고독 | 의지력 있는, 우아한, 예술적인, 신비로운, 불안감, 고독한 |
| | 갈색 | 흙, 대지, 땅, 지구, 안정, 신뢰, 고전, 중후, 가난, 인색, 엄숙 | 안정적인, 점잖은, 보수적인, 그윽한, 고독한, 클래식한, 소박한 |
| | 흰색 | 천사, 순수, 순결, 청렴, 청결, 유령, 불안, 영적, 죽음 | 깨끗한, 아름다운, 순결한, 청결한, 결백한, 위생적인, 밝은, 긴장감 있는 |
| | 회색 | 지성, 미래, 도시, 지향적, 우아, 겸손, 비애, 쇠퇴, 무관심, 후회 | 도시적인, 보수적인, 기계적인, 세련된, 멋진, 불안한, 애매한, 우울한 |
| | 검은색 | 힘, 단호한, 엄숙, 권위, 모던, 죽음, 위협, 불안, 부정, 상실 | 모던한, 세련된, 격조 높은, 도회적인, 고급상품, 적막한, 불길한, 무서운 |

### 4) 색의 특성

#### (1) 색의 운동감

**① 진출색과 후퇴색**

동일한 크기의 여러 가지 색채를 배치 할 때, 앞으로 나와 보이는 색을 진출색이라고 하고, 들어가 보이는 색을 후퇴색이라고 한다.

- 진출색 : 고명도, 고채도, 난색계의 색상
- 후퇴색 : 저명도, 저채도, 한색계의 색상

**② 팽창색과 수축색**

동일한 크기의 여러 가지 색채를 배치 할 때, 크게 보이는 색을 팽창색, 작게 보이는 색을 수축색이라 한다.

- 팽창색 : 고명도, 고채도, 난색계의 색상
- 수축색 : 저명도, 저채도, 한색계의 색상

#### (2) 색의 감정

**① 온도감**

색에 따라 따뜻하게 느껴지거나 차갑게 느껴지는 것을 온도감이라고 한다.

온도감은 색상의 영향을 가장 많이 받으며, 명도와 채도에 의해 다르게 느껴지기도 한다. 무채색은 중성적인 온도감을 나타낸다.

- 난색 : 빨강, 주황, 노랑 등
- 한색 : 파랑, 남색, 청록 등
- 중성색 : 녹색, 자주, 무채색 등

**② 중량감**

색채에 따라 무겁게 느끼거나 가볍게 느껴지는 중량감이 있다.

- 중량감은 명도의 영향을 가장 많이 받는다. 명도가 높은 밝은 색은 가볍고 경쾌한 느낌을 주고, 명도가 낮은 어두운 색은 무겁고 가라앉은 느낌을 준다.

색의 중량감

(3) 색채의 혼합

① 가법혼합

- 색광의 혼합함으로써 새로운 색채를 만들어 내는 것을 말한다. 혼합하는 색광이 많을수록 명도의 정도가 높아져서 가법혼합이라고 한다.
- 가법혼합의 3원색(빛의 3원색)은 빨강(red), 녹색(green), 청자(blue)이며, 이 3원색을 모두 합치면 흰색(백색광)을 얻게 된다.
- 빛의 혼합

  ㉠ 빨강 + 녹색 = 노랑(yellow)

  ㉡ 빨강 + 청자 = 자주(magenta)

  ㉢ 녹색 + 청자 = 파랑(cyan)

② 감법혼합

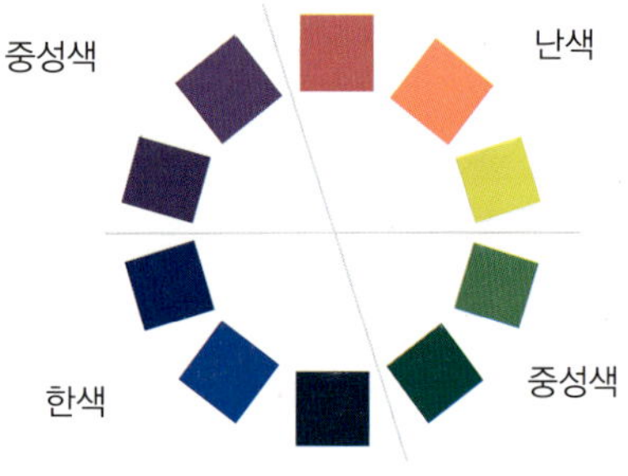

색의 온도감

- 물감, 도료, 인쇄 잉크, 염료등의 색료의 혼합에 의해 새로운 색채를 만들어내는 것을 말한다. 물감은 혼합하는 색이 많을수록 명도가 낮아져 어두워지므로 감법혼합이라고 한다.
- 색유리와 색셀로판을 겹쳤을 경우도 감법혼합이 이루어진다.
- 색료의 3원색은 자주(magenta), 노랑(yellow), 파랑(cyan)이며, 이 3원색을 모두 같이 혼합하면 검정색이 된다.
- 색료의 혼합

  ㉠ 자주 + 노랑 = 빨강(red)

  ㉡ 자주 + 파랑 = 청자(blue)

  ㉢ 노랑 + 파랑 = 녹색(green)

③ 중간혼합(회전혼합, 병치혼합)

- 두 개 이상의 색을 미세한 점이나 선으로 엇갈려 놓고 떨어진 거리에서 보면 색이 혼합되어 보이는 것을 말한다. 색의 직접적인 혼합이 아닌 외부의 조건 등에 혼색이 된 것처럼 보이는 현상이다.
- 혼합된 색의 명도는 색의 수에 상관없이 혼합 전 색들의 평균 명도가 된다.
- 점묘법, 모자이크, 직물의 무늬, 인쇄에 의한 혼합에서 나타난다.

(4) 색채의 대비

① 계시대비

하나의 색을 계속 주시해서 자극을 받은 후에 다른 색을 보면 먼저 본 색의 잔상의 영향을 받아 색이 다르게 보인다. 이것은 먼저 본 색의 잔상으로 나타나는 것을 말한다.

계시대비

② 동시대비

동시대비란 화면 내의 색을 동시에 보았을 때 색들이 실제의 색과 다르게 보이는 현상을 말한다. 실제의 색과 지각된 색체 간의 차이라고 할 수 있다.

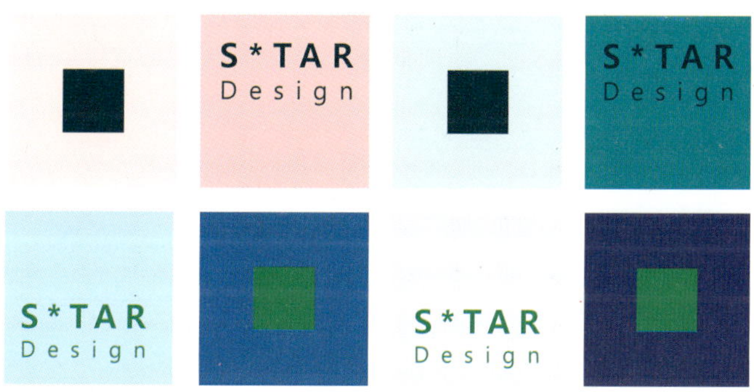


동시대비

### ③ 색상대비

색상이 다른 두 색이 서로 대조가 되어 두 색 간의 색상차가 크게 보이는 현상을 말한다. 보색끼리 인접해 있을 때 색채대비가 더 강하게 보이고 보색이 아닐 때에는 보색기운을 갖고 있는 것으로 보인다.

주위에 빨강이 있는 경우,
빨강의 보색의 영향을 받아서 약간은 청록에 가깝게 보인다.

주위에 노랑이 있는 경우,
노랑의 보색의 영향을 받아서 약간은 보라에 가깝게 보인다.

색상대비

### ④ 명도대비

- 명도가 다른 두 색이 서로 대조가 되어 두 색 간의 명도차가 크게 보이는 현상이다.
- 배경색의 명도가 높으면 본래의 명도보다 낮게 보이고, 배경색의 명도가 낮으면 본래보다 높은 명도로 보인다.

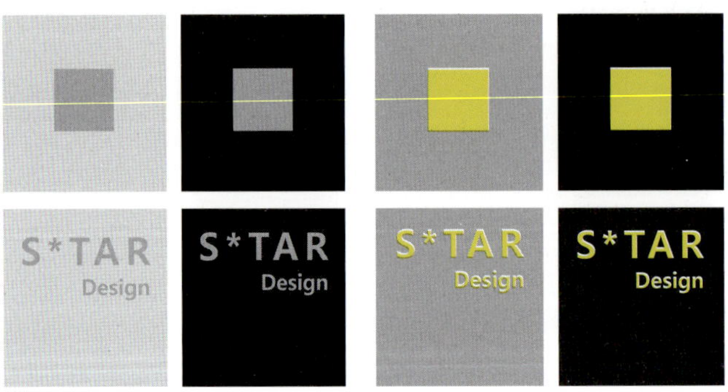


어둡고/후퇴　밝고/진출　어둡고/후퇴　밝고/진출

명도대비

### ⑤ 채도대비

- 채도가 다른 두 색이 서로 대조가 되어 두 색 간의 채도차가 크게 보이는 현상이다.
- 인접색의 채도가 높으면 본래의 채도보다 낮게 보이고, 인접색의 채도가 낮으면 본래보다 높은 채도로 보인다.

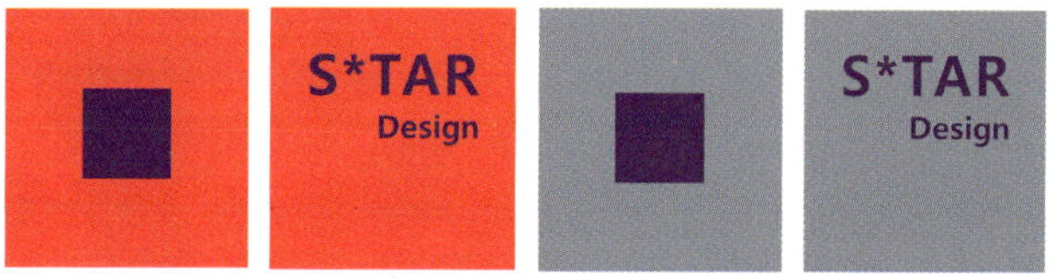


배경색=고채도
채도가 높아 보인다.

배경색=저채도
채도가 낮아 보인다

채도대비

### ⑥ 보색대비

- 색상차가 가장 큰 보색끼리 조합하였을 때, 각각의 색보다 더 뚜렷하게 보이며, 채도가 높아 보이는 현상을 말한다.

보색대비

## (5) 배색 효과

### ① 동일 색상 배색

- 명도의 차이는 있어도 채도가 같은 배색이다.
- 차분하고 안정된 배색으로 조화가 쉽고 통일감을 얻을 수 있다.
- 색상을 많이 사용하는 다색배색도 가능하다.

② **유사 색상 배색**

- 명도는 다르나 채도가 유사한 배색이다.
- 색상환에서 인접한 색상끼리 배색하는 것으로 동일 톤의 배색으로 조화롭다.
- 부드럽고 온화한 느낌을 준다.

동일 색상 배색

유사 색상 배색

③ **보색 색상 배색**

- 명도나 채도에 다른 배색이다.
- 색상환에서 정반대에 위치한 두 가지 색의 배색으로 대비효과가 강하다.
- 화려한 이미지, 명쾌하고 뚜렷한 이미지를 연출할 때 많이 사용된다.

④ **분보색 색상 배색**

- 색상환에서 한 개의 색상과 그 보색의 양측에 있는 색상들로 구성된다.
- 보색을 피한 양쪽의 두 색을 배색하는 삼색의 배색이다.

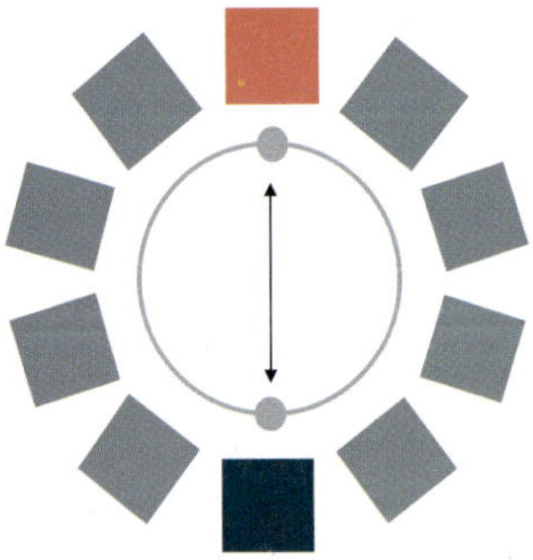

보색 색상 배색

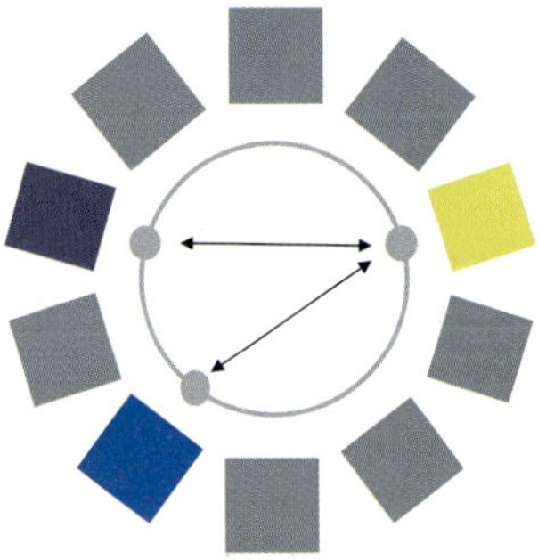

분보색 색상 배색

(6) 배색의 기법

① **톤 온 톤(tone-on-tone) 배색**

- 톤을 겹친다는 의미로 동색계의 농담배색이라고 한다.
- 동일 색상의 명도나 채도의 차에 의한 톤의 변화를 살린 배색이다.
- 전체적으로 안정적이며 통일감과 평온한 느낌을 준다.

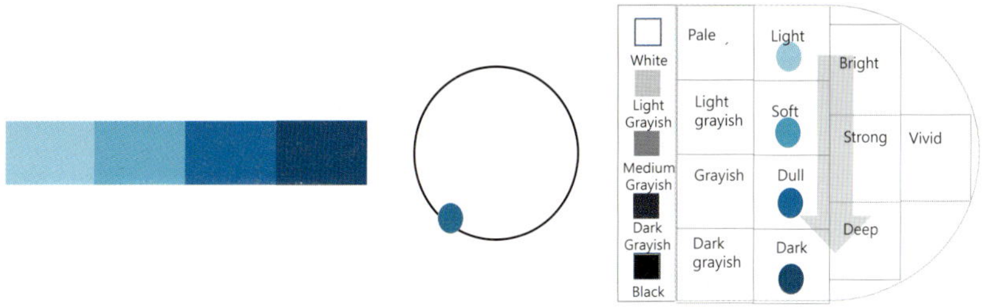


톤온톤 배색

② **톤 인 톤(tone-in-tone) 배색**

- 톤과 명도가 같거나 비슷한데 색상을 다르게 한 배색을 말한다.
- 동일 톤에서 색상의 변화를 주어 세련된 느낌을 준다.
- 비슷한 색상의 보색이나 분보색 배합 등이 여기에 포함 될 수 있다.

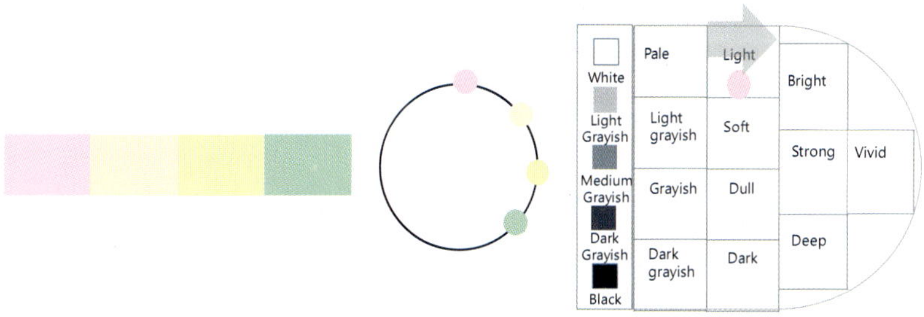


톤인톤 배색

③ **콘트라스트(contrast) 배색**

- 색상환에서 반대방향에 위치한 색상을 배색하는 것을 보색배색이라 한다.
- 대비가 강하여 강렬한 효과와 화려한 분위기를 나타낸다.

④ **토널(Tonal) 배색**

• 중명도, 중채도, 저채도 영역의 비교적 색의 기운이 약한 중간색계인 덜 톤(Dull Tone)을 사용한 배색기법이다.

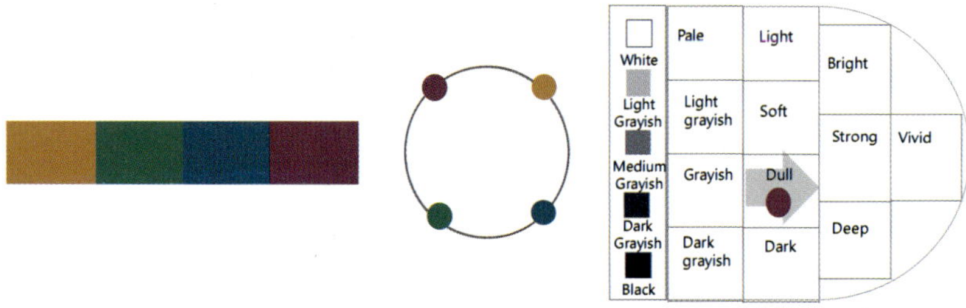


토널 배색

⑤ **액센트(accent) 배색**

• 단조로운 색상 배색에 강조색을 배색하여 시각적으로 초점을 집중시키는 배색이다.

• 대조적인 색상이나 톤에 의외성 있는 색을 사용함으로써 강조점을 부여한다.

액센트 배색

⑥ **카마이유(camaieu) 배색**

• 거의 동일한 색을 사용하여 톤과 색상차가 거의 없는 배색기법이다.

• 미묘한 차이가 있는 색상끼리의 배색을 통해 온화하고 조화로운 배색을 연출한다.

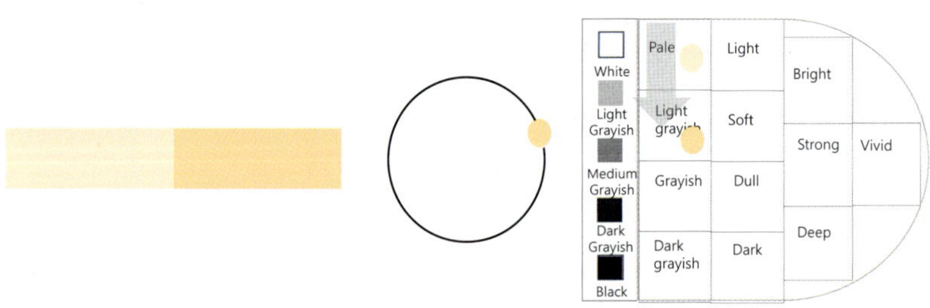


까마이유 배색

⑦ **세퍼레이션(separation) 배색**

- 여러 가지 색상이 섞여 조화를 이룰 때 배색의 중간에 검정이나 흰색을 삽입함으로써 색의 효과를 강조하거나 완충시키는 배색을 말한다.

세퍼레이션 배색

⑧ **그라데이션(gradation) 배색**

- 색상, 명도, 채도의 단계적 변화에 따른 배색기법을 말한다.
- 색상이나 톤이 단계적으로 변화하여 리듬감과 역동감이 있다.

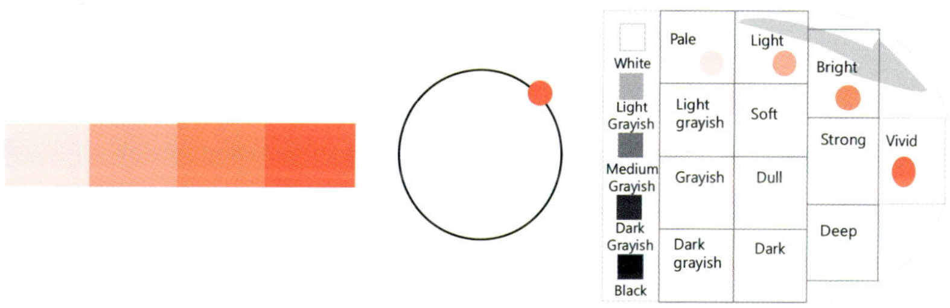


그라데이션 배색

⑨ **트리코롤(tricolore) 배색**

- 3색으로 표현하는 배색기법으로 긴장감이 있는 표현에 적합하다.
- 세 가지 색의 배색으로 융통성이 있고 분명한 표현이 특징이다.

트리콜로 배색

## 4. 재질과 무늬

### 1) 재질의 개념

재질은 물체의 표면이 갖는 질감을 의미하는 것으로 어떤 형태의 표면의 특성을 말한다. 재질은 촉각적 재질감과 시각적인 착시현상을 유도하여 만드는 시각적 촉감으로 나눌 수 있다.[6]

소잉디자인의 재료가 되는 직물은 제작방법(직물조직)이나 가공(처리)에 따라서 효과가 다르게 나타난다.

### 2) 재질의 결정 요인

재질의 특성은 옷감의 원료가 되는 섬유에서부터 최종 단계인 가공 단계, 봉제 제작의 방법에까지 제작과 생산의 모든 단계의 영향을 받는다.

#### (1) 섬유의 성질

섬유 자체가 가지고 있는 고유한 성질로 옷감의 질감을 결정하는 중요한 요인이 된다.

- 면섬유 : 광택이 없는 외관으로 부드러운 촉감
- 마섬유 : 뻣뻣한 형태와 거친 촉감
- 모섬유 : 풍부한 부피감
- 견섬유 : 아름답고 유연한 광택감

#### (2) 실의 구조

실의 굵기, 실의 꼬임, 등의 실의 제작 과정에서 실의 구조가 달라지고, 이는 옷감의 질감에 영향을 미친다.

#### (3) 옷감의 조직

옷감의 두께, 밀도, 신축성, 표면 효과 등의 직물과 편물의 직조 방법에 따라 영향을 받아 다양한 질감이 표현된다.

---

6 윤민희, 「새로운 조형예술의 이해」, 서울: 예경

#### (4) 가공

옷감에 더해지는 다양한 기모, 광택, 주름 등의 가공은 옷감의 특성뿐 아니라 외형과 질감에 영향을 미친다.

#### (5) 봉제 구성

봉제를 하는 과정에서 바이어스 재단, 심지의 사용, 솔기와 구성선의 운용에 따라 옷감의 유연성과 옷감의 두께를 증가시키면서 옷감의 재질에 변화를 준다.

### 3) 재질의 표면효과

#### (1) 부드러운 광택이 있는 직물

직물표면에 흐르는 듯 은은한 광택을 내며 주로 견섬유의 광택을 살린 라메(rame), 브로케이드(brocade), 새틴(satin) 등이 대표직물이다.

- 고저스(gorgeous)한 직물은 화려하고 호화스러운 광택이 있는 소재로, 수자직이나 금·은사를 넣어 직조한 소재이다.

#### (2) 금속적인 광택이 있는 직물

직물 표면이 차가운 느낌의 강한 빛반사가 있는 직물로 미래지향적인 디자인에서 많이 사용된다. 금·은·동사를 사용한 메탈릭 패브릭(metallic fabric), 메탈릭 레이스(metallic lace), 에나멜(enamel), 래커 클로스(lacquer cloth)등이 대표 직물이다.

- 메탈릭(metallic)한 직물은 금속적인 광택을 지닌 소재로 에나멜 소재의 차가운 재질이다.

#### (3) 거친 촉감의 직물

표면이 거칠고 부피감이 있으며 요철감이 있는 재질이다. 홈스펀(homespun), 트위드(tweed) 등의 모직물은 따뜻한 느낌을 주며, 면섬유의 바스켓 조직의 직물이나 인디언 헤드(indian head)는 시원한 느낌을 준다.

- 러프(rough)한 직물은 모직물의 거친 표면과 마섬유의 까슬까슬한 표면에서 느낄 수 있는 거칠고, 가공되지 않은 스포티한 느낌의 소재이다.

### (4) 부드러운 촉감의 직물

- 부드러운(soft) 직물은 따뜻한 소재에서 느낄 수 있는 부드러운 소재로 가볍고 유연한 느낌이다. 페미닌 풍의 멜턴(melton), 플란넬(flannel), 카멜헤어(camel hair), 앙고라(angora)등의 모섬유에서 효과를 얻을 수 있다.
- 실키(sillky)한 직물은 실크와 같이 부드럽고 매끄러우면서 차가운 느낌이 드는 소재이다. 코튼 새틴(cotton satin), 아세테이트 태프터(accetate taffeta), 레이온 혼방직물 등이 대표 직물이다.
- 림프(limp)한 직물은 부드럽고 나긋나긋하며 흐느적거리는 연약한 느낌의 소재로 울조젯(wool georgette), 울 저지(wool jersey), 코튼 크레이프(cotton crepe), 실크 조젯(georgette), 크레이프 드 신(crepe de chine)등이 대표직물이다.

### (5) 무게감 있는 직물

시각적으로 느껴지는 중량감을 말한다. 섬유 종류나 실 두께, 제직의 방법에 따라 중량감의 차이가 있다. 보통 초경량(비치는), 경량(가벼운), 중량(무거운) 소재로 분류되며 시즌별 아이템별 소재 선택에 따라 사용된다.

- 시스루(see-through)직물은 옷감을 통해 피부나 사물이 비쳐 보이는 소재로 면 오간디(cotton organdie), 면 보일(cotton voile), 면 레이스(cotton lace)는 시원한 느낌을 나타낸다.
- 차이나 실크(china silk), 실크 오간디(silk organdie), 실크 쉬폰(silk chiffon), 실크 레이스(silk lace)는 하늘하늘한 느낌으로 여성스럽고 드레시한 느낌을 준다.

### (6) 볼륨감 있는 직물

직물의 볼륨감은 풍성스러운 볼륨감에서부터 빳빳한 느낌의 얇고 뻗치는 다양한 볼륨감이 있다.

- 벌키(bulky)한 직물은 푹신푹신한 이미지의 소재로 기모 섬유에서 효과를 얻을 수 있다. 기모 볼륨에 따라 풍성한 느낌이나 따뜻한 느낌의 소재로 모헤어, 캐시미어, 아스트라칸, 알파카, 벨벳 등이 대표적 직물이다.

- 스티프(stiff)한 직물은 딱딱하고 빳빳한 느낌으로 형태를 유지시켜주고 스포티한 느낌을 준다. 수직실크나 드레스 린넨 등이 대표 직물이다.
- 크리스피(crispy)한 직물은 발랄하고 경쾌한 이미지로 풀기 있는 천의 느낌이다.

식물성 천연섬유로는 면섬유의 론, 포플린, 켈리코, 헤어코드가 있고, 마섬유는 드레스 린넨, 행거치브 린넨, 동물성 천연섬유는 견섬유의 타프타, 무아레(moire), 모섬유는 울 포플린, 오토만(ottoman), 트로피컬, 샤크스킨, 화학섬유는 아세테이트 버팔로, 아세테이트 태프터, 아세테이트 비라자이, 아세테이트 코드파인이 있다.

### 4) 무늬

옷감의 문양은 무늬를 이루는 기본 단위인 모티브(motive)와 모티브들이 모여서 이루는 패턴(pattern)의 구성으로 이루어진다. 소재의 무늬는 사용자의 체형과 착용장소 및 착용 목적에 따라 그 크기와 형태를 고려하여 디자인에 활용할 수 있도록 해야 한다.

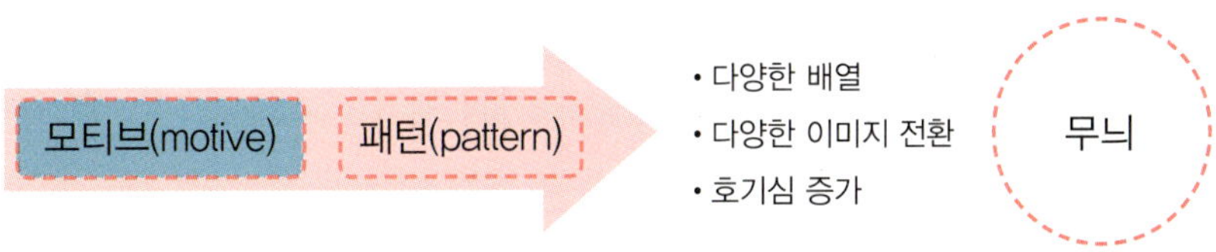


#### (1) 모티브(motive)

모티브는 무늬를 이루는 기본 단위의 형태로, 패턴은 모티브가 모여서 이루어진 무늬의 전반적인 형태를 말한다.

#### (2) 패턴(pattern)

모티브들을 배열하여 구성할 때, 모티브 자체의 방향성과 배열 방식에 따라 다양한 유형의 무늬가 생성된다.

무늬 배열 방식

1. 전방배열무늬
2. 사방배열무늬
3. 이방배열무늬
4. 일방배열무늬
5. 가장자리배열무늬
6. 공간배열무늬

무늬의 배열 방식

- 전방 배열 무늬(all-over pattern) : 모티브의 형태가 어느 각도에서 보든지 동일한 효과를 지닌 무늬의 배열방법이다. 디자인 창작의 과정에서 무늬를 맞출 필요가 없고 디자인에 제약을 주지 않아 자유로운 디자인 발상을 가능하게 한다.
- 일방 배열 무늬(one-way pattern) : 한 방향에서 볼 때만 같게 보이는 무늬이다. 일반적으로 방향성을 가지는 모티프의 디자인 발상에 사용된다.
- 사방 배열 무늬(four-way pattern) : 경사의 상하, 위사의 좌우에서 보았을 때 모두 같아 보이는 무늬를 말한다. 정사각형의 체크무늬와 같이 90°를 옮기면 같은 무늬가 된다.
- 이방 배열 무늬(two-way pattern) : 경사의 상하와 위사의 좌우가 달라서 180°를 옮기면 같아 보이는 무늬를 말한다. 모티브의 배열이 상하 또는 좌우 방향에서만 같은 무늬로 이루어져 있다.
- 가장자리 배열 무늬 (boarder pattern) : 옷감의 식서 방향을 따라 모티브가 배열된 무늬이다.
- 공간 배열 무늬(space pattern) : 모티브가 넓은 공간 속에서 하나씩 배열되어 반복되는 단위가 큰 무늬이다. 모티브가 단독으로 하나씩 들어가서 모티브의 형태와 위치가 디자인의 중심이 된다.

### (3) 무늬의 종류

• 사실무늬(realistic pattern) : 자연물에서 볼 수 있는 식물, 동물 등의 형태를 그대로 재현 하는 것으로, 모티브는 꽃, 나무, 동물, 어패류 등이 있다. 또한, 기계에 의해 생산된 인위적인 제품들인 안경, 신발, 전자제품, 지폐 등도 사실무늬에 포함된다.

• 양식화무늬(stylizes pattern) : 사물의 형태를 변형, 단순화, 평면화 등의 과정을 통해 단순화시킨 무늬를 말한다. 형태의 단순화를 통해 재현된 사실무늬는 모던한 느낌이 연출된다. 민속적인 에스닉 이미지를 전달하는 방법에 효과적인 디자인 발상이다.

• 기하학무늬(geometric pattern) : 점, 선, 면, 원 등의 모티브를 이용한 다양한 배열에 의해 만들어진 무늬이다. 삼각형, 사각형, 원과 같은 기하학적 형태가 갖는 깨끗하고 정돈된 느낌으로 표현된다. 경쾌하고 모던한 감각의 느낌으로 대표적인 것은 스트라이프(stripe), 도트(dot), 체크(check), 옵티컬(optical)등이 있다.

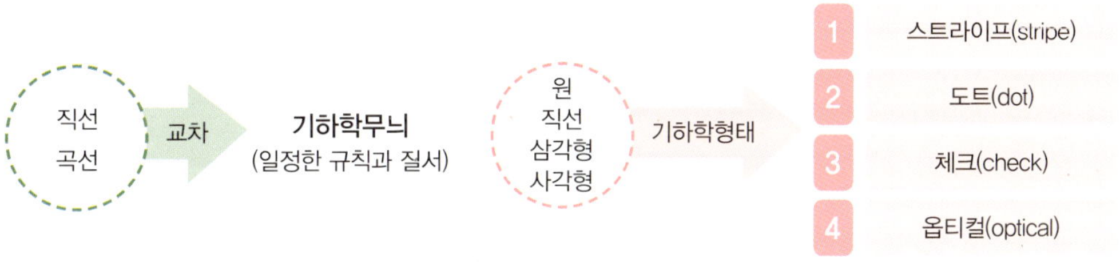


기하학 무늬

• 추상무늬(abstract pattern) : 점, 선, 면, 색채의 자유로운 표현으로 특정한 규칙에 제약받지 않는 자유로운 형태의 무늬이다. 형태에 제약 받지 않는 부정형적인 표현으로 의외의 효과를 연출하는 디자인 발상이 가능하다. 감각적, 감성적인 패션의 흐름에 따라 자유로운 디자인 연출이 가능하다.

• 전통무늬(conventional pattern) : 각 민족과 지역에서 전통적으로 사용되어진 전통적 감정을 표현해주는 민속적인 무늬이다. 자연의 다양한 주제를 기하학적인 배치로 도안화시킨 무늬로 기하학적 무늬와 자연적 무늬를 절충한 것이다. 자연적 무늬보다는 계통적으로 정리되어 있다.

# 03 디자인 조형원리

디자인 조형 요소들은 디자인 조형 원리에 의해 효과적으로 작용할 때 조화가 이루어진다. 디자인하는 과정은 조형요소가 조형원리의 원칙하에 조화와 균형을 위해 결합하고 선택하는 과정이라고 할 수 있다. 이것은 패션뿐만 아니라 회화, 조각, 건축 등에도 적용된다.

사람들은 안정과 변화를 동시에 만족하는 디자인을 선호한다. 심리적 안정과 변화를 위해 질서와 흥미는 동시에 요구되는 것이 조형원리이다. 질서를 위한 디자인의 조형원리로는 균형, 비례, 통일, 조화가 있고, 흥미를 위한 디자인 조형원리로는 리듬, 대비, 강조, 변화가 있다.

## 1. 균형(Balance)

균형은 수평·수직 축을 중심으로 무게, 크기, 밀도, 위치와 관련하여 무게나 힘이 균등하게 분배되어 있는 상태를 말한다. 중심축으로 선, 형, 크기, 방향, 재질감, 색채, 명도 등 시각 요소의 배치에 의해 균형을 이룬 상태이다. 일반적으로 중심축을 기준하여 동량의 균등함을 시각적으로 지각할 때 보는 사람들은 평형감과 안정감을 얻게 된다.

### 1) 대칭균형(symmetrical balance)

중앙의 수직축을 중심으로 양쪽이 동일한 형태로, 같은 양의 디자인 요소가 좌우의 양쪽에 배치하여 균형을 이루게 하는 것이다. 규칙적이고 획일적인 느낌으로 격식과 위엄을 중시하는 디자인에 많이 사용되지만, 변화가 없고 흥미를 주지 못하는 평범한 상태로 인식이 되어 미적 가치나 예술성이 부족하다는 단점이 있다.

Thom Browne
2014–15 FW

Antonio Berardi
2012–13 FW

대칭균형

출처 : www.vogue.com

### 2) 비대칭균형(asymmetrical balance)

좌우에 배치된 서로 다른 크기나 영향력을 가진 요소들 간의 대칭을 이루고 있지는 않지만, 시각적인 힘으로 미적 무게가 균등하여 균형을 이루는 원리이다. 비대칭균형은 시각적으로 안전성을 유지하면서 변화를 주는 고차원적인 구조라고 할 수 있다.

Sacai 2014–15 FW

Comme des
Garcons 2015 SS

비대칭균형

출처 : www.vogue.com

## 2. 비례(Proportion)

비례는 디자인하는 과정에서 디자인 조형요소 간의 양적 가감뿐만 아니라 단위 상호 간의 관련성을 결정한다. 비례는 정량화 할 수 있는 유일한 디자인 원리이기도 하다. 즉, 비례는 상대적인 크기를 말하며 대상의 크기나 길이에 대한 수리적 표현이다. 이들 각각의 비는 1 : 1.618(황금비)의 비율로 분할되는 것을 말한다. 면이나 길이를 조화롭게 분할 할 수 있는 이상적인 비례는 3=5, 8=13의 비로 나타낼 수 있다.

### 1) 조화비례(harmony proportion)

인체의 비율에 가까운 것으로 3 : 5, 5 : 8의 비율로 큰 부분과 작은 부분으로 또는 큰 비율 안에서도 작은 비율의 치수만큼 적용시켜 더 조화로운 디자인을 할 수 있다.

### 2) 유사비례(similarity proportion)

한 점을 중간점으로 기준하여 위·아래, 좌·우가 비슷한 1 : 1 비율의 대칭적인 비율을 말한다.

### 3) 대조비례(contrast proportion)

특정 부분을 대조적으로 크거나 작게하여 시각적 미를 추구하는 것으로 1 : 4, 1 : 5, 1 : 6 등의 비율을 말한다.

Valentino Haute Couture 2018 SS

조화비례

Altuzarra 2014 FW

유사비례

Giambattista Valli
Haute Couture 2018 SS

대조비례

출처 : www.vogue.com

## 3. 리듬(Rhythm)

리듬은 디자인 조형요소인 선, 패턴, 디테일, 트리밍, 색채, 소재 등이 다양한 방법으로 규칙적이고 반복적인 흐름을 만들어내는 것을 말한다. 이는 관찰자의 시선을 유도하는 것을 말하는 것으로 리듬의 효과는 규칙과 간격, 패턴의 복잡성에 따라 다양하게 연출하며, 반복의 규칙은 리듬의 강조나 속도감, 동적 이미지를 만들어 낸다.

### 1) 반복(repetition)

동일한 성질을 가진 디자인 요소가 규칙적이고 동일하게 반복되어 있는 것을 말한다. 반복이 구조적 형태와 장식적 목적으로 사용되며 반복에 의해 방향을 강조하거나 전체 구성을 이끌어 낸다.

### 2) 연속(sequence)

같은 단위가 한 방향으로 동일한 순서로 계속 진행되어 직관적으로 알 수 있는 상태이다. 유사한 성격의 선이나 색채, 재질 등이 연속되면서 유연한 관계를 형성한다. 연속은 시선을 유도하면서 긴장감과 정돈된 리듬을 표현하는 디자인 원리에 사용된다.

Viktor & Rolf
Haut Couture 2018 FW

반복

Chanel Haut Couture 2018 SS

연속

출처 : www.vogue.com

### 3) 교차(alternation)

디자인 과정에서 교차하는 두 가지 이상의 단위가 연속과 반복의 결합으로 이루어진다. 교차하는 단위 자체가 흥미로우면 단조로움이 줄어들고, 교차되는 두 개의 성격이 유사하면 시각적으로 분명히 나타난다. 반대 성격의 것이 교차하면 급격한 변화로 이질감과 불안감이 고조된다.

### 4) 점진(gradation)

반복의 단위가 점차적으로 강해지거나 약해지는 경우를 말한다. 단계적이고 일관성 있게 변화를 유도하는 방법으로 예측할 수 있는 운동감이다. 하나의 단위가 인접되면서 계속적으로 변화하는 단계로 방향성과 원근 및 입체효과를 나타낸다.

### 5) 전환(transition)

하나의 단위가 다른 방향이나 상태를 바꾼다는 것으로 디자인에 따라 조건과 위치가 연속적으로 변화하는 원리이다. 전환은 주의를 환기시켜 단조로움에서 벗어나 디자인에 시각적인 흥미를 준다.

Chanel Haut Couture 2018 SS

교차

Peter pilotto 2014-15 F/W

점진

BCBG Max Azria 2014

전환

출처 : www.vogue.com

### 6) 방사(radiation)

가시적이거나 암시된 중심선 혹은 중심점에서부터 여러 방향으로 퍼져 나가거나 안으로 모아지는 경우이다. 관찰자의 시각적 관심에 따라 중심에서 벌어지는 원심성과 중심으로 모아지는 구심성을 느끼게 한다. 선의 방향으로 점진되는 방사는 방향 효과와 제한적이지만 극적인 효과를 보인다.

Gucci Resort 2019 SS

방사

출처 : www.vogue.com

## 4. 강조(Emphasis)

일정한 단위 내에서 특정 부분이 관심과 흥미를 끄는 현상을 강조라고 한다. 디자인의 강조를 두는 부분에 관심과 시선을 집중시켜 의도적인 초점을 만들고 지루함을 덜고 유쾌함을 전하는 원리이다.

### 1) 대비(contrast)

서로 상반된 성격을 가진 것이 비교되는 것으로 사물, 사람 및 개념에서의 차이를 의미하거나 색에서의 빛, 명도, 채도의 차이의 구별을 가능하게 한다. 한 가지 특성을 부각시키기 위해 다른 것과 대립시키는 방법으로 강력하고 자극적이며 강한 집중력을 일으킬 수 있는 기법이다.

### 2) 집중(concentration)

특정한 과제 혹은 활동에 일정시간 동안 지속적 주의를 불러일으키는 원리이다. 선이나 형태의 방향과 배치에 의해 시선을 한 곳으로 집중시켜서 강조의 효과를 만들 수 있다. 점진하는 형들의 연속은 동일한 중심점을 가지며 흥미를 유도한다.

### 3) 우세(domination)

여러 가지 요소들 중에 한 가지가 다른 것들에 비해서 강조되는 것을 말하는 것으로 대조나 집중도 우세의 원리에 포함된다. 디자인 과정 중에 반드시 하나의 강조점을 가져야 하고 각 디자인 요소는 강조점의 기능을 한다.

Altuzarra 2014 FW

대비

Viktor & Rolf
Haut Couture 2018FW

집중

Viktor & Rolf
Haut Couture 2018FW

우세

출처 : www.vogue.com

## 5. 통일(Unity)



다수의 단위들이 결합되어 조화의 미를 이룰 수 있도록 질서감을 부여하기 위한 디자인 원리이다. 통일은 관련성이 많은 디자인 요소들이 동질화가 되어 부각되거나 유기적 관련에 의해 질서를 갖는다. 통일은 직관적으로 매력적이고 만족감을 주며 고도의 심미적 감각을 요구하는 원리다.

Thom Browne 2021 FW

통일

출처 : www.thombrowne.com

# 04 디자인 표현기법

## 1. 드로잉

드로잉 훈련은 디자인 조형 요소와 조형 원리를 이해하고 해석하는 실천하는 훈련이라고 할 수 있다. 드로잉은 선의 특성과 이미지를 가지고 미적 표현을 하며 디자인을 창작하기 전에 완성되었을 때의 디자인의 느낌을 알 수 있다.

### 1) 크로키

크로키는 스케치나 밑그림 등의 뜻을 지닌 기법상의 용어로 짧은 시간 내에 선묘로 완성하는 것을 말한다. 디자인의 최초의 아이디어를 생각나는 대로 그리는 소묘로 예술 창조의 기초가 되는 것이다.

### 2) 도식화

- 도식화는 디자인 업계의 실무에서 꼭 필요한 과정으로 제품 제작을 위한 기초적인 설계, 또는 제작된 제품을 정확하게 묘사하는 것을 말한다.
- 실물 제작을 위한 기본적인 작업지시용 설계도이며 디자이너의 의도를 정확하게 전달하는 의사소통의 방법이다.
- 제작하고자 하는 디자인을 평면상에 반듯이 펼쳐 놓은 것 같은 전개도로 상·하·좌·우의 정확한 사이즈와 앞·뒤, 디자인에 따라 측면의 모습을 시각적으로 전달한다.
- 윤곽선과 구성선, 디테일을 정확한 치수로 표기하며 사용되는 소재와 부자재 샘플을 부착하여 디자이너가 의도한 제품제작에 도움이 되도록 한다.

### 3) 일러스트레이션(illustration)

- 일러스트레이션은 내용을 시각화하여 부연설명하기 위한 방법으로 사용되는 삽화나 사진, 도안 등을 말한다.
- 최근에는 표현 방법이 다양화되면서 새로운 미술의 한 형태로 자리를 잡고 있으며, 모든 정보의 시각화가 중요해진 현대 산업사회에서 효과적인 전달수단이라고 할 수 있다.

### 4) 패션일러스트레이션(fashion illustration)

- 패션일러스트레이션은 주로 패션디자인에서 이미지 전달을 목적으로 사용된다.
- 의복이 완성되어 활용될 때까지의 실물제작을 위한 디자인 영감으로 디자인의 원본이 된다.
- 개성 있고 다양한 드로잉 기법으로 표현되며 사실적인 사진에 비해 다양한 아이디어를 자유롭게 표현할 수 있는 장점이 있다.

### 5) 디포메이션(deformation)

- 인체를 8~9등신이 아닌 10~13등신까지 비례를 변형·왜곡시켜 미적 아름다움을 강조한 표현기법이다.
- 전체 실루엣을 파악하고 실루엣에 따라 어느 부위를 강조하고 생략할 것인지를 판단한다.
- 패션이미지, 시대적 분위기에 따라 왜곡시키는 표현 방법이 다르다.

### 6) 콜라주(collage)

- 주변 생활에 쓰이는 다양한 소재의 오브제(objet)를 사용하여 입체적 이미지를 표현한 방법이다.

## 2. 프레젠테이션

프레젠테이션은 자신의 아이디어를 타인에게 전달하는 중요한 과정 중의 하나이다. 개인의 아이디어와 능력을 손쉽게 보여줄 수 있는 방법으로 포트폴리오에서부터 이미지 보드맵, 빔 프로젝트와 스크린을 이용하는 컴퓨터 프레젠테이션 프로그램은 여러 사람에게 한번에 아이디어를 전달 할 수 있어 효과적인 의사전달기법이라고 할 수 있다.

### 1) 포트폴리오

포트폴리오는 개인의 디자인 능력을 시각화하여 보여주는 자료집이다. 표현하고자 하는 내용의 효과적인 내용전달을 위해 주제와 순서를 정하고 포트폴리오의 전체적인 구도 계획에 따른 재료와 자료의 배치 방법을 정한다. 지나친 꾸밈이나 부적절한 배치는 내용 전달에 방해요소가 될 수도 있으므로 계획된 공간 안에서 의도하고자 하는 내용의 성격을 정확히 파악하여 표현한다.

### 2) 이미지 보드맵

이미지 보드맵은 전달하고자 하는 내용을 한눈에 볼 수 있는 효과적인 방법으로, 주제별로 스타일을 보여주거나 시장분석의 결과를 비교·분석하여 맵으로 보여줄 수 있어, 포트폴리오보다 유용하게 사용할 수 있다. 효과적인 발표를 위해서는 보드맵의 여백을 충분히 활용하여 가독성을 살린 편집디자인이 요구된다.

### 3) 컴퓨터 파일과 빔 프로젝트

컴퓨터 프로그램의 다양한 활용은 시각적 자료를 효율적으로 전달한다. 빔 프로젝트의 사용은 컴퓨터 모니터의 한계를 넘어 큰 화면으로 원하는 자료를 보여줄 수 있고, 파워포인트는 내용에 음악이나 동영상·애니메이션 기능을 첨가하여 다차원적인 프레젠테이션을 효과적으로 수행 할 수 있다.

## 3. 패션 아이템(Fashion Item)

### 1) 스커트(skirt)

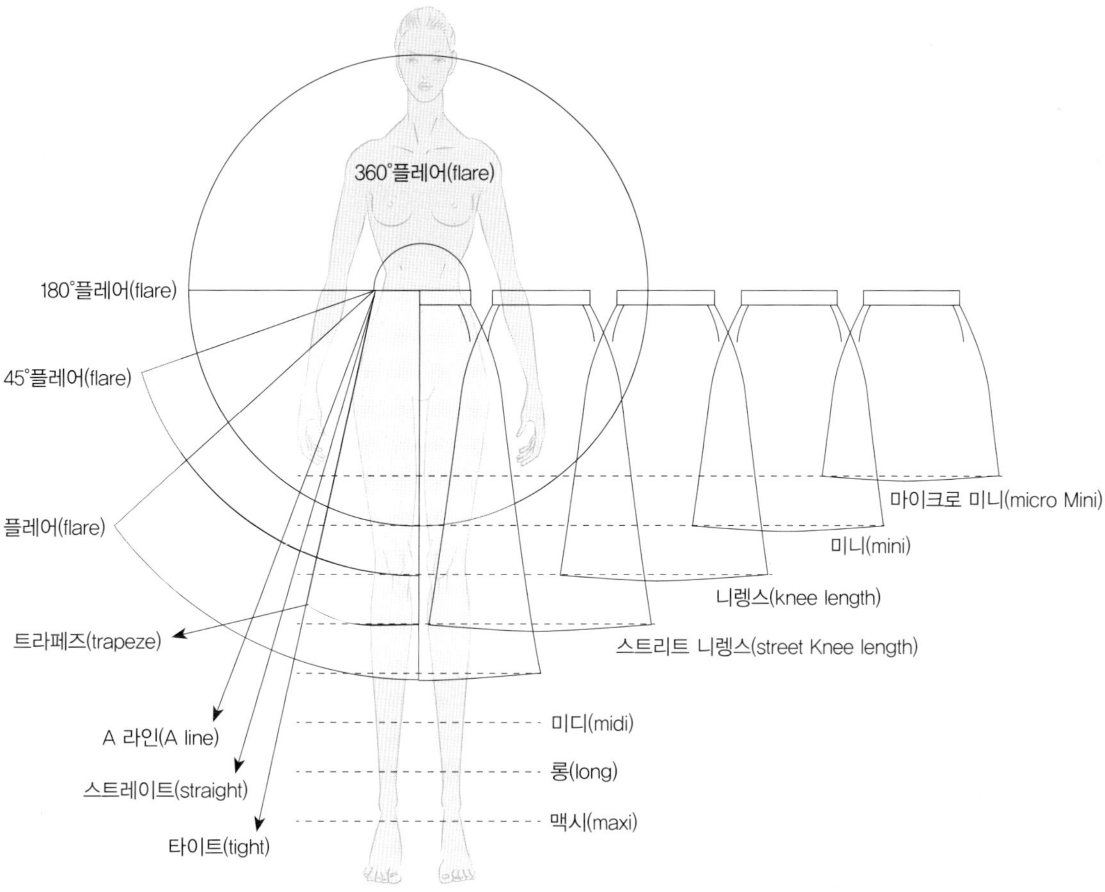


스커트의 종류와 길이

① **타이트 스커트**(tight skirt)

옆선이 허리에서 엉덩이 둘레를 지나 스커트 단까지 직선으로 내려오는 스커트로 허리 둘레는 앞뒤에 2~4개의 다트로 처리되어 있는 기본형 스커트이다.

② **A-라인 스커트**(a-line skirt)

타이트 스커트보다 약간의 여유가 있는 스커트로 힙에서 밑단까지 약간 퍼지는 형태이다.

③ **미디 스커트(midi skirt)**

무릎에서 20~30cm 내려와 종아리 중간까지 오는 길이의 스커트이다.

④ **미니 스커트(mini skirt)**

무릎에서 10~20cm 올라간 짧은 스커트를 말한다.

⑤ **플리츠 스커트(pleats skirt)**

천을 접어 다양한 형태의 주름을 잡아 열처리를 하여 영구적인 주름을 만든 스커트이다. 보행 시나 움직임 있을 때에 율동감을 주며 주름의 처리 방법에 따라 여러 가지 명칭이 있다.

- 나이프 플리츠(knife pleats) : 주름의 방향을 한 쪽 방향으로 접은 것이다.
- 박스 플리츠(box pleats) : 주름이 서로 반대 방향으로 접힌 것이다.
- 인버티드 플리츠(inverted pleats) : 주름이 서로 마주보도록 잡은 방법이다.
- 아코디언 플리츠(accordion pleats) : 아코디언 모양의 가는 주름으로 주름의 폭을 위, 아래 폭을 같이 잡아 만든 입체적인 기계주름이다.

⑥ **힙 허거 스커트(hip hugger skirt)**

실제 허리선보다 아래 혹은 힙에 걸쳐 있는 스커트로 미니 스커트가 유행할 때 같이 생겨난 스타일로 넓은 벨트와 코디하여 스포티한 느낌을 연출 할 수 있다.

⑦ **요크 스커트(yoke skirt)**

허리선과 엉덩이 둘레선 사이에 수평의 절개선이 있는 것으로 절개선 밑으로는 셔링, 개더, 플리츠 등의 주름 장식으로 되어 있다.

⑧ **랩 어라운드 스커트(wrap around skirt)**

한 폭으로 된 옷감을 휘감아 앞에서 겹치도록 착용하는 형태의 스커트이다.

⑨ **플레어 스커트(flare skirt)**

허리선에서 엉덩이 라인까지는 잘 맞고 단으로 내려갈수록 넓게 퍼지는 스타일로 우아한 드레이프가 생기는 스커트이다.

⑩ **개더 스커트**(gather skirt)

허리선에서 잔주름을 잡아 전체적으로 볼륨이 있어 보이는 스커트를 말한다.

⑪ **서큘러 스커트**(circular skirt)

플레어 스커트의 한 종류로 밑단을 펼쳤을 때 완전히 원이 되는 스커트로 허리선에서 스커트단까지 우아한 드레이프가 생기는 특징을 가지고 있다.

⑫ **고어드 스커트**(gored skirt)

옷감을 사다리꼴로 재단하여 여러 폭을 이어 만든 형태의 스커트이다. 허리 부분은 잘 맞고 스커트 단으로 갈수록 넓어진다.

⑬ **티어드 스커트**(tiered skirt)

2단, 3단 또는 그 이상의 여러 층을 겹쳐서 이루어진 스커트이다. 보통은 가로의 절개선에 개더나 플라운스를 사용하여 여러 층의 스커트로 표현된다.

요크 스커트

랩어라운드 스커트

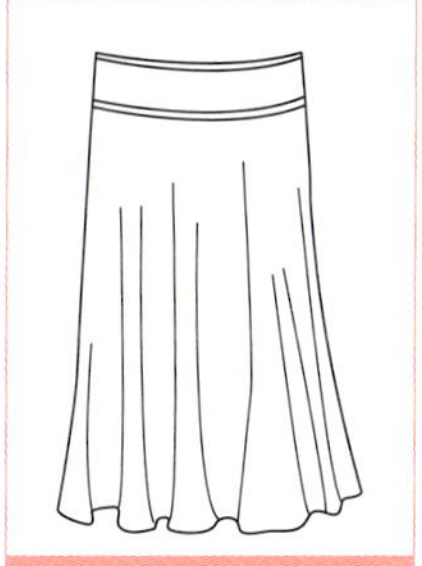
플레어 스커트

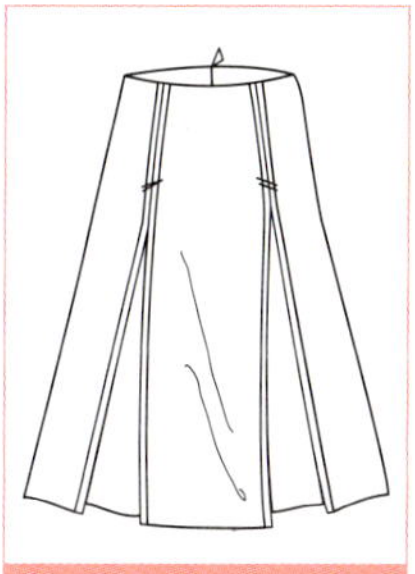
고어드 스커트

출처 : 이금희, Flat Drawing_vol. 1, 경춘사

2) **팬츠**(pants)

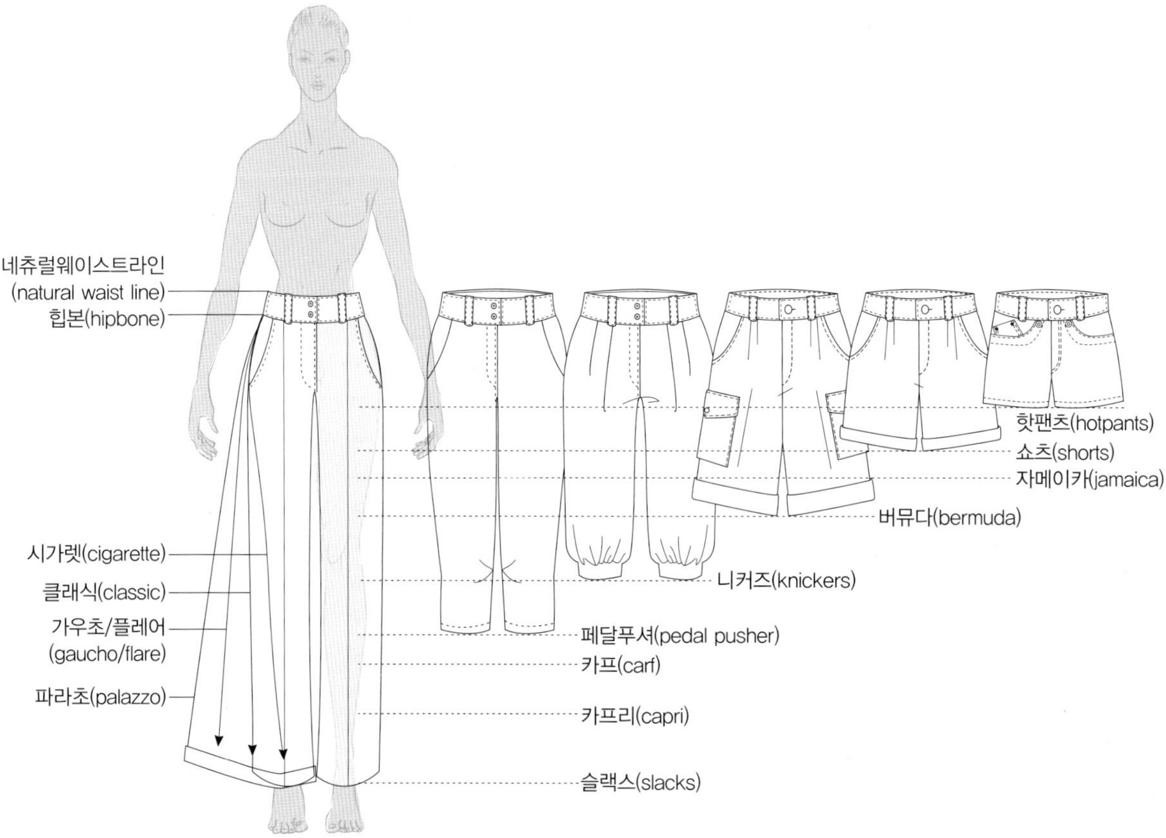


팬츠의 종류와 길이

① **쇼트 팬츠**(short pants)

바지 밑위 선에서 밑단까지의 길이가 짧은 (2.5cm~5cm) 스포츠용의 꼭 끼는 바지로, 핫(hot) 팬츠라고도 한다.

② **버뮤다 팬츠**(bermuda pants)

무릎 위 길이로 앞 허리선에 좌·우 각 1개씩의 주름을 잡고 힙라인에서 바지 밑단까지 일직선의 실루엣을 넣은 바지를 말한다.

- 사파리 쇼트(safari shorts) : 바짓단에 커프스(cuffs)가 있는 경우는 사파리 쇼트라고 한다.

③ **니커즈 팬츠**(knickers pants)

무릎 아래까지 내려오는 풍성한 느낌의 바지를 말하는 것이다. 바지 밑단에는 밴드가 있고 주로 스포츠용이나 여행용으로 많이 착용한다. 니커보커즈(Knicker-bockers)라고도 한다.

④ **배기 팬츠**(baggy pants)

허리 부분에 주름을 잡아 허리 주위와 엉덩이 둘레는 폭이 넉넉하여 여유가 있고 발목으로 갈수록 좁아지는 형태이다.

⑤ **진 팬츠**(jean pants)

데님으로 만들어진 바지를 말하는 것으로 솔기 및 주머니에 장식의 상침처리를 한 능직으로 짜여진 튼튼한 면직물의 바지를 말한다.

⑥ **벨 보텀 팬츠**(bell bottom pants)

허리에서 부터 무릎까지는 좁고 무릎 아래에서 바짓단까지 종 모양으로 넓어진 형태의 바지이다.

⑦ **조드퍼즈 팬츠**(jodhpurs pants)

승마용 바지의 일종으로 허리선에서 무릎까지는 넉넉하다가 무릎 밑에서 좁아져서 발목까지 꼭 끼는 형태이다.

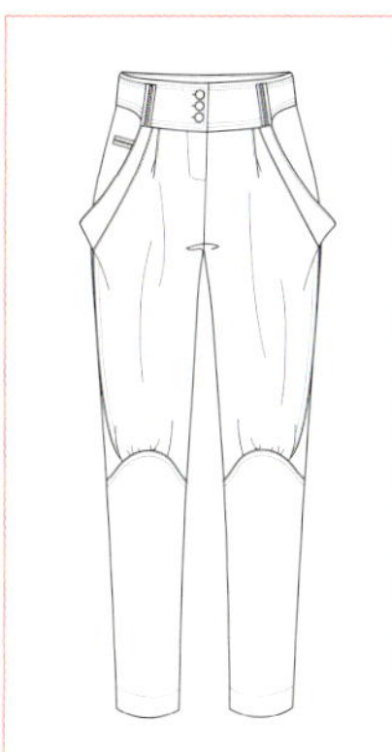
배기 팬츠

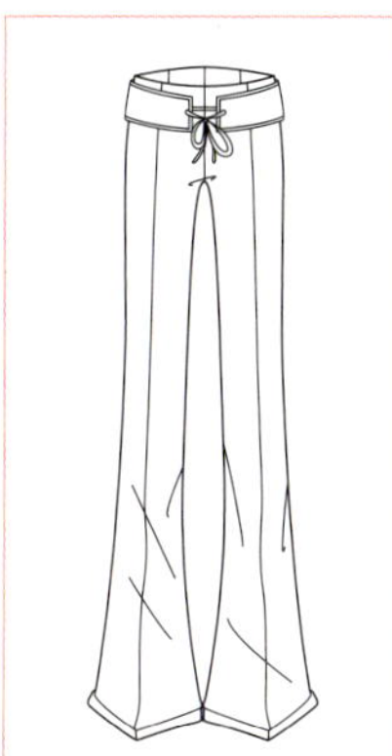
벨 보텀 팬츠

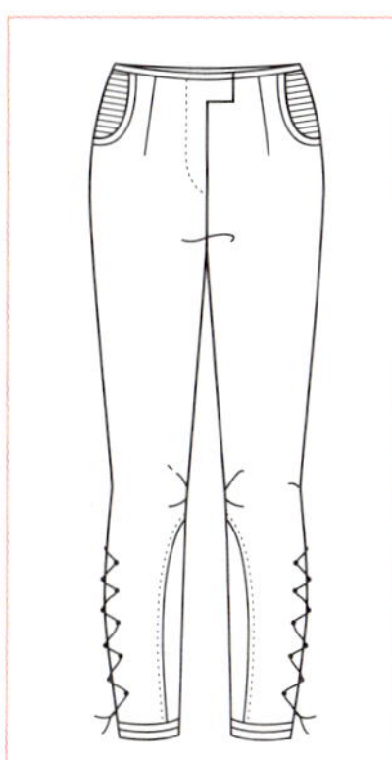
조드퍼즈 팬츠

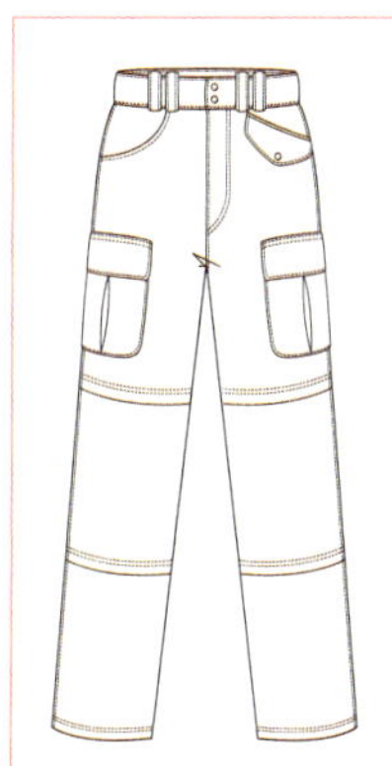
카고 팬츠

출처 : 이금희, Flat Drawing_vol. 1, 경춘사
박치수, 안민영, 패션도식화, 경춘사

⑧ **카고 팬츠**(cargo pants)

화물선의 승무원들이 작업할 때 입는 팬츠로 커다란 플랩(flap)이 달린 패치(patch) 포켓이 양쪽 옆선과 엉덩이 부분에 달려 있는 것이 특징이다.

### 3) 블라우스(blouse)

① **블루종 블라우스**(blouson blouse)

허리나 엉덩이 둘레에서 블라우스가 풍성하게 보이도록 하는 것으로 블라우스 밑단에 끈이나 고무줄을 넣어 잡아당겨 풍성한 볼륨을 만드는 디자인이다.

② **보 블라우스**(bow blouse)

목둘레에 연결된 긴 끈으로 앞쪽에서 리본처럼 묶여 있는 블라우스이다.

③ **새시 블라우스**(sash blouse)

단추 없이 앞여밈을 사선으로 깊게 파서 겹친 다음에 블라우스에 달린 끈으로 허리를 둘러서 묶는 형태이다.

④ **페전트 블라우스**(peasant blouse)

목둘레와 소매끝에 끈이나 고무줄을 넣고 잡아당겨 많은 잔주름을 잡은 형태이다. 주름을 잡은 부분에 자수나 다른 장식을 하기도 한다.

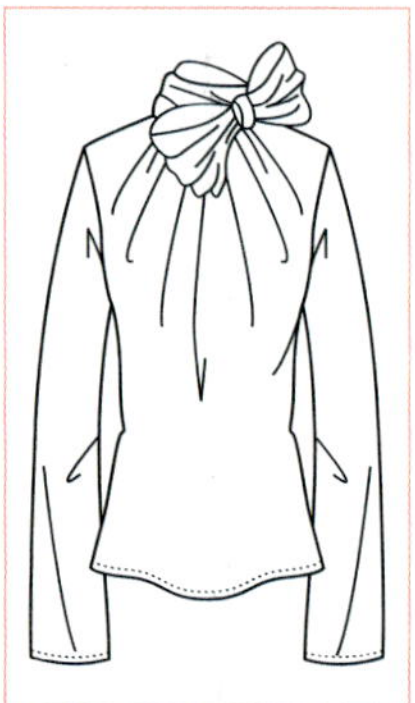
보 블라우스

새시 블라우스

셔츠 블라우스

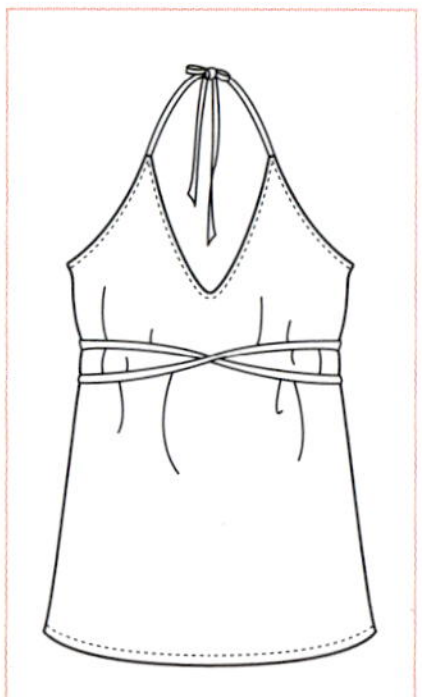
홀터 블라우스

출처 : 이금희, Flat Drawing_vol. 1, 경춘사

⑤ **셔츠 웨이스트 블라우스**(shirts waist blouse)

남성의 테일러(tailor) 셔츠에서 모방한 것으로 셔츠 칼라에 앞 여밈단과 커프스가 있는 클래식한 스타일이다.

⑥ **미디 블라우스**(middy blouse)

세일러 칼라에 일직선으로 내려오는 박스 형태의 블라우스를 말한다.

⑦ **홀터 블라우스**(halter blouse)

여름철의 선(sun)드레스 또는 이브닝 웨어에 주로 착용되는 블라우스로 소매는 없고 등 부분이 노출된 스타일로, 목 부분은 단추 또는 끈으로 여미는 디자인이다.

### 4) 셔츠(shirts)

① **드레스 셔츠**(dress shirts)

정장 슈트(suit)나 턱시도의 이너로 입는 것으로 주로 칼라에 밴드가 있고 넥타이와 조화시켜 입는다.

② **스포츠 셔츠**(sports shirts)

단색의 화려한 색상 또는 프린트 무늬, 격자무늬로 만든 셔츠로 넥타이를 맨 정장차림보다는 활동적인 차림에 입는다.

③ **아이비리그 셔츠**(ivy league shirts)

칼라의 끝단과 뒤 칼라 중심에 작은 단추가 있어 끼우고, 뒤 요크 중심에 박스 주름을 넣은 셔츠로 단색의 옥스포드(oxford)와 깅엄(gingham), 마드라스(madras)직물을 사용한다.

④ **카우보이 셔츠**(cowboy shirts)

미국의 카우보이들이 입었던 셔츠로 셔츠의 앞뒤에 요크 처리하여 장식수를 놓거나 파이핑 또는 프린지(fringe)장식으로 가장자리가 처리된 셔츠이다.

드레스 셔츠

스포츠 셔츠

아이비리그 셔츠

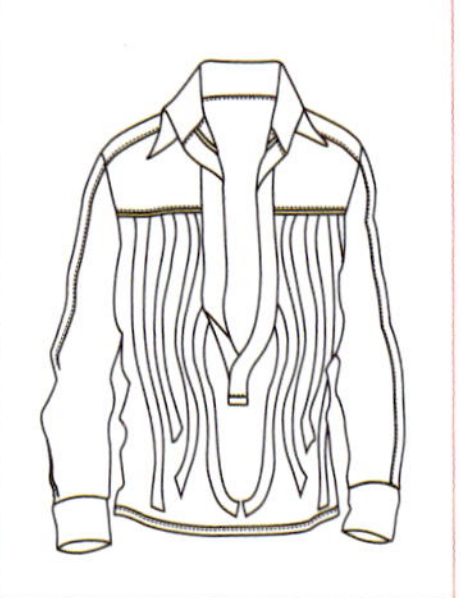
카우보이 셔츠

출처 : 이금희, Flat Drawing_vol. 1, 경춘사

⑤ **티 셔츠**(t-shirts)

t자형의 셔츠로 목둘레와 짧은 소매 혹은 긴 소매 밑단에 메리야스 직물을 이용한다.

⑥ **폴로 셔츠**(polo shirts)

셔츠 칼라의 앞 트임에 2~3개의 단추가 있는 반소매 셔츠로 운동복 셔츠로 많이 착용된다.

⑦ **하와이언 셔츠**(hawaiian shirts)

무늬가 화려하고 헐렁한 반소매 면 셔츠로 화려한 꽃무늬의 면직물로 만든 박스 형태의 오버셔츠를 말한다. 앞 여밈이 컨버터블(convertible)칼라로 되어 있다.

### 5) 재킷(jacket)

① **디너 재킷**(dinner jacket)

남성용의 세미 포멀한 재킷으로 턱시도(tuxedo) 재킷이나 에드워디안(edwardian) 스타일의 재킷을 말한다. 숄칼라 또는 테일러드 칼라에 벨벳이나 공단을 사용한다.

② **벨보이 재킷**(bell boy jacket)

기장은 허리까지 오고 몸에 꼭 맞는 짧은 재킷을 말한다. 스탠드 칼라에 에폴렛(epaulette)이나 브레이드(braid) 등의 장식을 달고 금속 단추 장식을 한다.

③ **노포크 재킷**(norfolk jacket)

스포츠 재킷의 일종으로 허리와 등을 요크로 처리하고 허리까지 주름을 잡은 디자인으로 허리에 벨트를 매는 슈트 스타일의 재킷이다.

④ **블레이저 재킷**(blazer jacket)

몸에 적당하게 맞는 싱글 여밈의 재킷으로 노치(notch)칼라의 스포티(sporty)한 재킷이다. 금속 단추로 장식하고 가슴의 포켓에는 자수를 놓는 것이 특징이다.

⑤ **사파리 재킷**(safari jacket)

아프리카의 밀림 지역에서 사냥 및 탐험을 할 때 입는 카키(khaki)색의 면직물로 간편하고 투박한 스타일의 포켓이 많은 실용적인 재킷이다.

⑥ **샤넬 재킷**(chanel jacket)

1950년대에 가브리엘 샤넬에 의해서 창안된 칼라가 없는 심플한 카디건(cardigan) 재킷의 일종이다. 노칼라 재킷의 가장자리에 브레이드(braid)로 장식한 클래식한 스타일의 재킷이다.

⑦ **페플럼 재킷**(peplum jacket)

페플럼은 블라우스 등의 허리선 아래에 있는 짧은 스커트 모양의 부분을 플레어(flare)지게 하거나 주름을 잡아서 단이 넓어지게 만든 재킷이다.

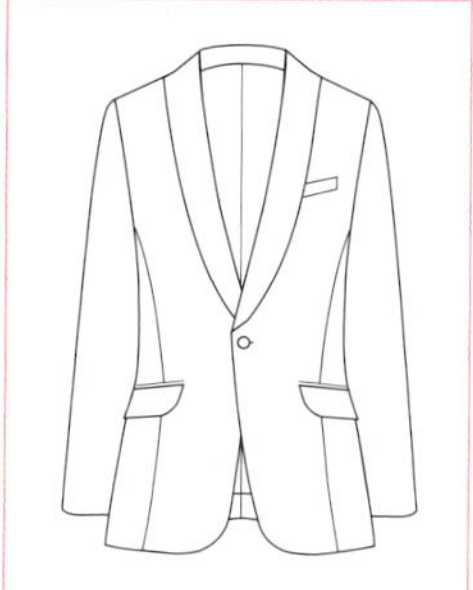

드레스 재킷

노포크 재킷

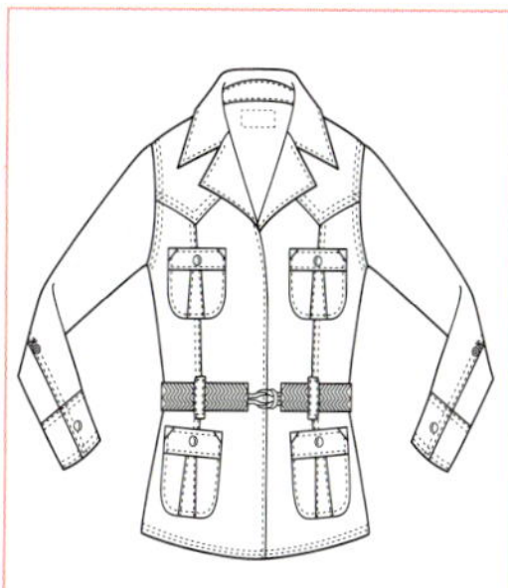

사파리 재킷

펨플럼 재킷

출처 : 이금희, Flat Drawing_vol. 1, 경춘사
박치수, 안민영, 패션도식화, 경춘사

### 6) 원피스 드레스(one-piece dress)

① **슈미즈 드레스**(chemise dress)

슈미즈 형태의 속옷이 겉옷화된 형태로 허리 부분이 여유 있는 직선형의 드레스를 말한다.

② **엠파이어 드레스**(empire dress)

인체의 곡선이 드레이프를 이용해 자연스럽게 드러나는 하이웨스트 형태의 원피스이다.

③ **시스 드레스**(sheath dress)

몸판과 스커트가 한 장으로 연결되어 허리선에 이음선 없이 다트만으로 슬림하게 몸에 딱 맞는 디자인을 말한다.

④ **셔츠 웨이스트 드레스**(shirt waist dress)

셔츠나 블라우스 느낌의 칼라나 소매의 여밈이 있는 셔츠 스타일의 원피스 드레스이다. 직선적 실루엣으로 스포티한 느낌이 난다.

⑤ **스트랩리스 드레스**(strapless dress)

어깨부위를 노출시킨 드레스로 어깨끈이 없이 주로 정장용으로 착용된다.

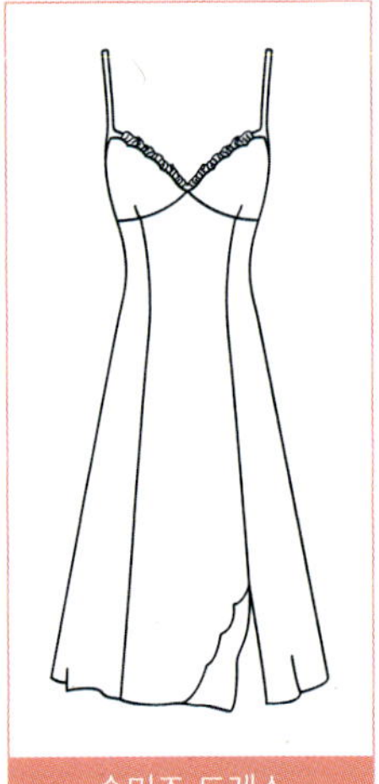

슈미즈 드레스

엠파이어 드레스

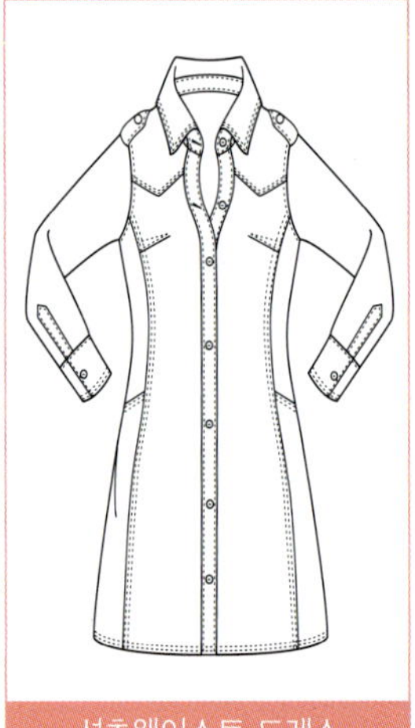

셔츠웨이스트 드레스

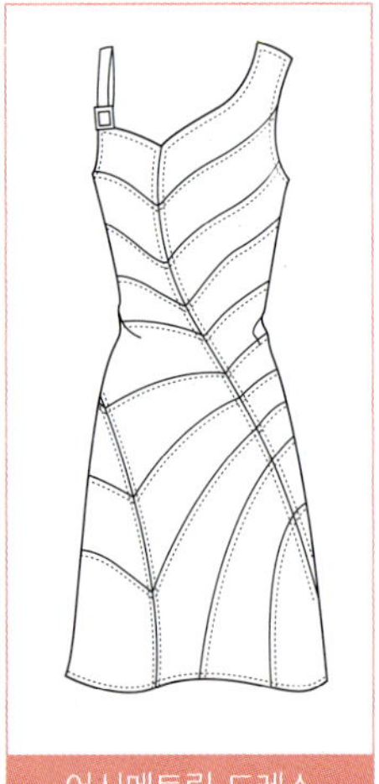

어시메트릭 드레스

출처 : 이금희, Flat Drawing_vol. 1, 경춘사

⑥ **프린세스 드레스**(princess dress)

허리선에 이음선이 없고 윗몸판에서 스커트까지 이어져 재단되어진 원피스 드레스를 말한다. 어깨선이나 진동 둘레선에서 드레스의 밑단까지 프린세스라인 들어가 있다.

⑦ **어시메트릭 드레스**(asymmetric dress)

어깨선이 비대칭으로 디자인된 스타일의 드레스로 '원 숄더(one-shoulder)', '토가(toga)' 등이 있다.

### 7) 코트(coat)

① **배럴 코트**(barrel coat)

전체적으로 둥글게 보이는 몸통 부분이 볼록한 모양의 코트이다.

② **랩 코트**(wrap coat)

앞단에 단추나 여미는 장식을 사용하지 않고 겹쳐서 허리끈으로 묶어 여미는 스타일이다. 랩 어라운드 코트(wrap around coat)라고도 한다.

③ **케이프 코트**(cape coat)

코트 위에 케이프를 부착 한 것처럼 보이는 코트이다. 소매가 없이 케이프 식으로 디자인해서 허리 부분에 트임을 준 전체적으로 여유 있는 실루엣이다.

④ **코치맨 코트**(coachman coat)

19세기 영국의 마부들이 입던 코트로 칼라밴드가 높고 라펠이 넓은 칼라에 더블 브레스트 형태로 밑단으로 갈수록 넓어지는 스타일이다. 금속 단추가 달려 있고 케이프가 달린 디자인도 있다.

⑤ **동키 코트**(donkey coat)

개버딘 소재가 많이 사용되는 겨울용 캐주얼 코트이다. 니트로 만든 숄 칼라와 래글런 소매, 플랩 포켓이 있는 것이 특징인 실용적이고 기능적인 코트이다.

랩 코트

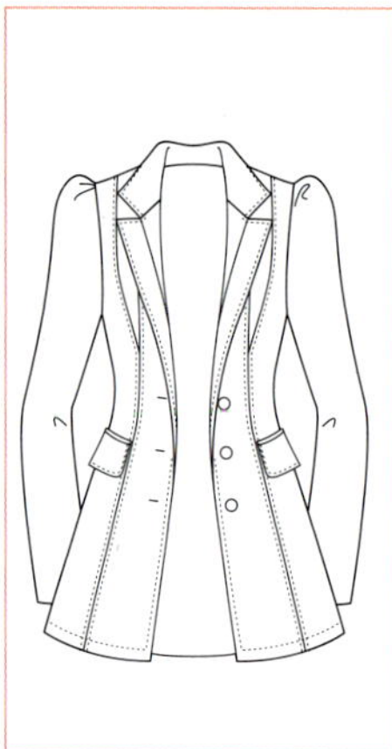
프린세스 코트

래글런 코트

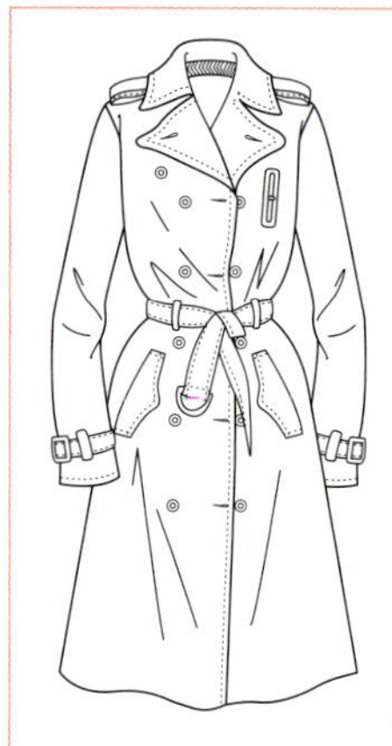
트렌치 코트

출처 : 이금희, Flat Drawing_vol. 1, 경춘사

⑥ **프린세스 코트**(princess coat)

1950년대에 유행한 어깨나 진동둘레에서 밑단까지 프린세스 라인이 들어간 밑자락이 넓은 x자형 실루엣의 코트이다.

⑦ **래글런 코트**(raglan coat)

소매 달림 선이 네크라인에서 진동 둘레로 사선의 절개선이 있는 래글런 소매로 된 코트의 총칭이다. 영국의 래글런 장군이 자주 있업다 해서 유래되었다.

⑧ **트렌치 코트**(trench coat)

1차 세계대전 때 영국군 장교들이 참호(trench) 안에서 착용한데 유래한 코트이다. 레인 코트의 일종으로 어깨에서 앞가슴까지는 스톰 플랩(storm flap)이 있고, 뒤에는 케이프 백(cape back)이 부착된 더블 브레스트 형태로 벨트를 매고 어깨에는 견장 장식을 하기도 한다.

⑨ **텐트 코트**(tent coat)

피라미드형으로 밑단과 소매단이 넓어지는 텐트를 펼친 모양의 코트이다.

⑩ **토퍼 코트**(topper coat)

'하프 코트'의 미국식 호칭으로 오버 코트보다 간편하게 입을 수 있는 기장이 상반신을 덮을 정도의 짧은 심플한 코트이다.

⑪ **박스 코트**(box coat)

어깨부터 밑단까지 직선으로 내려오는 직사각형 실루엣으로 보이는 코트이다.

⑫ **피 코트**(pea coat)

선원들이 방한용으로 입었던 상의에서 유래된 두꺼운 천으로 만든 마린(marine)감각의 코트이다. 큰 칼라와 입술 포켓이 있고, 6개의 단추가 달린 더블 여밈이 특징으로 요즈음엔 '하프 코트'로 불린다.

⑬ **발마칸 코트**(balmacaan coat)

래글런 슬리브가 달린 심플한 디자인으로 하단은 플레어를 넣어 여유가 있는 코트이다. 비즈니스나 캐주얼에 모두 잘 어울리는 오버 코트로 스코트랜드 지방에서 유래되었다.

⑭ **체스터필드 코트**(chesterfield coat)

18세기 영국의 체스터필드 백작이 입었던 코트로 너치드 라펠(notched lapel)에 싱글 또는 더블 브레스트(double breast)로 허리선이 드러나지 않는 형태의 가장 포멀한 코트이다. 셋인 소매(set-in sleeve)에 가슴과 허리에는 웰트(welt)와 플랩 포켓(flap pocket)이 있고, 앞여밈은 단추가 보이지 않는 플라이 프론트(fly front)로 처리되어 있다.

⑮ **더플 코트**(duffle coat)

북유럽 어부들의 옷에서 유래된 코트이다. 단추대신 나무로 된 토글(toggle)과 가죽 끈

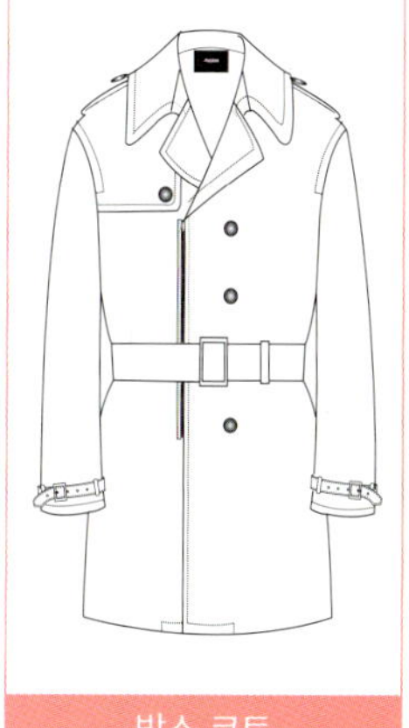
박스 코트

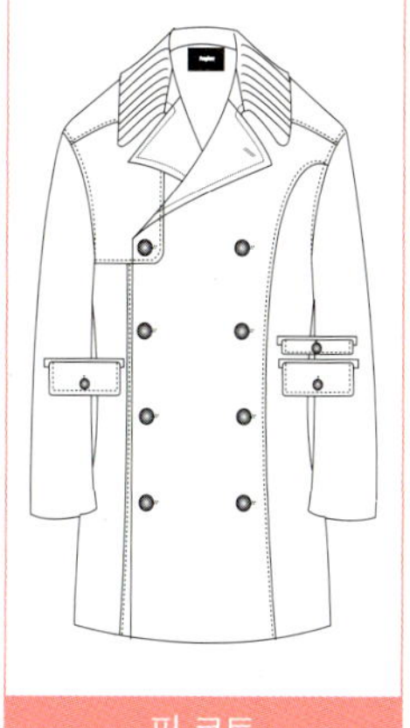
피 코트

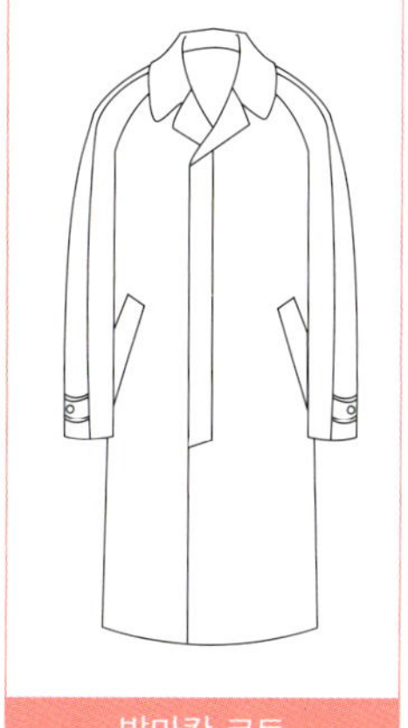
발마칸 코트

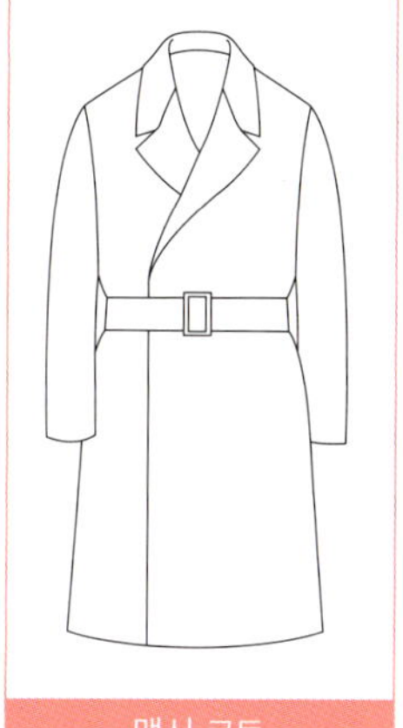
맥시 코트

출처 : 이금희, Flat Drawing_vol. 1, 경춘사
박치수, 안민영, 패션도식화, 경춘사

으로 되어 있고 모자가 달려있으며 캐주얼에서 정장까지 체형에 관계없이 폭넓게 입을 수 있는 보온성이 강한 코트이다.

⑯ **퍼 코트**(fur coat)

표면을 동물의 모피로 만든 코트로 방한용 뿐만 아니라 밍크, 여우, 아스트라칸 등으로 만든 고가의 코트이다.

⑰ **폴로 코트**(polo coat)

스포츠 관전용으로 입기 시작한 코트로 싱글 혹은 더블 여밈에 큰 포켓과 단추가 달린 박스형의 코트로 재킷이나 블레이저 혹은 비즈니스 수트 위에 입는다.

⑱ **맥시 코트**(maxi coat)

코트의 길이가 발목까지 오는 여유 있는 핏의 부피감이 있는 코트이다.

### 8) 모자(hat)

모자는 의복의 전체적인 조화를 이루게 하는 액세서리의 일종이며, 일정한 형태를 갖춘 모자와 머리쓰개의 종류인 머플러나 두건 등을 포함한다.

출처 : 이금희, Flat Drawing_vol. 3, 경춘사

### 9) 가방(bag)

지갑이나 화장품·수첩 등의 소지품을 넣어 들거나 메고 다닐 수 있게 가죽이나 원단, 비닐 등으로 제작한 실용적인 액세서리로 의상전체의 이미지를 좌우한다.

출처 : 이금희, Flat Drawing_vol. 3, 경춘사

### 10) 구두(shoes)

구두는 발을 감싸는 총칭으로 발을 보호하기 위한 목적으로 신었지만 지역에 따라 여러 형태가 있다. 구두는 용도에 따라 나이, 환경, 기후, 의복에 따라 선택한다.

출처 : 이금희, Flat Drawing_vol. 3, 경춘사

## 2. 패브릭 소품

재봉기를 이용하여 천으로 에코백, 파우치, 티슈커버, 카드지갑, 앞치마, 클러치, 주방장갑, 룸슈즈, 쿠션커버 등 생활소품을 만드는 공예를 말한다.

# 05 디자인 표현방법

## 1. 패션코디네이션

### 1) 코디네이션의 개념

- 코디네이션(Co-ordination)은 '총합'과 '규칙에 맞게'의 합성어로 '종합하다', '조정하다'의 의미를 가진 것으로 균형 있게 짜 맞추는 것을 의미한다.
- 패션 아이템인 의복, 모자, 구두, 가방 등의 색상, 재질, 무늬, 디테일 등 디자인 요소의 공통성이나 연관성에 따라 분류하는 것을 말한다.

### 2) 스타일 코디네이션

#### (1) 플러스 원 코디네이션(plus one coordination by the item)

- 아이템을 이용한 플러스 원 코디네이션(plus one coordination by the item)
  기본 아이템에 색다른 디자인의 아이템을 더하여 분위기를 전환하는 코디네이션이다. 토대가 되는 의상이나 아이템에 한 가지 아이템을 보조로 연출하여 시각적으로 강조하는 방법이다.
- 소품을 이용한 플러스 원 코디네이션(plus one coordination by the accessory)
  단순한 이미지의 의상에 다양한 소품 중에 한 가지를 선택하여 코디하는 방법이다. 소품의 코디네이션으로 기본 의상에 분위기를 더하며 분위기를 환기시켜 준다.

Chanel 2019 Resor

Sacai 2014 FW

아이템

Gucci Resort 2018 SS

Louis Vuitton 2021 SS

소품

출처 : www.vogue.com

(2) 크로스오버 코디네이션(cross-over coordination)

- 실루엣에 의한 크로스오버 코디네이션(cross-over coordination by silhouette)
일반적인 사고에 의한 고정관념에서 벗어나 형태의 실루엣을 반대로 연출하는 것을 말한다. 타이트한 재킷에 풍성한 플레어나 개더를 연출하는 것이나 오버 핏의 재킷이나 반코트에 슬림한 스커트나 레깅스를 연출하는 것을 말한다.

• 감각에 의한 크로스오버 코디네이션(cross-over coordination by feeling)
패션 이미지가 다른 의상이나 아이템을 매치하여 이질감을 통한 신선한 이미지 코디네이션 하는 것을 말한다. 클래식한 이미지에 스포티한 이미지를 연출하거나 엘레강스한 이미지에 매니쉬한 이미지의 의상을 연출하여 의외성의 매력을 연출하는 것 등이 있다.

Christian Dior 2014 FW

Versace 2022 FW

실루엣

Prada 2022 FW

Louis Vuitton 2021 SS

감각

출처 : www.vogue.com

(3) 소재 코디네이션(fabric coordination by texture)

- 동일소재 코디네이션(same texture coordination)

  동일한 소재의 패션 아이템을 사용하고 디자인이나 색상만 변화시킨 경우를 말한다. 동일한 소재의 코디네이션의 경우엔 심플하고 차분한 이미지를 전달한다. 액세서리나 패션 소품의 사용으로 뷰위기에 변화를 주기도 한다.

- 유사소재 코디네이션(similar texture coordination)

  가장 많이 사용되는 방법으로 유사한 소재를 사용하여 코디네이션 하는 방법이다. 예를 들면 포근한 느낌의 모직 재킷과 니트 스커트를 코디하거나 광택이 있는 실크 블라우스와 폴리에스테르 스커트를 코디네이션 하는 것을 말한다.

- 이질소재 코디네이션(different texture coordination)

  패션 이미지가 다른 소재를 이용하여 대조적인 이미지를 연출 하는 것이다. 메탈릭한 소재와 가죽소재를 매치하거나 소프트한 감각과 거칠고 하드한 이미지의 소재를 코디네이트 하는 것을 말한다.

Dolce & Gabbana 2019 FW

동일소재

Sacai 2018 FW

유사소재

Gucci 2022 FW

이질소재

출처 : www.vogue.com

(4) 무늬에 의한 코디네이션(fabric coordination by print)

• 같은 무늬의 크기에 따른 코디네이션(the same prints with different size)
무늬의 크기에 따른 코디네이션으로 전체적인 통일감을 주면서 무늬의 크기에 따라 변화를 추구 할 수 있다. 무늬에 대한 거부감은 감하면서 차분한 이미지를 연출 할 수 있다.

• 같은 무늬의 색상에 따른 코디네이션(the same prints with different color)
같은 무늬에 색상만 다르게 연출하여 전체적인 조화를 이루면서 자칫 지루할 수 있는 연출에 변화를 줄 수 있다.

Gucci Resort 2018 SS
유사무늬/다양한 크기

Undercover 2022 SS
유사무늬/다른 색상

출처 : www.vogue.com

• 유사한 무늬의 패턴 온 패턴(pattern on pattern similar prints)
비슷한 무늬의 패션 아이템을 연출하는 것으로 시각적인 즐거움을 주는 코디네이션이다. 스트라이프 패턴의 팬츠에 체크 셔츠를 연출하거나 도트 무늬의 상의에 페이즐리 무늬의 하의를 연출하는 방법이다.

• 대조적인 감각의 패턴 온 패턴(pattern on pattern by the contrast feeling)
서로 상반된 패턴 이미지의 패션 아이템을 연출하여 의외의 신선함을 주는 코디네이션이다. 패턴에 공통적인 특성이 없는 패턴과의 조화로 서로 다른 감각이 복합적으로 어울려져 개성있는 표현을 할 수 있다.

Roberto Cavalli 2022 FW

유사무늬/패턴 온 패턴

Dolce & Gabbana 2022 SS

대조감각/패턴 온 패턴

출처 : www.vogue.com

(5) 레이어드 코디네이션(layered coordination)

레이어드(layered)는 '층이 있는'의 의미를 가지고 있는 형용사로 유사한 품목의 의복을 겹쳐 입기 때문에 아이템 간의 길이에 변화를 주고 소재나 색상에 시각적 효과를 고려한 연출 방법이다.

Sacai 2018 FW

레이어드 코디네이션

출처 : www.vogue.com

(6) 시즈너블 코디네이션(seasonable coordination)

시즈너블(seasonable)은 '계절에 알맞은'의 의미로 한 계절에 제한하지 않고 시즌에 따라서 몇 시즌을 적절하게 착용하는 것을 말한다.

Sacai 2014 SS

Chanel  Resort 2023

시즈너블 코디네이션

출처 : www.vogue.com

(7) 미스 매치 코디네이션(mis-match coordination)

기본적인 상식에서 벗어나거나 본래의 용도를 벗어나는 의외의 조화를 말한다. 고유의 패션 아이템이 가진 이미지에서 벗어나 디자인이나 색상, 무늬의 이질적인 감각의 조화로 코디네이트하는 것으로 파격적인 이미지로 시선을 끄는 연출법이다. 영패션이나 쇼프로그램에서 자주 볼 수 있다.

Vetements 2022 SS

미스매치 코디네이션

출처 : www.vogue.com

## 2. 작업지시서

### 1) 작업지시서의 정의

작업지시서는 발주의 유사한 개념으로 특정 업무를 지시하기 위하여 작성하는 서식이다. 작업지시서는 부서 간 혹은 업체 간에 계약이 체결된 것을 전제로 한다.

- 구성항목 : 발주처명, 외부업체명, 품명, 규격, 수량, 의뢰일, 납기일, 작업컬러, 발주내역, 전화번호, 주의사항, 메모

### 2) 작업지시서의 종류

#### (1) 샘플작업지시서

샘플제작을 위해 디자이너가 작성하는 문서이다. 도식화와 디자인의 세부사항 및 규격 사이즈를 작성하고 샘플제작에 필요한 원단과 부자재를 부착하여 제작의 이해를 돕는다.

#### (2) 생산의뢰서

생산이 결정된 제품 생산에 대한 의뢰 내용을 작성하는 문서이다. 디자이너는 도식화와 부자재, 제품의 사이즈를 작성하고, 패션 MD는 색상과 사이즈별 생산량을 기재하고, 패턴니스트(patternist)는 원단과 부자재의 요척 및 소요량 등을 작성한다.

## 3) 작업지시서의 표현

### (1) 샘플작업지시서

양식_샘플작업지시서

# SAMPLE ORDER SHEET

샘플작업의뢰서

| 시즌 | | S/N | |
|---|---|---|---|

FLAT SKETCHES

FABRIC SWATCH

| INFO | |
|---|---|
| 작성일 | |
| 디자이너 | |
| 기타 | |

| SIZE | | |
|---|---|---|
| | 견본 | 완성 |
| 기장 | | |
| 등길이 | | |
| 앞길이 | | |
| 어깨넓이 | | |
| 가슴둘레 | | |
| 허리둘레 | | |
| 엉덩이둘레 | | |
| 앞품/등품 | | |
| 유장/유폭 | | |
| 진동깊이 | | |
| 진동 | | |
| 손목 | | |
| 허벅지 | | |
| 무릎 | | |
| | | |
| | | |
| | | |

| MATERIALS | | |
|---|---|---|
| 품명 | 규격 | 요척 |
| 겉감_1 | | |
| 겉감_2 | | |
| 배색감 | | |
| 안감 | | |
| 심지 | | |
| 재봉사 | | |
| TAPE | | |
| 지퍼 | | |
| 패드 | | |
| | | |
| | | |
| 단추 | | |
| | | |
| | | |
| 라벨 | 메인 | |
| | 품질 | |
| | 포인트 | |

① **샘플제작아이템_INFO :**
샘플제작에 투입한 샘플 정보 - ITEM/SN

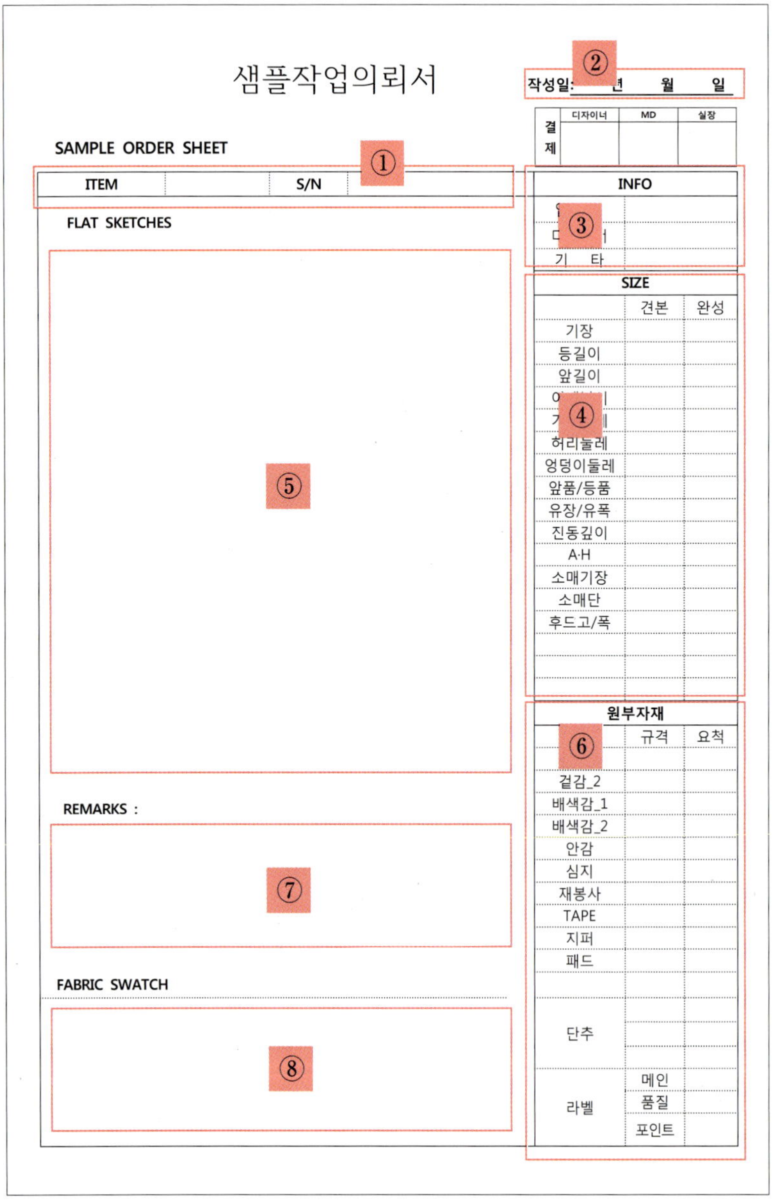


② **작성일:**
샘플제작 투입일

③ **발주처 :**
발주처의 기본정보

④ **사이즈 :**
샘플제작 시
필요한 사이즈 기재

⑤ **도식화 :**
샘플제작 투입된 디자인

⑥ **원부자재 :**
원부자재 규격 및 요척

⑦ **주의사항:**
샘플 제작시 주의사항

⑧ **스왓치:**
원단 및 부자재 스왓치

# 샘플작업의뢰서

SAMPLE ORDER SHEET

작성일: 19 년 6 월 24 일

| 결제 | 디자이너 | MD | 실장 |
|---|---|---|---|
| | | | |

| ITEM | OPS | S/N | SS0190609 |
|---|---|---|---|

**FLAT SKETCHES**

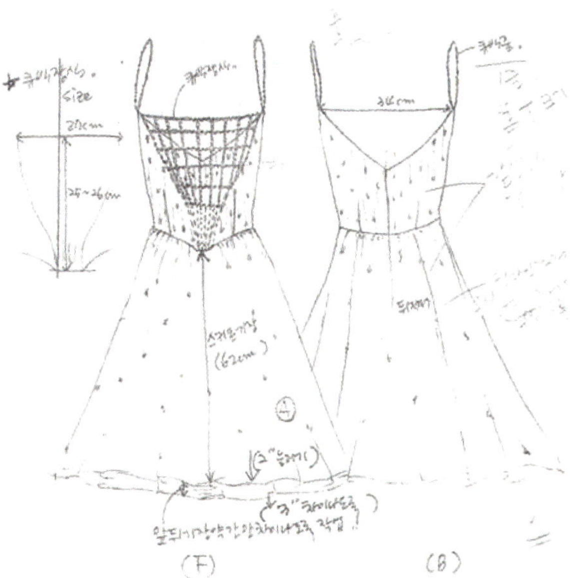


**REMARKS :**

- 앞뒤 기장 약간 차이나도록 작업!!
- 규빅 장식 부착
- 뒷 라인 절개 후 flare분 풍성하게

**FABRIC SWATCH**

**INFO**

| | |
|---|---|
| 업 체 | D-Style |
| 디자이너 | 김 영 인 |
| 기 타 | |

**SIZE**

| | 견본 | 완성 |
|---|---|---|
| 기장 | 39½" | |
| 등길이 | | |
| 앞길이 | | |
| 어깨넓이 | | |
| 가슴둘레 | 32 " | |
| 허리둘레 | 26" | |
| 엉덩이둘레 | | |
| 앞품/등품 | | |
| 유장/유폭 | | |
| 진동깊이 | | |
| A·H | | |
| 소매기장 | | |
| 소매단 | | |
| 후드고/폭 | | |
| | | |
| | | |
| | | |

**원부자재**

| 품명 | 규격 | 요척 |
|---|---|---|
| 원단-A | 60" | 3½Y |
| 원단-B | | |
| 안감 A | 44" | 0.5Y |
| 심지 | 44" | 0.5Y |
| 재봉사 | 코아사 | 1EA |
| 테이프 | 심지테이프(bk) | |
| 지퍼 | 훈술 | 1EA |
| 안감 B | 44" | 2Y |
| | | |
| | | |
| | | |
| 단추 | | |
| 라벨 | 메인 | V |
| | 품질 | V |
| | 포인트 | V |

(2) 생산의뢰서

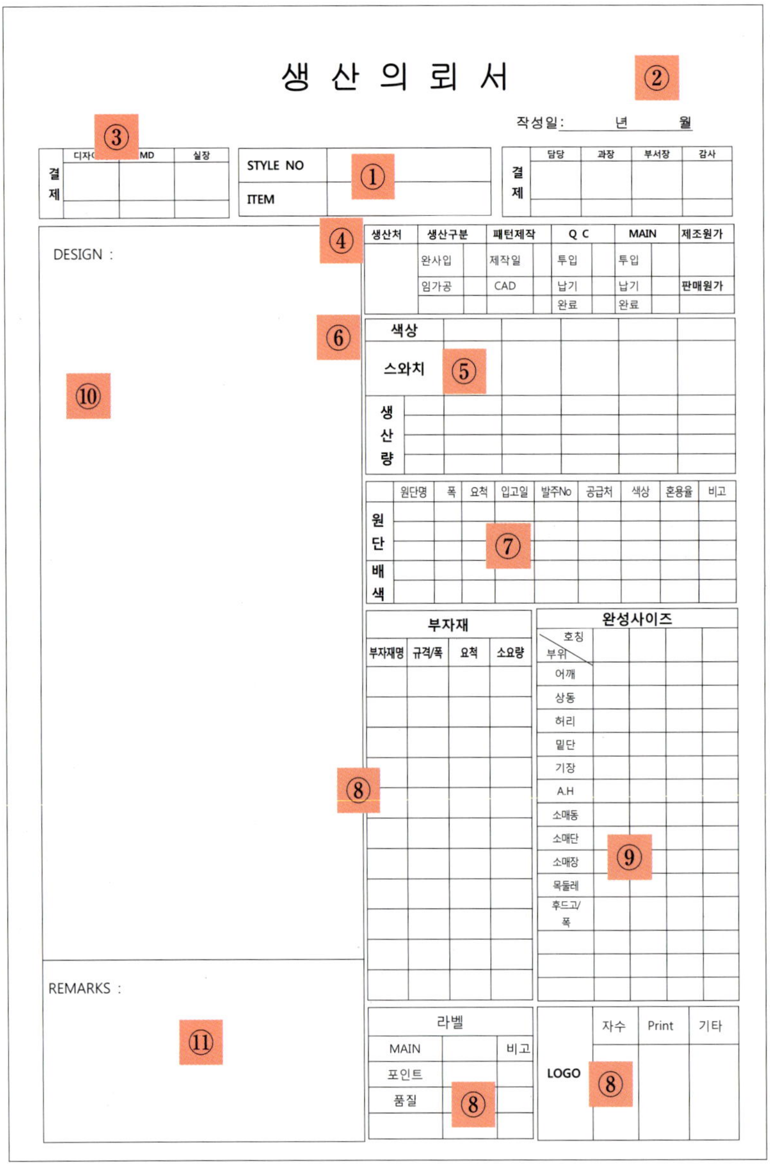


**① 생산의뢰아이템_INFO :**
생산에 투입되는 제품 정보 - ITEM/SN

**② 작성일:**
생산의뢰 투입일

**③ 발주처 :**
발주처의 결제 확인

**④ 생산처 :**
생산처의 정보

**⑤ 스왓치:**
원단 및 부자재 스왓치

**⑥ 색상 :**
색상별 생산량 기재

**⑦ 원단**
원단명/규격/요척/입고일/

**⑧ 부자재**
부자재 규격/요척/소요량

**⑨ 완성 사이즈 :**
생산완료 제품 사이즈 기재

**⑩ 도식화 :**
생산에 투입된 디자인

**⑪ 주의사항:**
제품 제작 시 주의사항

# 생 산 의 뢰 서

작성일: 2018 년 8 월 23 일

| 결제 | 디자이너 | MD | 실장 |
|---|---|---|---|
| | | | |
| | | | |

| STYLE NO | 18FW-JK0014 |
|---|---|
| ITEM | JACKET |

| 결제 | 담당 | 과장 | 부서장 | 감사 |
|---|---|---|---|---|
| | | | | |
| | | | | |

DESIGN :

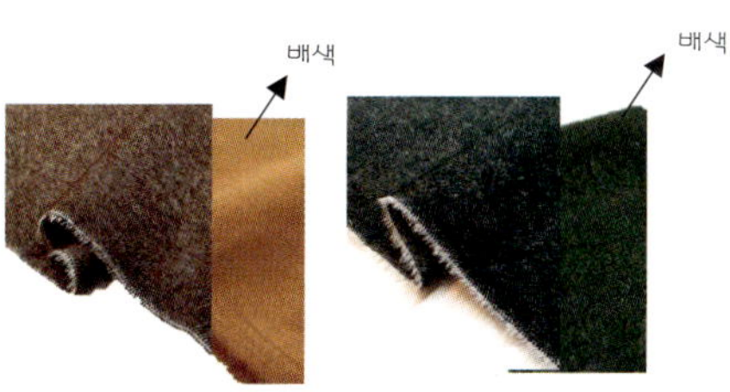


| 생산처 | 생산구분 | | 패턴제작 | | Q C | | MAIN | | 제조원가 |
|---|---|---|---|---|---|---|---|---|---|
| | 완사입 | | 제작일 | | 투입 | | 투입 | | |
| | 임가공 | | CAD | | 납기 | | 납기 | | 판매원가 |
| | CMT | V | | | 완료 | | 완료 | | |

| 색상 | | | BROWN | Green | | |
|---|---|---|---|---|---|---|
| 스와치 | | |  |  | | |
| 생산량 | 44 | | | | | |
| | 55 | | 45 | 45 | | |
| | 66 | | 35 | 35 | | |
| | | | 80 | 80 | | 160 |

| | 원단명 | 폭 | 요척 | 입고일 | 발주No | 공급처 | 색상 | 혼용율 | 비고 |
|---|---|---|---|---|---|---|---|---|---|
| 원단 | 럭스벨 | 60 | 1.8y | | | 세진 | Br/G | w 100 | |
| | | | | | | | | | |
| | | | | | | | | | |
| 배색 | 에코 | 54 | 0.3y | | | 은성 | Green | ρ 100 | |
| | 에코 | 54 | 0.3y | | | 나나 | Beige | ρ 100 | |

**부자재**

| 부자재명 | 규격/폭 | 요척 | 소요량 |
|---|---|---|---|
| 안감A | 44" | 1y | 80y |
| 안감B | 44" | 1y | 80y |
| 다데 | 10∅ | 2.3y | 368y |
| D링 | 18∅ | 2ea | 320ea |
| 버클 | 18∅ | 4ea | 640ea |
| 파이핑 | 2∅ | 2.2y | 352y |
| 웨빙테이프 | 15∅ | 0.1y | 16y |
| 심지 | 44" | 0.5y | 80y |
| | | | |
| | | | |
| | | | |

**라벨**

| MAIN | V | 비고 |
|---|---|---|
| 포인트 | | |
| 품질 | V | |
| | | |

**LOGO**

| 프린트 | 자수 | 기타 |
|---|---|---|
| | | |

**완성사이즈**

| 호칭 / 부위 | | 55 | 66 | |
|---|---|---|---|---|
| 어깨 | | $14\frac{3}{4}$ | 15 | |
| 상동 | | $36\frac{1}{4}$ | $37\frac{3}{4}$ | |
| 허리 | | | | |
| 밑단 | | | | |
| 기장 | | $23\frac{1}{2}$ | 24 | |
| A.H | | | | |
| 소매동 | | 11 | $11\frac{1}{4}$ | |
| 소매단 | | | | |
| 소매장 | | $24\frac{1}{4}$ | $24\frac{1}{2}$ | |
| 목둘레 | | | | |
| 후드고/폭 | | | | |
| | | | | |
| | | | | |
| | | | | |
| | | | | |

REMARKS :

- ✓ 패드 X
- ✓ 포켓위치 수정
- ✓ 허리위치 수정
- ✓ 웨빙테이프 작업 시 위치 확인!!
- ✓ 원단배색

## 양식_생산의뢰서

# 생 산 의 뢰 서

| 결제 | 디자이너 | MD | 실장 |
|---|---|---|---|
| | | | |
| | | | |

| STYLE NO | |
|---|---|
| ITEM | |

| 결제 | 담당 | 과장 | 부서장 | 감사 |
|---|---|---|---|---|
| | | | | |
| | | | | |

DESIGN :

REMARKS :

| 생산처 | 생산구분 | | 패턴제작 | | Q C | | MAIN | | 제조원가 |
|---|---|---|---|---|---|---|---|---|---|
| | 완사입 | | 제작일 | | 투입 | | 투입 | | |
| | 임가공 | | CAD | | 납기 | | 납기 | | 판매원가 |
| | | | | | 완료 | | 완료 | | |

| 색상 | | | | | | |
|---|---|---|---|---|---|---|
| 스와치 | | | | | | |
| 생산량 | | | | | | |
| | | | | | | |
| | | | | | | |
| | | | | | | |

| | | 폭 | 요척 | 입고일 | 발주No | 공급처 | 색상 | 혼용율 | 비고 |
|---|---|---|---|---|---|---|---|---|---|
| 원단 | | | | | | | | | |
| | | | | | | | | | |
| | | | | | | | | | |
| 배색 | | | | | | | | | |
| | | | | | | | | | |

| 부자재 | | | |
|---|---|---|---|
| | 규격/폭 | 요척 | 소요량 |
| | | | |
| | | | |
| | | | |
| | | | |
| | | | |
| | | | |
| | | | |
| | | | |
| | | | |
| | | | |
| | | | |

| 완성사이즈 | | | | |
|---|---|---|---|---|
| 호칭 / 부위 | | | | |
| 어깨 | | | | |
| 상동 | | | | |
| 허리 | | | | |
| 밑단 | | | | |
| 기장 | | | | |
| A.H | | | | |
| | | | | |
| 소매단 | | | | |
| 소매장 | | | | |
| 목둘레 | | | | |
| 후드고/폭 | | | | |
| | | | | |
| | | | | |
| | | | | |

| 라벨 | | |
|---|---|---|
| MAIN | | 비고 |
| 포인트 | | |
| 품질 | | |
| | | |

| LOGO | 자수 | Print | 기타 |
|---|---|---|---|
| | | | |

# 예상문제 01회

1. 소잉디자인

**01** 다음 설명에 적합한 것은?

> 디자인의 사용 목적에 따라 적합한 재료의 선택과 사용 용도에 적절한 기능과 구조적 특성을 이루어야 한다.

① 기능성
② 심미성
③ 심리성
④ 독창성

**02** 디자인 조형 요소 중 점, 선, 면이 해당되는 것은?

① 개념 요소
② 시각 요소
③ 상관 요소
④ 실제 요소

**03** 다음 중 스트레이트 실루엣이 아닌 것은?

① 시스 실루엣
② 머메이드 실루엣
③ 튜블러 실루엣
④ 시프트 실루엣

**04** 다음 글이 설명하는 것은?

> 시각을 통하여 지각되는 감정을 일으키는 심리적인 현상의 요인으로 시각예술의 기본 표현에 가장 중요한 조형요소 중의 하나이다.

① 색채
② 디자인
③ 실루엣
④ 색의 감성

**05** 다음 중 색의 3속성이 아닌 것은?

① 색상
② 명도
③ 채도
④ 색온도

**06** 빨강의 패션이미지는?

① 의욕적, 정열적, 생명력 있는, 섹시한, 긴장감, 흥분한, 분노한, 공격적, 자극적
② 침착한, 평온한, 조화로운, 청결한, 편안한, 수용적인, 안정된
③ 의지력 있는, 우아한, 예술적인, 신비로운, 불안감, 고독한
④ 모던한, 세련된, 격조 높은, 도회적인, 고급상품, 적막한, 불길한, 무서운

**07** 다음 중 색광은 혼합은?

① 가법혼합
② 감법혼합
③ 중간혼합
④ 회전혼합

**08** 고저스(gorgeous)한 직물의 특징으로 적합한 것은?

① 수수하고 고풍스러운 소재
② 화려하고 호화스러운 광택이 있는 소재
③ 화려한 색감의 자연소재
④ 청량하고 시원한 느낌의 소재

**09** 디자인의 조형원리가 아닌 것은?

① 균형(balance)
② 비례(proportion)
③ 리듬(rhythm)
④ 속도(velocity)

**10** 흥미를 위한 디자인 원리로 구분되는 요소가 아닌 것은?

① 리듬(rhythm)
② 대비(contrast)
③ 조화(harmony)
④ 강조(emphasis)

**11** 조화비례(harmony proportion)에 대해 설명한 것은?

① 인체의 비율에 가까운 것으로 3:5, 5:8의 비율
② 위·아래, 좌·우가 비슷한 1:1 비율의 대칭적인 비율
③ 특정 부분을 대조적으로 크거나 작게 한 후 시각적 미를 추구
④ 자연에서 보여지는 2:3의 비율

**12** 같은 단위가 한 방향으로 동일한 순서로 계속 진행되는 것은?

① 반복(repetition)
② 연속(sequence)
③ 교차(alternation)
④ 점진(gradation)

**13** 짧은 시간에 선묘로 나타내는 기법을 말하는 것은?

① 크로키
② 도식화
③ 콜라주
④ 스케치

**14** 밑단이 가장 좁은 스커트는?

① 타이트 스커트(tight skirt)
② 플리츠 스커트(pleats skirt)
③ 플레어 스커트(flare skirt)
④ 고어드 스커트(gored skirt)

**15** 레이어드 코디네이션이란?

① 무늬가 많은 옷을 조화시켜 입는 방법
② 이질적인 소재를 대비시키는 방법
③ 의복을 겹쳐입는 방법
④ 다른 느낌의 의상을 조화시켜 입는 방법



**1회 정답**

| | | | | |
|---|---|---|---|---|
| 01 ① | 02 ① | 03 ② | 04 ① | 05 ④ |
| 06 ① | 07 ① | 08 ② | 09 ④ | 10 ③ |
| 11 ① | 12 ② | 13 ① | 14 ① | 15 ③ |

**01** 다음 중 제품디자인(product design) 영역에 해당되지 않는 것은?

① 산업디자인
② 패션디자인
③ 건축디자인
④ 소잉디자인

**02** 다음 중 예민하고 날카로운 느낌이나 경쾌하고 발랄한 느낌을 주는 것은?

① 수직선
② 수평선
③ 사선
④ 지그재그선

**03** 다음 설명에 맞는 것은?

| 누에고치의 모양과 같이 어깨와 밑단은 좁고 허리부분이 부풀려진 실루엣을 말한다. |
|---|

① 박시 실루엣
② 배럴 실루엣
③ 코쿤 실루엣
④ O라인 실루엣

**04** 다음 중 무채색은?

① 빨강 ② 회색
③ 보라 ④ 남색

**05** 색체계가 바르게 연결된 것은?

① 먼셀의 표색계 – 명도를 11단계로 분류하였다.
② 오스트발트 표색계 – 10가지 색상을 순환하여 분할하였다.
③ PCCS 색체계 – 색의 3속성을 3차원 공간에 배열하였다.
④ 한국공업규격 색상환 – 오스트발트 색체계 24색을 기본으로 한다.

**06** 안정적이고 보수적이며 클래식한 느낌을 주는 색상은?

① 주황
② 파랑
③ 갈색
④ 회색

**07** 색료의 3원색이 아닌 것은?

① 자주
② 노랑
③ 파랑
④ 녹색

**08** 실키(sillky)한 느낌의 직물이 아닌 것은?

① 새틴
② 실크
③ 아세테이트
④ 크레이트 드 신

**09** 방사(radiation)에 대해 바르게 설명한 것은?

① 교차하는 두 가지 이상의 단위가 연속과 반복의 결합
② 디자인에 따라 조건과 위치가 연속적으로 변화
③ 중심선 혹은 중심점에서부터 여러 방향으로 퍼져 나가거나 안으로 모아지는 경우
④ 반복의 단위가 점차적으로 강해지거나 약해지는 경우

**10** 다음 중 강조의 원리가 아닌 것은?

① 대비(contrast)
② 집중(concentration)
③ 우세(domination)
④ 통일(unity)

**11** 다음에서 설명하는 용어로 알맞은 것은?

| '총합'과 '규칙에 맞게'의 합성어로 의복, 모자, 구두, 가방 등의 색상, 재질, 무늬, 디테일 등의 디자인 요소의 공통성이나 연관성에 따라 분류하는 것이다. |
|---|

① 패션디자인
② 패션코디네이션
③ 패션일러스트레이션
④ 패션마케팅

**12** 다음에서 설명하는 문서로 알맞은 것은?

| 생산이 결정된 제품 생산에 대한 의뢰 내용을 작성하는 문서이다. 디자이너는 도식화와 부자재, 제품의 사이즈를 작성하고, MD는 컬러와 사이즈별 생산량을 기재하고, 패턴사는 원단과 부자재의 요척 등을 작성한다. |
|---|

① 생산의뢰서　② 샘플작업지시서
③ 사업계획서　④ 생산계획서

**13** 제작하고자 하는 디자인을 평면상에 반듯이 펼쳐 놓은 것 같은 전개도로 상·하, 좌·우의 정확한 사이즈와 앞·뒤, 디자인에 따라 측면의 모습을 시각적으로 전달하는 것은?

① 드로잉　② 도식화
③ 일러스트레이션　④ 콜라주

**14** 무릎에서 20~30cm 내려와 종아리 중간까지 오는 길이의 스커트는?

① 타이트 스커트(tight skirt)
② 미디 스커트(midi skirt)
③ 미니 스커트(mini skirt)
④ 힙 허거 스커트(hip hugger skirt)

**15** 셔츠의 종류가 바르게 연결된 것은?

① 드레스 셔츠 – 칼라의 끝단과 뒤 칼라 중심에 작은 단추가 있어 끼우고, 뒤 요크 중심에 박스 주름을 넣은 셔츠
② 스포츠 셔츠 – 셔츠 칼라에 앞 트임에 2~3개의 단추가 있는 반소매 셔츠
③ 폴로 셔츠 – 정장 슈트(suit)나 턱시도의 이너로 입는 것
④ 하와이언 셔츠 – 화려한 꽃무늬의 면직물로 만든 박스 형태의 오버셔츠

**2회 정답**

| | | | | |
|---|---|---|---|---|
| 01 ③ | 02 ④ | 03 ③ | 04 ② | 05 ① |
| 06 ③ | 07 ④ | 08 ④ | 09 ③ | 10 ④ |
| 11 ② | 12 ① | 13 ② | 14 ② | 15 ④ |

# CHAPTER 02

# 소잉 소재기획

# 01
# 소잉소재 기획

## 1. 소잉소재

소잉(sewing)은 재봉·바느질(패션전문자료사전)을 뜻한다. 재봉과 바느질을 위해서는 엮임의 역할을 하는 실과 엮여지는 본체인 원단 및 피륙이 필요하다. 같은 아이템이라도 적절한 소재를 선택하고 어떻게 배치하느냐에 따라 상품의 가치가 결정된다.

소재는 과학기술의 발전과 교역의 확대, 가공 기술의 발달 등으로 더욱 다양해져서 소잉에서도 표현 할 수 있는 영역이 넓어지고 있는 추세이다.

## 2. 소재기획

### 1) 소재기획

디자인한 제품을 생산하기 위하여 다양한 조건(성능, 재질, 색상)에 맞는 적합한 소재를 선정하고 개발하는 과정으로 이를 통해 디자이너는 제품의 부가가치를 높이고 트랜드에 영향을 끼친다.

### 2) 상품기획의 필요성

유행은 끊임 없이 변화하고 시대에 따라 생활의 패턴이 달라지므로 그에 따라 소비자의 니즈(needs)를 만족 시킬 수 있는 제품을 신속하게 기획하고 개발하여 소비자에게 제시해야 한다.

### 3) 소잉디자이너의 조건

소잉소재에 대한 이론과 지식을 바탕으로 정보를 수집하여 체계적인 상품기획을 통해 소비자의 미와 감성을 충족시키는 상품을 개발하고, 인테리어 및 건축, 패션관련 연구기관과 각종 전시회 등을 통해 제시된 소재와 패션에 관련된 정보를 수집하고 분석할 수 있는 능력이 필요하다.

### 4) 세계의 소재관련 전시회

- 프랑스 파리의 프리미에르 비종(PREMIER VISION : 프랑스 파리)
- 엑스포 필(EXFO FIL : 프랑스 파리)
- 모다 인(MODA IN : 이탈리아 밀라노)
- 이데아 꼬모(IDEA COMO : 이탈리아 밀라노)
- 인터스토프(INTERSTOFF : 독일 프랑크프르트)
- 필아시아(FILASIA : 중국 홍콩)
- 인터스토프 아시아(INTERSTOFF ASIA : 중국 홍콩)
- 국제패션패브릭전시회(IFEF : 미국 뉴욕)
- 인터텍스타일(INTERTEXTILE : 중국 상해)

02

# 섬유소재

## 1. 섬유의 형태

### 1) 섬유의 길이와 너비

섬유가 방적을 통해 원단이 되려면 가늘고 길어야 하며, 섬유의 길이와 너비의 비는 1000:1 이상 되어야 한다.

(1) 섬유의 길이에 따른 분류

| 섬유길이 | 종류 | 장점 |
| --- | --- | --- |
| 단섬유<br>(스테이플 파이버 : staple fiber) | 면, 양모 | 함기량이 많아서 따뜻하고 부드러우며 통기성과 투습성이 좋음 |
| 장섬유<br>(필라멘트 파이버 : filament fiber) | 견, 인조섬유 | 치밀하고 광택이 좋으며 촉감이 차가움 |

(2) 섬유의 길이와 굵기

| 종류 | 길이(cm) | 너비(㎛) |
| --- | --- | --- |
| 면 | 1.5~5.6 | 12~25 |
| 아마 | 2.5~5 | 20~30 |
| 저마 | 15~25 | 20~80 |
| 양모 | 5.5~7.5 | 18~27 |
| 견 | 40,000~120,000 | 3~18 |

### (3) 섬유의 굵기

- 데니어(denier) : 9,000m 길이의 섬유 무게를 g수로 표시한다.
- 텍스(tex) : 1km 길이의 섬유 무게를 g수로 표시한다.

## 2) 섬유의 단면

섬유의 단면과 측면은 형태에 따라 광택, 레질리언스, 촉감, 피복성에 영향을 미친다.

### (1) 단면의 모양에 따른 분류

| 단면의 모양 | 소재의 종류 | 장점 | 단점 |
|---|---|---|---|
| 원형 단면 | 나일론, 폴리에스테르, 폴리프로필렌 등 | 촉감이 비교적 부드럽고 매끄럽고 투명 | 보풀이 많이 생김 |
| 편평한 단면 | 면 | 측면에서의 빛의 반사가 큼, 방적성이 좋음 | 촉감이 거칠고 불투명 |
| 삼각형 단면 | 견 | 광택, 촉감, 레질리언스가 우수 | |

### (2) 섬유 종류에 따른 분류

| 종류 | 단면 | 단면의 특징 |
|---|---|---|
| 면 | 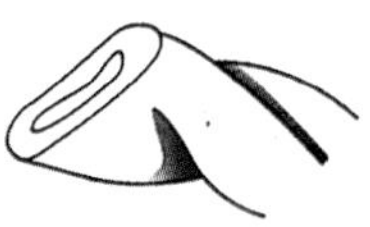 | 단면 : 납작한 중공이 있음<br>측면 : 리본 모양의 꼬임 |
| 마 | 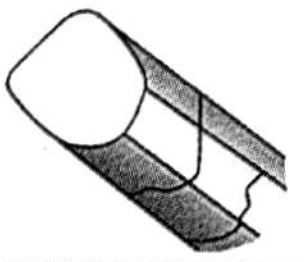 | 다각형<br>단면 : 중심에 작은 중공<br>측면 : 표면에 마디 |
| 견 | 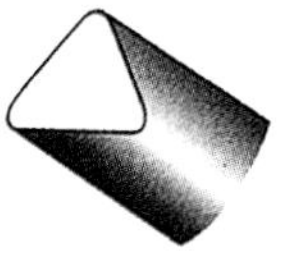 | 단면 : 가장자리가 둥근 삼각형 |
| 양모 | 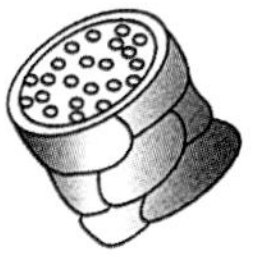 | 단면 : 원형<br>측면 : 표면에 비늘 |
| 나이론, 폴리에스테르 |  | 단면 : 원형(이형단면 가능)<br>측면 : 매끈함 |

| 비스코스 레이온 | 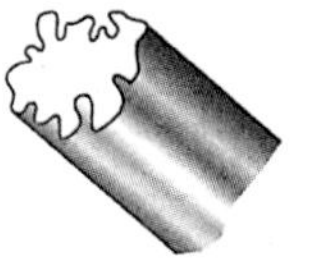 | 단면 : 불규칙한 형태<br>측면 : 심한 주름 |
|---|---|---|
| 아세테이트 |  | 단면 : 팝콘형태<br>측면 : 레이온보다 주름이 덜함 |

### 3) 권축(crimp)

섬유가 길이 방향으로 굴곡이 있거나 꼬여 있는 상태로 방적, 재직, 염색 등의 가공성에 커다란 영향을 미친다. 천연섬유로는 양모가 대표적이며 인조섬유도 방적성을 위해 권축을 만들 수 있다.

(1) 권축이 있는 섬유의 장점

- 방적성, 레질리언스, 마찰강도가 향상된다.
- 함기량, 보온성, 투습성, 통기성이 향상된다.
- 촉감이 우수하다.

(2) 인조섬유의 권축

- 물리적 방법 : 열가소성을 이용하여 형성한다.
- 화학적 방법 : 화학적 성질이 다른 섬유를 접합하여 형성한다.

## 2. 섬유소재의 조건

### 1) 내구적 성능

섬유가 사용 중에 받는 물리적 자극을 견디는 성능을 말한다.

(1) 마찰강도 : 마찰에 견디는 힘으로 강도가 크면 잘 닳지 않는다.

- 마찰강도 작음 : 양모, 견, 레이온, 아세테이트 〈 마찰강도가 큼 : 나이론, 폴리에스터
- 나이론은 마찰강도가 매우 커 브러쉬나 카펫 등에 사용된다.
- 섬유의 종류, 실이나 직물 구조에 따라 달라진다.

(2) 인열강도 : 섬유를 찢는데 필요한 힘을 말한다.

- 조직점이 많아 실의 움직임이 제한됨 : 직물 〈 실이 움직임이 자유로움 : 니트
- 풀을 먹이거나 수지가공을 하면 실의 움직임이 자유롭지 못해 인열강도가 약해진다.

(3) 인장강도와 신도 : 옷감을 길이방향으로 잡아당기다가 끊어질 때까지 견디는 힘을 말한다. (단위 g/d), 신도는 이때 늘어난 길이로 신축성과 관계된다.

- 인장강도가 큰 섬유 : 합성섬유(나이론, 아라미드, 폴리에스테르, 폴리프로필렌 등)
- 천연섬유의 인장강도 : 양모 〈 면 〈 견 〈 마
- 습윤강도 : 면, 마는 습윤시 10%정도 강도 증가, 합성섬유는 변화가 거의 없다. 레이온은 약해진다.

(4) 파열강도 : 섬유가 특정한 방향이 아닌 모든 방향에 대해서 견디는 힘을 말한다.

- 펠트, 부직포 등과 같이 방향성이 없어 인장강도를 측정하기 어려운 원단과 포대 등에 사용된다.

### 2) 외관적 성능

촉감과 광택, 질감 등 시각적이고 촉감적인 감각에 해당되고 실의 구조나 직물의 조직에 따라 영향을 받는다.

(1) 초기탄성율 : 섬유의 뻣뻣하고 부드러운 정도를 나타낸다.

- 초기탄성율이 작음 : 양모, 나이론 〈 초기탄성율이 큼 : 마
- 초기탄성율이 너무 작으면 지나치게 부드러워 옷의 형태 유지가 어렵다.

(2) 광택 : 빛에 의해 물체의 표면이 반짝거리는 것이다.

- 견과 같은 삼각 단면이 광택이 좋아서 이형단면(異型斷面)의 인조섬유를 제조하기도 한다.
- 광택이 심한 인조섬유는 이산화티탄($TiO_2$) 처리로 광택을 감소시킨다.
- 실의 구조나 꼬임의 정도, 가공과 조직 등으로도 광택이 변화된다.
- 광택을 증가시키는 방법 : 수자직, 캘린더링, 시레가공 등이 있다.

(3) 드레이프성 : 의류나 커튼 등이 만드는 자연스러운 곡선을 말한다.

- 원단의 강연성과 무게와 관련 있다.

- 실이나 직물의 구조와 조직에 따라 달라진다.
- 드레이프성이 좋음 : 견, 아세테이트, 나일론, 폴리에스테르

(4) **레질리언스** : 섬유가 힘에 의해 눌리거나 비틀리거나 구겨지는 등의 압력을 받았다가 원래의 상태로 돌아가려는 성질이다.
- 탄성회복율과 섬유의 굵기 등에 따라 달라진다.
- 레질리언스 : 아마 〈 면 〈 양모 〈 견 〈 아세테이트 〈 합성섬유 〈 폴리우레탄이 가장 좋다.
- 레질리언스가 좋으면 구김이 덜 생긴다.

(5) **열가소성** : 열과 압력에 의해 영구적으로 변형이 생기는 것을 말한다.
- 열가소성이 좋은 섬유 : 폴리에스테르, 나이론, 트리아세테이트 등
- 나이론 스타킹이나 폴리에스테르 주름치마 등에 사용된다.

(6) **염색성과 염색견뢰도** : 섬유에 염색이 쉽게 되는 성질과 염색물이 세탁, 일광, 땀, 오염, 마찰 등에 잘 견딜 수 있는 성질을 말한다.
- 천연섬유는 염료와 친화성이 있고 섬유 내 비결정부분이 많아 흡습성이 커서 염색성이 좋다.

### 3) 위생적 성능

섬유제품을 사용 할 때 느끼는 쾌적감에 해당한다.

(1) **흡습성** : 대기 중의 수분을 흡수하는 성질이다.
- 합성섬유 (폴리에스테르〈비스코스레이온 〈 아크릴 〈 나일론) 〈 천연섬유 (면 〈 마 〈 견) 〈 양모 (흡습성이 가장 좋다.)
- 흡습성이 큰 섬유 : 덥고 습한 날에도 쾌적하다.
- 흡습성이 작은 섬유 : 쾌적하지 못하나 세탁 후 쉽게 마르고 형체안정성이 좋아 관리가 편하다.

(2) **대전성** : 섬유소재가 마찰 했을 때 정전기를 발생하는 성질이다.
- 섬유의 화학적 조성과 흡습성과 밀접한 관계가 있다.

• 대기가 건조할수록, 합성섬유일수록 대전성이 크다.
• 대전성이 크면 먼지를 흡착하는 등 작업에 지장을 주며, 겉옷과 속옷이 들러붙고 먼지를 흡착하여 쉽게 옷이 더러워지며 옷을 입고 벗을 때 정전기가 생긴다.



(3) **보온성** : 인체로부터 발생한 열을 담아 체온을 유지해 주는 성질이다.
• 열전도율 작음(따뜻함) : 양모
• 열전도율 큼(시원함) : 아마
• 직물보다는 편성물이, 필라멘트사보다는 스테이플사나 텍스처사가 함기량이 많아서 보온성이 크다.

(4) **통기성** : 공기가 섬유를 통과하는 성질이다.
• 인체에서 발산하는 열의 대류 및 발산에 영향을 미친다.
• 여름에는 통기성이 큰 것이 시원하고 겨울은 통기성이 적은 것이 보온성이 높다. (겨울용도 통기성이 나쁘면 땀과 냄새가 배출되지 않아 불쾌감을 준다.)

(5) **비중** : 섬유의 무게와 관련된다.
• 드레이프성과 착용감, 활동성이 영향을 미친다.
• 최근에는 의복이 경량화되고 있으나 너무 비중이 작으면 드레이프성이 좋지 못하고 너무 가벼우면 물에 잠기지 않아 세탁이 불편하다.

### 4) 관리적 성능

섬유로 된 제품을 사용, 세탁, 보관하는데 필요한 성능을 말한다.

(1) **내일광성** : 빛이나 해, 공기 등에 장시간 노출됐을 때 견디는 성질을 말한다.
• 견, 나일론 〈 면, 레이온, 아세테이트 〈 폴리에스테르 〈 아크릴이 가장 좋다.

(2) **내열성** : 섬유가 세탁, 건조, 다림질 등의 열에 견디는 성질이다.
• 나일론, 폴리에스테르 〈 모, 견 〈 레이온, 아세테이트 〈 면 〈 마가 가장 좋다.

(3) **내연성** : 섬유가 불에 견디는 성질이다.
• 유·아동복, 침구, 커튼, 카펫 등 인테리어 섬유는 불연 또는 내연성이 요구된다.

- 가연성 섬유 : 면, 레이온, 아세테이트
- 난연성 섬유 : 모, 견, 나일론, 폴리에스테르
- 내연성 섬유 : 모드 아크릴, 아라미드
- 불연성 섬유 : 석면, 유리섬유, 금속섬유

(4) **내세탁성** : 섬유가 세탁으로 인해 손상되는 성질이다.

- 섬유의 종류, 패브릭의 표면감, 오염의 종류에 따라 다르다.
- 폴리에스테르, 나일론은 오염이 적으나 한번 생기면 쉽게 제거 되지 않는다.
- 면섬유는 습윤강도와 내알칼리성이 우수하여 세탁성이 좋다.

(5) **내약품성** : 정련, 표백, 염색, 세탁, 드라이클리닝, 가공 등에 쓰이는 화학약품에 대한 내구성을 말한다.

- 셀룰로오즈 섬유(면, 마) : 산에 약하나 알카리에 강하다.
- 단백질 섬유(견, 모) : 알칼리에 약하나 산에 강하다.
- 합성섬유 : 산과 알칼리에 강한 편이다.
- 염소계표백제 : 견, 모, 나이론, 스판텍스의 사용에 주의한다.

(6) **내충, 내균성** : 해충이나 미생물 등에 견디는 성질이다.

- 셀룰로오즈 섬유(면, 마) : 곰팡이와 세균, 좀 등의 피해를 입는다.
- 단백질 섬유(견, 모) : 좀 등의 해충의 피해를 받는다.
- 합성섬유 : 해충이나 미생물의 피해를 받지 않는다.
- 보관 시 미생물이나 해충의 피해가 없도록 세탁 후 완전 건조시킨다.

(7) **수축성** : 섬유가 물에 의해 수축하는 성질이다.

- 섬유의 종류, 세탁세제, 온도 등에 따라 달라진다.
- 양모는 수축성이 가장 크다.
- 면, 아마, 레이온은 습윤 시 수축한다.
- 합성섬유는 거의 수축되지 않는다.

(8) 방추성 : 섬유가 구김에 견디는 성질을 말한다.

- 섬유의 탄성, 레질리언스, 실의 구조, 직물의 구조에 영향을 받는다.
- 평직 〈 능직, 직물 〈 편성물, 얇은 소재 〈 두꺼운 소재가 구김이 덜 생긴다.
- 탄성회복율이 나쁨 : 구김이 잘 생긴다.(면, 마, 레이온 등) 〈 탄성회복율이 좋음 : 구김이 적다.(양모, 합성섬유 등)

(9) 필링성 : 마찰로 인해 섬유표면에 필(Pill)이 작게 뭉치는 현상이다.

- 천연섬유는 합성섬유에 비해 강도가 작아 필(Pill)이 떨어져 나간다.
- 나일론 같이 강도가 큰 합성섬유, 섬유의 단면이 원형, 실이 꼬임이 적고 조직이 성글 때 생긴다.

## 03
## 섬유의 종류

### 1. 천연섬유

#### 1) 식물성 섬유

(1) 면섬유

아열대 지방에서 생산이 적합하며 평균온도 20~30℃에서 재배된다.

① 면의 종류

| 품질 | 품종 | 섬유길이(cm) | 특징 |
|---|---|---|---|
| 최고급 | 해도면(sea isand) | 3.8~5.1 | 유백색의 부드러운 견광택<br>생산량이 적음 |
| 고급 | 이집트면 | 3.2~4.5 | 담황색의 섬세한 섬유<br>품종간 격차가 큼 |
| 중급 | 미국면 | 1.9~2.7 | 피머면: 백색 견광택<br>육지면: 어두운 백색 |
| 저급 | 중국면 | 1.6~1.9 | 황갈색 |
| 저급 | 인도면 | 1.3~2 | 단독사용이 어려움 |

② 구조

섬유의 길이는 2~4.5cm, 굵기는 12~20㎛, 단면은 중공, 측면은 천연 꼬임이 있다.

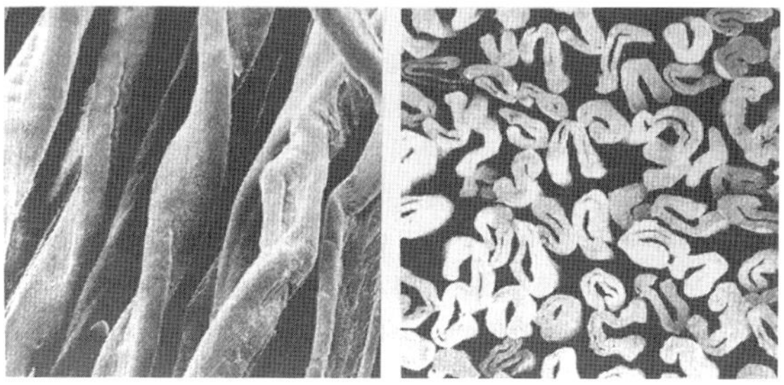

### ③ 성질

㉠ 장점

- 천연 꼬임으로 방적성과 탄성이 우수하다.
- 흡습성 7~8%로 땀과 오염을 잘 흡수해서 쾌적하여 속옷이나 여름용 의복소재로 적합하다.
- 습윤 시 강도가 10~20% 증가한다.
- 내세탁성 우수 : 삶을 수 있으며 물세탁이 가능, 드라이클리닝 용제에 영향을 받지 않는다.
- 내열성이 좋아 높은 온도에서 다림질이 가능하다.
- 염색성이 우수하다.

㉡ 단점

- 탄성과 레질리언스가 좋지 못하여 구김이 잘 생기고 형체안정성이 좋지 않다.
- 일광에 오래 노출되면 변색되며 세균과 곰팡이에 대한 피해가 있으므로 보관에 주의해야 한다.

㉢ 용도

- 섬유 소비량의 40% 정도를 차지한다.
- 속옷 및 모든 의류용 소재, 양말, 손수건, 침구, 타월, 식탁보 등에 쓰인다.
- 형태안정성이 부족하나 합성섬유와의 혼방이나 구김방지 가공으로 단점을 보완한다.

㉣ 머서화 가공(실켓가공)

- 면섬유를 20~25% 수산화나트륨용액에 처리하면 눌려있는 단면이 원형이 되며 꼬임이 사라져 매끈하게 되어 실크와 같은 광택이 나며 강도가 증가하고 흡습성이 10~12% 증가한다.

### (2) 마섬유

기원전 1만년 전부터 사용된 가장 오래된 섬유소재이다.

#### ① 마의 종류

| 품종 | 단면 | 생산지 | 특징 | 용도 |
|---|---|---|---|---|
| 아마<br>(린넨) | 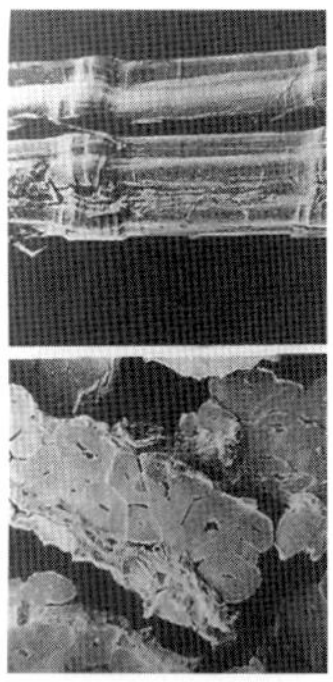 | 주로 유럽에서<br>재배됨<br>(벨기에산과<br>프랑스산이<br>섬세함) | • 마섬유 중 강도가 가장 우수<br>• 열전도성이 크고 촉감이 참<br>• 탄성과 레질리언스가 나빠<br>구김이 잘생김<br>• 흡수와 건조가 빠름<br>• 면보다 강도가 강하지만<br>비용이 비쌈<br>• 주로 유럽에서 재배됨<br>• 벨기에산과 프랑스산이 섬세함 | 손수건, 행주,<br>식탁보,<br>고급의류<br>텐트, 범포,<br>소방호수 |
| 저마<br>(모시) | 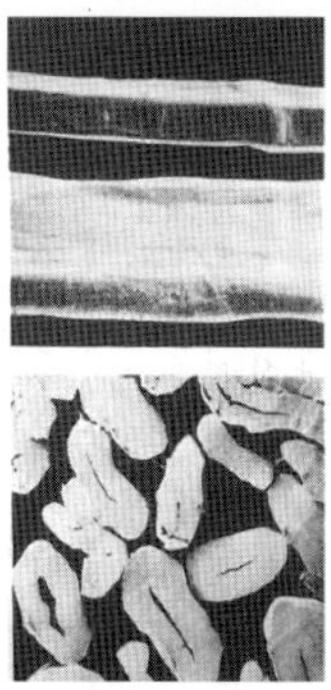 | 대한민국,<br>일본,<br>중국,<br>인도 등 | • 열전도성이 크고 촉감이 참<br>• 탄성과 레질리언스가 나빠<br>구김이 잘생김 | 여름철 고급의류,<br>내의,<br>한복감,<br>손수건,<br>식탁보,<br>재봉사 |
| 대마<br>(삼베) | 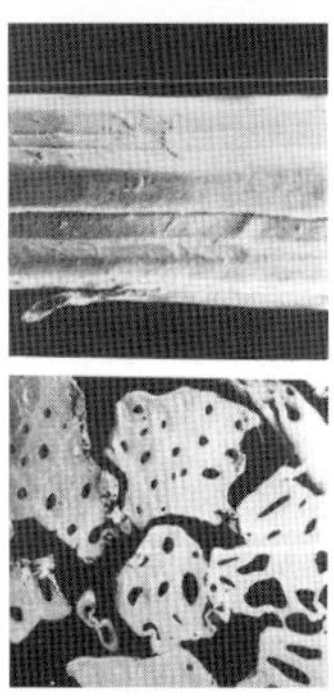 | 대한민국,<br>이탈리아,<br>미국 등 | • 열전도성과 강도가 큼<br>• 레질리언스가 나쁨<br>• 섬유가 굵고 뻣뻣하여<br>상복이나 수의 등에 이용<br>• 표백에 의해 섬유가 손상됨 | 상복이나 수의,<br>여름철 한복감 |

② 성질

㉠ 장점

- 강도가 면보다 2배 이상 커서 천연섬유 중 가장 강하며 습윤 시 강도가 10~15% 증가한다.
- 내열성이 좋아 다림질 온도가 섬유 중 가장 높다.
- 열전도성이 좋아 시원하다.
- 염색성이 좋으나 면보다 느리게 염색된다.

㉡ 단점

- 탄성과 레질리언스가 나빠서 구김이 잘생긴다.
- 일광에 의해 변색되며 온도와 습도가 높으면 곰팡이에 대한 피해가 있다.
- 약품에 대한 내성은 면보다 약하다.
- 물에 의해 수축되고 강알칼리나 표백제에 의해 빳빳함이 줄고 보풀이 생기기 쉬우므로 세탁에 주의해야 한다.

㉢ 기타 마섬유

| 품종 | 생산지 | 특징 | 용도 |
|---|---|---|---|
| 황마 | 파키스탄, 인도, 태국, 인도네시아, 대만 등 | • 내후성이 나빠 대기, 일광, 습기 등에 강도가 현저히 저하됨<br>• 다른 인피섬유와는 달리 습윤강도가 저하됨<br>• 표백에 의해 강도가 떨어짐 | 포대, 카펫 |
| 마닐라마 | 필리핀 | • 강도와 내수성이 우수 | 과거 선박용 로프로 쓰임<br>매트, 테이블보, 티백용 종이 원료 |
| 사이잘 | 중부 아프리카, 브라질, 남아시아의 열대지방 | • 마닐라마보다 품질이 떨어짐 | 육상용 로프, 테이블 매트, 실내장식 |
| 케이폭 | 인도네시아 등 동남아 | • 방적성이 거의 없음<br>• 부력이 좋음<br>• 가볍고 탄성과 보온성이 우수 | 구명구의 충전재<br>침구재료 |
| 야자섬유 | 스리랑카 | • 강직 | 로프, 솔, 수세미, 구두솔 |

## 2) 동물성 섬유

### (1) 양모섬유

면양에서 얻는 털로 제작되며 주생산지는 오스트레일리아, 뉴질랜드, 아르헨티나, 중국, 구소련 등이다.

① **면양의 종류** : 메리노종이 가장 우수하다.

② 울의 구분

- 뉴 울(new wool, virgin wool) : 건강한 면양 또는 새끼 양에게서 얻은 양모이다.
- 램스울(lams wool) : 태어난지 6개월 된 새끼양에게서 얻은 양모이다.
- 스킨 울(skin wool) : 죽은 면양의 가죽에서 얻는 양모(강도, 광택 등의 품질이 떨어진다.)
- 재생양모 : 원단 생산 시 잘라낸 폐기원단이나 중고의류에서 회수된 것을 말한다.

③ 울마크

| WOOLMARK | WOOLMARK BLEND | WOOL BLEND |
|---|---|---|
| 신모 100% | 신모가 50% 이상 사용된 울 제품 | 신모가 30~50% 사용된 울 제품 |

④ 구조

표피에 비늘 모양의 스케일이 있다.

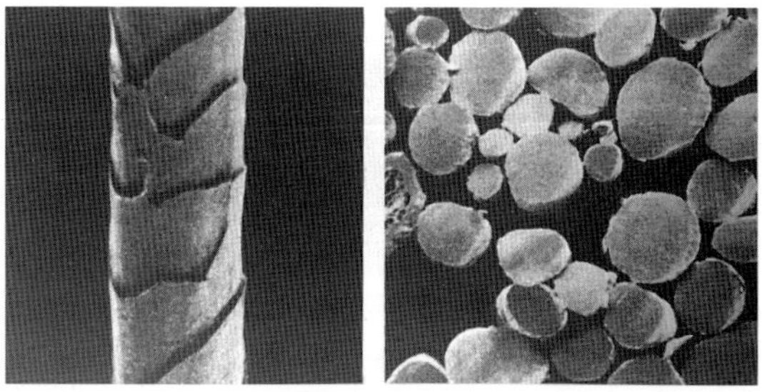

• 물리적 구조 : 오르토 내섬유(ortho cortex)와 파라 내섬유(para cortex)로 구성되며, 오르토 내섬유는 파라 내섬유에 비해 수분이나 염료를 더 잘 흡수하며 팽윤이 커서 항상 바깥쪽을 차지하여 권축이 생긴다.

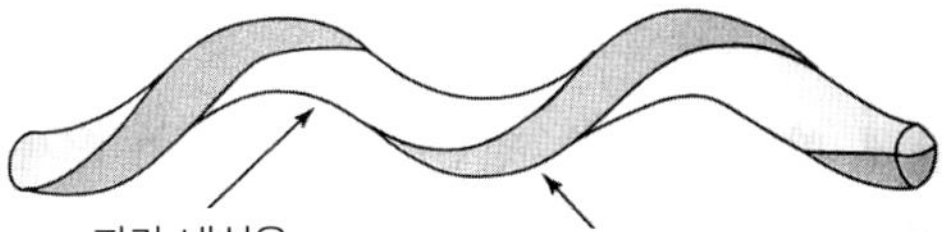




⑤ **성질**

㉠ 장점

• 탄성과 레질리언스가 천연 섬유 중 가장 우수하여 형태안정성과 내추성이 좋다.
• 권축으로 인해 공기 함유량이 많아 가볍고 보온성이 우수하여 겨울용 소재로 좋다.
• 습기를 흡수 할 때 많은 열을 발생하여 젖어도 냉감이 없다.
• 흡습성이 섬유 중 가장 우수(14~16%)하여 염색이 잘된다.
• 굴곡강도가 좋아 부드럽고 유연하다.

㉡ 단점

• 섬유표면의 스케일이 물, 열, 알칼리에 수축한다.
• 습윤 시 강도가 약간 감소한다.
• 강도가 천연 섬유 중 가장 작아 옷감이 헤지는 경우가 있다.
• 열에 약하므로 원단을 대고 다림질 하는 것이 좋다.
• 산에 강하고 알칼리에 약해 물세탁이 어렵다.
• 염소계 표백제를 사용 할 수 없다.
• 일광에 의해 황변되고 강도가 약해 진다.(견보다는 강하다.)
• 순백색은 표백이 어렵고 표면에 스케일이 있어 광택이 적다.
• 표면이 거칠어 때나 먼지가 잘 흡착된다.
• 습한 경우 해충의 피해가 생긴다.

ⓒ 기타 헤어섬유

| 종류 | 특징 | 용도 |
|---|---|---|
| 캐시미어<br>(cashmere) | • 인도, 중국, 티벳 등에 서식하는 산양의 털<br>• 손으로 빗어서 떨어지는 털을 모아 사용(코트 한 벌에 30~40마리의 털이 소요)<br>• 장점 : 양모보다 가늘고 섬세하며 우아한 광택이 있어 최고급 섬유로 평가됨<br>• 단점 : 양모보다 강도가 약해 필링이 잘 생김 | 스웨터,<br>고급수트,<br>코트,<br>숄 등 |
| 모헤어<br>(mohair) | • 양모보다는 거칠고 털이 길며 까슬까슬 함<br>• 장점 : 표면이 매끄럽고 순백에 가까운 좋은 광택<br>• 단점 : 축융성이나 권축이 거의 없어 방적성이 부족 | 남성용 여름수트,<br>실내장식용 직물,<br>카펫 |
| 낙타<br>(camel Hair) | • 밝은 황색 또는 암갈색의 털<br>• 쌍봉낙타의 털갈이 때 빠지는 털을 수집<br>• 속털은 헤어섬유 중 보온성이 가장 탁월함<br>• 장점 : 부드럽고 가벼우며 보온성과 방수성이 좋음<br>• 단점 : 표백이 어려움 | 속털 : 고급코트,<br>수트, 스웨터<br>겉털 : 러그, 심지 |
| 기타 | • 토끼털 : 가볍고 촉감이 부드러우나 권축과 스케일이 발달되지 않아 방적성이 없어 단독사용이 어려움<br>• 알파카 : 견과 같은 광택, 보온성이 좋음<br>• 비큐나 : 헤어섬유 중 가장 부드러우나 생산량이 매우 적고 가장 비쌈 | |

(2) 견섬유

중국에서 처음 생산되었으며 주요 생산국은 중국, 일본, 태국, 인도이다.

① 구조

천연섬유 중 유일하게 필라멘트 섬유로 세리신(sericin)과 피브로인(fibroin)으로 구성된다.

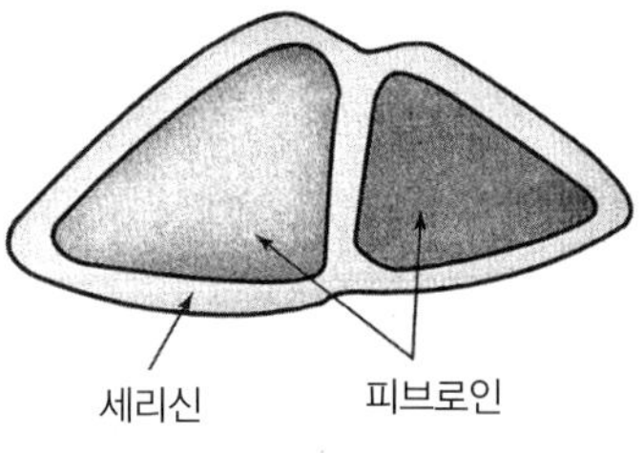


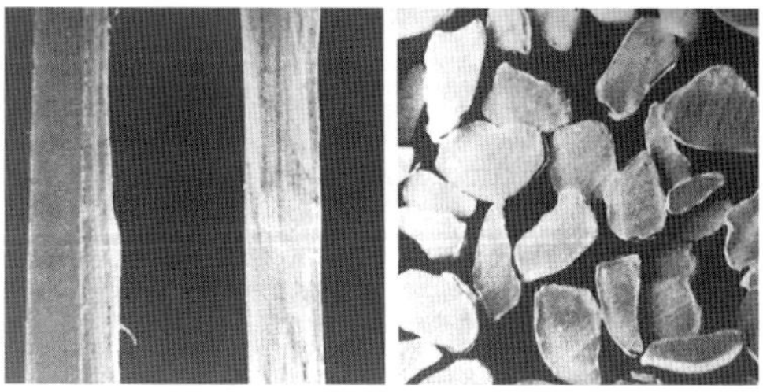

• 정련 : 생사를 알칼리용액에 가열하여 세리신을 제거하는 과정이며 정련견은 부드럽고 우아한 광택이 나며 10~20%의 무게가 감소한다.

② **성질**

㉠ 장점

- 매우 매끄럽고 우아한 광택이 난다.
- 강도와 신도가 비교적 강하다.
- 탄성과 레질리언스가 양모 다음으로 우수하여 구김이 잘 가지 않고 잘 펴진다.
- 초기탄성률이 작아 부드럽다.
- 흡습성과 염색성이 좋으므로 산성, 염기성, 직접염료 등에 염착이 잘된다.
- 곰팡이 등 미생물에 비교적 안전하다.

㉡ 단점

- 땀과 피지에 의해 손상과 얼룩이 생긴다.
- 습윤 시 강도가 저하된다.
- 150℃ 이상 다리미에 황변이 일어난다.
- 일광에 약하여 강도가 급격히 저하되고 황변한다.
- 양모보다는 피해가 적으나 해충에 주의해야 한다.
- 알칼리에 약하여 물 빨래보다는 드라이클리닝이 안전하다.
- 가격이 비싸고 관리가 용이하지 않다.

㉢ 견명 : 견섬유를 마찰할 때 나는 소리로 산에 담갔다가 건조하면 견명이 선명해지고 알칼리로 수세하면 견명이 없어진다.

③ **용도**

- 드레스, 블라우스, 란제리, 한복, 스카프, 넥타이, 침구, 재봉사, 자수실 등에 사용된다.

### 3) 광물성 섬유

(1) 유리섬유

- 불연성이므로 열이나 전기의 절연제로 적합하다.
- 흡습성은 없으나 내약품성이 좋다.
- 구부림이나 마찰에 약하다.

- 커튼, 전기담요, 천장과 벽의 내장제, 방음판, 여과재, 축전지, 방탄복, 의료용, 차량, 선박, 냉장고 부품 등으로 쓰인다.

(2) 탄소섬유

- 유기섬유를 태워 탄화 시킨 후 고온으로 열처리하여 만든다.
- 내열성, 내충격성이 뛰어나다.
- 화학약품에 강하고 해충에 대한 저항성이 크다.
- 금속인 알루미늄보다 가볍고, 철에 비해 탄성과 강도가 뛰어나다.
- 스포츠용품(낚싯대, 골프채, 테니스 라켓), 항공우주산업(내열재, 항공기 동체), 자동차, 토목건축(경량재, 내장재), 전기전자, 통신(안테나), 환경산업(공기정화기, 정수기) 등에 쓰인다.

(3) 금속섬유

① 스텐레스강 섬유

- 우주개발을 위해 연구된 소재로 우주과학과 공업용으로 사용된다.
- 전기 전도성과 열전도성이 좋다.
- 직물에 0.2~0.5% 정도 혼방하면 영구히 정전기를 방지 할 수 있어 대전방지 작업복, 카펫 등에 쓰인다.

② 금사와 은사

- 현재는 폴리에스테르 필름에 알루미늄을 증착시켜 만든다.
- 메탈릭사(metallic yarn)라 불리며 장식사로 사용된다.

## 2. 인조섬유

### 1) 재생섬유

셀룰로오즈 섬유의 린터와 같이 길이가 너무 짧아 방직이 어렵거나, 자연계의 단백질을 물리, 화학적 공정을 거쳐 섬유로 만든 것을 말한다.

(1) 비스코스 레이온(viscos rayon)

① 특징

• 레이온은 주로 비스코스 레이온을 가리킨다.
• 면 린터나 목재펄프를 수산화나트륨에 용해시킨 후 습식방사하여 만든다.
• 방사과정에서 독성이 있는 이황화탄소($CS_2$)가 배출된다.
• 견섬유를 대신하기 위해 만들어져 인견이라고 부르기도 한다.

② 성질

㉠ 장점

• 셀룰로오즈 중합체가 면보다 적고 비결정 부분이 많으므로 면보다 흡습성이 크다.
• 촉감이 매끄럽고 우수한 드레이프 성과 흡습성이 좋아 정전기가 생기지 않는다.

㉡ 단점

• 화학적 구조는 면과 동일하나 강도가 훨씬 낮다.
• 탄성과 레질리언스가 낮아 구김이 잘 생긴다.
• 습윤강도가 50% 정도 낮아지고 물에 팽윤하여 두꺼워지므로 드라이클리닝이 안전하다.
• 알칼리에 약하다.

㉢ 용도

• 안감, 여성복 블라우스, 셔츠, 드레스, 란제리, 리본 등을 만드는데 쓰인다.

(2) 강력 레이온

• 비스코스 레이온과 원리가 같으나 방사속도를 느리게 하고 황산 농도를 낮춰 결정성과 배양성을 향상시킨다.

(3) 폴리노직 레이온

• 비스코스 레이온의 단점(습윤 시 강도 저하와 팽윤, 내알칼리성)을 보완한 것이다.
• 실크에 가까운 백색을 지닌다.
• 모든 성질이 면에 가까워 면의 대용으로 쓰인다.

### (4) 구리암모늄 레이온

- 산화구리암모니아 용액으로 섬유소를 용해하여 동암모니아 인견 또는 큐브라(cupra), 벰베르그(bemberg)라고 불린다.
- 가늘고 광택이 좋아 견처럼 아름다우나 생산비가 높다.
- 성질은 비스코스 레이온과 유사하나 제조공정 상의 공해가 적다.

### (5) 리오셀(lyocell)

- 텐셀이라는 상품명으로 알려져 있다.
- 용제를 다시 회수하여 공해물질 발생이 없다.
- 결점인 세탁 수축율을 2% 이내로 조정하였다.
- 셀룰로오즈계 섬유이면서도 강도와 신도가 레이온이나 면제품보다 높아 폴리에스테르와 비슷하다.
- 촉감이 부드럽고 드레이프성이 좋으며 탄력성이 우수하다.

### (6) 모달(modal)

- 너도 밤나무 펄프만을 사용하여 생산된다.
- 대체로 면과 비슷하나 면에 비해 수축이 적고 탄성 회복률이 좋아 형체 안정성이 뛰어나다.
- 비스코스 레이온보다 습윤강도가 강하고 팽윤과 수축이 적어 물세탁이 가능하다. 감촉이 좋고 윤기 나는 외관을 가지며, 석회와 같은 경수(硬水) 침전물이 표면에 잘 들러붙지 못해 반복 세탁에도 부드러움을 유지한다.

## 2) 반합성섬유

셀룰로오즈 섬유를 원료로 하는 것은 재성 섬유와 같으나 섬유의 화학구조가 천연적인 섬유소 다르다.

### (1) 아세테이트(acetate)

#### ① 제조방법

- 면 린터나 목재펄프를 초산으로 녹여 초산섬유소로 만들고 아세톤에 용해시켜 건식 방사하여 제조된다.

② **성질**

㉠ 장점

- 비중이 양모와 비슷하게 낮아 가볍다.
- 천연섬유에서는 볼 수 없는 열가소성으로 인기를 끌었으나 합성섬유의 발달로 가치가 저하되어 현재는 담배 필터용 토우(tow)로 쓰이고 있다.
- 열가소성이 있어 양모와 같이 권축을 줄 수 있다.
- 초기 탄성률과 구김 회복성, 레질리언스가 좋으면 방축성, 열고정성, 내세탁성도 좋다.
- 부드러운 광택과 촉감, 드레이프성이 좋다.
- 흡습성이나 흡수성이 적어 건조가 빠르다.
- 좀벌레나 해충, 곰팡이 등 미생물에 저항력이 크다.

㉡ 단점

- 흡습성과 흡수성이 낮아 분산염료로 염색하고 대전성이 있다.
- 산과 알칼리에 약하며 120℃ 이상 온도에서 다림질 시 표면이 번들거림이 생긴다.
- 천연섬유나 레이온에 비해 위생성이 좋지 않다.
- 얼룩을 뺄 때 아세톤, 페놀, 클로로포름 등에 용해 된다.
- 물세탁에 의해 손상되기 쉽고 광택이 떨어지므로 드라이클리닝을 추천한다.

㉢ 용도

- 남성용 잠옷, 셔츠, 넥타이, 가운 등 겉감보다는 안감용으로 많이 사용된다.

(2) 트리아세테이트

- 강도는 레이온보다 떨어지지만 습윤강도의 저하는 레이온보다 심하지 않다.
- 내열성이 아세테이트보다 우수하여 영구적인 주름이 가능하다.
- 약한 손세탁이나 기계세탁이 가능하나 드라이클리닝이 안전하다.
- 합성섬유와 달리 촉감이 산뜻하고 광택이 특이하다.

### 3) 합성섬유

석유나 석탄, 천연가스 등을 원료로 하여 화학공업에서 만들어지는 섬유를 말한다. 3대 합성섬유로는 나일론, 폴리에스테르, 아크릴이 해당된다.

### (1) 나일론(nylon)

폴리아미드계로 최초의 합성섬유이다.

#### ① 장점

- 강도와 신도가 강하고 우수한 마찰 및 마모 강도를 가진다.
- 탄성과 레질리언스가 우수하여 구김이 생기지 않는다.
- 알칼리에 강하다.
- 오염된 경우를 제외하고는 해충이나 균의 피해를 입지 않는다.
- 열가소성이 우수하여 텍스처사, 스타킹 등이 쓰인다.

#### ② 단점

- 초기탄성률이 매우 낮아 형태안정성이 낮다.
- 흡습성이 낮아 땀을 흡수시키지 못하고 정전기가 발생한다.
- 일광에 매우 약하나 견보다 견디는 강도가 조금 길다.
- 염색이 어렵다.
- 소수성 섬유라 기름에 쉽게 오염되고 잘 제거되지 않으며 변색한다.
- 내열성이 좋지 못해 낮은 온도(150℃ 이하)로 다림질해야 한다.

#### ③ 용도

- 스타킹, 란제리 등 얇은 의복이나 양말, 운동복, 노동복 등에 사용된다.
- 카펫이나 타이어 코트, 벨트 등 강도와 내구성이 필요한 곳에 사용된다.

### (2) 폴리에스테르(polyester)

현재 가장 많이 생산되는 합성섬유로 합성섬유 중 의류용으로 가장 적합하다.

#### ① 장점

- 강도와 신도가 강하고 우수한 마찰 및 마모 강도를 가진다.
- 내약품성이 강하다.
- 탄성회복률이 크고 레질리언스가 우수하여 구김이 잘 생기지 않는다.
- 마찰강도가 좋다.
- 형태안정성이 좋아 다림질이 필요없다.

- 세탁 후 쉽게 건조 된다.
- 해충이나 균의 피해를 입지 않는다.

② **단점**

- 흡습성이 낮고 염색이 어렵다.
- 정전기가 잘 발생된다.
- 기름에 쉽게 오염 된다.
- 필링이 잘 생긴다.
- 직사광선에 의해 섬유가 약화된다.(유리창 안에서는 잘 견딘다.)
- 열전도율이 높아 보온성이 나쁘다.
- 열에 약하여 낮은 온도(150℃ 이하)로 다림질해야 한다.

③ **용도**

- 남녀노소의 의복용에 사용된다.
- 최대 단점인 낮은 흡습성은 다른 섬유와 혼방하여 극복한다.
- 텍스처사 가공 후 편성물용으로 사용된다.
- 커튼이나 카펫 등 실내장식용 쓰인다.
- 충전재, 옥외용직물, 산업용 등에 사용된다.

### (3) 아크릴(acrylic)

양모와 비슷한 성질로 양모대용으로 사용된다.

① **장점**

- 부드럽고 유연하고 벌키가공을 통해 양모보다 더 가볍고 폭신폭신 하다.
- 탄성과 레질리언스가 좋아 구김이 생기지 않으며 쉽게 펴진다.
- 내일광성이 섬유 중 가장 좋다.
- 내약품성이 좋다.
- 세탁, 및 드라이에 안정(강산이나 강알칼리에 분해된다.)
- 해충이나 균에 피해를 받지 않는다.

② **단점**

- 염색성이 나쁘다.

- 흡습성이 나빠 정전기가 잘생긴다.
- 불에 잘 타며 유독가스를 배출하므로 실내장식용으로는 적합하지 않다.
- 수축방지를 위해 낮은 온도에서 건조해야 한다.
- 편성물의 경우 필링이 잘생겨 손세탁을 권한다.
- 다림질 온도는 150℃ 이하로 해야한다.

③ **용도**

- 겨울 의복용 스웨터, 내의, 인조모피, 모포 등으로 쓰인다.
- 일광에 강하므로 옥외용 차양, 텐트, 인조잔디 등을 만든다.

④ **모드아크릴**(modacrylic)

- 내연성이 우수하여 불에 잘 타지 않는다.
- 탄성회복률이 아크릴 섬유보다 좋다.
- 사람의 머리카락과 비슷하여 가발이나 인형머리 등에 사용된다.
- 내약품성이 좋아 실험복 등에 적합하다.(아세톤에 용해)
- 잘 타지 않아 실내장식용으로 적합하다.
- 세탁과 관리가 편하고 필링이 잘 생기지 않는다.

### (4) 폴리우레탄(polyurethane)

신축성이 있는 스판덱스(Spandex)로 듀폰사의 라이크라(Lycra)가 대표적이다.

① **장점**

- 마찰과 굴곡강도, 레질리언스 등 내구성이 고무보다 우수하다.
- 비중이 낮아 다른 섬유에 비해 가볍다.
- 내약품성이 좋은 편에 속한다.
- 고무에 비해 고온에 잘 견딘다.(열가소성이 있다.)
- 피지와 땀에 강하고 물에 젖어도 강도와 신도의 변화가 없다.
- 고무와 달리 염색이 가능하다.
- 해충이나 균에 피해를 받지 않는다.

② **단점**

- 염색견뢰도가 좋지 않다.
- 일광에 황변되며 서서히 약해진다.
- 섬유의 마찰계수가 커서 단독사용이 어려워 다른 섬유와 혼방해서 사용해야 한다.
- 염소계 표백제는 사용할 수 없다.
- 다림질 온도는 150℃ 이하로 한다.

③ **용도**

- 수영복, 파운데이션, 란제리, 브레지어 및 허리밴드 등에 사용된다.
- 혼방하여 편성물 등에 사용한다.

(5) 폴리프로필렌(polypropylene)

프로필렌을 중합시켜 만든 섬유로 P·P 섬유로 통용된다.

① **장점**

- 모든 섬유 중 비중이 가장 낮아(0.91) 물에 뜬다.
- 수분을 거의 흡수하지 않아 물에 영향을 받지 않고 형태의 변화가 없다.
- 양초나 비닐과 같은 촉감과 광택이 있다.
- 강도가 매우 크다.
- 레질리언스는 우수하나 나일론이나 폴리에스테르보다는 못하다.
- 마찰강도가 좋다.
- 모든 산과 알칼리에 강하나 강산에 분해된다.
- 열가소성이 좋다.
- 얼룩과 오염에 강하다.
- 해충이나 균에 피해를 받지 않는다.

② **단점**

- 염색이 어렵고 색상이 다양하지 못하다.
- 일광에 약하다.
- 수분 흡수율이 낮고 미끈거리는 촉감 때문에 불쾌감이 들 수 있다.

- 140℃ 온도에서 수축이 일어나므로 안정화를 위해 열처리가 필요하다.
- 다림질은 안하는 것이 안전하다.

③ **용도**

- 스웨터, 스포츠웨어, 인조모피 등에 쓰인다.
- 탄성이 좋고 비중이 작고 가벼워 부직포, 이불솜 등으로 쓰임(보온성은 좋지 않다.)
- 해충과 오염에 강하여 관리가 편하고 가격이 저렴하여 카펫에 쓰인다.
- 탄성이 우수하므로 속옷, 수영복, 스타킹, 양말 등에 쓰인다.

(6) 폴리비닐알콜(polyvinyl Alcohol)

일반적으로 비닐론(vinylon)을 말하며 P.V.A라고 부른다.

① **장점**

- 흡수율이 4~5%로 합성섬유 중 가장 높다.
- 마모강도는 나일론 다음으로 우수하고 굴곡강도도 좋다.
- 대전성이 좋다.
- 내일광성이 좋다.
- 얼룩이 잘 안생긴다.
- 불꽃에 잘 견딘다.
- 해충이나 균에 피해를 받지 않는다.

② **단점**

- 탄성과 레질리언스가 좋지 못해 구김이 잘 생기고 형태안정성이 나쁘다.
- 염색성이 좋지 못하다.
- 알칼리에는 잘 견디나 산에 약하다. 페놀에 손상된다.

③ **용도**

- 고급 옷감으로는 적합하지 않으나 혼방하여 작업복, 학생복, 군복, 양말, 양산 등에 쓰인다.
- 강도가 커 재봉사, 어망, 로프 등을 만드는데 사용된다.

# 04
# 실과 직물

## 1. 실의 종류와 구조

### 1) 실의 종류

단사(single yarn)는 방적공정을 통해 만들어진 한 올의 실을 말한다. 얀(yarn)은 단사를 2올 이상 합쳐 꼬아 만든 것으로 합사 또는 합연사라고도 불리며 직물, 니트 등의 원료가 되는 재료실이 된다. 코드(cord, thread)는 얀을 두 개 이상 합하여 꼬임을 주어 만든 완성품으로 재봉사, 끈, 로프 등이 이에 속한다.

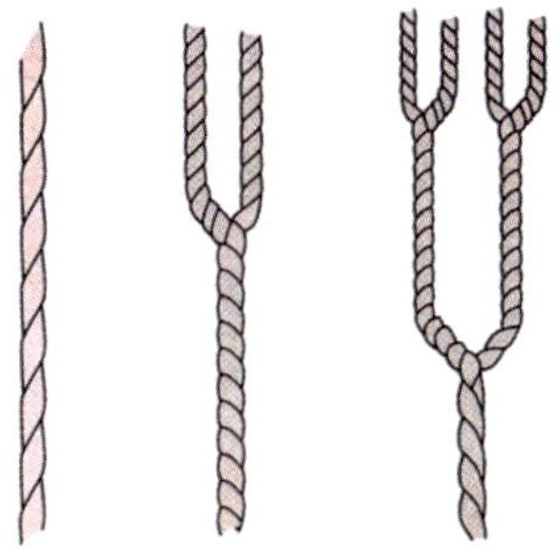

(a) 단사 (b) 합연사 (c) 코드

출처: 피복재료학, 김성련

#### (1) 길이에 따른 분류

- 스테이플 섬유(staple fiber) : 면, 모, 마 등으로 섬유의 길이가 짧은 것을 모아 만든 것을 방적사(spun yarn)라 한다.
- 필라멘트 섬유(filament fiber) : 견, 인조섬유 등으로 장섬유를 가지고 만든 것을 필라멘트사(filament yarn)라 한다.

#### (2) 올의 수에 따른 분류

- 단사(single yarn) : 방적으로 얻어진 한 올을 지칭한다.
- 합사, 합연사(ply yarn) : 단사를 몇 올 합쳐, 2합연, 3합연, 6합연 등을 말한다.
- 단사를 합사하여 꼬으면 강력은 거의 3배 가까이 증가된다.

(3) 원료에 따른 분류

- 원료의 종류에 따라 면사, 마사, 모사, 견사, 나일론사, 폴리에스테르사 등으로 나뉜다.
- 혼방사(blended yarn) : 두 종류 이상의 섬유를 섞어서 방적하여 만든 것이다.
- 교합사, 콤비네이션사(combination yarn) : 섬유가 서로 다르거나 꼬임수가 다른 단사를 합연하여 만든 것이다.
- 특수사 : 금사, 은사, 금속박사, 고무사 등이 있다.
- 코어(core)방적사 : 합성섬유를 심으로 하여 겉을 면으로 방적한 실로, 합성섬유의 강도와 탄성에 면의 외관과 촉감을 지닌다.
- 피복사(covered yarn) : 스판덱스 심에 겉을 나일론이나 폴리에스테르 텍스처사로 방적한 실로, 고탄성에 합성섬유의 촉감을 지닌다.(팬티스타킹, 수영복, 내의 등)

(4) 용도에 따른 분류

- 직사 : 원단을 직조할 때 쓰이는 실로 편성사보다 꼬임이 많다.
- 편성사 : 니트를 만들 때 쓰이는 실로 유연하다.
- 수편사 : 자수에 사용되는 실이다.
- 재봉사 : 봉제에 사용되는 실을 지칭한다.
- 장식사 : 실의 종류, 굵기, 색, 꼬임 등을 변화를 주어 만든 실로 식사, 접결사, 심사로 구성된다.

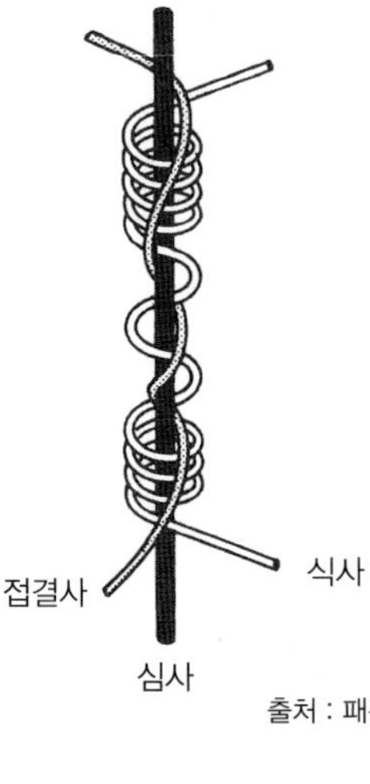


출처 : 패션소재론, 공석붕, 소황옥

① 냅사(nep yarn) : 실의 중간중간이 점으로 뭉쳐져 있다. 홈스펀 등에 이용된다.
② 슬럽사(slub yarn) : 실이 굵어졌다 가늘어졌다 하며 부피감을 가진다.
③ 놉사(knop yarn) : 심지 주변으로 작은 구슬모양이 적당한 간격으로 나타난다.
④ 루프사(loop yarn) : 실의 표면에 루프가 만들어져 있다. 루프가 잘 걸리므로 사용 시 주의해야 한다. 부클레, 라티네, 스날 등이 있다.
⑤ 셔닐사(chenille yarn) : 부드럽고 보송보송하다. 컷파일사로 만들어져 사용 중 빠지기 쉽다.
⑥ 나선사(spiral yarn) : 실의 굵기, 색, 종류가 다른 두 실을 꼬아 만든다. 신축성이 크다.
⑦ 이색연사(jasper yarn) : 색이 다른 단사를 합쳐 만든 장식사를 말한다.

(5) 제조방법에 따른 분류

① **면섬유**

- 카드사(card yarn) : 불순물과 짧은 섬유를 제거하는 카아딩(carding) 과정을 거친 실로 만든 광목, 데님, 머슬린, 드릴 등이 있다.(코머사보다 거칠고 광택은 떨어지나 따뜻한 촉감을 가진다.)
- 코머사(comber yarn) : 카이딩 과정 후 짧은 섬유를 제거해서 긴 털만 남기는 코우밍 공정을 거친 실로 고품질의 세 번수로 만든 브로드클로스, 치노, 론, 보일 등이 있다.(광택이 있고 얇고 부드러우며 표면이 매끄럽다.)

② **모섬유**

- 방모사(woolen yarn) : 재생모나 짧고 굵은 양모를 원료로 만든 트위드, 홈스펀, 멜턴 등이 있다.(소모사보다 거칠지만 꼬임이 적고 함기량이 많아 부드럽고 따뜻하다.)
- 소모사(worsted yarn) : 가늘고 긴 양모를 쓴 고급 실로 만든 개버딘, 트로피컬, 샤크스킨 등이 있다.(매끄럽고 광택이 좋은 고급 모직물을 만든다.)

③ **인조섬유**

- 직방사 : 필라멘트 섬유를 스테이플 섬유처럼 적당한 길이로 잘라 방적사로 만든 것으로 보온성, 촉감, 광택이 개선 된다.
- 텍스처사(textured yarn) : 기계적인 방법으로 루프나 권축을 만들어 신축성과 함기량이 좋아진다.

(6) 가공에 따른 분류

- 표백사 : 표백제로 형광 증백을 한 실이다.
- 색사 : 색을 염색한 실이다.
- 가스사 : 신징 공정(방적 후 실을 가스불속으로 고속으로 통과시켜 잔털을 태움)을 거친 실이다.
- 실켓사 : 머서화 가공(mercerization)(수산화나크륨 용액에 처리하여 견과 같은 광택을 지님)을 거친 면사를 지칭한다.
- 텍스처사(textured yarn) : 물리적, 화학적 가공을 통해 질감을 변화시킨다.

## 2) 실의 구조

(1) 실의 꼬임

실이 흐트러지지 않고 형태를 유지하며 강도를 얻기 위해 필요하다.

- 좌연사(Z꼬임) : 정상꼬임, 일반직물용 원사, 재봉기의 본봉실
- 우연사(S꼬임) : 반대꼬임

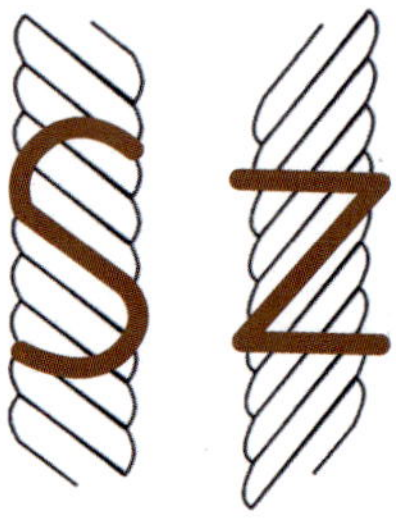


(2) 꼬임의 방향

- 하연 : 단사가 가지고 있는 꼬임
- 상연 : 합연사를 만들 때 꼬임
- 상연과 하연이 같은 방향으로 꼬임 : 딱딱한 실
- 상연과 하연이 반대 방향으로 꼬임(일반적인 경우) : 부드러운 실

(3) 꼬임의 강도

꼬임이 증가하면 실의 강도가 향상되나 딱딱하고 광택이 감소한다.

- 감연사 : 메리야스처럼 섬유가 흐트러지지 않을 정도만 꼬아놓은 것이다.
- 약연사 : 1m당 300회 이하의 꼬임. 필라멘트사에 많다.
- 벽사, 벽연사 : 가는 실 주위에 굵은 실이 나선형으로 감은 것처럼 보인다.
- 병연사 : 1m 당 300~1,000번의 꼬임. 보통의 방적사, 봉사이다.
- 극강연사 : 1m당 3,000번 이상의 꼬임. 크레이프의 위사 등에 사용된다.

(4) 실의 굵기

실의 길이와 무게의 비로 표시한다.

① **항중식 번수**

일정한 무게를 기준으로 단수 길이의 배수가 실의 번수가 된다. 번수가 클수록 실이 가늘다. 면, 마, 모, 견, 반합성섬유의 방적사에 사용된다.

- 면번수(綿番手) : 무게가 1파운드(453g)일때 840야드(768m)길이가 되면 1번수
- 모번수(毛番手) : 무게가 1kg일때 1km길이가 되면 1번수
- 마번수(麻番手) : 무게가 1파운드(453g)일때 300야드(274m)길이가 되면 1번수

  N(실의 번수) = W(표준중량) / L(단위길이) × l(가검사의 길이) / w(가검사의 중량)

② **항장식 번수**

일정한 길이를 기준으로 단위 무게의 배수가 실의 데니어가 됨. 숫자가 클수록 실이 굵다. 생사, 인견사 및 합성섬유에 사용한다.

- 데니어(denier) : 대부분의 합성섬유의 필라멘트사, 견사

  길이 9000m를 기준으로 1g일때 1데니어

  D(데니어) = L(표준길이) / W(단위중량) × w(가검사의 무게) / l(가검사의 길이)

- 텍스(Tex) : 필라멘트사 보다 짧게 만들어지는 혼방에 사용 모든

  모든 실과 섬유에 사용되는 국제 규격으로 숫자가 클수록 실이 굵음

  표준길이 1000m를 기준으로 1g일때 1텍스

③ **봉사의 종류**

| 구분 | 원료 | 특징 |
|---|---|---|
| 천연사 | 면사 | • 강도, 흡습성, 내열성이 좋고 염색성, 유연성, 내알칼리에 우수<br>• 정전기가 적고 세탁과 표백에 용이하나 염색견뢰도가 약함<br>• 신장회복력이 작아 퍼커링이 방지됨 |
| | 마사 | • 견고하여 신사복의 단추를 달 때 쓰임 |
| | 견사 | • 탄력성과 광택이 우수하고 촉감이 좋음<br>• 일광에 황변하며 알칼리에 약함 |

| 반합성사 | 레이온 | • 견사 대용 |
|---|---|---|
| 합성사 | 나이론 | • 광택과 신축성이 있으며 강도가 좋음<br>• 인장, 마찰, 산, 알칼리에 강함<br>• 흡습성이 적고 열과 빛에 약함 |
| | 폴리에스테르 | • 광택이 좋고 마찰에 강하며 합성사 중 가장 열에 강함<br>• 탄성과 내약품성에 강하나 흡습성이 적고 정전기가 발생하기 쉬움<br>• 실크 감촉과 내열성이 있으며 치수 안정성이 좋아 섬유 봉제에 가장 많이 사용됨 |
| | 비닐론 | • 강도가 있어 가봉성이 좋음<br>• 화학약품에 강하고 내열성이 있으나 매듭강도가 약함<br>• 구두, 가방, 텐트 등에 사용 |
| 기타 | 코어스펀사 | • 탄성이 서로 다른 폴리에스테르사 + 폴리에스테르사 또는 폴리에스테르사 + 면사를 합친 복합사<br>• 실이 끊어지거나 바늘 땀이 튀는 경우가 적어 자동기 등에 적합<br>• 일반적인 폴리에스테르사보다 가격이 비쌈 |
| | 아라미드/폴리아라미드 | • 소방복, 방탄조끼, 안전장갑 등에 사용 |

## 2. 직물

경사와 위사가 겹쳐서 만들어진 원단 또는 천을 말한다.

### 1) 직조(weaving)

직기를 이용하여 실을 엮어 원단을 만들어 내는 일을 말한다.

### 2) 직물의 조직

(1) 삼원조직 : 평직, 능직, 수자직

① **평직**(plain weave) : 가장 간단하며 기본이 되는 조직으로 경사와 위사가 한 올씩 교차한다.

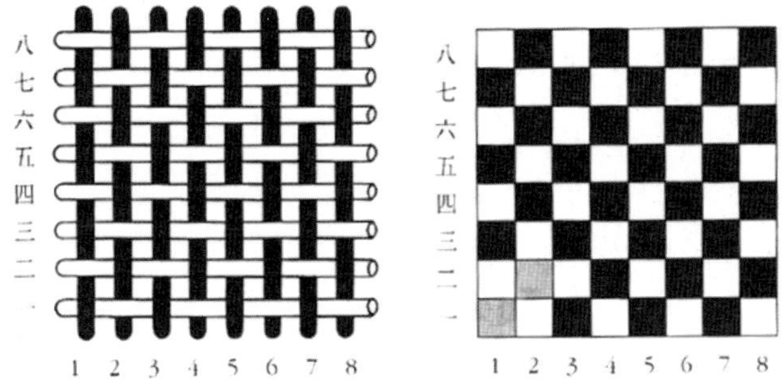

출처: 피복재료학, 김성련

- 특징 : 제직이 쉬우며 조직점이 많아 얇으면서도 강하여 실용적이나 구김이 잘생긴다. 앞뒤의 차이가 없으며 표면이 거칠고 광택이 적다. 다양한 변화조직을 만들 수 있다.
- 면직물 : 광목, 옥양목, 아사, 트로피컬, 포플린, 깅엄, 샴브레이, 보일, 거즈, 캔버스, 시어서커, 크레이프, 조젯, 그로스 그레인, 친즈
- 마직물 : 모시, 삼베, 린넨
- 모직물 : 홈스펀
- 견직물 : 산퉁, 시폰, 노방, 오간자
- 합성섬유 : 태피터

② **능직**(twil weave) : 사문직이라고도 한다. 경사 또는 위사가 두 올 이상 교차되어 능선이 대각선으로 보인다.

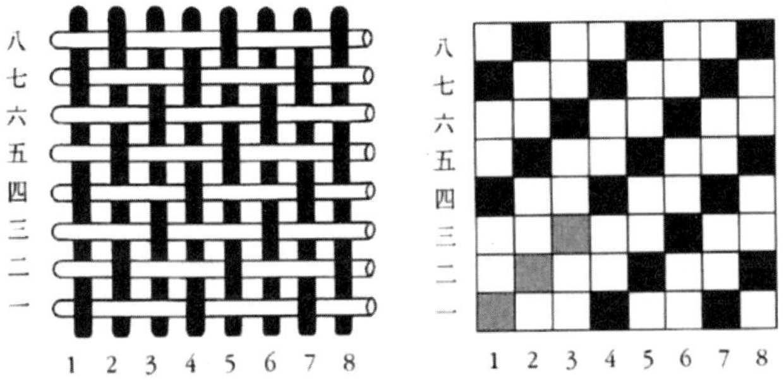

출처: 피복재료학, 김성련

- 특징 : 평직에 비해 조직점이 적어 유연하다. 평직에 비해 마찰은 약하나 광택이 좋고 결이 곱다. 밀도가 커서 두꺼우면서도 부드러운 직물을 만들 수 있다. 경·위사

세 올 이상으로 완전 조직을 만들 수 있다.

- 면직물 : 진, 데님, 드릴, 치노, 드릴
- 모직물 : 개버딘, 서지, 트위드, 휩코트, 타탄, 플란넬, 멜턴
- 견직물 : 슈러

③ **수자직**(satin weave) : 주자직이라고도 한다. 조직점이 평직이나 능직처럼 규칙적이지 않게 분산시켜 경사 또는 위사만 보이게 한 직물이다.

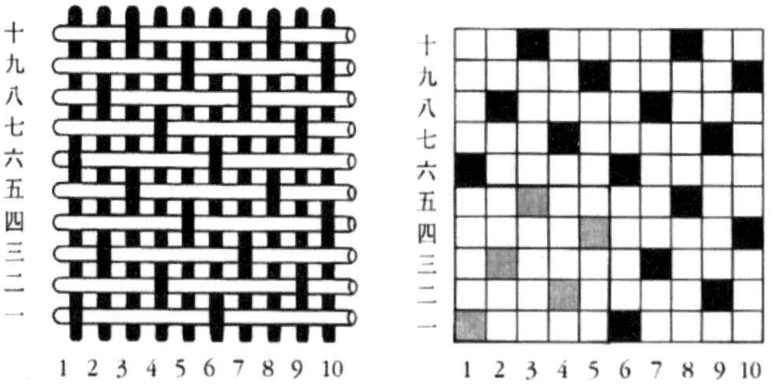

출처: 피복재료학, 김성련

- 특징 : 조직이 강하지 못하고 약하나 조직점이 적어 촉감이 부드럽고 매끈하며 광택이 있다. 경·위사 다섯 올 이상으로 완전 조직을 만들 수 있으며 주로 견, 레이온, 아세테이트, 합성섬유 등 필라멘트 사로 제직한다.
- 면직물 : 목공단
- 모직물 : 도스킨, 비니션
- 견직물 : 공단, 양단

(2) 변화조직

① **변화평직**

- 경두둑직 : 한 개구에 경사를 두 올 이상 조직한다. 포플린이 대표적이다.

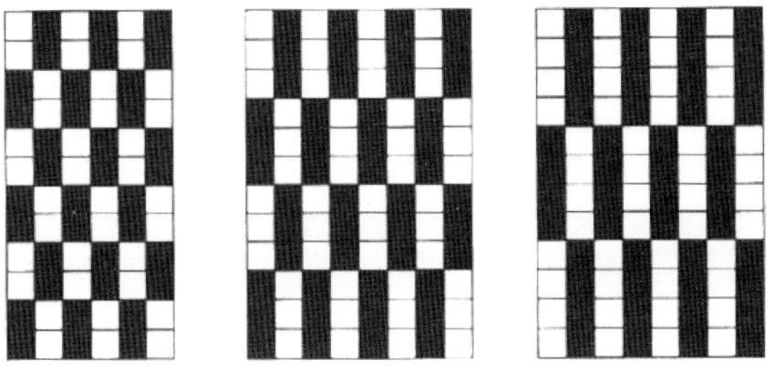

출처: 피복재료학, 김성련

• 위두둑직 : 경사 두 올 이상과 위사 한 올을 조직한다. 단독으로 사용이 적다.

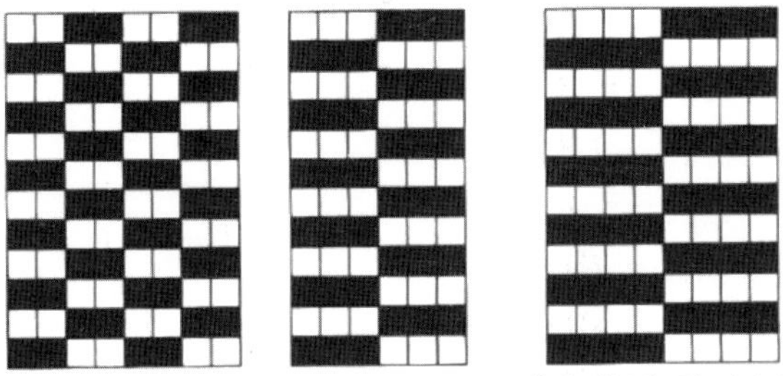

출처: 피복재료학, 김성련

• 변화두둑직 : 경두둑직과 위두둑직 또는 두둑직과 평직을 배합하여 만든다.

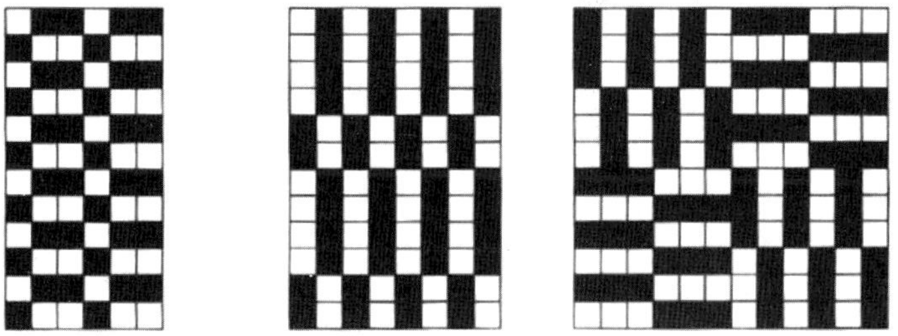

출처: 피복재료학, 김성련

• 바스켓직 : 홉색(hopsack)직이라고도 함. 경사와 위사를 두 올 이상을 평직처럼 엮는다. 조직점이 적어 부드럽고 구김이 덜 생기나 내구성이 떨어진다. 몽크스 클로스, 옥스퍼드, 홉색 등이 있다.

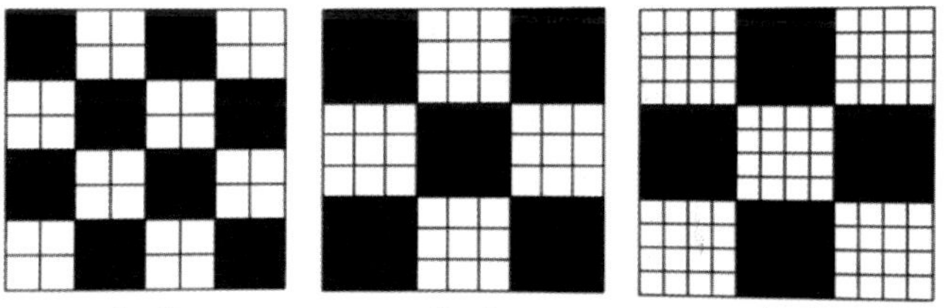

2×2 3×3 4×4

출처: 피복재료학, 김성련

② **변화능직**

• 신능직 : 능선각이 45도인 정칙능직보다 능선각을 크게하거나(급능직) 작게하여(완능직) 변화를 준 조직이다.

• 파능직(brocken twill) : 헤링본(herrinbone)과 같이 능선을 도중에 끊어 반대방향으로 마주보게 한 조직이다.

• 비능직(skip twill) : 정칙능직에서 경사와 위사를 일정하게 중단하고 같은 방향으로

연속시키는 조직이다.

- 산형능직(pointed twill) : 능선의 방향을 연속하여 바꿔줌으로써 산과 같은 무늬를 나타낸다.

출처: 피복재료학, 김성련

③ 변화수자직

조직점이 정칙이 아니게 만든 것으로 제직이 어렵다.

(3) 문직물

여러 조직을 조합하거나 색사를 이용하여 무늬가 나타나도록 짠 직물이다.

① 도비 직물(dobby weave)

- 간단한 바둑판 무늬나 기하학적 무늬가 나타나는 도비직기로 제직한 직물이다.
- 평직, 능직, 수자직 보다 복잡한 무늬를 만들어 낸다.
- 피케, 와플클로스, 베드포드코드, 버즈 아이 등이 있다.

② 자카드 직물(jacquard weave)

- 섬세하고 복잡한 무늬 등을 자카드 기계로 제직한다.
- 브로케이드, 다마스크, 태피스트리, 양단 등이 있다.

③ 색사와 조직 배합에 의한 문직

- 스트라이프 : 대조가 되는 색사를 교대로 제직한다.
- 체크 : 경사와 위사를 두 가지 이상의 색사로 평직, 능직, 바스켓직 등으로 제직한다. 크로우즈풋 체크(crowsfoot check), 독스투스 체크(dogstooth check), 하운즈투스 체크(houndstooth check), 세퍼드 체크(sherpherd check), 버즈아이(birds eye) 등이 있다.

(4) 크레이프 직물(crepe weave)

① 크레이프(crepe)

- 꼬임을 특별히 많이 준 크레이프사를 이용하여 제직 후 정련하면 실이 수축하여 표면이 매끈하지 않고 오톨도톨한 촉감의 직물이 만들어 진다.
- 신축성과 드레이프성이 좋아 구김이 적고 촉감이 깔깔하다.
- 세탁에 의해 수축이 많이 된다.
- 주로 평직으로 경사에 약연사를, 위사에 강연사를 사용하는 것이 일반적이나 둘 다 강연사를 사용하기도 한다.
- 조젯 크레이프가 대표적이다.

② 크레이프직(crepe weave)

- 조직점을 변화하거나 배합에 의해 곰보 표면효과를 나타낸다.
- 오트밀, 아문젠 등이 있다.

③ 시어서커(seersucker)

- 경사를 일정한 간격으로 두 개로 나누어 한 쪽만 장력이 경사방향으로 줄어들게 하여 요철의 줄무늬를 만든 직물이다.
- 면으로 된 것이 많으며 몸에 붙지 않아 시원하고 세탁이 쉬우며 다림질이 필요 없다.
- 여성복, 아동복의 여름용 의복과 파자마에 쓰인다.
- 열가소성을 이용해 만들기도 한다.

(5) 파일직물(pile fabric)

- 첨모직물이라고도 한다.
- 컷 파일(cut pile) : 털이 심어져 있는 것을 말한다.
- 루프 파일(loop pile) : 고리 형태로 털이 심겨져 있는 것을 말한다.

| 구분 | 특징 | |
|---|---|---|
| 위파일 직물 | • 위사를 지위사와 파일위사 두 가지를 써서 직조<br>• 우단, 코듀로이 | 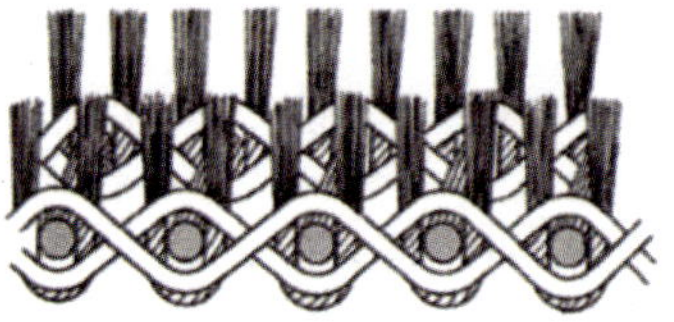<br>컷 파일(cut pile) |
| 경파일 직물 | • 파일에 경사를 써서 직조<br>• 벨벳, 플러시, 애스트러캔 | |
| 태리 직물<br>(terry cloth) | • 타월(Towel)의 일종<br>• 흡습성이 커서 수건, 비치웨어, 유아복에 쓰임 | 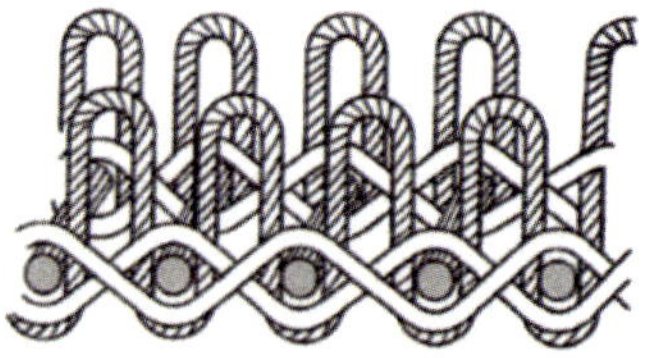<br>루프 파일(loop pile) |

그림 출처 : 피복재료학, 김성련

## 3. 편성물

### 1) 편성

실로 고리를 만들어 걸어 연속하여 만들어지는 방식으로 메리야스 또는 니트(knit)라고 한다.

### 2) 편성물의 특성

(1) 장점

- 직물에 비해 신축성이 크다.
- 함기량이 많다.
- 유연하고 구김이 잘 생기지 않는다.

(2) 단점

- 올이 풀리면 계속 풀리는 전선 현상이 있다.
- 가장자리가 말리는 컬업(curl up) 현상이 있다.
- 마찰에 의해 필링이 잘 생긴다.

### 3) 편성물의 종류

(1) 위편성물

• 루프가 가로 방향으로 연결된다.

• 횡편기(flat knitting machine) : 좌우로 움직임. 니트셔츠, 스웨터 장갑 등에 사용된다.

• 환편기(circular knitting machine) : 원형으로 움직임. 속옷, 양말, 스타킹 등에 사용된다.

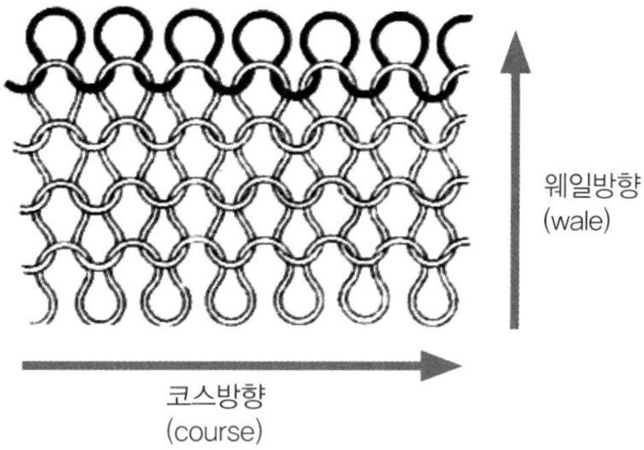


① **평편**(plain knit)

• 가장 기본적인 조직으로 저지(jersey)라고 한다.

• 앞면은 웨일, 뒷면은 코스가 나타나며 앞 · 뒤가 다르다.

• 양말, 스웨터, 니트셔츠 등을 만든다.

② **고무편**(rib knit)

• 웨일방향으로 겉뜨기와 안뜨기를 교대로 배열한다.

• 1×1, 1×2, 2×1, 2×2, 3×1 등 다양한 조합이 가능하다.

• 평편에 비해 두꺼우나 가로(코스)방향으로 신축성이 우수하다.

• 가장자리가 말리지 않으며 전선 현상이 있다.

• 앞 · 뒤의 구별이 없다.

• 스웨터나 니트 셔츠의 소매단, 아랫단, 목단, 손목, 양말목, 장갑의 손목 등에 이용된다.

③ **펄편**(purl knit)

- 코스방향으로 겉뜨기와 안뜨기가 교대로 배열한다.
- 앞·뒤의 구별이 없다.
- 코스보다는 웨일방향(세로)의 신축이 크다.
- 유아용 스웨터에 쓰인다.

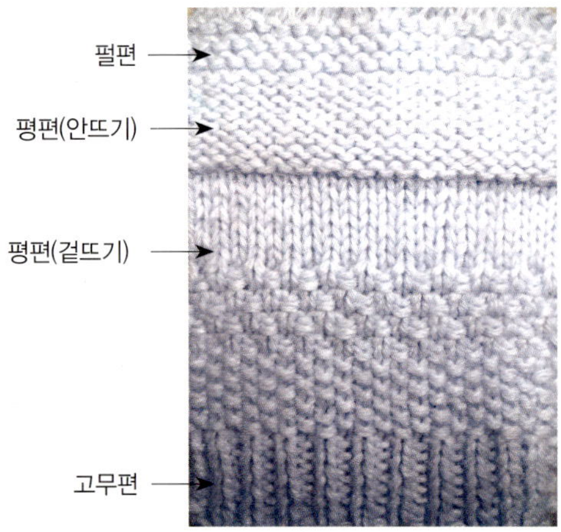

④ **변화조직**

- 양면편(인터록편 interlock knit)
- 부편(float knit)
- 레이스편(lace knit)
- 턱편(tuck knit)
- 밀라노편(milano knit)
- 자카드편(jacquard knit)

(2) 경편성물

- 직물과 같이 다수의 경사를 평행으로 배열하여 좌·우의 실과 지그재그로 엮어서 편성한다.
- 제조 속도가 빠르다.
- 위편성물에 비해 밀도가 치밀하다.
- 신축성과 벌키성은 낮으나 형태안정성과 내마찰성이 우수하다.
- 전선 현상이 일어나지 않는다.

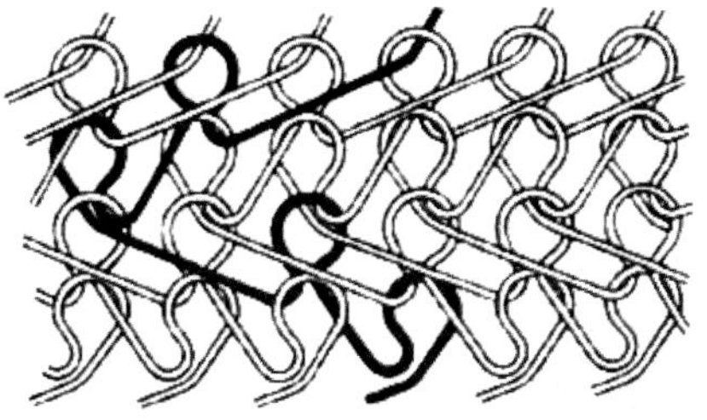

출처: 피복재료학, 김성련

① **트리코트**(tricoat)

- 경편조직 중 가장 간단하다.
- 필라멘트사를 이용하여 트리코트 편성기로 편성된다.
- 다공성이고 부드럽고 전선이 생기지 않는다.
- 드레스, 셔츠, 블라우스 등에 쓰인다.

② **라셀**(raschel)

- 작은 육각형의 그물조직이다.
- 필라멘트사부터 장식사 등 굵고 복잡한 실도 사용 가능하다. 라셀 편성기로 편성한다.
- 슈트, 커튼, 레이스, 드레스 등에 쓰인다.

③ **밀라니즈**(milanese)

- 균일하고 아름다운 표면을 지닌다.

## 4. 기타 재료

### 1) 펠트(felt)

(1) 양모의 축융성을 이용하여 만든다.

(2) 스케일이 발달된 양모가 가장 좋으나 최근에는 레이온, 합섬섬유를 혼합하여 만들기도 한다.

(3) 장점

• 탄력성, 보온성이 좋다.
• 가장자리가 풀리지 않는다.

(4) 단점

• 인장과 마찰에 약하다.
• 표면이 거칠고 뻣뻣하며 드레이프성이 좋지 않아 옷감으로 부적당하다.

(5) 모자와 의복의 장식에 일부 쓰임. 보온재, 흡음재, 여과포, 연마포 등 공업용으로 사용된다.

(6) 만드는 법

• 양모섬유로 랩(lap)을 만들고 처음 랩과 섬유방향이 직각이 되게 겹쳐 만든다.
• 온탕에 비누나 알칼리용액을 넣고 마찰하면 축융된다.

### 2) 부직포(non woven fabric)

(1) 제직, 편성의 과정을 거치지 않고 실을 불규칙하게 배열하여 화학적, 열적, 기계적 방법으로 고정시켜 만든다.

(2) 대체로 폴리에스테르, 폴리프로필렌, 레이온 등의 스테이플 섬유가 사용된다.

(3) 필라멘트섬유로 만든 스펀 레이드(spun laid), 스펀 본디드(spun bonded)도 있다.

(4) 장점

• 방향성이 없다.
• 가볍고 통기성이 크며 보온성, 탄성, 레질리언스가 좋다.
• 가장자리가 풀리지 않는다.

(5) 단점

• 인열강도와 마찰강도가 작다.
• 유연성과 드레이프성이 부족하다.
• 광택이 적고 촉감이 거칠다.
• 의복용으로 부적합하다.

(6) 의류용심지, 방한복의 충전재, 기저귀, 생리대, 물티슈, 보관용 커버, 수술용 가운, 간이복, 포장재 등에 쓰인다.

### 3) 레이스(lace)

실을 엮거나 꼬거나 바늘로 뜨거나 매듭 등을 져서 만든 다공성 패브릭의 한 종류이다.

(1) 수공레이스
- 보빈 레이스(bobbin lace) : 필로(pillow) 레이스라고도 부른다.
- 니들포인트 레이스(needlepoint lace) : 천에 코칭스티치를 배치 후 버튼홀 스티치로 감싸 만든다. 섬세하고 호화롭다.

(2) 기계레이스
- 보빈 레이스 : 비교적 단순한 문양의 토촌 레이스(torchon lace), 정교하고 우아한 리버 레이스(leaver lace)
- 자수레이스 : 원단에 구멍을 뚫고 매운 자수레이스, 바탕천을 용해해 자수를 남긴 케미컬 레이스(chmical lace)
- 편성레이스 : 단순한 문양의 트리코 레이스(tricot lace), 다양한 무늬의 라셀 레이스(raschel lace)

### 4) 솜

(1) 섬유의 집합체이다.

(2) 요, 이불, 옷 등에 보온과 쿠션의 목적으로 사용된다.

(3) 면, 견, 모, 다운, 합성섬유 등 다양하게 쓰인다.

(4) 솜의 갖춰야 할 요건
- 가볍고 보온성이 좋아야 한다.
- 압축탄성이 좋아 푹신하며 흡습성과 투습성이 좋아 위생적이어야 한다.
- 습도를 조절 할 수 있는 것이 침구용으로 좋다.

### 5) 가죽과 모피

동물의 털과 가죽을 건조, 침지, 탈지, 세척 등의 적당한 처리를 하여 피복재료로 만든다.

(1) 가죽

- 우피, 양피, 돈피를 가장 많이 사용한다.
- 수컷보다는 암컷과 어린 동물의 가죽이 질이 좋다.
- 일부 동물의 가죽은 멸종과 동물 복지의 차원에서 점차 쓰임이 적어지고 있다.

**① 공정에 따른 분류**

- 나파(nappa) : 가장 일반적인 가죽으로 표면을 코팅하여 광택을 낸다.
- 누벅(nubuk) : 털을 제거 한 부위를 고운 사포로 미세하세 기모를 낸다.
- 스웨이드(suede) : 어린 양이나 송아지 가죽의 안쪽을 사포로 문질러 기모를 낸다.
- 에나멜(enamel) : 가죽의 겉면을 코팅하여 강한 광택을 낸다.
- 무스탕(mustang) : 털을 안쪽으로 하고 가죽의 안쪽면을 염색과 표면가공을 한다.

**② 장점**

- 독특하고 고급스러우며 촉감이 좋다.
- 인장, 굴곡, 마찰 강도와 보온성이 좋다.

**③ 단점**

- 열에 약해 55℃에서 굳어지고 수축된다.
- 염색 견뢰도가 나빠서 일광과 드라이클리닝에 의해 변색된다.
- 얼룩이 잘 생기며 스웨이드나 누벅은 색상의 변색이나 오염을 막을 방법이 없다.
- 해충과 곰팡이에 약하다.
- 물세탁이 불가능하며 드라이클리닝도 고도의 기술을 필요로 한다.
- 보관이 어렵다.
- 재질이나 색상, 크기가 일정치 않으며 가격이 비싸다.

(2) 모피

- 털이 붙어있는 동물의 가죽으로 선사시대 이전부터 이용되었다.
- 초식동물보다는 육식동물, 추운 지방일수록 좋은 모피가 된다.
- 대부분 사육에 의해 생산된다.

① 밍크(mink)

- 족제비과로 고운 광택의 강한 겉털과 짧고 부드러운 속털을 지진다.
- 비교적 가벼워 최고급품으로 평가된다.

② 여우

- 개과의 은여우로 긴 겉털과 부드럽고 짙은 솜털로 밍크 다음으로 많이 쓰인다.
- 털이 길어 화려하나 내구성이 밍크보다 떨어진다.

③ 면양

- 긴 솜털로만 되어 있어 너무 무겁고 두꺼워 의복감으로는 갓 태어난 새끼양 등을 사용한다.

④ 친칠라

- 다람쥐과의 설치동물로 청회색의 부드럽고 고운털을 지녔다.
- 남획으로 인해 야생은 멸종상태이며 현재는 사육으로 모피를 얻는다.

⑤ 담비

- 족제비과로 광택이 있는 겉털과 부드러운 솜털을 지녔으며 털의 길이는 밍크보다 길고 여우보다는 짧다.
- 사육되지 않으며 야생은 멸종 상태라 매우 귀하다.

⑥ 모피의 관리

- 값이 비싸고 사용 중 손상이 되기 쉽다.
- 털이 꺾이지 않도록 하고 습기에 약하므로 주의해야 한다.

- 얼룩은 따뜻한 물수건이나 유기용제로 주의하며 닦아내야 한다.
- 물세탁과 드라이클리닝 모두 불가능하다.(세탁전문업소 이용)
- 해충의 피해를 받기 쉬우므로 통풍이 잘되며 건조(습기 50% 내외)하고 서늘한 곳(10~15℃)에 방충제가 직접 닿지 않도록 보관해야 한다.

(3) 합성피혁(synthetic leather)

- 가격이 고가이고 관리가 어려운 천연가죽의 대체품으로 개발되었다.
- 통기성과 투습성이 천연가죽과 유사하고 내구성은 더 좋은 합성피혁이 개발되어 구두, 가방, 벨트 등에 이용되고 있다.

### 6) 기타소재

(1) 접합포(bonded fabrics)

- 두 겹 이상의 원단을 직물, 니트, 폼, 필름 등의 다양한 소재와 접착시킨 소재이다.
- 다양한 색상, 소재의 조합으로 새로운 특성의 패브릭이 만들어 진다.
- 폼과 직물 또는 편성물을 접합한 폼 라미네이트(foam laminate)는 방한용으로도 활용 된다.
- 강직성과 치수안정성이 있다.
- 안감이 필요없어 사용과 봉제가 간편하여 제작 시간이 단축되어 경제적 이점이 크다.
- 유연성이 적어 세탁과 사용으로 인하여 접착이 분리되기 쉽다.

(2) 다운(down)

- 오리, 거위, 물새 등의 조류의 앞가슴 부위의 솜털로 한 마리에 20g 정도 얻는다.
- 가볍고 함기량이 많아 보온성이 좋고 압축탄성 회복율이 뛰어나다.
- 방한복과 이불 등의 충전재로 사용된다.
- 세탁이나 드라이클리닝으로 유지분이 감소하면 품질과 기능이 저하된다.
- 직물의 바늘구멍을 통해 빠져나오기 쉬우므로 고밀도 직물을 사용하고 봉제 후 다운 프루프(down proof) 처리를 해줘야 한다.
- 조류의 종류와 영양 상태, 기후와 장소, 체취 시기 등에 따라 품질의 차이가 많이 난다.

### (3) 신소재

#### ① 감온변색소재

- 온도에 따라 섬유 색상이 변한다.
- 카벨레온섬유 또는 서모크로믹섬유(thermochromic)라고 불린다.

#### ② 도전성소재

- 정전기를 방지하는 성질을 가진다.
- 전도성재료를 직물에 도포하거나 혼합방사하여 만든다.

#### ③ 방향소재

- 직물에 향기를 발산하는 마이크로캡슐을 부착하여 마찰에 의해 캡슐이 파괴되며 향기를 발산한다.

#### ④ 보온성소재

- 극세섬유나 중공섬유를 사용한다.
- 직물 표면에 열반사율이 높은 알루미늄 등의 금속을 사용하여 복사에 의한 열이동의 최소화시킨다.
- 최근에는 태양광을 흡수하여 열로 바뀌거나 인체열을 반사시키는 축열섬유를 개발되고 있다.

#### ⑤ 자외선차단소재

- 레저복, 운동복, 스타킹, 모자, 양산, 텐트 등에 활용된다.

#### ⑥ 재귀반사소재

- 빛이 여러 방향으로 산란되지 않고 빛이 들어온 방향으로 반사되는 것을 재귀반사라 한다.
- 안전이나 장식용으로 사용, 조깅복, 소방복, 야간 작업복, 가방, 모자 등에 쓰인다.

⑦ **전자파차단소재**

- 임부용 앞치마, 컴퓨터 작업복, 학생복, 침구류 등에 쓰인다.

⑧ **흡한속건소재**

- 다공질 구조의 중공섬유를 이용해 땀을 흡수하고 빨리 건조되도록 한다.
- 운동복, 등산복, 스포츠 타월 등에 쓰인다.

# 05 섬유의 가공

## 1. 염색과 가공

### 1) 정련과 표백

(1) 정련(精練)(scouring) : 생지의 불순물을 제거하는 공정이다.

| 섬유의 종류 | 정련의 방법 | 정련의 명칭 |
|---|---|---|
| 면 | 알칼리로 끓임 | 정련 |
| 마 | 발효, 침수, 알칼리로 끓임 | 발효 정련, 침수(레팅) |
| 양모 | 비눗물, 용매로 수세 | 세모(洗毛) |
| 비단 | 비누 또는 알칼리로 끓임, 발효법 등 | 정련, 비누 정련, 비단 누이기 |
| 비스코스 레이온 | 탈황, 표백 | 정련 |

(2) 표백(漂白)(bleaching) : 정련만으로 제거되지 않는 색소를 화학 약품을 사용하여 분해하고 제거하는 것이다.

| 성분 | 표백제의 종류 | 용도 |
|---|---|---|
| 산소계 표백제 | 과산화수소, 과탄산나트륨, 과붕산나트륨, 과망가니즈산칼륨 | 흰색 면직물이나 마직물, 폴리에스터 섬유에만 사용 |
| 염소계 표백제 | 표백분, 하이포염소산나트륨, 아염소산나트륨 | 거의 모든 섬유에 사용함 |
| 환원표백 | 소디움하이드로설파이트, 싸이오유레아다이옥사이드, 롱갈리트 | 모직물, 견직물<br>철분 또는 염소계 표백제에 의해 누렇게 변색한 섬유를 원상태로 되돌릴 때 |

(3) 형광증백제(fluorescence) : 자외선은 흡수하고 청색의 단파장은 복사하는 물질로 섬유에 흡착이 잘된다.

### 2) 염색(dyeing)

(1) 염료(dyes) : 물이나 기름에 용해되어 섬유에 염착한다.

(2) 안료(paint) : 물이나 기름에 녹지 않고 물리적인 방법으로 섬유표면에 부착된다.

## 2. 직물 가공

### 1) 일반가공

(1) 신징(singeing)

- 표면에 잔털을 가스불로 태워 표면을 매끄럽게 하고 광택을 증가시킨다.
- 면, 마, 레이온 등 스테이플 섬유에 하는 가공법이다.

(2) 기모 가공(napping)

- 긁거나 뽑아 잔털을 일으켜 천을 부드럽게 하거나 보온력을 높인다.
- 면, 양모, 레이온, 합성섬유로 만든 꼬임이 적은 방적사 등에 쓰인다.
- 한 면 또는 양면에 기모를 일으킨 후 눌러 모양을 낼 수도 있다.
- 지나친 기모는 섬유가 약해져 세탁과 관리에 주의를 요한다.

(3) 머서화 가공(mercerization)

- 면섬유나 면직물을 20~25% 수산화나트륨 용액에 담궜다가 씻는다.
- 냉온의 수축을 방지하며 광택이 증가하고 강도, 흡습성, 염색성이 좋아진다.
- 실크와 같은 윤기가 나게 해서 실켓 가공(silket finish)이라고도 불린다.

(4) 축융 가공(fulling, milling)

- 양모의 스케일이 잘 엉키는 특성과 열고정성을 이용해 수축시킨다.
- 모직물에 적당한 수분, 온도, 압력을 주고 수축하면 두꺼워져 조직이 치밀해지고

외관과 촉감이 좋아진다.

- 비누액(5~10%), 탄산나트륨용액(0.5~1%), 황산(0.5~1.2%) 등이 사용된다.

(5) 캘린더 가공(calender)

- 요철을 가진 캘린더로 다려 열가소성을 이용하여 영구적인 엠보싱(embossing)이나 물결의 무아레(moiré) 무늬를 만든다.
- 셀룰로오즈 섬유에 처리된 엠보싱은 세탁 후 펴지는 경향이 있으므로 수지가공을 곁들여 영구적으로 고정시킨다.

(6) 플리츠 가공(plisse)

- 면섬유를 진한 수산화나트륨에 담궈 젖은 부분이 수축된다.
- 리플가공(ripple)이라고도 불린다.
- 염축가공 : 견, 양모 등을 진한 염류용액을 날인하여 플리츠를 만든다.

### 2) 방축가공

섬유의 세탁이나 사용에 의한 수축 방지한다.

(1) 셀룰로오즈 직물 : 샌포라이징 가공(sanforizing)(수축률 1% 이내)을 한다.

(2) 양모 직물의 축융방지 가공

- 런던 슈링크 가공(london shrunk) : 젖은 모직물을 자연건조해 방축시킨다.
- 클로리네이션(chlorination) : 3~5%의 염소용액에 양모원단을 처리하여 스케일의 일부를 용해시켜 수축을 방지한다.

### 3) 방추 및 형태고정 가공

(1) 방추가공 : 섬유에 주름이나 구김을 방지한다.

(2) 듀어러블 프레스 가공(durable press)

- 항구적인 형체 고정으로 세탁 후에도 구김이 생기지 않는다.
- 워시 앤드 웨어(wash and wear) : 세탁 후 다림질 없이 바로 입을 수 있는 옷을 만든다.
- 퍼머넌트 프레스 가공(permanent press, P.P가공)이라고 불린다.

(3) 양모의 주름고정 가공 : 시로셋 가공(siroset)이라고 불린다.

(4) 주름가공

- 나일론, 폴리에스테르, 트리아세테이트 등의 열가소성 섬유를 융점보다 조금 낮은 온도에서 고정한다.
- 열고정, 링클(wrinkle), 크링클(crinkle)가공이라고도 한다.

### 4) 특수가공

(1) 위생가공(sanitary)

- 미생물이나 해충으로 인한 손상과 땀에 의한 오염 및 악취 방지한다.
- 논스탁(nonstac) : 위생과 항균효과
- 바이오실(biosil) : 항구적인 살균효과
- 침구류, 내의류, 구두의 중간재, 카펫, 화장실용품, 자동차 내장재, 장난감 등에 활용된다.

(2) 방충가공(mothproofing)

- 해충으로부터의 피해를 방지하기 위해 방충 및 살균가공을 한다.
- 피복 재료인 천연 섬유들과 양모솜이나 카펫 등에 한다.

(3) 방오가공(antisoil)

- 직물이 덜 더러워지도록 하는 가공이다.(오염방지가공)
- 종류로는 발수가공, 방유가공, 대전방지 가공 등이 있다.

(4) 방염가공(flame retardant)

- 불이 쉽게 옮겨 붙지 못하도록 하는 가공이다.(난연가공)
- 가공제가 세탁에 대한 내구성이 좋지 못하다.

(5) 방수 및 발수가공(waterproofing)

- 통기성은 직물의 표면에 코팅을 하여 바람은 통하면서도 물은 통과하지 않는 가공으로 불통기성도 있다.

- 최근에는 실리콘 수지를 사용하는 방법이 흔하며 반영구적인 발수제가 나와 세탁과 드라이클리닝에도 강하다.

(6) 대전방지가공(antistatic)

- 직물에 정전기를 방지하는 가공으로 합성섬유가 특히 심하다.
- 정밀기계 및 반도체, 불이 붙기 쉬운 환경의 작업복 등에 쓰인다.
- 직물에 계면활성제로 처리하면 손쉽게 유연가공의 효과를 낼 수 있으나 영구적이지 못하다.
- 섬유에 친수성 수지 피막을 입히거나 침수성 섬유(면, 모, 레이온 등)와 혼방이나 교직하여 만든다.

(7) 발식가공(burn-out)

- 화학적 성질이 다른 섬유로 옷감을 짜고 한쪽 면 섬유만 용해시켜 부분적으로 투명한 무늬가 생기게 하는 가공이다.
- 내약품성이 우수한 폴리에스테르 + 내약품성이 약한 셀룰로오즈계섬유(아세테이트, 트리아세테이트 등)을 이용한다.

(8) 라미네이트가공(laminated)

- 방풍성, 투습방수성, 내구성 등이 있는 가벼운 직물을 만드는 가공이다.
- 고성능 스포츠 웨어, 레저웨어용에 쓰인다.

(9) 가먼트 워싱(garment washing)

- 진이나 데님류에 바랜 듯한 외관을 주기 위해 마찰용 돌을 이용하여 만든다.

(10) 효소감량가공(enzyme treatment)

- 셀룰라아제 효소를 이용하여 셀룰로오즈 섬유를 가수분해시켜 유연성과 매끄러움을 증가시키는 가공이다.

# 예상문제 01회

01 소잉디자이너가 갖추어야할 요건으로 가장 거리가 먼 것은?

① 상품기획력
② 정보수집력
③ 친화력
④ 미적감각

02 장섬유가 아닌 것은?

① 견
② 면
③ 나이론
④ 폴리에스테르

03 마찰강도가 가장 좋은 섬유는?

① 폴리에스테르
② 양모
③ 견
④ 레이온

04 레질리언스에 대한 설명으로 적합하지 않은 것은?

① 탄성회복율과 섬유의 굵기 등에 따라 달라짐
② 폴리우레탄이 가장 좋음
③ 레질리언스가 좋으면 구김이 덜 생김
④ 열에 의해 영구히 변형되는 성질

05 내약품성 실험 시 시행해야 하는 것이 아닌 것은?

① 프레스
② 표백
③ 염색
④ 드라이클리닝

06 최고급면에 해당되는 것은?

① 해도면
② 이집트면
③ 미국면
④ 인도면

07 기타 헤어섬유의 특징이 바르게 연결된 것은?

① 모헤어 – 손으로 빗어서 떨어지는 털을 모아 사용
② 캐시미어 – 인도, 중국, 티벳 등에 서식하는 산양의 털
③ 낙타털 – 권축과 스케일이 발달되지 않아 방적성이 없음
④ 토끼털 – 헤어섬유 중 가장 부드러움

08 재생 섬유의 종류가 아닌 것은?

① 비스코스 레이온
② 리오셀
③ 아세테이트
④ 모달

**09** 3대 합성 섬유가 아닌 것은?

① 나일론
② 폴리에스테르
③ 레이온
④ 아크릴

**10** 스테이플 섬유에 해당되지 않는 것은?

① 면
② 마
③ 모
④ 견

**11** 꼬임이 가장 적은 실은?

① 감연사
② 약연사
③ 병연사
④ 극강연사

**12** 평직의 특징으로 맞는 것은?

① 능선이 대각선으로 보임
② 앞뒤의 차이가 없음
③ 조직점이 규칙적이지 않음
④ 촉감이 부드럽고 매끈함

**13** 코스방향으로 겉뜨기와 안뜨기를 교대로 하여 앞, 뒤의 구별이 없는 조직은?

① 평편
② 인터록편
③ 고무편
④ 펄편

**14** 다음 설명에 해당하는 것은?

- 양모의 축융성을 이용하여 만듦
- 온탕에 비누나 알칼리용액을 넣고 마찰하면 축융됨
- 가장자리가 풀리지 않음

① 펠트 ② 부직포
③ 솜 ④ 접합포

**15** 표면에 잔털을 가스불로 태워 표면을 매끄럽게 하고 광택을 증가시키는 가공은?

① 머서화가공
② 기모가공
③ 캘린더가공
④ 신징

**1회 정답**

| | | | | |
|---|---|---|---|---|
| 01 ③ | 02 ② | 03 ① | 04 ④ | 05 ① |
| 06 ① | 07 ② | 08 ③ | 09 ③ | 10 ④ |
| 11 ① | 12 ② | 13 ④ | 14 ① | 15 ④ |

# 예상문제 02회

**01** 소재관련 전시회가 아닌 것은?

① 프리미에르 비종(PREMIER VISION)
② 엑스포(EXPO)
③ 모다 인(MODA IN)
④ 필아시아(FILASIA)

**02** 단면은 원형이고 표면에 비늘이 있는 섬유는?

① 양모
② 아세테이트
③ 나이론
④ 마

**03** 다음 설명에 맞는 것은?

| 섬유를 찢는데 필요한 힘 |
|---|

① 파열강도 ② 인장강도
③ 인열강도 ④ 습윤강도

**04** 레질리언스가 작은 것부터 큰 순서가 맞게 나열된 것은?

① 아마<면<양모<견
② 합성섬유<양모<견<아세테이트
③ 아세테이트<합성섬유<면<폴리우레탄
④ 아세테이트<견<양모<합성섬유

**05** 산과 알칼리에 모두 강한 편인 섬유는?

① 면
② 마
③ 견
④ 합성섬유

**06** 견의 단점이 아닌 것은?

① 150℃이상 다리미에 황변이 일어남
② 땀과 피지에 의해 손상과 얼룩이 생김
③ 드라이클리닝에 약함
④ 가격이 비쌈

**07** 유리섬유의 단점은?

① 구부림이나 마찰에 약함
② 내약품성이 좋지 않음
③ 해충에 약함
④ 열에 약함

**08** 아세테이트의 용도로 적합하지 않은 것은?

① 셔츠
② 유아복
③ 넥타이
④ 안감

**09** 나일론의 장점이 아닌 것은?

① 열가소성이 우수
② 알칼리에 강함
③ 강도와 신도가 강함
④ 염색이 쉬움

**10** 실에 대한 설명으로 맞는 것은?

① 재봉사는 얀(Yarn)에 해당된다.
② 견과 합성섬유는 스테이플 섬유이다.
③ 혼방사는 두 종류의 섬유를 섞은 것이다.
④ 코아사는 장식사의 한 종류이다.

**11** 크레이프직물에 대한 설명이 아닌 것은?

① 꼬임을 특별히 많이 준 크레이프사를 이용한다.
② 구김이 적다.
③ 컷파일과 루프파일이 있다.
④ 세탁에 의해 수축이 많이 된다.

**12** 평편에 비해 두꺼우나 가로 방향으로 신축성이 우수한 것은?

① 펄편
② 레이스편
③ 고무편
④ 자가드편

**13** 가죽의 겉면을 코팅하여 강한 광택을 낸 가죽은?

① 나파
② 에나멜
③ 스웨이드
④ 무스탕

**14** 생지에 불순물을 제거하는 공정은?

① 정련
② 표백
③ 염색
④ 침지

**15** 양모에 하는 가공이 아닌 것은?

① 축융가공
② 머서화가공
③ 런던 슈링크 가공
④ 클로리네이션

**2회 정답**

| | | | | |
|---|---|---|---|---|
| 01 ② | 02 ① | 03 ③ | 04 ① | 05 ④ |
| 06 ③ | 07 ① | 08 ② | 09 ④ | 10 ③ |
| 11 ③ | 12 ③ | 13 ② | 14 ① | 15 ② |

# CHAPTER 03

# 소잉테크닉

# 01 소잉부자재

## 1. 기초용구

### 1) 제도용구

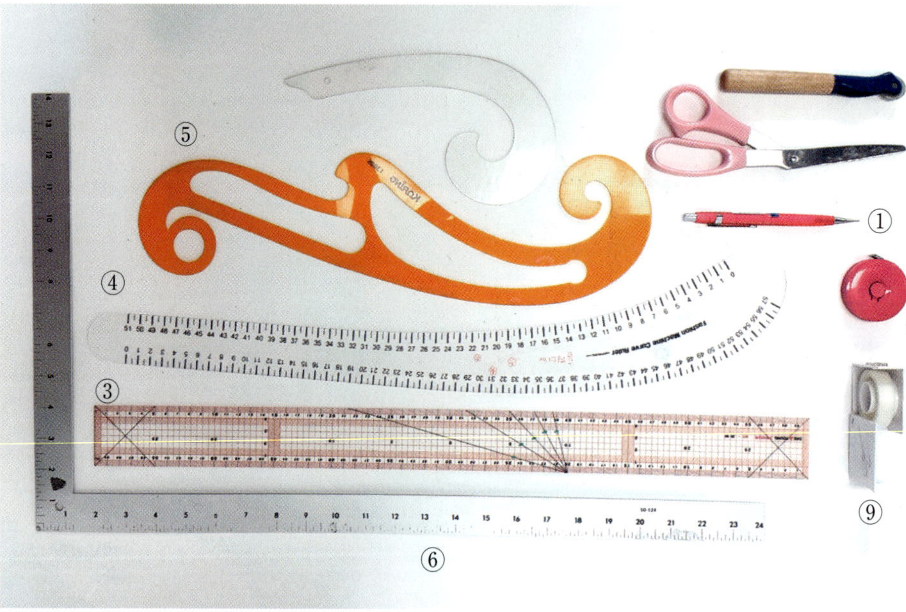


① 필기구 : 제도용으로는 H, HB, B를 주로 이용하며 사용자에 따라 굵기와 색상을 다양하게 준비한다.

② 패턴지 : 제도용으로는 일반적으로 노루지와 전지를 사용하며 패턴의 보관 및 재단용으로 부직포를 사용하기도 한다.

③ 그레이딩자 : 제도 시 직선을 그리거나 곡선을 구부려 잴 때 사용하며 일반 모눈자에 비해 유연하여 쉽게 구부러지며 inch와 cm가 있다.

④ 힙곡자 : 제도 시 엉덩이 옆선, 소매, 밑단 등 완만한 곡선을 그릴 때 사용한다.

⑤ S-모드자 : 프랑스 패션학교 S모드에서 개발한 자로 암홀, 네크라인 등을 그릴 때 사용한다.

⑥ 직각자 : 한쪽 면에는 계산을 쉽게 하기 위한 눈금이 표시되어 있고 반대편에는 inch 또는 cm로 되어 있으며 정확한 직각를 그리기 용도로 사용된다.

⑦ 줄자 : 인체 치수를 측정하거나 곡선을 잰다.

⑧ 종이가위 : 패턴 제도용와 원단용을 구분하여 사용한다.

⑨ 매직테이프 : 패턴을 고치거나 수정 할 때 이용한다.

⑩ 룰렛 : 선이나 패턴을 복사하기 위한 용도로 쓰인다.



## 2) 재단용구

① 재단가위 : 종이 등을 자르지 않고 원단 전용으로 사용하여야 가위의 성능이 오래 간다.

② 시침핀 : 재단 시 패턴을 원단에 고정하거나 두 장 이상의 원단을 고정하기 위한 용도로 쓰이며 가봉 및 보정, 입체재단 시에도 사용된다.

③ 핀쿠션 : 바늘이나 시침 핀 등을 안전하게 보관한다.

④ 초크 : 다양한 색상으로 옷감에 봉제 및 재단 선을 표시하는데 사용되며 물에 닿으면

지워지는 수성, 시간이 지나면 사라지는 기화성의 펜타입과 열을 가하면 사라지는 파라핀초오크 및 석회에 색상을 섞어 굳힌 타입 등 여러 가지가 있다.

⑤ 초크 페이퍼 : 룰렛과 같이 쓰이며 먹지와 같이 밑에 원단에 선을 베껴내는데 쓰이며 빨아도 지워지지 않는 경우가 많으므로 주의해서 사용해야 한다.

### 3) 봉제용구

① 쪽가위 : 봉제 시 실을 자르는 용도이다.

② 손바늘 : 작품의 마무리 및 단추, 비즈 등을 달 때 필요하므로 다양한 사이즈를 구비한다.

③ 실뜯개 : 바느질을 뜯을 때 사용되나 옷감도 같이 찢어지는 경우가 있으므로 사용 시 주의를 요한다.

④ 골무 : 손바느질을 할 때 손을 보호하고 바느질이 빡빡할 때 바늘 끝을 밀어주는 역할을 한다.

⑤ 송곳 : 다트나 주머니, 단추의 위치를 표시하거나 주름 등을 만들 때, 실을 뜨는 용도로도 쓰인다.

⑥ 재봉바늘 : 용도에 따라 가정용, 공업용, 특수용이 있으며 끝이 뾰족한 것은 원단용, 둥근 것은 니트용, 쐐기모양인 것은 가죽 및 비닐용으로 나뉜다. 굵기는 9~16번까지 있으며 번호가 작으면 얇은 바늘, 크면 굵은 바늘로 구분한다.

⑦ 북 : 가정용과 공업용으로 구분되며 공업용은 일반용과 사절용으로 구분되고 밑실을 감는 용도로 사용된다.

⑧ 북집 : 최근 생산되는 가정용 재봉기는 북집이 내장 된 경우가 많으며 북을 넣어 사용한다.

⑨ 핀셋 : 오버룩 등에 실을 끼우거나 구슬 등 장식재료를 집는다.

⑩ 드라이버 : 바늘과 노루발을 교체할 때 쓰이며 일반적으로 일자 드라이버가 주로 쓰이나 오버룩 머신의 경우 미세 6각 드라이버가 이용된다.

⑪ 노루발 : 가정용과 공업용이 구분되며 바느질의 용도에 맞게 다양하게 개발되어 있다. 원단을 움직이지 않고 눌러주는 역할을 한다.

⑫ 실 : 원단의 종류와 두께, 색상에 따라 사용한다. 손바느질용 실과 봉사는 섬유구성 및 꼬임 등이 다른 경우가 많다. 일반적으로 봉사는 폴리에스터로 되어 있으며 탄성이 다른 폴리에스터사+폴리에스터사 또는 폴리에스터사+면사를 합친 질기면서도 변형이 적은 코아사와 실의 강도, 광택과 굵기 등을 개선한 디와이만사가 있다.

## 2. 소잉부자재

### 1) 안감

① 의복의 경우 미끄러운 성질을 이용하여 입고 벗을 때 쉽게 한다.

② 사용 시 땀이나 오염 등을 흡수한다.

③ 원단이 헤지거나 찌드는 것을 방지한다.

④ 겉감의 형태안정성을 보조하여 구겨짐을 완화시킨다.

⑤ 의복의 정전기 등을 방지하여 겉에서 보여지는 실루엣을 정돈한다.

⑥ 의복의 안쪽 시접이나 주머니, 심지 등을 보이지 않게 가려 외관을 정돈하고 착용감을 높인다.

⑦ 의복의 경우 재질에 따라 보온력을 높여 준다.

⑧ 겉감의 투명도와 무늬의 효과를 높인다.

⑨ 작품의 안감 디자인을 소재 및 색상, 무늬에 따라 개성있게 연출하여 제품의 가치를 높인다.

### 2) 심지

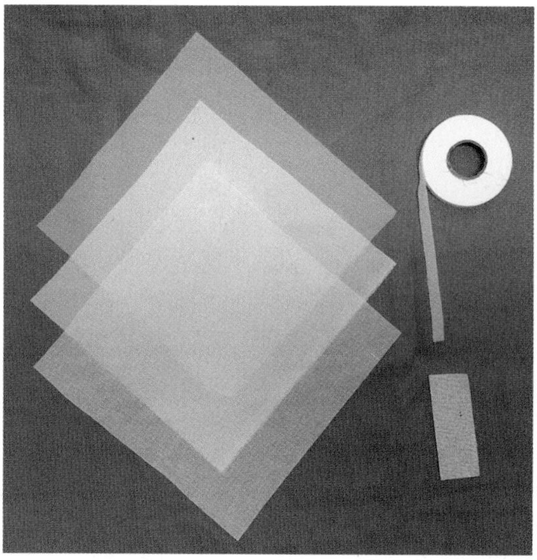

① 세탁에 의해 원단이 늘어나거나 줄어듦을 방지한다.

② 사용에 의해 빨리 닳거나 헤지거나 미어지는 것을 방지한다.

③ 원단의 구김을 적게 하여 형태를 안정시킨다.

④ 다림질 없이도 형태를 보존하여 의복의 외관을 개선한다.

⑤ 얇거나 탄력이 없는 겉감의 경우 심지를 부착하여 탄력성을 보강하고 형태를 고정시킨다.

⑥ 원단의 종류에 따라 두께, 종류 등이 다양하다.

⑦ 접착 심지의 경우 접착 시 스팀을 최소화하여 온도와 시간 등의 조건이 맞아야 떨어지지 않는다.

### 3) 솜

① 의복의 보온을 위해 사용한다.

② 입체감을 주기 위해 사용한다.

③ 제품의 형태를 만들어 준다.

④ 압축솜은 2, 4, 7, 9온스로 나뉘며 접착과 비접착이 있다.

⑤ 원단에 두께감과 탄성을 주어 사용감을 높인다.

⑥ 쿠션, 방석, 이불, 패드, 인형 등에 사용되며 목화솜, 웰론솜, 마이크로화이바솜, 구름솜, 방울솜, 항균솜 등 종류가 다양하다.

#### 4) 단추

① 옷의 여밈을 고정시킨다.

② 다양한 색상, 크기, 재질로 기능과 장식적인 부분을 충족시킨다.

③ 주머니 등을 벌어지지 않게 고정한다.

④ 단추의 크기와 두께가, 옷감의 두께와 부피감과 조화로워야 원단이 늘어지지 않는다.

⑤ 세탁에 의해 깨짐, 건조기에 의해 변형, 일광에 의한 색바램, 습기에 의한 녹발생 등이 생길 수 있는 지 확인하여 사용한다.

⑥ 천연 단추(자개, 나무, 뿔, 너트열매 등)는 공급이 한정되어 가격이 비싸고 깨지거나 변형이 쉬워 관리에 주의해야 한다.

⑦ 아이들은 떨어져 삼킬 수 있으므로 똑딱단추나 플라스틱 재질의 T단추를 사용한다.

### 5) 지퍼

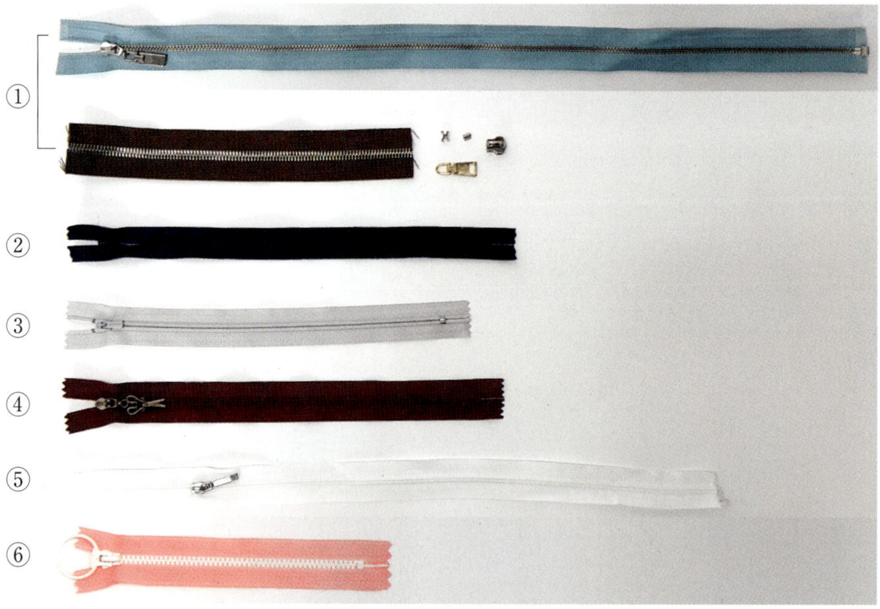

- 옷을 여미거나 가방이나 주머니의 입구를 여닫는데 사용한다.
- 지퍼의 열림 방식에 따라 오픈엔드(open end)와 클로스엔드(closed), 투웨이(two-way)로 나뉜다.

① 금속지퍼 : 길이 조절이 쉽지 않아 다양한 길이로 나와 있으며 롤지퍼처럼 지퍼테이프와 지퍼차를 따로 사서 끼워 쓸 수도 있다.

② 콘실지퍼 : 혼솔지퍼라고도 불리며 겉에서 잠궜을 때 지퍼이(teeth)가 보이지 않고 지퍼고리만 보이는 것이 특징으로 사용 시 지퍼 이 부분을 다려서 펴준 후 사용해야 한다.

③ 양면지퍼 : 바지나 스커트 등에 사용되며 지퍼차에 스토퍼 기능이 있어 지퍼를 눌러 놓으면 움직이지 않는다.

④ 에프론지퍼 · 코일지퍼 : 일반적으로 사용되는 지퍼로 나이론이나 폴리에스터로 만든다.

⑤ 롤지퍼 : 이불, 쿠션 등에 많이 사용되고 길이에 맞게 잘라 지퍼차를 끼워 사용하게 되어 있다.

⑥ 비슬론지퍼 : 이가 크고 플라스틱으로 되어있어 사용이 부드러운 지퍼로 점퍼 등에 사용된다.

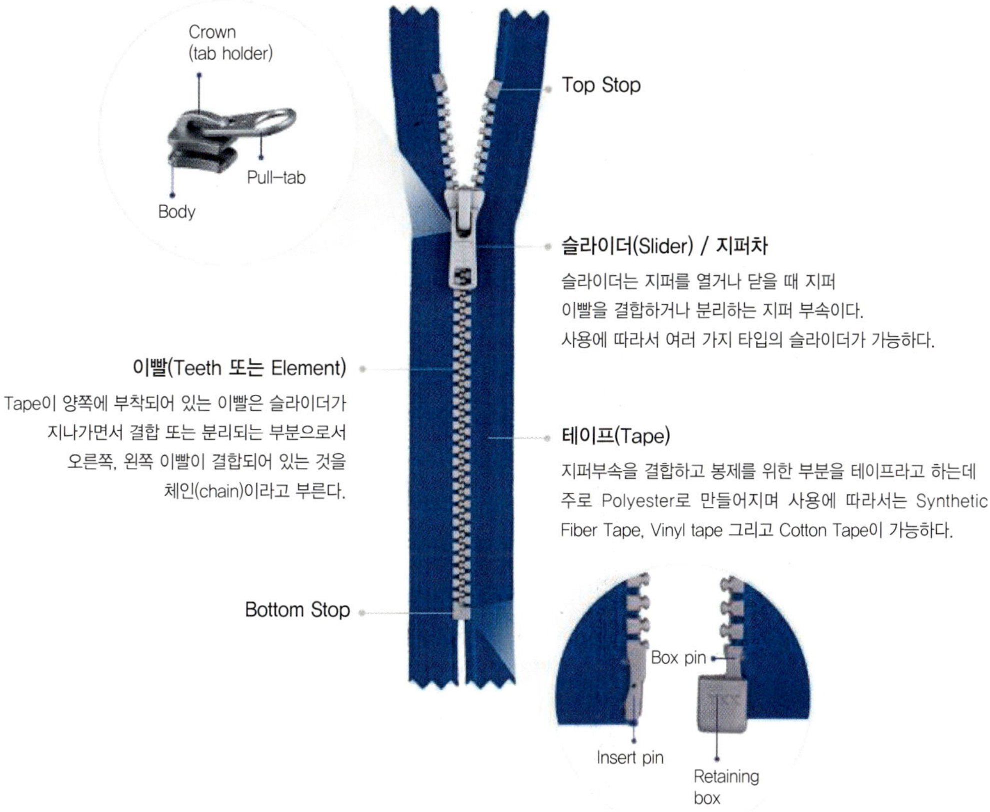


출처 :네이버 블로그 소꿈놀이 https://syl7730.blog.me/221214194711

## 6) 레이스/리본/브레이드

① 레이스 : 끝단을 장식하거나 디자인의 포인트가 된다.

- 엠브로더리레이스 : 직물의 모양에 따라 구멍을 뚫고 그 변을 자수사로 박아 모양을 낸 레이스이다.
- 케미컬레이스 : 큰 무늬들이 연속하여 배치 된 레이스로 과거에는 수를 놓고 자수사로 박은 후 바탕천인 견사를 화학적 방법으로 녹여 만든다. 바탕천이 없이 자수사만 있어 고급스럽고 아름답다.
- 러셀레이스 : 바탕이 망사와 같은 구멍이 있는 레이스이다.
- 토션레이스 : 면사로 만든 수편직 느낌의 레이스로 폭이 좁고 단조로운 모양이 특징이다.

② 리본 : 장식을 위해 주로 쓰임. 재질과 질감, 너비, 무늬 등 다양하다.

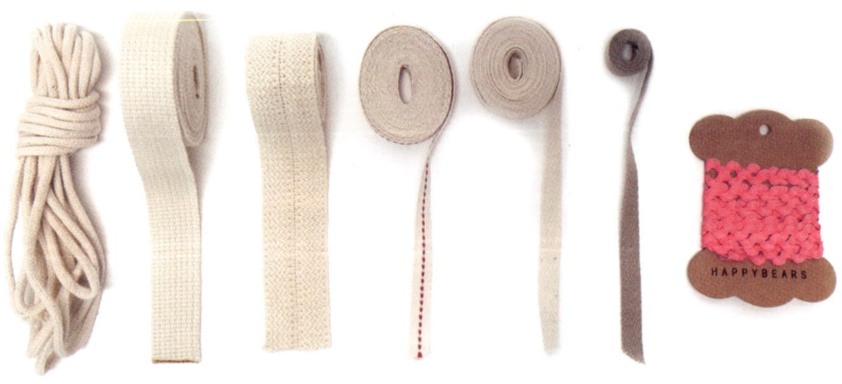


③ 브레이드 : 리본과 비슷해 보이나 실을 엮거나 꼬아서 만든 끈으로 뒷목둘레의 시접을 감싸거나 점퍼나 바지 등의 끈으로 쓰인다.

### 7) 바이어스테이프, 파이핑

①

②

① 바이어스 테이프 : 원단의 바이어스 방향으로 잘라 시접이나 바깥 완성선의 가장자리를 감싼다.

② 파이핑 : 바이어스로 재단된 원단에 끈이나 코드를 넣고 박은 것으로 장식이 되는 선이나 가장자리 마무리에 사용한다.

### 8) 프레임/바네

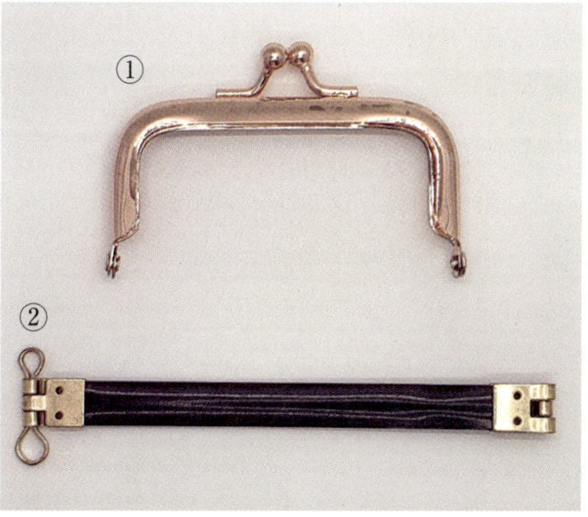


① 프레임 : 작은 동전지갑이나 가방 등을 지퍼나 단추대신 열 수 있게 만드는 금속 장식이다.

② 바네 : 탄성이 있는 두 개 금속의 양옆을 고정하여 힘을 주어 누르면 벌어지는 방식으로 간단한 동전지갑이나 파우치 등의 입구에 사용한다.

### 9) 핸들

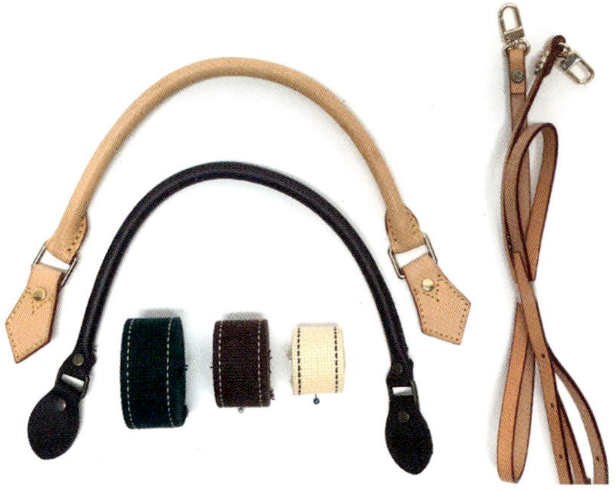

① 가방의 손잡이로 원단, 웨이빙 끈, 가죽, 나무, 플라스틱 등 다양한 종류와 재질이 있다.

② 핸들의 소재는 가볍고 질기고 단단해야 하며 가방의 재질과 형태에 영향을 주지 않아야 한다.

③ 금속의 경우 무겁고 스크래치에 약하며 땀과 오염에 변색이 될 수 있고 알레르기 반응을 보일 수 있어 주의해야 한다.

④ 체인 소재의 경우 마찰에 의해 원단을 마모, 손상시킬 수 있다.

### 10) 금속부자재

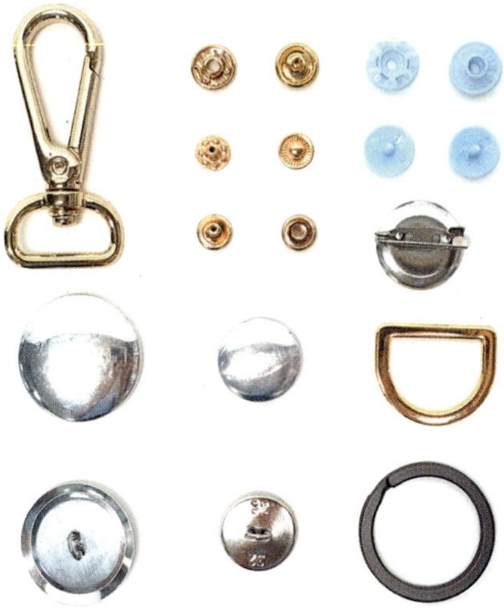

① 장식적인 면과 사용 시 편리함을 위해 널리 쓰인다.

② 세탁 및 변색, 무게 등의 이유로 옷보다는 가방이나 소품에 사용빈도가 높다.

③ 아일렛, 스프링도트, 도트단추, 가시도트 등의 경우 별도의 기구가 필요하다.

④ 링, 사각링, D링, 개고리, 속고발, 코드락 장식 등 다양한 종류가 있다.

### 11) 장식부자재

① 비즈/스팽글 : 장식적인 목적으로 사용된다.

② 바이어스/파이핑 : 제품의 가장자리를 깔끔하게 정리하고 배색 등으로 포인트를 주기 위해 활용한다.

③ 전사지 : 그림이나 글자 등을 원단에 입히는 장식으로 여러 가지 재질, 형태, 모양 등을 다양하게 디자인 할 수 있다. 다림질이나 프레스 등을 이용하여 붙인다.

④ 라벨 : 옷 안쪽에 붙는 케어라벨과는 다르게 브랜드나 HAND MADE를 나타내는 로고, 그림 등으로 봉제 시 박거나 완성 후 겉면에 붙일 수 있다.

## 12) 기타부자재

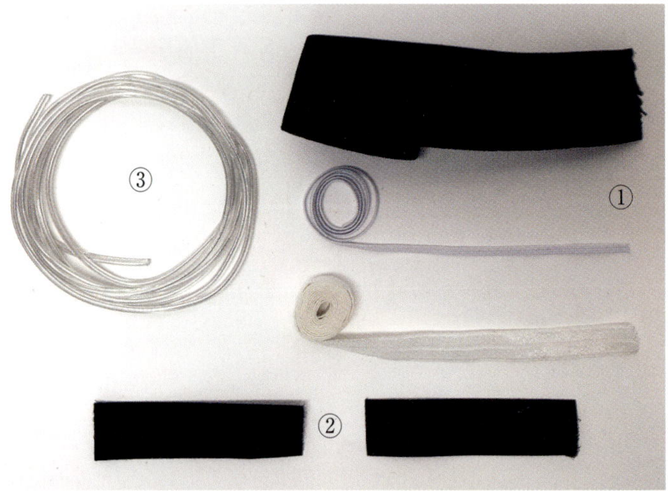


① 고무줄 : 다양한 넓이와 색상이 있으며 허리단, 소매단, 속옷 등의 끝단에 감싸넣거나 겉으로 드러나게 박아서 쓴다.

② 벨크로테이프 : 일명 찍찍이라고 불리며 주머니, 의복의 여밈등이 벌어지지 않도록 다양하게 쓰인다.

③ 와이어 : 의복의 깃, 가방의 입구, 모자의 챙 등에 쓰인다.

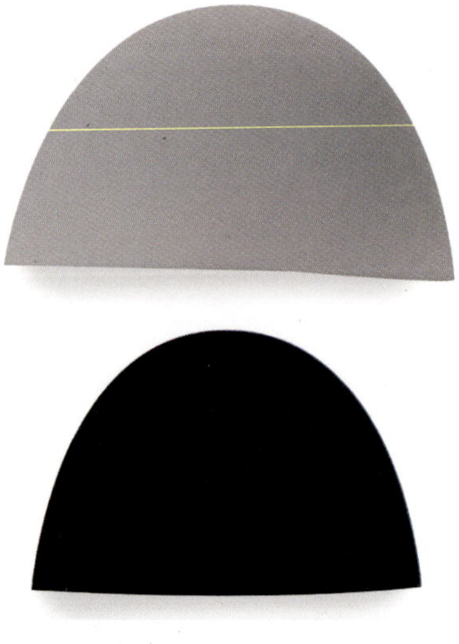

④ 패드 : 의복의 어깨, 가슴 등에 볼륨을 준다.

# 02
# 재봉기



## 1. 재봉기의 역사와 분류

### 1) 재봉기의 역사

18세기 산업혁명은 면직물의 주도하에 최초의 방적기가 개발되었고 늘어난 원단공급에 맞게 바느질 할 수 있는 기계를 개발하게 되었다. 1755년 런던에서 독일인 찰스 바이젠탈(Charles F. Weisenthal)이 구멍 뚫린 바늘에 대한 특허를 최초로 취득하고 1790년에 영국의 가구제작자인 토마스 세인트(Tomas Saint)가 가죽에 구멍판을 만들어 바늘이 통과하는 아이디어로 재봉기의 기초적인 조건을 갖춘 특허를 받았다.

그러나 재봉기를 사용할수록 가죽구멍에 기름 때와 먼지로 인해 멈추는 일이 많아 1800년 발타자르 크램(Balthasar Krems)이 세인트의 재봉기를 수정, 보완하여 단환봉 재봉기를 완성하였다.(단환봉 재봉기는 실 한가닥으로 뒷면에 고리를 형성시켜 재봉되는 방식으로 요즘은 포대입구 등에 쓰임.)

1830년 프랑스인 바세라미 시모니(Bathelemy Thimonnier)가 재봉기를 만들고 1834년 미국인 월터 헌트(Walter Hunt)가 두 개의 실이 구멍을 통과하면서 바느질이 되는 재봉기를 개발하면서 재봉 기계에 일대 혁신을 불러일으켰다. 1844년 미국인 엘리어스 호(Elios Howe)는 헌터의 기계를 기반으로 우리가 사용하고 있는 윗실과 밑실이 있는 본봉 재봉기를 개발하였다. 이 재봉기는 1분당 300땀을 봉제 할 수 있음으로써 의류제조의 작업시간을 단축시켰다.

그 후, 미국의 아이작 메리트 싱거(Isac Merritt Singer)에 의하여 천을 자동으로 밀어주는 장치에 대한 특허를 얻고 곡선식 왕복침 레버와 곡침을 상하운동식 바늘봉과 직침으로 개량하였다. 또한 페달 장치로 양쪽 손을 자유로이 사용할 수 있게 하였고 HA(표준형), HL

(직진봉), ZH(지그재그봉), 프리암형(소매통 재봉이 쉬운 것)등이 추가되었다. 1851년 Singer사 (I. M. Singer & Company)가 설립되었고 이는 세계 최초로 대량 판매하는 재봉기 기업이었다. 1879년에는 미국인 조셉 멜로우(Joseph Merrow)에 의하여 3본침인 오버로크 미싱이 만들어져 옷감의 끝처리에 사용되었다. 그 후 봉제과정의 기계화에 대한 연구가 계속되어 인터로그 미싱, 단추달이 미싱, 단추구멍 뚫기 미싱, 두줄박기 미싱, 네줄박기 미싱, 지그재그 미싱, 자수 미싱, 단처리 미싱 등이 발명되었고 현재는 컴퓨터를 이용한 부분적인 자동 봉제기구까지 개발되어 있으며 최근 대량 생산 과정에서는 컴퓨터를 이용한 자동 봉제 프로그램이 개발되어 사용되고 있다.

우리나라에 재봉기가 전파된 시기는 1900년경이며, 공업용 재봉기의 사용 시기는 1960년대 초로 보고 있다.

## 2) 재봉기의 분류

### (1) 재봉방식에 따른 분류

| 스티치 등급 | 이름 | 특성 | 재봉방식 | 쓰임 |
|---|---|---|---|---|
| 100 | 단환봉<br>(simple chainstithes) | 단사 | 단순 환봉이라 체인에 의해 생기고 밑실은 없음 | 시침질,포장자루,<br>상표달기, 밑단감침,<br>단추달기와 단추구멍 |
| 200 | 수봉<br>(hand stitches) | 내구성 부족<br>장식적으로 사용 | 봉사 한올이 위아래로 오르내리는 핸드스티치를 의미하기도 함 | 라펠,장식용<br>(호시, 세발뜨기 등) |
| 300 | 본봉<br>(lock stitches) | 대부분 기성복에서 가장 흔하게 사용되는 스티치 | 바늘의 움직임에 따라 밑실과 윗실이 연결 고리를 만들어 생기는 스티치 | 가장 많이 사용<br>(우븐, 편성물)<br>지그재그, 고무줄, 편성물 |
| 400 | 이중환봉(multithread chain stitches) | 청바지와 캐쥬얼 바지 같은 우븐 직물, 니트류 직물의 솔기 봉제용 | 위쪽의 실과 아래쪽의 루퍼사가 함께 고리를 만들면서 생기는 스티치 | 가장 많이 쓰임(편성물)<br>티셔츠나 내의류<br>청바지, 양복바지 등 |
| 500 | 주변감침봉(overedge stitches)<br>복합봉(주변감침봉+안전봉) | 가장 흔하게 사용되는 시접 끝처리 방법 | 스티치가 시접의 끝을 감싸면서 생기는 스티치 | 시접의 정리, 오버룩,<br>니혼오바,<br>인타록(날라리) |
| 600 | 편평봉<br>(cover stitches)<br>(삼봉,플랫 락) | 편물과 저지에 가장 많이 쓰이는 스티치 | 3올 이상의 실이 안쪽과 바깥쪽 직물 모두에 루프를 만들어 플랫솔기에 사용됨 | 티셔츠의 밑단, 오드람프<br>(수영복, 아웃도어 등) |

| 스티치 등급 | 이름 | 재봉방식 | 재봉결과 |
|---|---|---|---|
| 100 | 단환봉 | 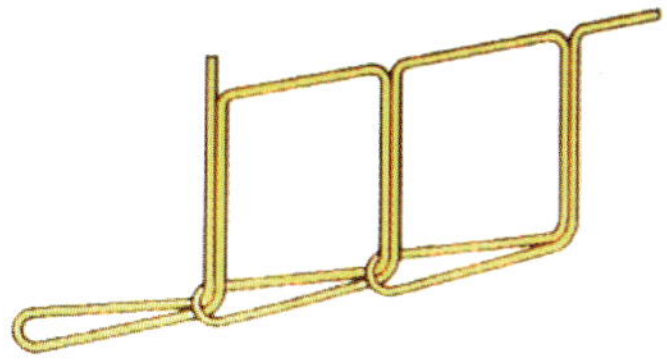 | 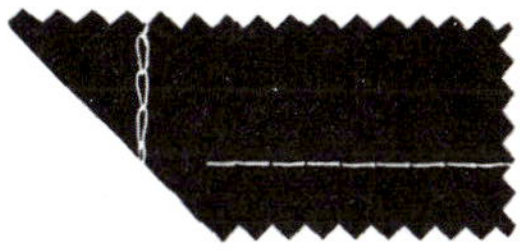 |
| 200 | 수봉 | 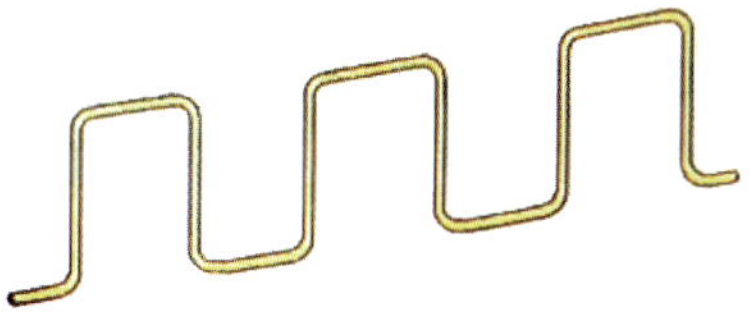 |  |
| 300 | 본봉 | 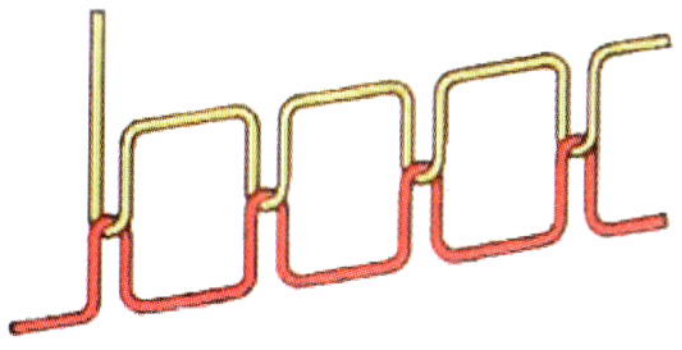 |   |
| 400 | 이중환봉 | 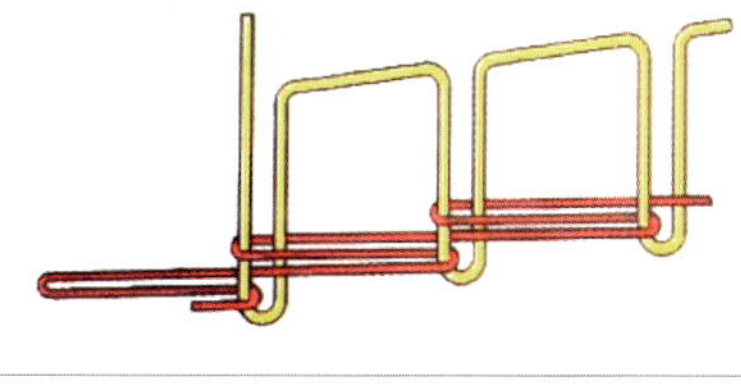 |  |
| 500 | 주변감침봉 | 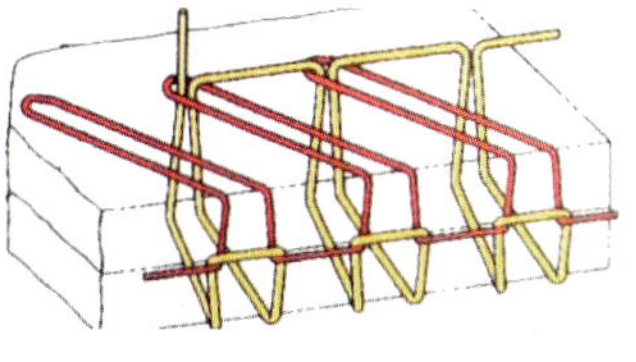 |  |
| 600 | 편평봉 | 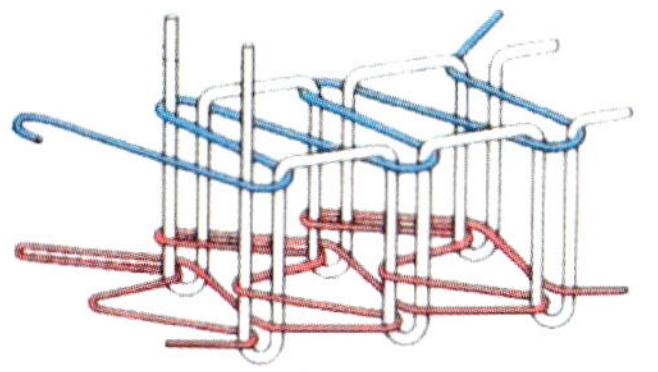 |  |

그림 출처 : 의류과학과 패션 한넬로레 에베를레 외 지음 / 금기숙, 유효선, 최혜선 옮김
봉제과학, 오선희

## 2. 재봉바늘과 실

### 1) 재봉바늘

(1) 바늘의 형태와 명칭

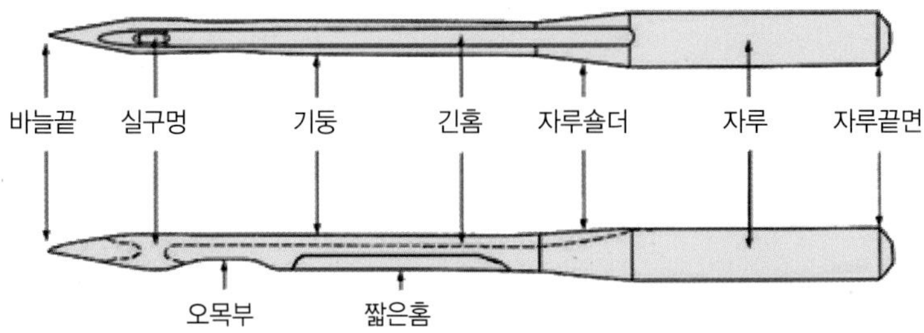


| 바늘 모양 | 명칭 | 용 도 |
|---|---|---|
| 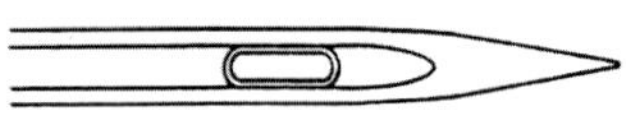 | A : 샤프 포인트(sharp point) | 일반직물본봉용, 모피, 장갑용, 단추달이 끝맺음용 |
| 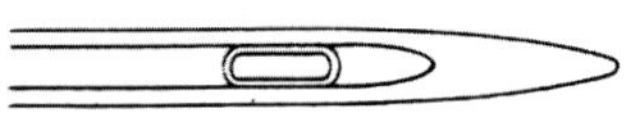 | B : 볼 포인트(ball point) | 편성물, 고무, 스판텍스 등 신축성이 높은 편성물 |
| 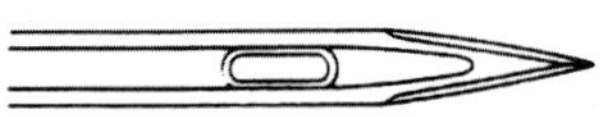 | C : 컷팅 포인트(cutting point) | 피혁, 마대, 벨트 |

출처 : 봉제과학, 오선희

## (2) 소재에 따른 바늘의 모양

**[ 유니버셜 바늘 ]**

대부분의 우븐, 직기 원단에
사용하는 가장 기본적인
범용 바늘입니다.

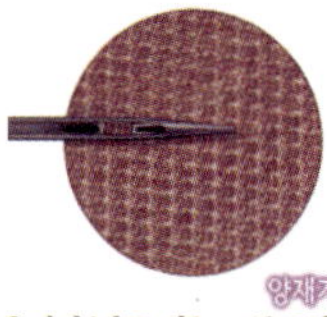


**[ 저지/니트 바늘 : 볼포인트]**

대부분의 니트 원단에 사용
둥근 바늘 끝이 원단을 뚫지 않아
니트 조직에 손상을 주지 않습니다.

**[ 스트레치 바늘 ]**

스판덱스(라이크라)에 사용
그 외 스판 혼방 등으로 땀이 뜨는
원단에 사용합니다.

**[ 마이크로텍스 바늘 ]**

일명 샤프 바늘로 부릅니다.
극세사, 초극세사, 실크,
공단, 레이온 전용 바늘

---

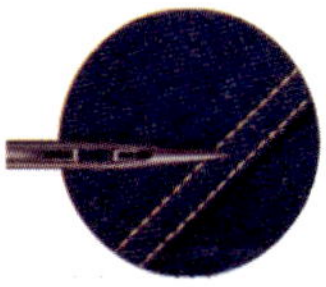

**[ 진/데님 바늘 ]**

청지, 캔버스, 방풍, 방수 원단용
슈메츠 진/데님 바늘은
스판청지 사용이 가능합니다.

**[ 퀼팅 바늘 ]**

특수 설계한 바늘로
여려겹 겹친 퀼트나 누빔 전문 바늘
양재용 솔기처리 바늘로 사용합니다.

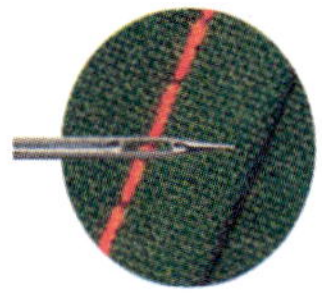

**[ 탑스티치 바늘 ]**

바늘구멍이 2배나 큰
상침 재봉 전용 바늘입니다.
굵은 실을 이용한 직선 상침에 사용

**[ 레더/가죽 바늘 ]**

칼날이 달린
가죽 전용 바늘입니다.
일반 원단 사용금지

---

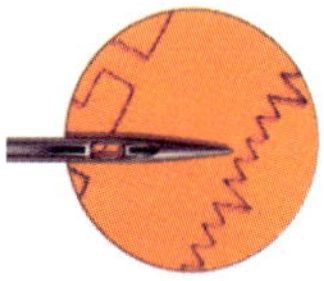

**[ 메탈릭 바늘 ]**

예민한 금사, 은사, 메탈릭 자수실
모노필라멘트 실 전용 바늘입니다.
실 끊어짐 방지 처리

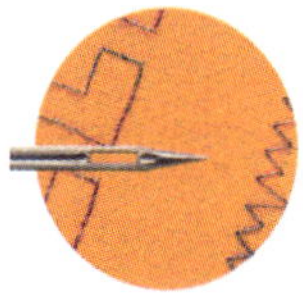

**[ 엠브로이더리 바늘 ]**

자수 전용 바늘입니다.
각종 자수 전용실 사용 가능
고속 마찰에 의한 실 손상을 보호합니다.

**[ 골드 바늘 ]**

티타늄 코팅 자수 전용 바늘
열과 마찰에 강해서
가장 완벽한 자수를 표현

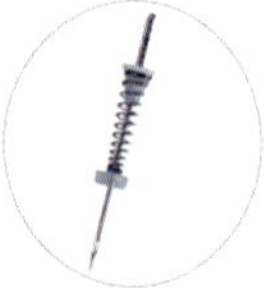

**[ 스프링 바늘 ]**

스프링 압력으로 노루발 없이
자유로운 곡선 재봉&자수&누빔이
가능합니다.

---

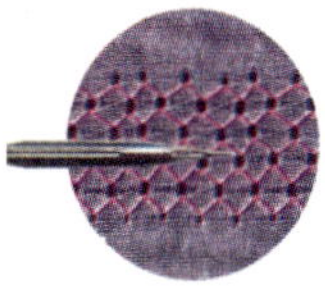

**[ 햄스티치 바늘 ]**

일명 윙바늘 입니다.
장식용 컷워크 바늘입니다.

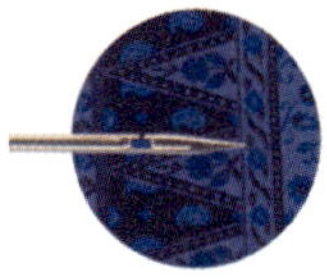

**[ 퀵스레드 바늘 : 유니버셜 ]**

시력이 불편한 사람도 1초만에
쉽게 사용 가능하게 바늘 옆에 실 구멍이
있어 쉽게 실 장착이 가능 합니다.

**[ 다중바늘 ]**

한개의 축에 2개 혹은 3개의 바늘이 장착 되어있습니다.
한개의 밑실을 이용 하며 한번에 여러개의
스티치가 나옵니다.

출처 : http://board-3.blueweb.co.kr/board.cgi?id=phsk99&bname=sch&action=view&unum=3&page=1

(3) 재봉바늘의 종류

| 바늘 기호 | 종류 | 용도 | 굵기 |
|---|---|---|---|
| DB×1 | 본봉 | 일반섬유 | 9, 11, 14, 16호 |
| DC×1 | 오버룩 | 니트, 안감, 섬유의 시접처리 | 9, 11, 14, 16호 |
| DB×1, DM×13 | 인터록 | 섬유의 시접처리와 솔기 재봉 | 9, 11, 14, 16, 18호 |
| DO×5, EB×755 | 단추구멍 | 일반 섬유의 단추구멍 | 11, 14, 16, 18호 |
| BQ×1, TQ×7 | 단추달기 | 각종 단추달기 | 11, 14, 16, 18호 |
| DB×1, TV×1 | 환봉 | 각종 환봉기용 | 11, 14, 16호 |
| LW×2T, LW×5T | 스쿠이 | 각종 밑단처리용 곡침 | 11, 14, 16, 18호 |
| UQ×113 | 고무밴드 작업 | 4,6,8줄 고무줄 봉제 | 11, 14, 16호 |
| EB×1 | 패딩용 | 등산복, 스키복, 패딩 | 16,18, 19호 |
| LQ×5 | 바택 | 두꺼운 원단의 바택 | 14, 15, 16, 18호 |
| HA | 가정용 | 가정용 | 9, 11, 14, 16호 |

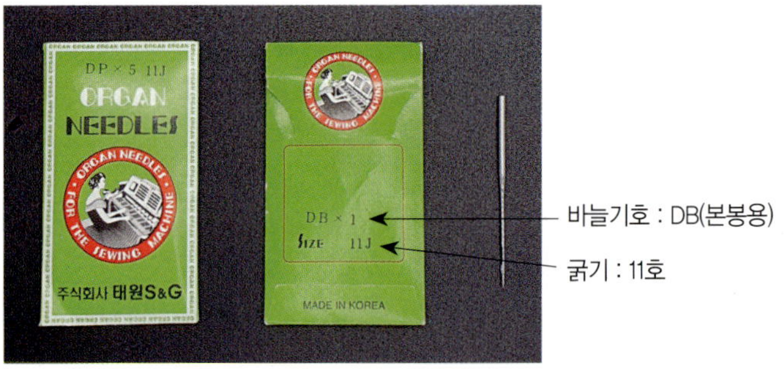


## 2) 재봉사

(1) 봉사의 종류

- 면봉사 : 표면이 매끈하고 굵기가 균일하며 신도가 작고 강도와 내열성이 높다. 면바지, 면T셔츠, 작업복, 유니폼 등에 사용된다.
- 마봉사 : 아마, 저마가 봉사로 사용되며 면사에 비해 강도가 2배 정도 높고 내구성이 좋다. 구두, 가방 등에 사용되며, 직물 봉제에는 부적합하여 폴리에스테르와 혼방사로 사용한다.
- 견봉사 : 광택과 염색성이 좋으나 합성사에 비해 내열성, 강도, 내마모성이 약하다.

단추구멍이나 맞춤복과 같은 고급옷의 끝맞음 등에 사용된다.

- P/C봉사 : 폴리에스테르 65%, 코튼 35%의 비율로 혼방한 봉사이다.
- 스펀봉사 : 장섬유를 짧게 잘라 방적한다.
- 스티치 봉사 : 장섬유에 클림프를 만들어 준 봉사를 말한다.
- 폴리에스테르 봉사 : 신도와 수축이 적고 열과 일광에 강하며 세탁성이 좋다. 의복에 가장 많이 사용된다.
- 나이론 봉사 : 내마모성과 신도가 좋으나 열에 약하다. 스타킹, 란제리, 수영복 등에 사용되나 의복용보다는 공업용 구두밑창, 가방, 쇼파 등에 많이 사용된다.



(2) 실의 굵기

- 항중식 번수 : 일정한 무게를 기준으로 단수 길이의 배수가 실의 번수가 된다. 번수가 클수록 실이 가늘며, 면, 마, 모, 견, 반합성섬유의 방적사에 사용한다.
- 항장식 번수 : 일정한 길이를 기준으로 단위 무게의 배수가 실의 데니어가 된다. 숫자가 클수록 실이 굵다. 덱스(tex), 데니어(denier) 두 가지 단위가 있으며 생사, 인견사 및 합성섬유에 사용된다.

(3) 재봉사의 표시

(4) 바늘과 실의 관계

바늘과 실이 너무 굵을 경우 퍼커링[1]이 발생하여 실이 끊어지거나 소재가 상하고 실이 얇으면 땀의 강도가 약해진다.

---

1 실의 장력이 맞지 않아 박음선이 오그라 드는 현상

굵은 재봉사에 바늘이 너무 얇으면 바늘구멍에 실을 꿰기 어렵거나 실이 마찰로 인해 중간에 끊어지거나 바늘 땀이 튀는 원인이 된다.

| 천의 두께 | 천의 종류 | 바늘 번호 | 재봉사 |
|---|---|---|---|
| 매우 얇음 | 쉬폰, 오간디, 조젯, 머슬린, 얇은 면, 트리코트, 린넨, 레이스 | 9 | 면사 70/3<br>나이론 70/3<br>폴리에스테르 70/3 |
| 얇음 | 한복지, 보일, 무명, 합성섬유, 실크, 다후다 | 11 | 면사 70/3<br>나이론 60/3<br>폴리에스테르 60/3 |
| 중간두께 | 양복지, 린넨, 모슬린, 면, 깅엄, 포플린, 피케. 새틴 벨벳, 얇은 울, 가는 코듀로이 | 14 | 면사 50/3<br>나이론 60/3<br>폴리에스테르 60/3 |
| 두꺼움 | 데님, 개버딘, 트위드, 코듀로이, 켄버스, 듀크 | 16 | 면사 40/3<br>나이론 60/3<br>폴리에스테르 60/3 |
| 니트 | 트리코트, 져지 | 14 | 면사 50/3<br>나이론 60/3<br>폴리에스테르 60/3 |

### 3) 재봉기

#### (1) 공업용 재봉기

**① 공업용 재봉기의 명칭**

❶ 노루발 압력 조절기 : 노루발이 원단을 누르는 힘을 조절해 준다.

❷,⓯ 실가이드 : 실을 안내하는 역할을 한다.

❸ 밑실감기장치 : 북에 실을 감을 때 사용하며 바늘에 실을 빼고 노루발을 올려준다.

❹ 회전바퀴 : 실채기, 바늘대, 톱니, 가마를 움직여 바느질이 되게 한다.

❺ 계기판 : 자동화된 사절 미싱의 각종 기능을 컨트롤한다.

❻ 땀수조절나사 : 바늘땀의 크기를 조절한다.

❼ 후진누름장치 : 바느질의 진행 방향을 바꿔 되돌아박기를 할 때 쓰인다.

❽ 침판 : 바늘의 크기와 톱니에 따라 교체한다.

⑨ 가마 : 윗실과 밑실을 회전하여 얽히게 한다.

⑩ 톱니 : 수직, 수평 방향으로 움직여 원단을 밀어낸다.

⑪ 보조윗실조절나사 : 윗실의 강도 조절을 보조한다.

⑫ 실채기 : 윗실을 당겨 바늘땀을 조여 준다.

⑬ 윗실조절나사 : 윗실이 당겨지는 강도를 조절한다.

⑭ 되돌아박기 및 바늘위치 조정 버튼 : 멀리 있는 주 버튼의 기능을 사용자가 재봉시 편하게 사용할 수 있도록 가까이 만들었다.

⑯ 바늘대 : 바늘을 올리고 내린다.

⑰ 노루발 : 원단을 눌러 주어 바느질이 되게 한다.

⑱ 밑실가이드 : 밑실을 안내하는 역할을 한다.

⑲ 밑실조절나사 : 밑실이 당겨지는 강도를 조절한다.

② 공업용 재봉기의 작동원리

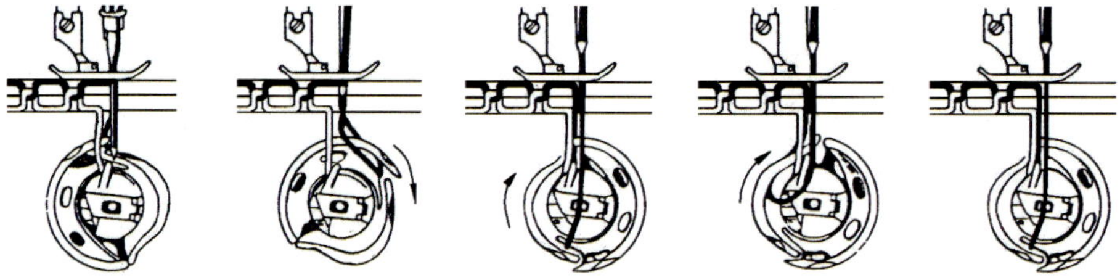

① ② ③ ④ ⑤

- 바늘이 원단을 통과하여 가마까지 실을 내려준다.
- 가마의 걸쇠가 윗실을 걸어 회전하여 윗실의 루프를 만든다.
- 윗실을 걸고 회전하여 가장 아래까지 오면 윗실이 가마를 벗어난다.
- 바늘이 올라가며 윗실을 잡아 당긴다.
- 바늘의 상승과 실채기가 실을 잡아당기며 밑실과 얽힌 매듭을 천의 중간까지 올려 바늘땀을 형성한다.

③ 윗실과 밑실의 장력 조절

재봉기에서 박았을 때 보여지는 면은 밑실의 문제이며, 뒷면의 경우 윗실의 문제인 경우가 많다.

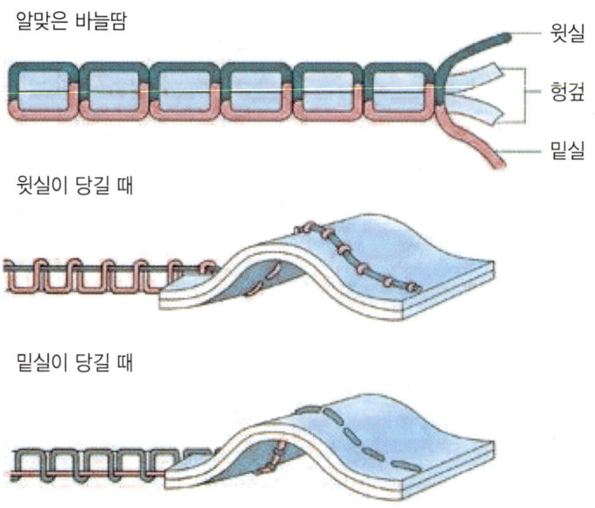

④ **공업용 재봉기의 밑실 감기**

- 전원을 끄고 북집을 제거한다.
- 바늘에서 실을 빼고 노루발을 올려 준다.
- 북을 밑실감기 장치에 낀다.
- 실꽂이에 실을 끼운 후 뒤에서 앞으로 실을 통과시킨다.
- 밑실조절나사의 원반사이를 통과하여 지난다.
- 북에 시계방향으로 실을 한 뼘 정도 감아준다.
- 밑실감기장치를 누른 후 약간 빠른 속도로 발판을 밟아 실을 감아준다.
- 1/3 정도 감겼을 때 손톱으로 눌러보아 단단한지 확인 후 나머지를 감아준다.
- 적당히 감기면 밑실감기장치가 제자리로 돌아오며 멈춘다.
- 맨앞의 그림과 같이 적당량이 탄탄히 감겨 있어야 바람직하다.

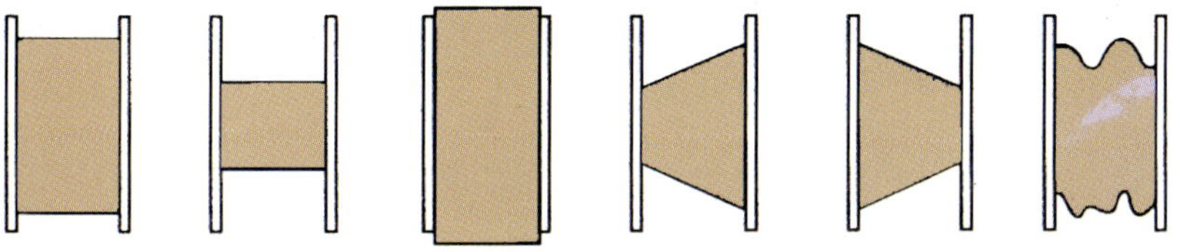

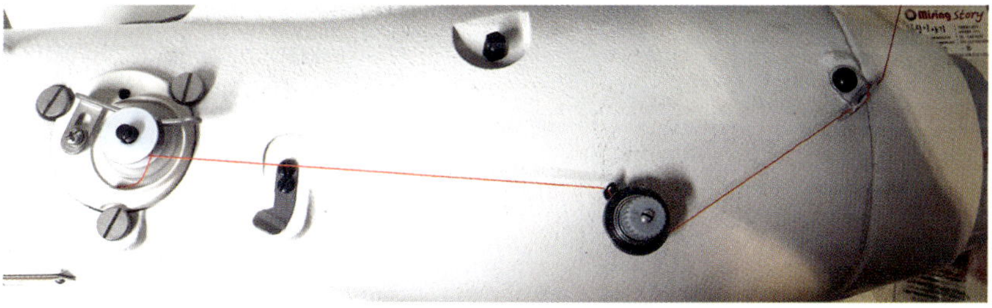

⑤ **북집 넣는 법**

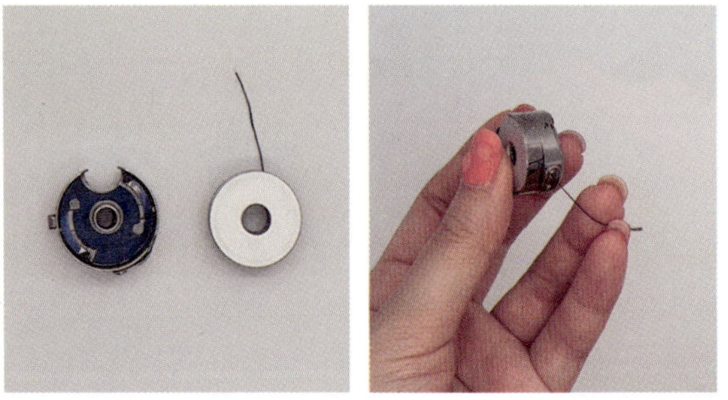

- 북과 북집을 준비한다.
- 실을 잡아 북집의 틈 사이로 끼운다.

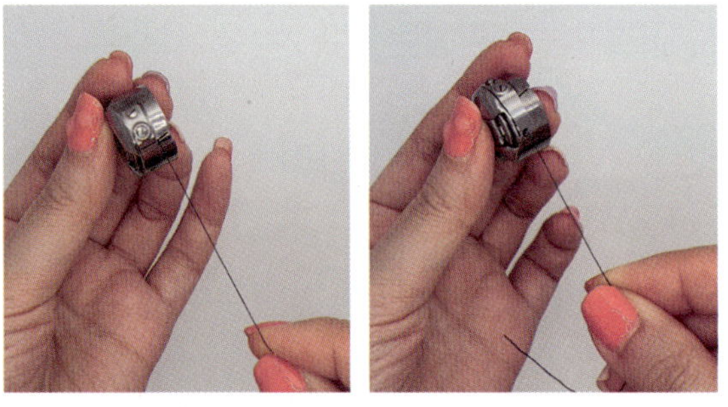

- 실을 잡아당겨 조절나사의 철판 사이로 끼우고 한 뼘 정도 잡아당긴다.

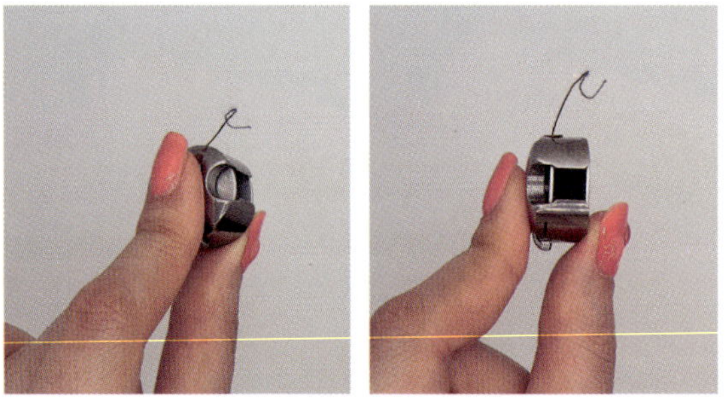

- 손잡이와 두 번째 손가락을 나란히 하여 잡는다(손잡이를 잡아당기지 않아야 함).
- 북집에서 실이 감긴 면이 위쪽으로 보이도록 하여 가마에 끼운다.

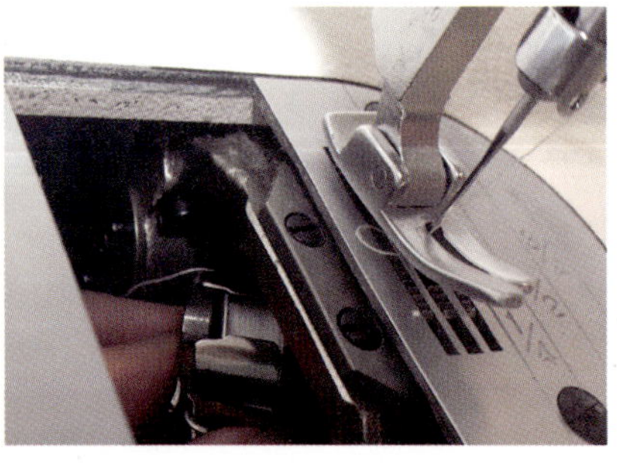

- 손가락으로 눌러 북집의 요철면이 가마의 홈에 끼워지는 금속 소음(딸깍)을 확인한다.

• 윗실을 팽팽하게 잡아당긴 상태에서 바늘대를 내려 밑실을 끌어올린다.



⑥ 바늘 끼우기

바늘의 오목한 부분을 오른쪽으로 놓고 구멍이 옆을 향하도록 하여 잡고 바늘대에 바늘을 끝까지 끼운 후 바늘을 잡은 상태에서 나사를 드라이버로 조여준다.

⑦ 윗실 끼우는 순서

바늘에 실을 끼울 때는 왼쪽에서 오른쪽으로 끼운다.

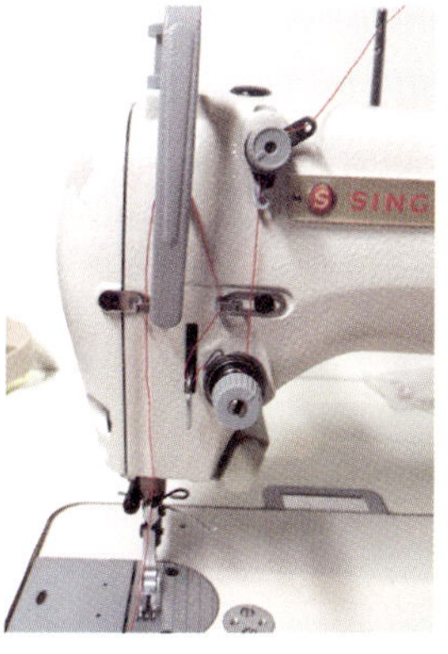

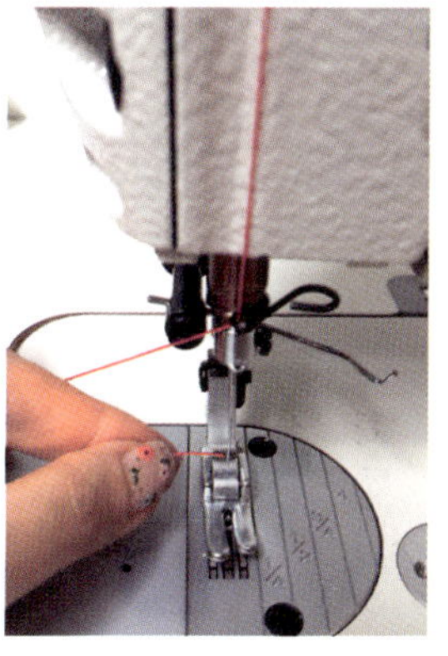

⑧ 바느질 자세와 주의사항

- 재봉기와 몸이 20cm 이상 떨어져 바늘대와 코가 일직선이 되도록 바른 자세로 앉는다.
- 손은 노루발 양쪽에 11자로 가볍게 얹거나 노루발 앞뒤로 놓고 원단을 잡아준다.
- 발은 발판에 한 쪽발은 앞으로 나가고 다른 발은 뒤로 나가게 놓는다.
- 봉제를 멈추고 다른 작업을 할 때, 물건을 떨어뜨려 주울 때에는 반드시 발판에서 발을 떼야 한다.

• 바늘이나 노루발을 교환할 때, 바늘에 실을 끼울 때, 북집을 교환 하거나 장시간 사용하지 않거나 자리를 이동 시 반드시 전원을 꺼야 한다.

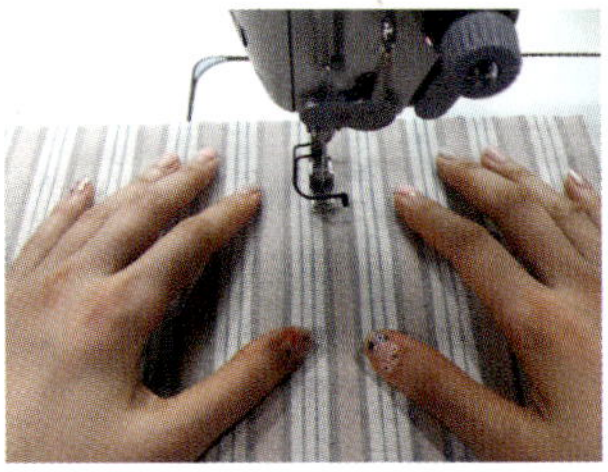

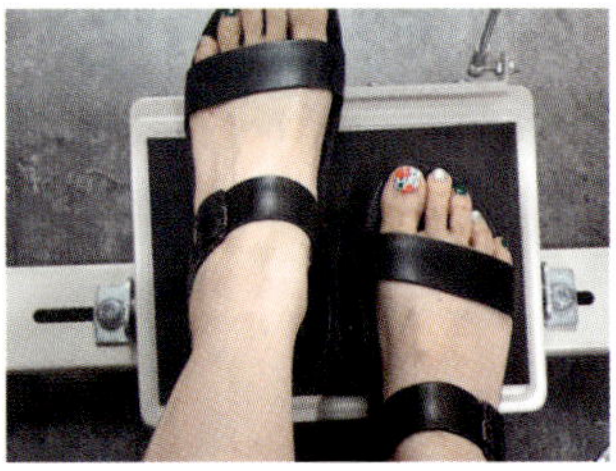

⑨ 사절 미싱의 발판 사용 방법

• 발판을 Ⓐ처럼 앞쪽으로 세게 밟으면 고속으로 가동된다.
• 발판을 Ⓑ처럼 앞쪽으로 살짝 밟으면 기계가 저속으로 가동된다.
• 발판을 Ⓒ처럼 원위치 하면 기계는 정지(바늘 상정지 또는 하정지) 한다.
• 발판을 Ⓓ처럼 완전히 뒤로 밟으면 사절 기능이 작동한다.
• 바늘이 아래로 내려온 상태에서 정지한 경우 발판을 뒤로 한 번 더 밟으면 바늘이 상정지 위치로 바뀐다.
• 자동 무릎올림 장치가 적용된 기계는 기계 정지 후 2~3초 후에 실이 뒤로 한 번 박히고 노루발은 자동으로 상승하며 뒤로 한 번 더 밟으면 노루발은 자동으로 내려온다.

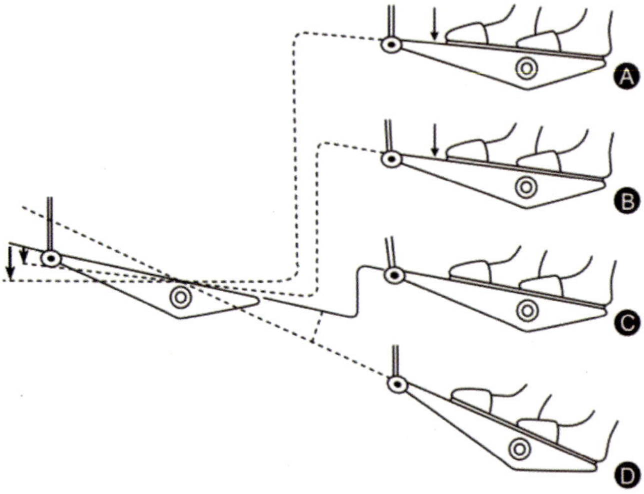


출처 : 선스타 미싱 사용설명서

| 키 | 사용설명 |
|---|---|
|  | 시작부분의 되돌아박기 조절 |
|  | 끝부분의 되돌아박기 조절 |
|  | 클림프기능, 윗실 홀딩장치 작동 |
|  | 사절 후 노루발 자동 상정지, 모터정지 후 상정지<br>두 개의 아이콘이 모두 켜져 있으면 사절 후 또는 모터 정지 후 노루발이 자동으로 상정지 |
| M | 다중 패턴재봉 값을 변경 |
|  | 재봉정지 후 사절 진행 전 관련키를 누르면 반침 / 땀수보정 기능을 수행 |
|  | 페달을 누르면 시작, 중립은 정지 |
|  | 설정된 값으로 재봉 |
|  | 재봉을 시작할 때 저속으로 시작 |
|  | 자동으로 바택을 입력값만큼 재봉 |
|  | 멈춤 시 바늘의 상정지 / 하정지 |
|  | 자동으로 실을 자름 |
|  | 자유재봉시 터치하면 어떠한 기능도 작동하지 않음<br>정해진 파라미터값으로 재봉 |
| + − | 스티치 값과 파라미터 값 증가 /감소 |
| S P | 파라미터값 설정과 저장 |

출처 : 선스타 미싱 사용설명서

⑩ 사절 미싱의 계기판

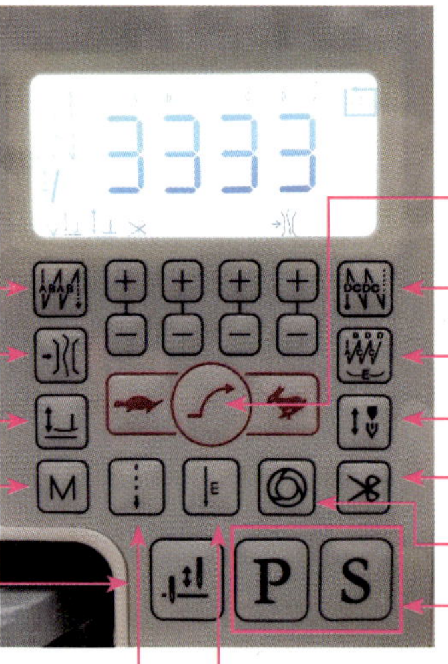


⑪ 공업용 노루발

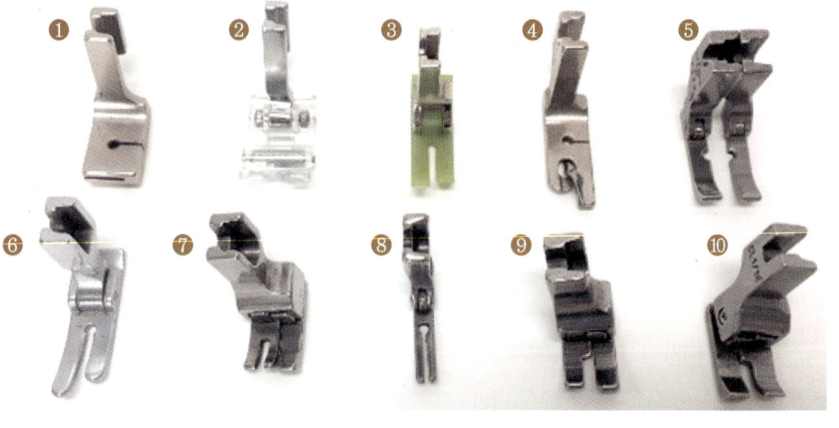

❶ 턱주름 노루발 ❷ 롤러 노루발(니트, 가죽, 레자용)

❸ 테프론 노루발(니트 가죽, 레자, 스판 등의 미끄러운 천)

❹ 말아박기 노루발 ❺ 외노루발(오른쪽, 왼쪽)

❻ 평노루발 ❼, ❾ 스티치 노루발(오른쪽)

❽ 지퍼노루발 ❿ 스티치 노루발(왼쪽)

(2) 가정용 재봉기

① 가정용 재봉기의 명칭

❶ 밑실가이드 : 밑실을 감을 때 지나간다.

❷ 실 장력조절 다이얼 : 바느질 땀, 실, 원단의 장력을 조절한다.

❸ 속도조절레버 : 바느질의 속도를 조절한다.

❹ 윗실가이드 : 윗실이 지나간다.

❺ 실 자동끼우기 레버 : 실 자동끼우기 장치를 바늘 가까이 이동하여 바늘에 실을 끼운다.

❻ 노루발 : 원단을 눌러 주어 바느질이 되게 한다.

❼ 톱니 : 원단을 밀어준다.

❽ 수평가마 : 북을 넣어준다.

❾ 바늘대 : 바늘을 올리고 내린다.

❿ 바늘 상하 위치 조절 버튼 : 바늘을 위로 올리거나 내린다.

⓫ 후진 재봉 버튼 : 바느질의 진행 방향을 바꿔 되돌아박기를 할 때 쓰인다.

⓬ 시작/멈춤 버튼 : 발판을 사용하지 않을 경우 사용한다.

⓭ 실채기 : 윗실을 당겨 바느질이 되게 한다.

⓮ 밑실감기 장치 : 북(실토리)에 밑실을 감아준다.

⓯ 풀리(핸들) : 실채기, 바늘대, 톱니, 가마를 움직여 바느질이 되게 한다.

⓰ 계기판 : 스티치와 바늘땀의 길이를 조절할 수 있다.

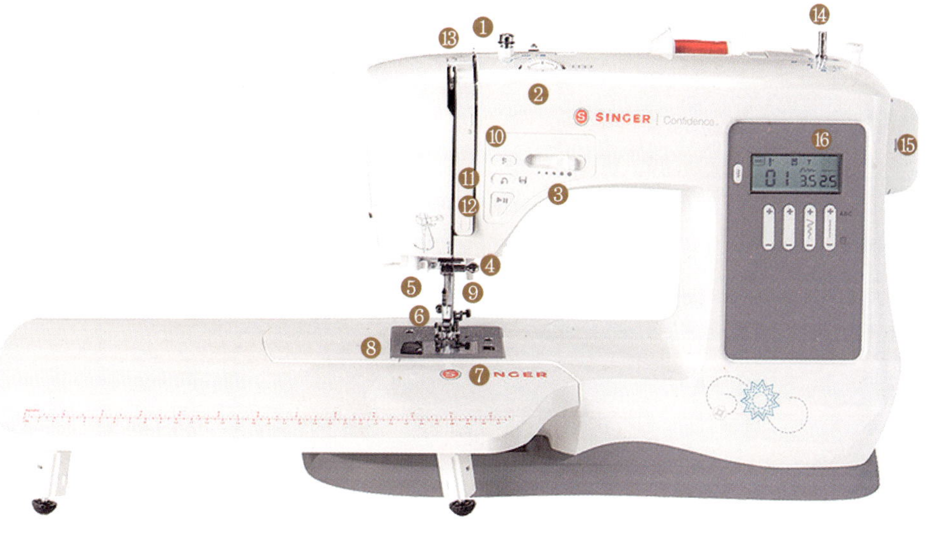

② 재봉의 준비

- 재봉기를 작업하기 적당한 높이의 테이블에 올려 놓는다.
- 왼쪽 옆에 전원 연결코드와 속도조절기 연결코드를 꽂고 속도조절기를 바닥에 내리고 전원을 꽂아준다.
- 왼쪽 옆의 전원/전구 스위치를 켠다.

③ 밑실감기

| 키 | 사용설명 |
|---|---|
| 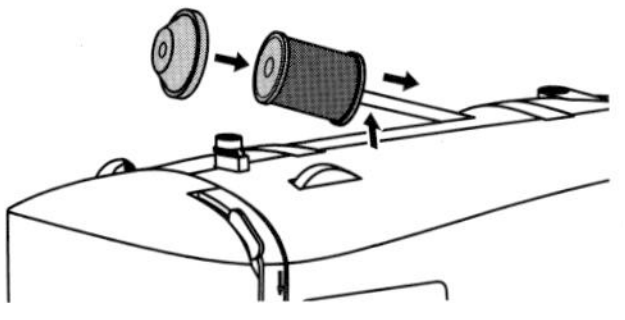 | 실패와 실패 크기에 맞는 실패 고정 덮개를 실패꽂이에 끼운다. |
| 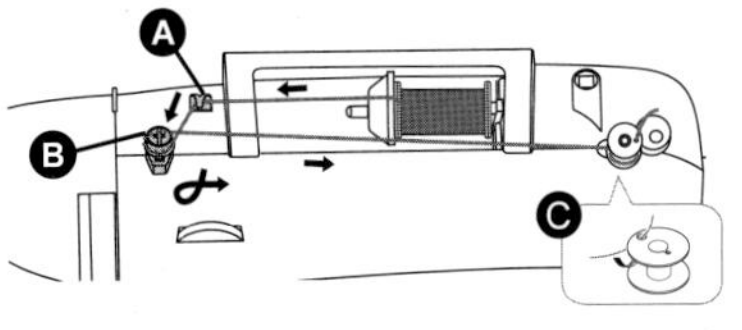 | Ⓐ 실을 재봉기 위쪽에 있는 실 가이드에 걸고 Ⓑ 실이 북에 일정하게 감기도록 밑실 감기 실 걸이에 실을 걸어준 후 Ⓒ와 같이 가정용 북의 구멍에 실을 끼운다. |
| 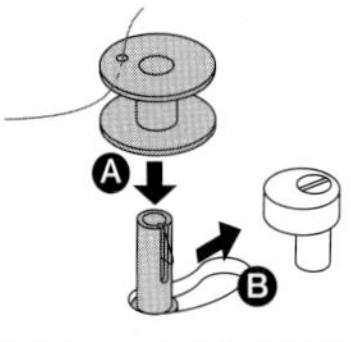 | 북을 꽂고 실을 위쪽으로 잡아 당긴 후 밑실감기 장치가 단단히 밀어 내려졌는지 확인한 후 공업용과 마찬가지로 바늘에서 실을 제거하고 노루발을 올린다. |
| 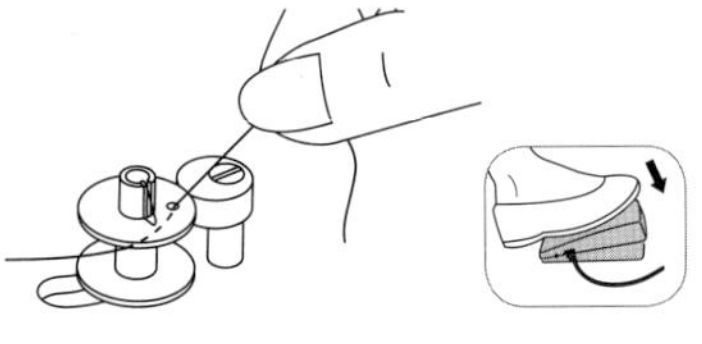 | 실 끝을 손으로 잡은 상태에서 발판을 밟아 실을 감아준다. |
| 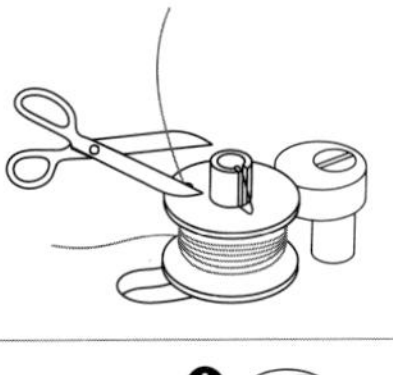 | 손으로 잡았던 실 끝을 북 윗부분과 가깝게 자른 다음 발판을 밟아 다시 실을 감는다. |
| 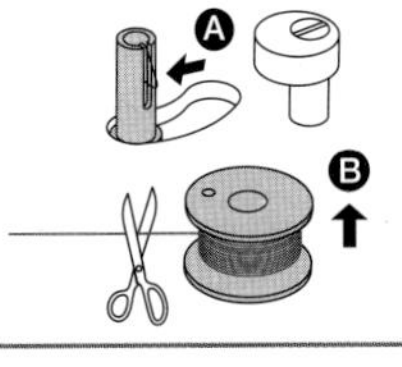 | 실이 다 감기면 자동적으로 멈춘다. 북을 왼쪽으로 밀고Ⓐ, 실을 자른 다음 북을 밑실 감기 장치에서 분리한다Ⓑ. |

## ④ 밑실 넣기

| 키 | 사용설명 |
|---|---|
| 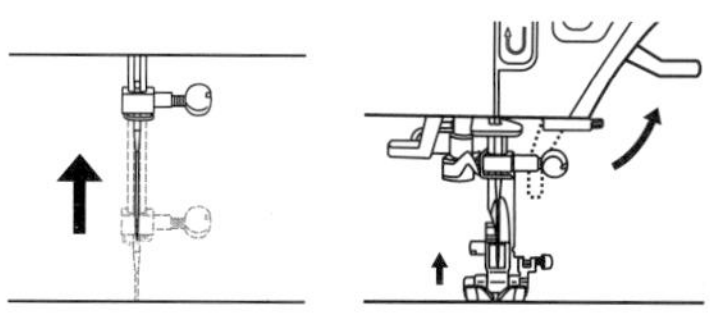 | 북을 끼우거나 분리할 때, 바늘과 노루발을 가장 높은 위치로 올린다. |
| 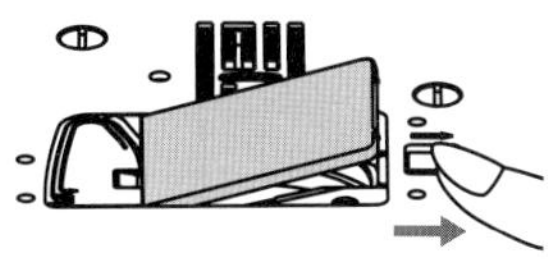 | 밑실 덮개를 분리하고 북을 빼낸다. |
|  | 실이 감긴 북을 시계 반대 방향(화살표)으로 실이 풀리도록 북집에 넣는다. |
| 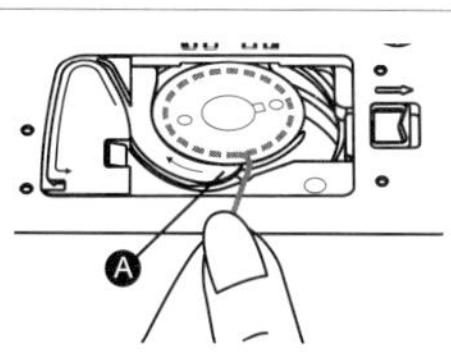  | 홈(A)에 실을 통과시켜 당긴다. |
| 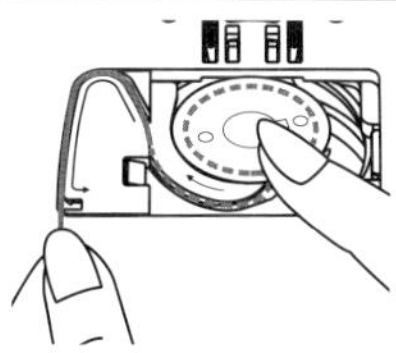 | 북 위를 손가락으로 누르면서 실 가이드를 따라 실을 통과시킨다. |
| 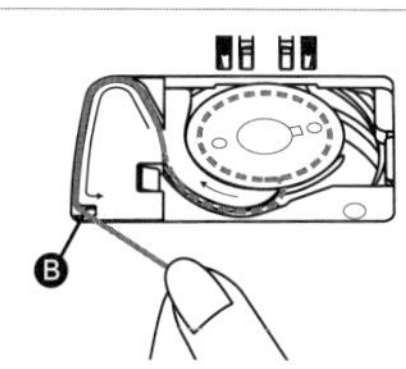  | 사용자 방향으로 실을 당겨서 사절 장치(B)로 자르고 밑실 덮개를 끼운다. |

⑤ 바늘 끼우기

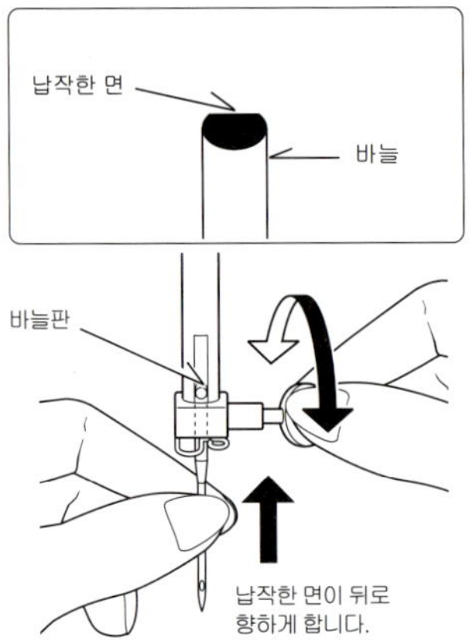


⑥ 윗실끼우기

❶ 노루발 레버를 올린다.

❷ 핸들을 앞쪽으로 돌려 바늘을 최대 높이로 만들어 준다.

❸ 그림과 같은 순서로 ❶의 실걸이에 실을 걸고, ❷의 실걸이로 끌어준다.

❹ ❸의 탭부분에 실을 걸어 U자형으로 올린다.

❺ ❹의 실채기의 오른쪽에서 왼쪽방향으로 실을 걸어 실채기 안쪽 둥근 홈까지 실을 당겨 들어오게 한다.

❻ ❺의 실걸이에 실을 걸고 바늘구멍의 앞에서 뒤쪽으로 실을 끼운다.

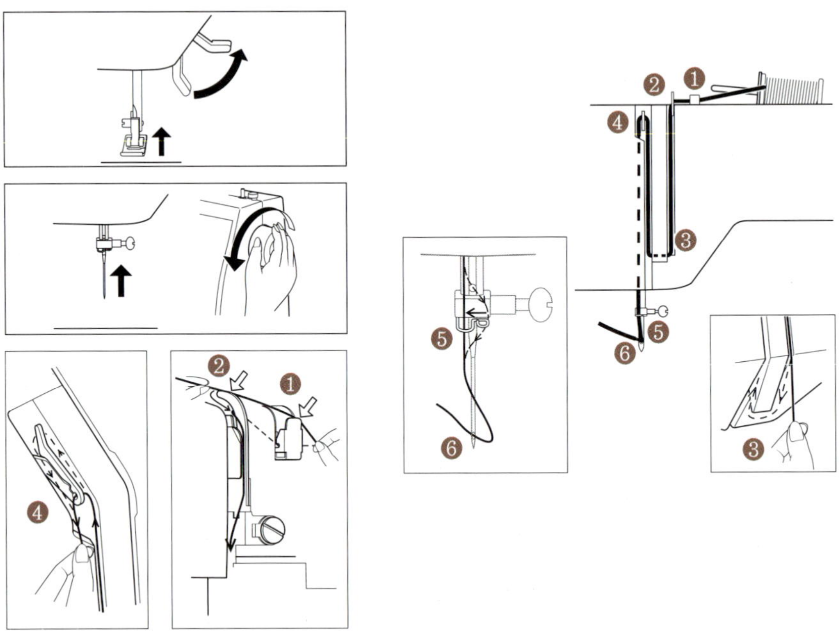

⑦ 자동실끼우기(제품에 따라 지원 안됨)

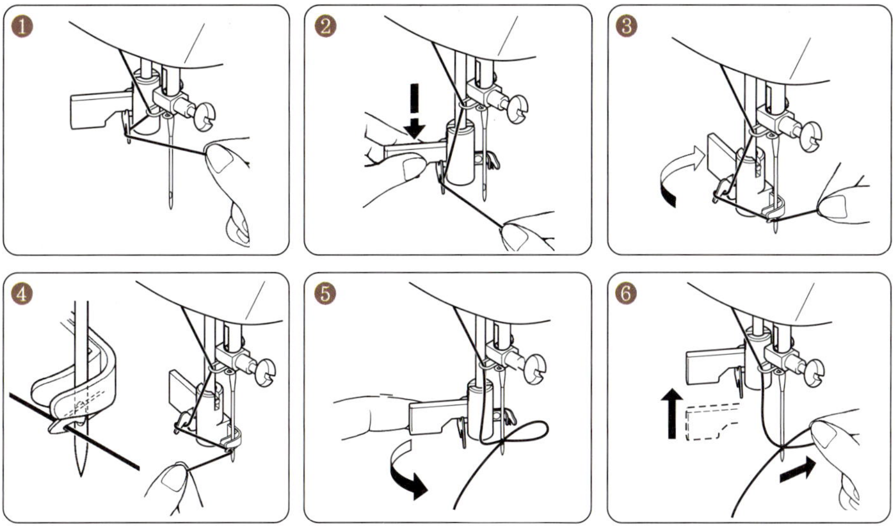

⑧ 수직가마와 수평가마

| 구분 | 수직가마(반달가마) | 수평가마(평가마) |
|---|---|---|
| 재질 | 스틸 | 플라스틱 |
| 회전 | 180도(반회전) | 360도(전회전) |
| 장점 | • 내구성이 뛰어남<br>• 청소/관리 용이<br>• 소모품이 일반적으로 호환 | • 저소음<br>• 밑실 상태확인 및 교체가 간편함 |

⑨ 가정용 재봉기의 장점 및 단점

| 장점 | 단점 |
|---|---|
| • 부피가 작고 가벼움<br>• 다양한 스티치<br>• 실을 끼우기 쉽고 조작이 간편함<br>• 관리 및 보관이 편리함<br>• 자동으로 실을 끼울 수 있음(일부제외)<br>• 다양한 노루발이 시판되어 재봉을 간편하게 도와줌<br>• 단추구멍을 만들 수 있음 | • 공업용 재봉기에 비해 속도가 느림<br>• 일부를 제외하고는 사절 밑 노루발 자동올림 기능이 없음<br>• 다양한 기능으로 인해 숙지가 어려움 |

직선

이중 직선
(튼튼하게 바느질할 때)

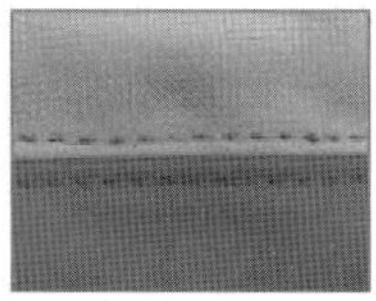

핸드룩 퀼팅
(손바느질 같은 효과,
퀼트시 사용)

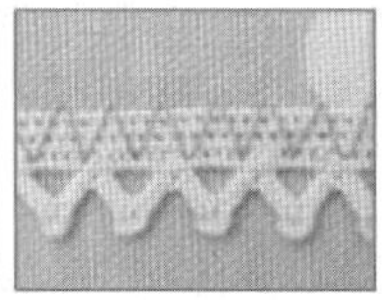

지그재그
(폭, 땀 조절가능)

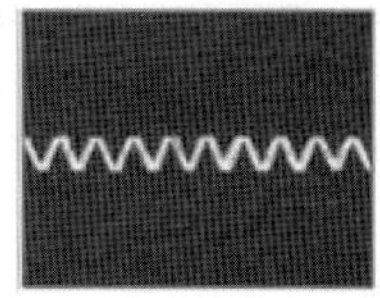

이중 지그재그
(헤지기 쉬운 부분을
튼튼하게)

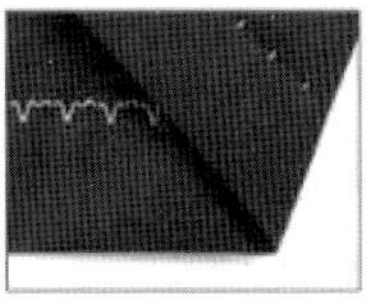

단뜨기
(신축성 원단)

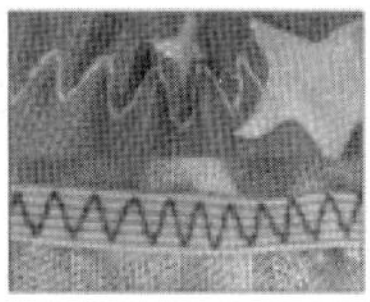

점선 지그재그
(고무줄 달 때)

단뜨기
(일반원단 좌, 우)

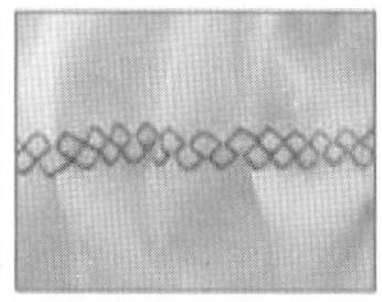

허니콤
(주름장식, 신축성
레이스 바느질)

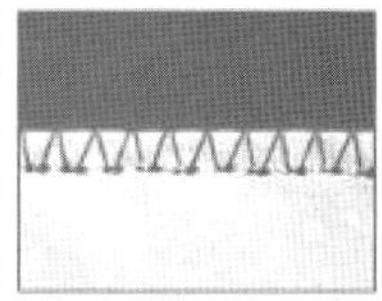

삼각오버룩(좌, 우)

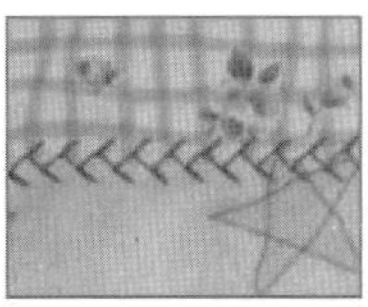

깃털모양 바느질
(두 원단을 이어 붙일 때)

이중 오버록

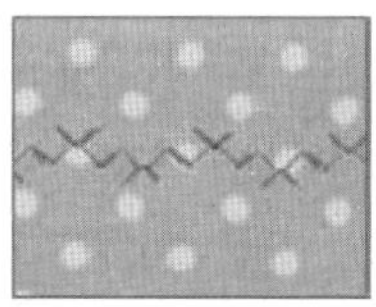

십자수 바느질

엔터듀 바느질
(선장식, 에어룸바느질
윙바늘 사용)

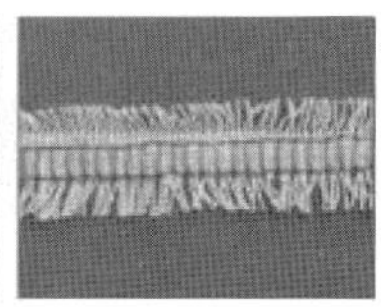

사다리모양 바느질
(헴스티치, 리본위에
카우칭 할 때)

• 다양한 패턴

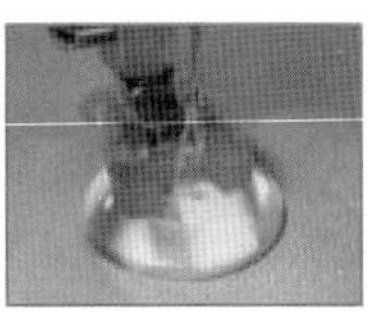

단추달기

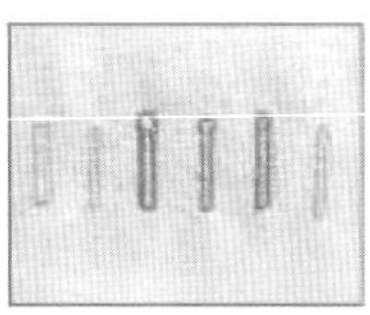

단춧구멍

핀 바느질
(가장자리 피코장식,
아플리케)

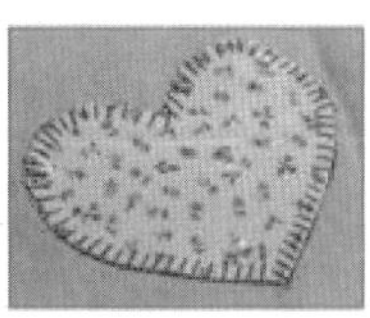

블랭킷 바느질
(술장식, 원단끝장식,
카우칭, 아플리케,
말아박기)

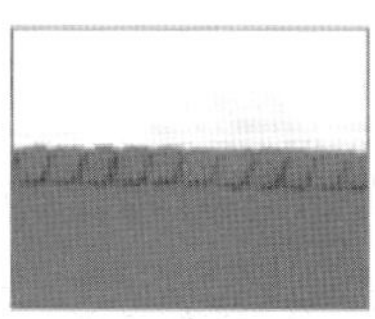

사선핀 바느질
(테이블보,
침대커버 단뜨기시,
원단끝 정리시 사용)

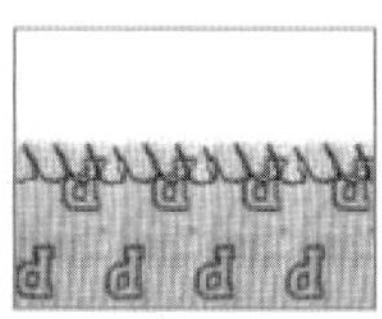

사선 오버록
(신축성 있는 원단,
스포츠웨어나
저지류 적합)

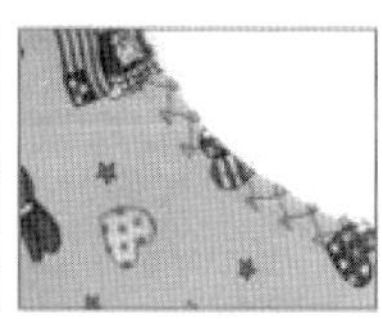

크로스 바느질
(신축성 원단의 단처리)

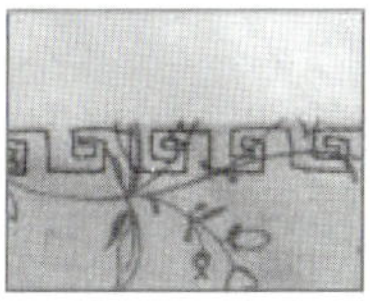
그리스문형 바느질

연속패턴

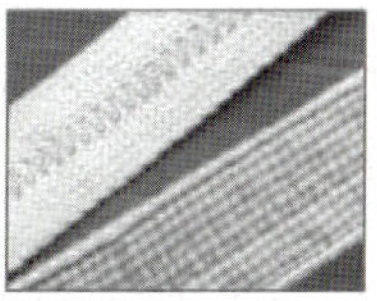
휘시본 바느질

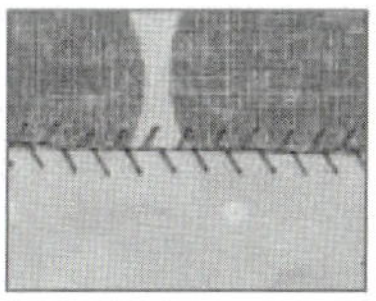
가시모양 바느질

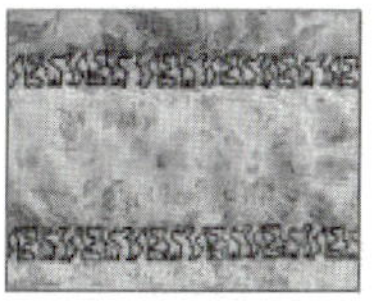
퀼팅 바느질

눈썹자수

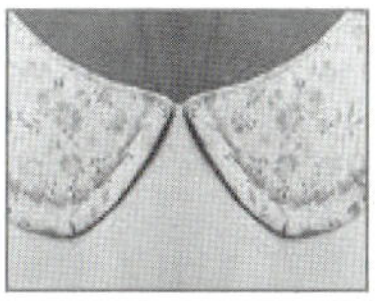
장식용디자인 패턴

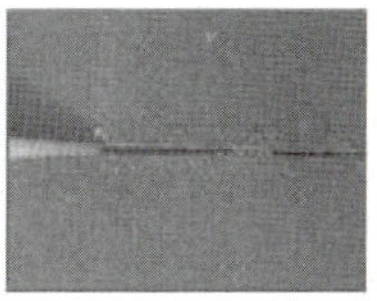
파고팅
(찢어진 원단을 붙일 때)

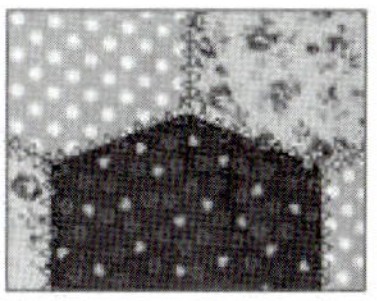
위저드 바느질

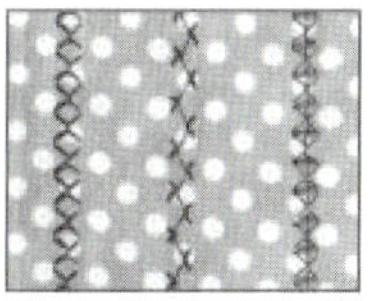
추가패턴

• 다양한 노루발

파이핑 노루발

핀턱 노루발

비드 노루발

콘솔지퍼 노루발

일반 오버록 노루발

가죽/니트 노루발

1/4인치 노루발

새틴 노루발

셔링노루발(지그재그)

코팅 노루발

아플리케 노루발

말아박이 노루발

바이어스 노루발

테플론 노루발

단뜨기 노루발

### (3) 오버룩 재봉기

#### ① 오버룩 재봉기의 명칭

❶ 노루발들개(뒤쪽)
❷ 노루발압력조절기
❸ 윗실 걸이
❹ 왼쪽바늘실조절다이얼
❺ 오른쪽바늘실조절다이얼
❻ 윗루퍼실조절다이얼
❼ 아래루퍼실조절다이얼
❽ 실가이드
❾ 원단가이드
❿ 루퍼커버
⓫ 노루발
⓬ 바느질대
⓭ 폴리(바퀴)

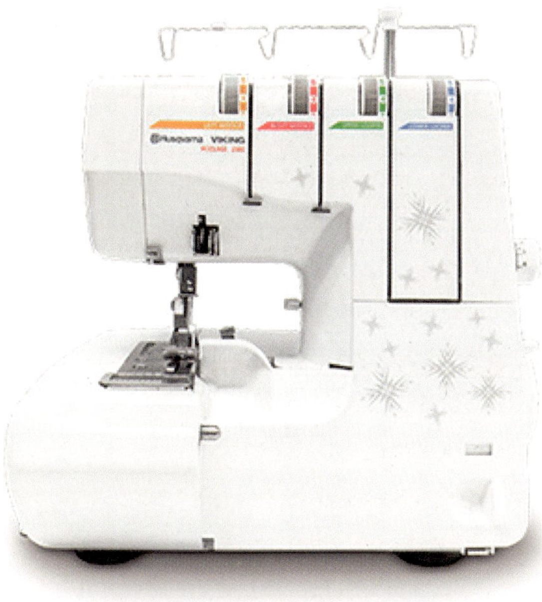

가정용 오버룩

② 오버룩 발판의 모양

- 왼쪽 발판 : 노루발을 들어 올려준다.
- 오른쪽 발판 : 재봉기를 작동시킨다.

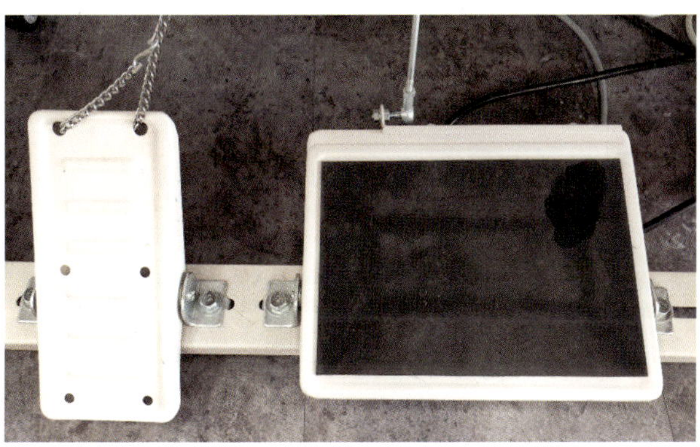

③ 오버룩 실 끼우기

- 전원을 끄고 바늘을 들어올리고 윗실 덮개를 올려준다.

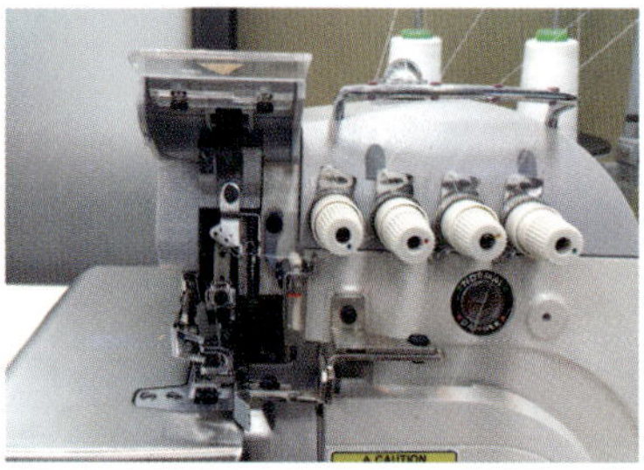

- 노루발 들개를 당기고 노루발을 왼쪽으로 밀어준다.

- 바늘대 밑에 래버를 아래로 밀면 왼쪽으로 열린다.

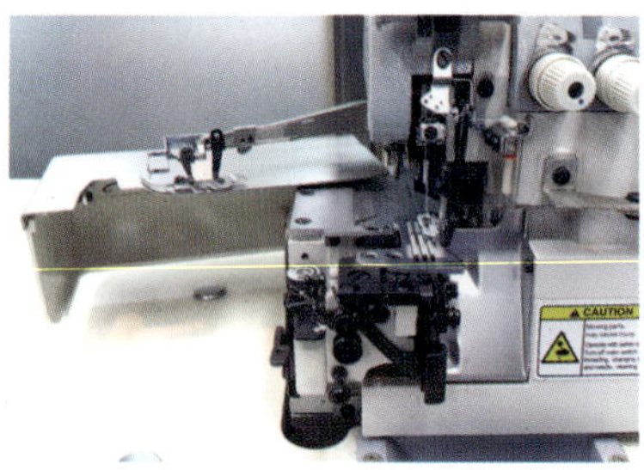

- 루퍼 커버를 오른쪽으로 밀면서 앞으로 당긴다.

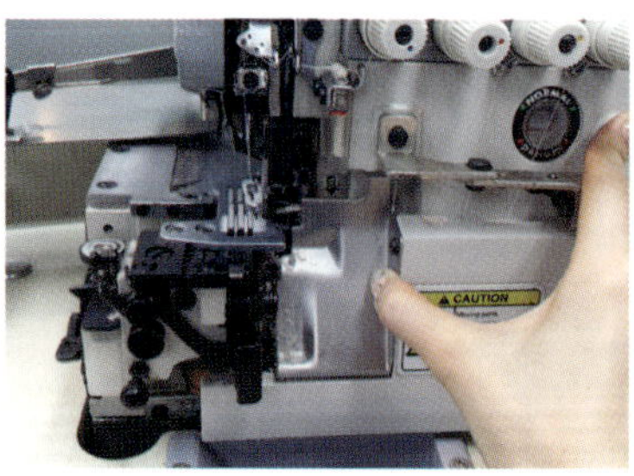

#### ④ 오버룩 사용방법

- 오버룩의 경우 칼날이 작동하므로 칼날의 끝에 원단을 맞추어 작동시켜야 한다.
- 소재의 끝이 올이 풀려 지저분한 경우 칼날을 이용해 자르기도 한다.

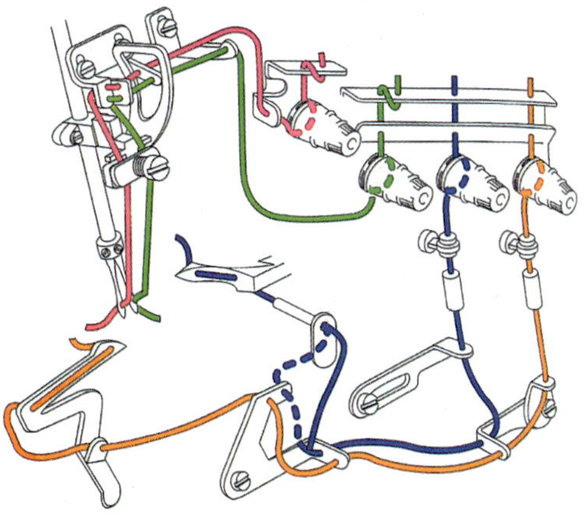

출처 : Clothing Construction, 임남영, 이소영, 신현숙

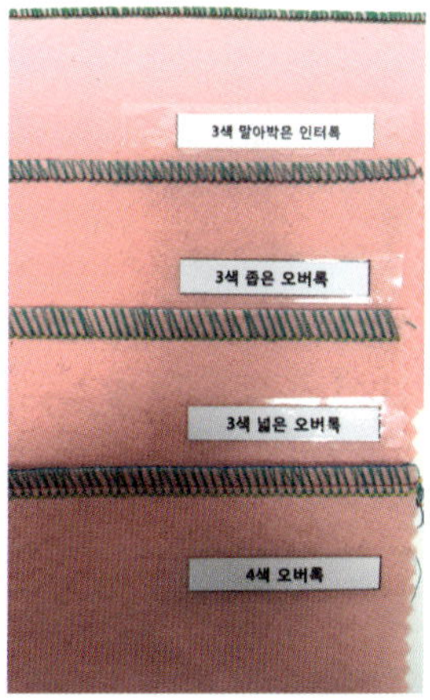


- 솔기선이 진행방향으로 항상 일직선이 되도록 손으로 방향을 잡아주면 잘려나가지 않는다.
- ㄴ자 모서리의 경우 모서리의 사선방향으로 0.5cm정도 가위밥을 준 후 원단을 일자로 잡아주면 원단이 잘려 들어가지 않는다.
- 원단이 없는 상태로 5cm 정도 더 박아 실을 옆으로 빼서 잘라준다.
- 오버룩 된 실은 시접을 박을 때 같이 박아주거나 오버룩 사이로 실을 통과 시켜주면 풀리지 않는다.

#### ⑤ 재봉기의 고장과 수리

- 재봉기의 기름이 모자르거나 넘치지 않도록 점검하고 이물질이 쌓이지 않도록 주의한다.
- 이사 및 이동 시 기름을 빼내고 뒤집어지거나 충격을 받지 않도록 포장하여 이동하여야 한다.
- 실밥이나 먼지가 콘센트나 모터, 내부에 쌓여 화재의 원인이 되지 않도록 자주 먼지를 제거해 준다.

### ④ 재봉기의 고장과 수리

| 현상 | 원인 | 수리 |
|---|---|---|
| 재봉기가 작동하지 않음 | 전원을 켜지 않았거나 코드 빠짐 | 전원을 켜거나 코드를 끼워줌 |
| 원단이 나가지 않음 | 톱니가 밑으로 내려감 | 톱니를 조금 높여줌 |
| | 회전바퀴의 큰 나사가 풀림 | 회전바퀴의 나사를 잠궈줌 |
| | 땀수가 1으로 되어 있음 | 땀수를 키워줌 |
| | 노루발 들림 | 노루발을 내려줌 |
| 바늘이 부러짐 | 바늘이 휘거나 끝이 상함 | 새 바늘로 교체 |
| | 바늘 끼우는 방법이 틀림 | 올바른 방법으로 끼움 |
| | 북집이 제대로 들어가지 않음 | 북집을 제대로 끼움 |
| | 노루발이 헐렁하게 끼워짐 | 노루발 나사를 조임 |
| | 원단을 무리하게 당김 | 재봉 시 원단을 가볍게 잡아줌 |
| 윗실 끊김 | 실 끼우는 방법이 틀림 | 실을 올바르게 끼움 |
| | 실이 감김 | 실패꽂이나 실가이드에 감겨있지 않은지 확인 |
| | 실이 땡김 | 윗실조절장치를 풀어줌 |
| | 바늘구멍에 비해 굵은 실 사용 | 바늘 교체 |
| | 반달에 홈이 생김 | 반달 교체 |
| | 가마에 실이 감김 | 가마안에 실 제거 |
| 밑실 끊김 | 북집 나사가 너무 세게 조여짐 | 북집 나사를 조정 |
| 바늘땀 건너뜀 | 바늘이 휘거나 끝이 상함 | 바늘 교체 |
| | 바늘이 돌아감 | 바늘을 바르게 끼움 |
| | 실밥이 바늘판 밑에 부착 | 톱니 밑 가마 청소 |
| | 천, 재봉사, 바늘과의 조합이 맞지 않음 | 천, 재봉사, 바늘과의 조합을 맞춤 |
| | 실 끼우는 방법이 틀림 | 실을 바르게 끼움 |
| 퍼커링 | 실의 장력이 셈 | 윗실과 밑실의 장력을 조절 |
| | 노루발 압력이 너무 강함 | 노루발 압력조절나사를 풀어줌 |
| | 바느질감 두께에 비해 땀수가 큼 | 땀수를 줄여 줌 |
| | 톱니가 높음 | 톱니 높이를 낮춰줌 |
| 재봉 시작 시 윗실 빠짐 | 윗실 장력이 셈 | 윗실 장력을 약하게 풀어줌 |
| | 남기는 실이 너무 짧음 | 실을 한 뼘 이상 남기고 자름 |
| 재봉기 기름이 묻어나옴 | 재봉기의 기름이 새어 나오거나 너무 많음 | 재봉기의 기름이 새는 곳이 없는지 점검하고 기름이 많으면 덜어냄 |
| 재봉기 소음 | 기름이 모자람 | 기름을 채워줌 |
| | 재봉기가 평평하게 놓이지 않음 | 재봉기가 평평한 곳에 놓일 수 있도록 조정 |
| | 모터와 몸체를 연결하는 고무벨트의 마모 | 고무벨트 교체 |

# 03 제작실기

## 1. 기초바느질

### 1) 손바느질

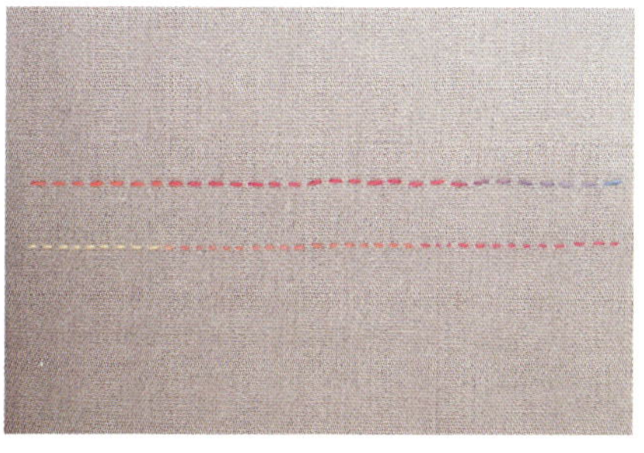

(1) 홈질(running stitch) : 바느질의 기초가 되는 바느질로 바늘땀의 길이가 0.2~0.4cm 정도로 겉면과 뒷면이 같다. 주로 2장의 천을 잇거나 개더를 만들 때 사용한다.

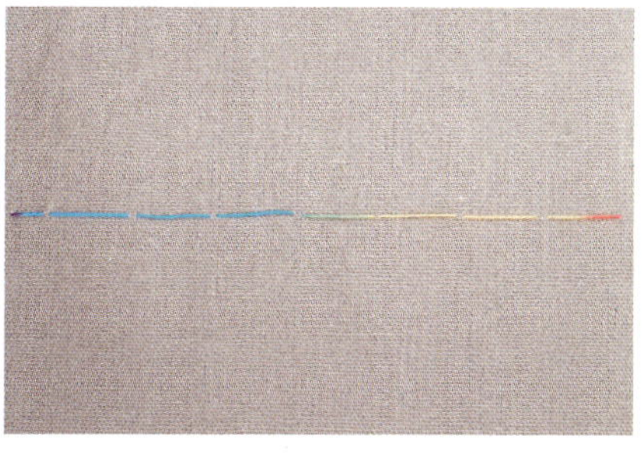

(2) 시침질(basting stitch) : 겉에서 보이는 땀은 2~3cm, 밑의 땀은 0.3~0.5cm 정도로 옷감을 움직이지 않게 임시로 고정하는 용도로 쓰인다.

(3) 실표뜨기(tailored tack) : 두 장의 겹쳐진 원단에 완성선을 표시하기 위한 바느질 방법으로 시침질(직선은 3~4cm, 곡선은 2cm간격)을 하고 긴 땀의 중간을 자른 후, 원단을 0.5cm만 벌려 실의 가운데를 자르고 겉면의 나머지 실을 짧게 잘라준다. 대량생산에는 사용하지 않는다.

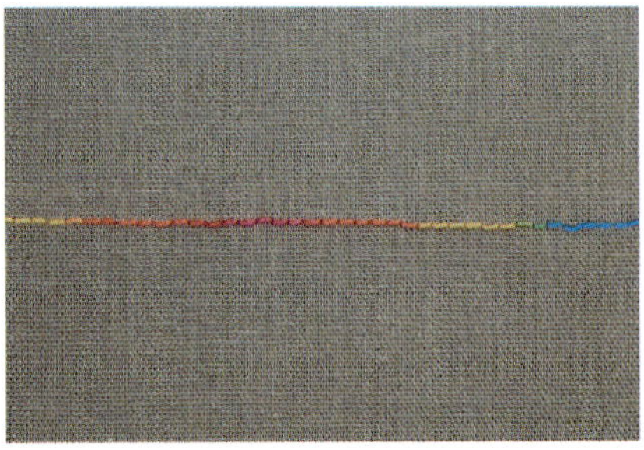

(4) 박음질(back stitch) : 땀의 길이는 0.2~0.3cm 간격으로 땀이 되돌아와 박아준다. 손바느질 중 가장 튼튼하게 봉제되며 겉면은 재봉기와 같이 땀이 연결되고 뒷면은 실이 겹쳐 완성된다.

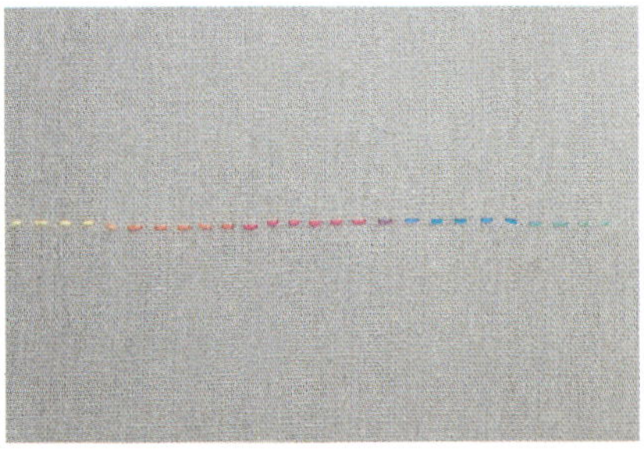

(5) 반박음질(half back stitch) : 박음질과 같은 방식으로 갈 때는 두 땀 길이만큼 가서 한 땀만 되돌아 박아 겉은 홈질처럼 보여지나 뒷면은 박음질처럼 실이 겹쳐 완성된다.

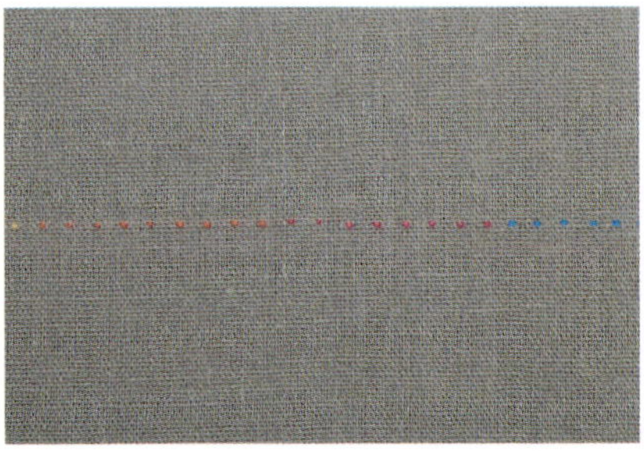

(6) 한올박음질 : 박음질과 같은 방식으로 겉에서 한 올 만큼 되돌아간다. 주로 장식용으로 바느질하거나 고급 옷의 지퍼나 안단의 누름 상침 용도로 쓰인다.

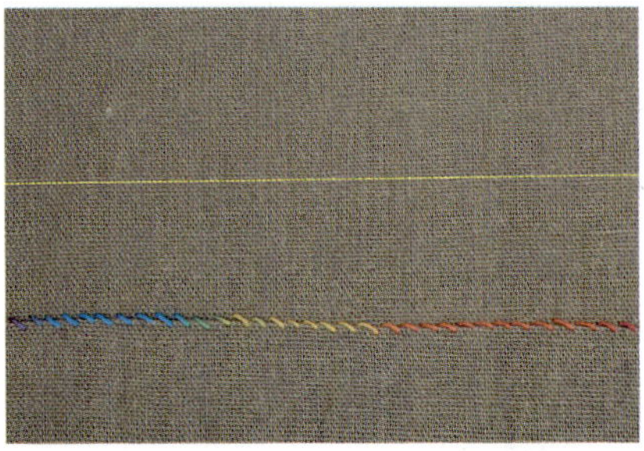

(7) 감침질(slanting stitch) : 안쪽에서는 사선이 겉에서는 땀이 거의 보이지 않는 바느질로 밑단을 접어 고정하거나 안감을 고정할 때 쓰인다.

(8) 공그르기(blind hemming) : 꿰맨 실이 거의 보이지 않도록 바느질 하는 방법으로 단을 접어 올리거나 구멍을 막을 때 쓰인다.

(9) 새발뜨기(catch stitch hemming) : 주로 밑단을 접어 고정하는데 쓰이며 바느질의 진행은 왼쪽에서부터 오른쪽 방향으로 되며 겹쳐진 ㅅ 모양이 일정하게 되도록 바느질한다.

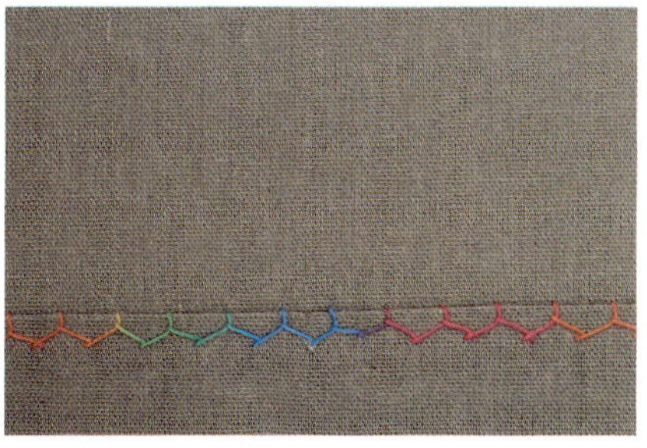

(10) 변형 새발뜨기 : 밑단이나 안감을 고정하는데 쓰이나 위쪽 기둥이 안감 등이 지퍼에 집히지 않도록 원단을 눌러주는 역할을 한다. 새발뜨기와 마찬가지로 바느질의 진행은 왼쪽에서 오른쪽방향으로 진행되나 윗면에서 세로로 떠준다.

(11) 휘갑치기(over casting) : 원단의 뒤에서 앞으로 일정한 간격으로 성글게 바늘을 빼서 옷감의 가장자리가 풀리지 않게 하는 바느질방법이다. 최근에는 오버룩의 보급으로 잘 쓰이지 않는다.

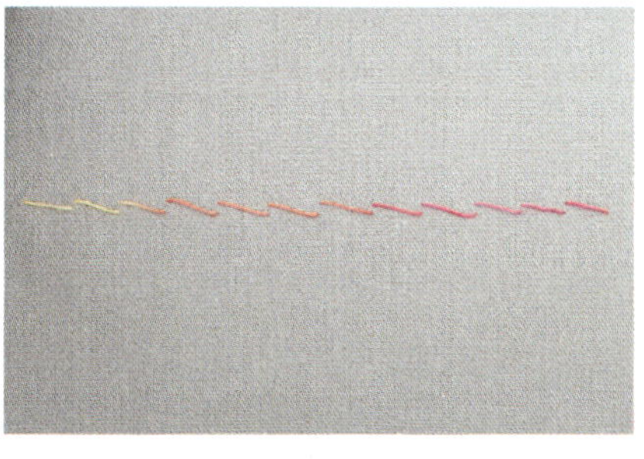

(12) 어슷시침(diagonal basting) : 시침보다 견고하게 할 때 사용한다. 재킷의 칼라나 라펠, 안단, 심지를 고정 할 때 사용한다.

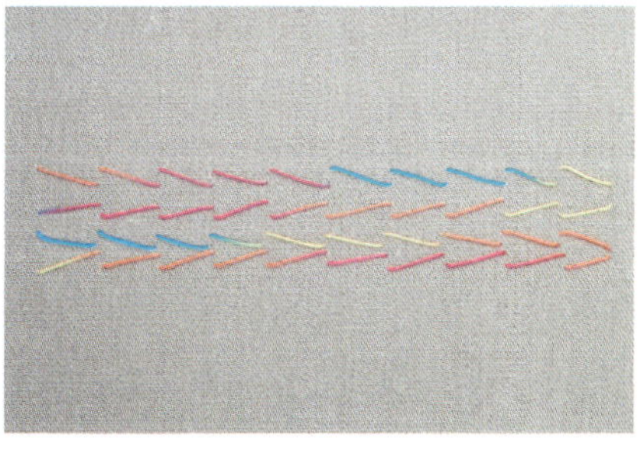

(13) 팔자뜨기(padding stitch) : 재킷이나 코트 등의 칼라나 라펠에 심지를 부드럽게 넘어가게 고정하기 위해 사용하며 어슷시침을 반복하여 팔자(八) 모양으로 뜬다.

(14) **사뜨기** : 왼쪽과 오른쪽을 사선으로 왔다갔다 하며 반복으로 교차하는 방법으로 골무나 노리개, 타래버선의 코의 가장자리 등에 사용된다.

(15) **버튼홀 스티치(buttonhole stitch)** : 단춧구멍이나 걸고리를 고정할 때 쓰는 바느질 방법으로 바늘에 실을 감아 매듭을 만든다.

(16) **실루프** : 실을 손이나 코바늘로 엮어 길게 만든다. 재킷이나 스커트, 원피스 등의 겉감과 안감을 연결하거나, 벨트고리 등으로 사용한다.

## 2) 솔기의 종류

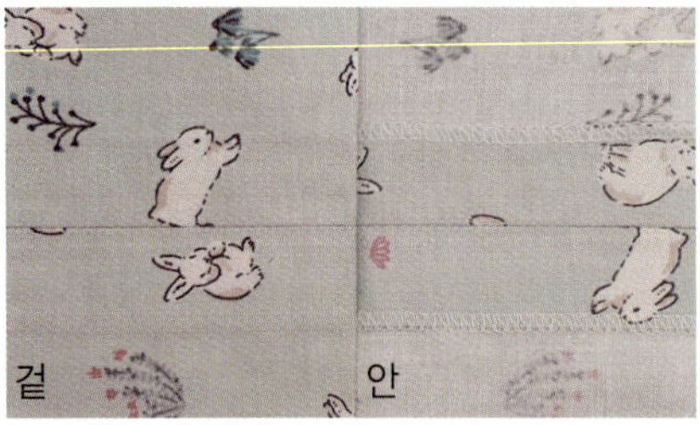


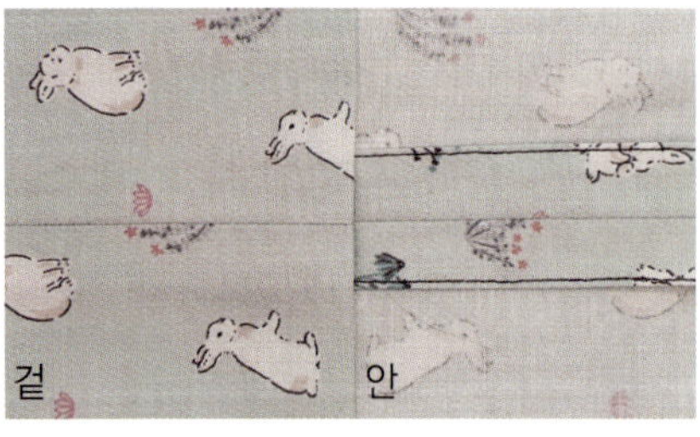


(1) **가름솔** : 원단의 겉과 겉을 대고 박아 안쪽에서 시접을 갈라서 다려준다. 가장자리 처리 방법은 여러 가지가 있다.

- 시접 접어박기 가름솔
- 오버룩 가름솔
- 휘갑치기 가름솔
- 핑킹가위 가름솔
- 지그재그 가름솔
- 바이어스 감싸기 가름솔

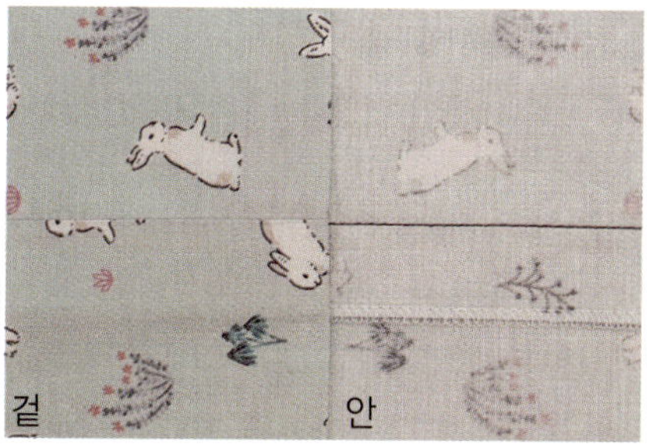


(2) **외솔** : 겉과 겉을 대고 박아 시접을 한쪽으로 넘겨 다린다.

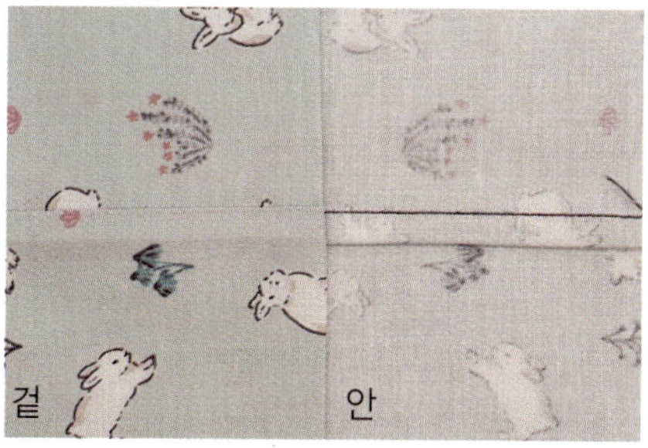


(3) **통솔** : 원단의 안과 안을 대고 0.3cm로 박은 후 뒤집어 0.5cm로 박아준다. 원단의 올이 잘 풀리거나 얇은 원단, 아기 옷 등에 쓰인다.

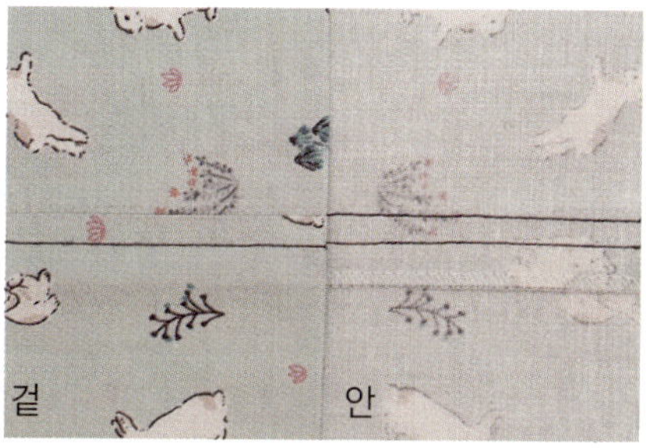


(4) **뉨솔** : 외솔과 방식은 같으나 겉에서 한 번 더 눌러박아 장식적인 효과를 가진 튼튼한 솔기이다.

(5) **쌈솔** : 겉과 겉을 대고 박은 후 한쪽 시접을 0.3cm로 자르고 나머지 시접으로 감싼 후 겉에서 2줄을 눌러 박는다. 총 3번 박혀지므로 튼튼하여 남성 와이셔츠, 작업복, 진, 스포츠 의류 등에 쓰인다.

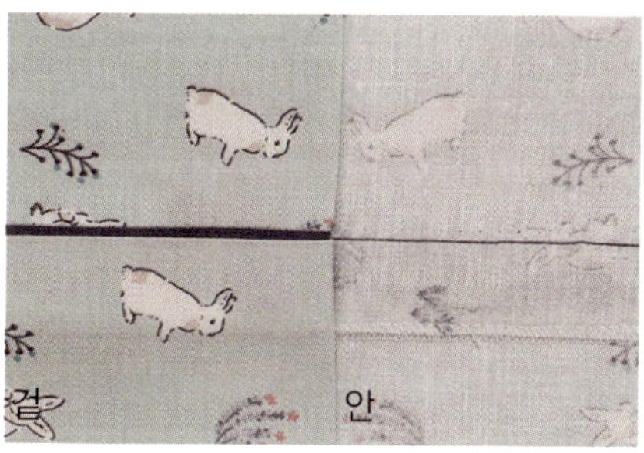


(6) **파이핑** : 솔기 사이에 파이핑을 얇게 껴서 박아 장식적이고 입체적인 효과를 준다.

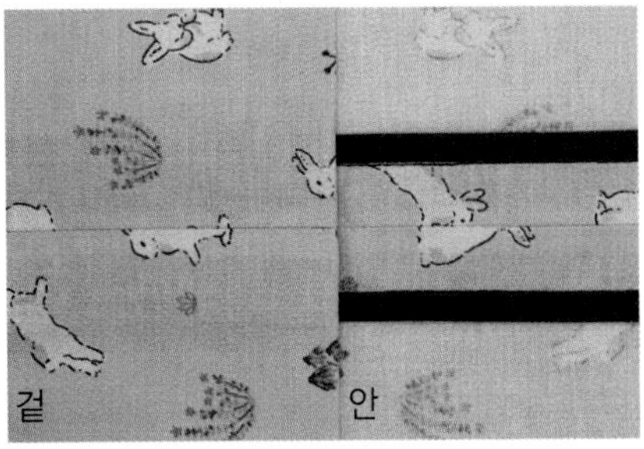


(7) 바이어스 : 원단의 솔기나 지퍼 등의 가장자리를 바이어스 원단으로 감싸 박는다.

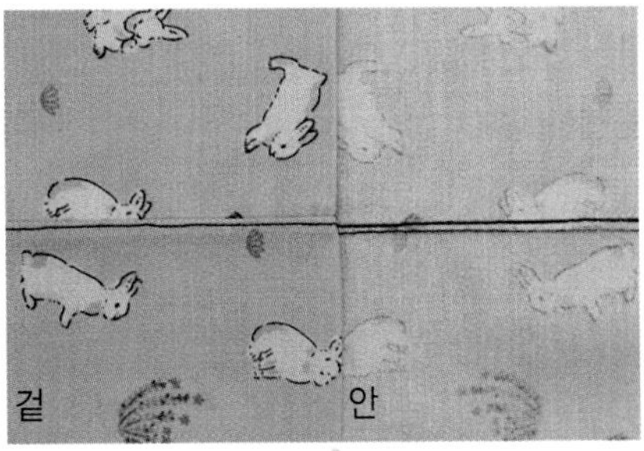


(8) 곱솔 : 일명 깨끼박음이라 하며 얇은 원단을 0.1~0.2cm로 세 번 박아준다.

(9) 각진 솔기 : 한쪽 면을 모서리까지 박고 바늘을 꽂은 상태로 대각선으로 가위밥을 주고 옷감을 돌려 나머지 면을 박는다.

(10) 곡선 솔기 : 바늘을 천에 꽂은 상태로 회전시켜가며 천천히 박은 후 볼록한 원단에 가위밥을 준다.

(11) 외주름 솔기 : 겉과 겉을 대고 되돌아박기 없이 큰 땀수로 박은 후 시접을 한쪽으로 꺾어 다린 후 겉에서 0.5cm 눌러박고 처음 박음선을 제거한다.

(12) 맞주름 솔기 : 겉과 겉을 대고 되돌아박기 없이 큰 땀수로 박고 시접을 가름솔 한 후 안쪽에 원단을 덧대로 시접에서 양쪽으로 0.5~1cm 떨어져 박아 처음 박음선을 제거한다.

### 3) 장식바느질

(1) 턱(tuck) : 일정한 간격과 깊이로 가로 또는 세로로 박아준다.

- 핀턱(pin tuck) : 턱의 폭이 0.1~0.2cm로 얇게 박혀진 것이다.
- 코드를 넣은 턱(corded tuck) : 턱분량에 끈이나 코드를 넣어 박는다.
- 조개모양 턱(shell tuck) : 턱을 박은 후 일정한 간격으로 잡아당겨 박음선에 고정하

여 스캘럽(scallop)을 만든다. 밑단 등을 꾸밀 때도 사용된다.

- 바둑판 모양 턱(cross tuck) : 턱을 가로와 세로에 모두 박아 바둑판 모양이 된다.
- 턱은 전체를 박기도 하고 시작, 끝, 중간만 박아주기도 한다.

(2) 주름(pleats) : 턱보다 넓은 간격으로 원단을 접어 박는다.

- 나이프 주름(knife pleats) : 주름이 한 쪽 방향으로 접힌다.
- 박스 주름(box pleats) : 안과 안을 대고 박아 주름분량을 눌러 고정한다. 인버티드 주름과 반대된다.
- 인버티드 주름(inveteed pleats) : 겉과 겉을 대고 박아 안쪽에서 주름 분량을 눌러 고정한다. 박스 주름과 반대된다.

(3) 개더, 셔링, 러플, 프릴 : 홈질 또는 땀수를 크게 박아 잡아당기는 것은 같다.

- 개더(gather) : 완성선을 기준으로 위아래를 홈질 또는 큰 땀수로 박아 잡아 당긴다. 고무줄을 활용하기도 한다.
- 셔링(shirring) : 박음선을 일정한 간격으로 두고 평행하게 박아 당긴다.
- 러플(ruffle) : 원단을 중간~좁은 폭으로 잘라 한쪽을 시접 처리 후 턱이나 개더를 박아 다른 쪽 원단에 박는다. 드레스, 블라우스, 아동복 등의 네크라인과 소맷부리 등에 사용된다.
- 프릴(frill) : 러플보다 좁은 폭으로 개더를 잡아 여성복, 남성셔츠, 아동복, 소품의 장식으로 쓰인다.

(4) 파이핑(piping) : 같은 색 또는 다른 색의 바이어스 원단에 끈을 껴서 시접이나 가장자리에 박는다. 끈을 제외한 바이어스 원단만 껴서 박기도 한다.

(5) 스모킹(smocking) : 헝가리, 루마니아 지방에서 시작한 것으로 주름을 잘게 잡아 위에 자수를 놓은 것을 말하며 입체적이고 볼륨이 풍성하다.

- 케이블 스모킹(cable smocking)
- 허니콤 스모킹(honeycom smocking)
- 웨이브 스모킹(wave smocking)
- 패더 스모킹(feather smocking)
- 다이아몬드 스모킹(diamond smocking)
- 롤 스모킹(roll smocking)

(6) 패고팅(fagoting) : 천이나 레이스의 날실을 뽑아 씨실 다발을 묶어나 원단의 양쪽을 장식적인 스티치나 새발뜨기로 연결하는 것을 말한다.

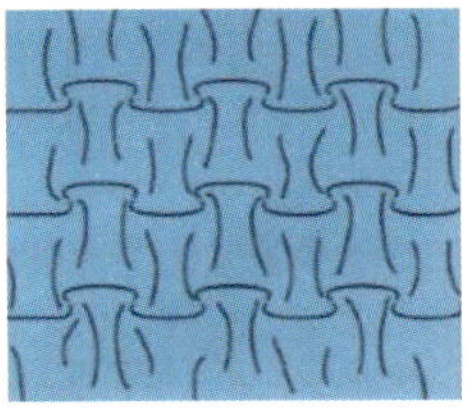

스모킹

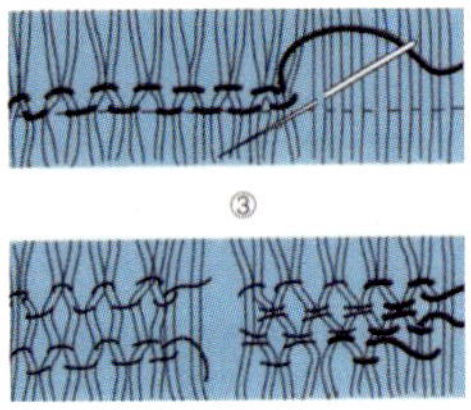

케이블  스모킹

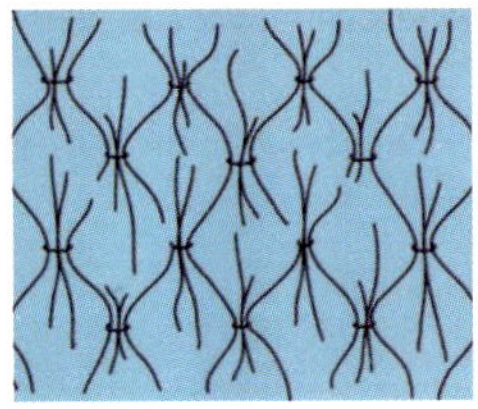

허니콤 스모킹

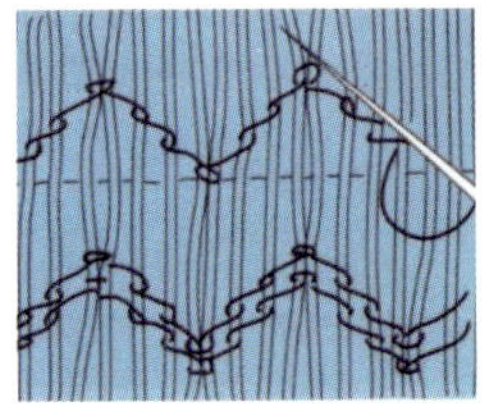

웨이브 스모킹

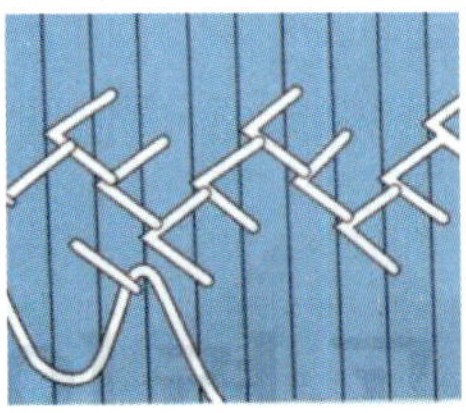

패더 스모킹

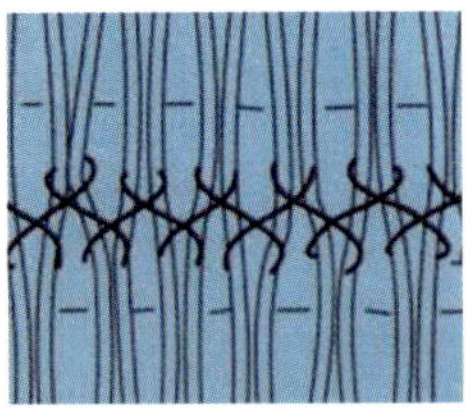

다이아몬드 스모킹

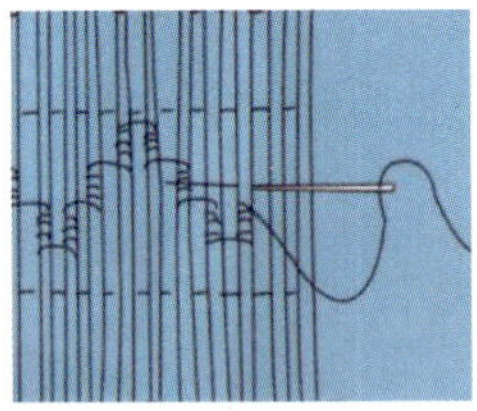

롤 스모킹

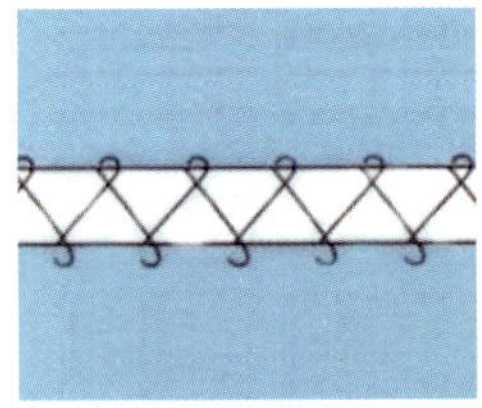

패고팅

(7) 퀼팅(quilting) : 겉감과 안감 사이에 솜을 넣고 바느질 하여 입체적인 무늬를 돋보이게 하는 방식으로 방한적인 기능도 있다.

(8) 바이어스 만들기 : 완전히 감싸는 바이어스는 (완성넓이 × 4)+0.5cm의 정바이어스 방향으로 재단하여 겉과 겉을 대고 90도 각도로 원단을 겹쳐놓고 박아 시접을 정리하고 갈라준다.

## 2. 재단 및 제도

### 1) 체촌

(1) 체촌 : 인체의 높이, 둘레, 너비, 두께, 폭, 길이 등의 치수를 측정하는 것이다.

(2) 체형 : 개인의 유전적 요인, 영양상태, 생활습관, 사회환경, 나이 등에 의해 다른 신체의 모양과 크기를 말한다. 의복 제작 시에는 앞으로 굽거나 혹은 뒤로 젖히거나 좌우가 비대칭적인 경우의 형태를 고려해야 한다.

(3) 인체측정 자세 : 똑바로 서서 뒤꿈치를 붙이고 앞을 30도 정도 벌려 선 후 머리를 들고 눈을 정면으로 하여 팔을 자연스럽게 내려 몸에 붙인다. 옷은 속옷을 정돈하고 부득이하게 겉옷을 입은 경우 두께를 반영하여 측정하도록 한다.

(4) 측정항목

- 등길이 : 목뒤점에서 줄자를 수직으로 내려 허리선까지의 길이
- 어깨길이 : 목옆점에서 어깨선을 따라 어깨끝점까지의 길이
- 어깨너비 : 어깨끝점에서 목뒤점을 지나 다른 편 어깨끝점까지의 길이
- 앞품(가슴너비) : 좌우겨드랑앞벽점 사이의 길이
- 뒤품(등너비) : 좌우겨드랑뒷벽점 사이의 길이
- 엉덩이 길이 : 오른쪽 옆허리선에서부터 수직으로 엉덩이둘레선까지의 길이
- 스커트 길이 : 오른쪽 옆허리선에서부터 수직으로 무릎선까지의 길이
- 바지 길이 : 오른쪽 옆허리선에서부터 수직으로 무릎수준을 지나 발목점까지의 길이
- 팔꿈치 길이 : 어깨끝점에서부터 팔꿈치점까지의 길이
- 소매 길이 : 팔을 자연스럽게 내린 상태에서 어깨끝점에서 팔꿈치점을 지나 손목점까지의 길이
- 젖꼭지 길이(유장) : 옆목점에서 젖꼭지점까지의 길이
- 앞길이 : 옆목점에서 젖꼭지점을 지나 허리선까지의 길이
- 젖꼭지 간격(유폭) : 좌우 젖꼭지점 사이의 길이
- 가슴둘레 : 가슴의 가장 튀어나온 부분을 지나 수평둘레를 측정
- 허리둘레 : 허리의 가장 가는 부위를 수평으로 측정
- 엉덩이둘레 : 엉덩이의 가장 튀어나온 부분을 지나 수평둘레를 측정
- 손목둘레 : 오른쪽 손목의 가장 가는 부위를 측정
- 위팔둘레 : 바르게 선 자세에서 오른쪽 겨드랑점 밑 수평둘레의 길이
- 밑위길이 : 의자에 앉은 상태로 오른쪽 옆허리선에서 의자바닥까지의 길이
- 총길이 : 목뒤점에서 허리선을 지나 바닥까지의 길이

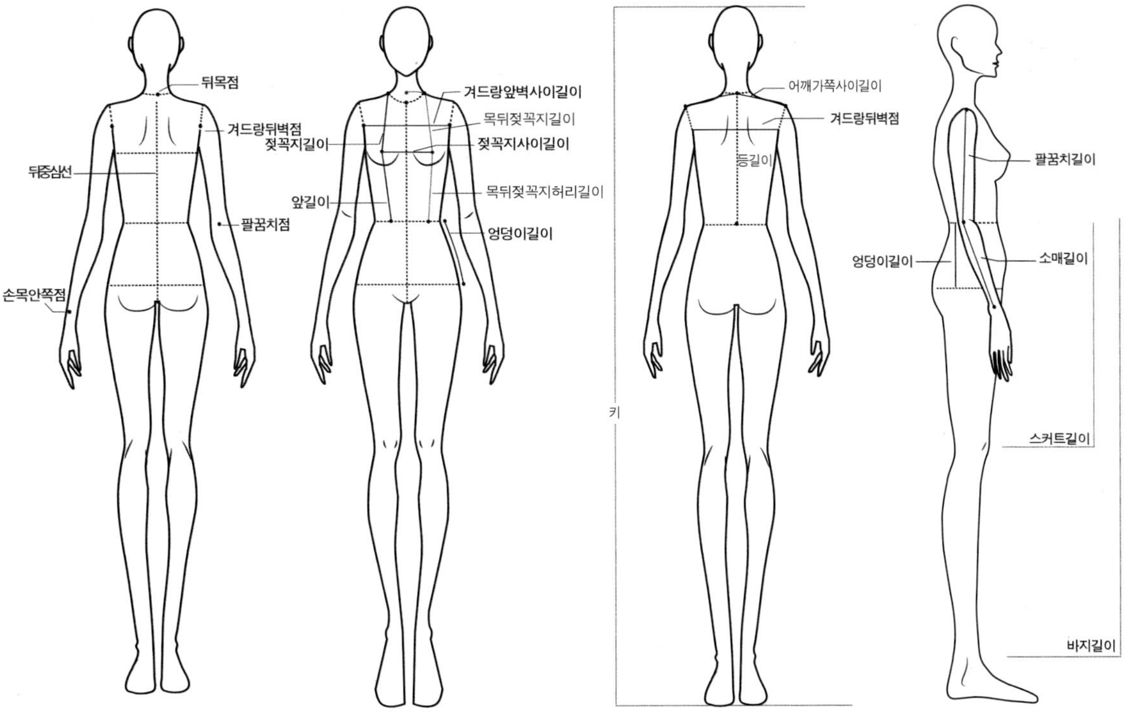
뒤목점
겨드랑뒤벽점
뒤중심선
팔꿈치점
손목안쪽점
겨드랑앞벽사이길이
목뒤젖꼭지길이
젖꼭지길이
젖꼭지사이길이
목뒤젖꼭지허리길이
앞길이
엉덩이길이
어깨가쪽사이길이
겨드랑뒤벽점
등길이
키
팔꿈치길이
엉덩이길이
소매길이
스커트길이
바지길이

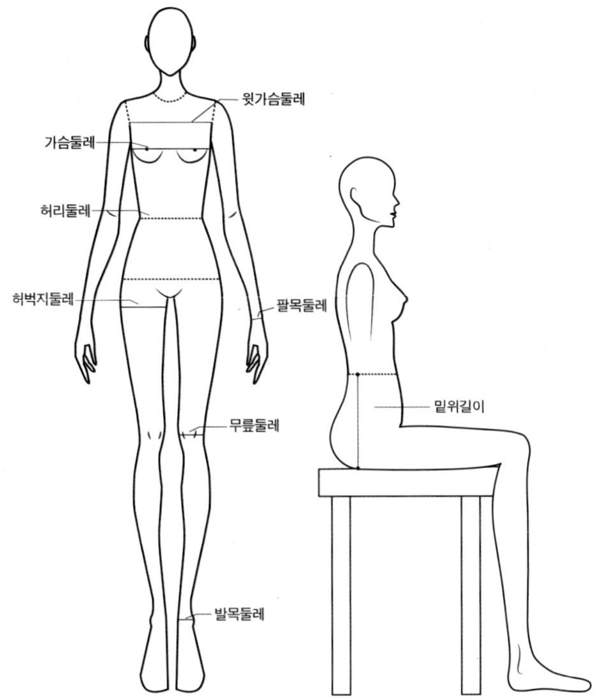
윗가슴둘레
가슴둘레
허리둘레
허벅지둘레
팔목둘레
무릎둘레
발목둘레
밑위길이

## 2) 제도

### (1) 제도기호

| 기호 | 명칭 | 기호 | 명칭 |
|---|---|---|---|
|  | 기초선 | 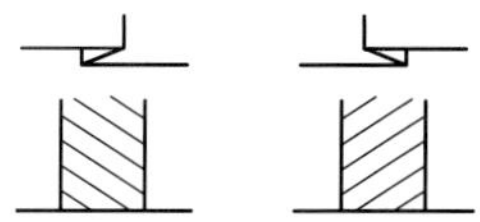 | 외주름 |
|  | 완성선 | 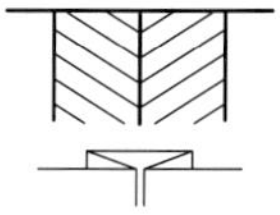 | 맞주름 |
|  | 안단선 | 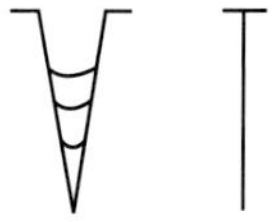 | 다트 접음 표시 |
|  | 꺾임선 | 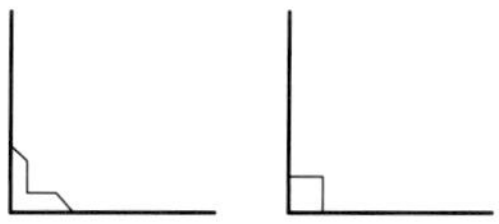 | 직각표시 |
|  | 골선 | 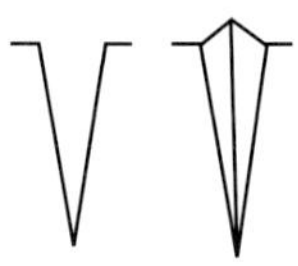 | 다트 |
|  | 스티치 | 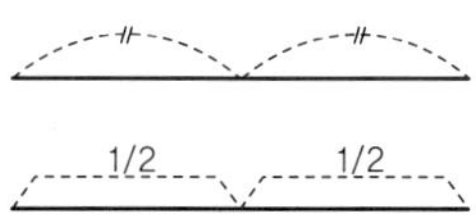 | 등분 |
|  | 개더잡음 |  | 늘림 |
|  | 절개선 |  | 줄임 |
| 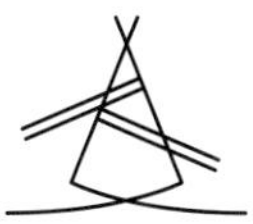 | 선의교차 | 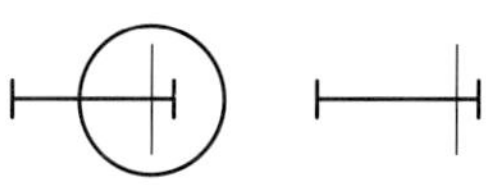 | 단추구멍 |
| 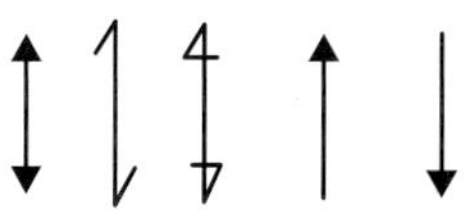 | 식서방향 |  | 바이어스 방향 |

CHAPTER 03. 소잉테크닉

(2) 의복원형의 분류

| 성별/연령 | 부인복, 남성복, 아동복 원형 |
|---|---|
| 신체부위/ 기능 | 길원형, 토루소원형, 소매원형, 스커트원형, 바지원형등 |
| 제도방식 | 단촌식, 장촌식, 병용식 |

- 단촌식 : 모든 필요한 인체치수를 직접 계측하여 제도하는 방법
- 장촌식 : 대표적인 인체치수 몇 가지를 공식에 대입하여 제도하는 방법
- 병용식 : 단촌식과 장촌식의 장점과 단점을 보완하여 만는 제도법

(3) 원형제도에 필요한 치수

- 길원형 : 등길이, 가슴둘레, 허리둘레
- 토루소원형 : 등길이, 가슴둘레, 허리둘레, 엉덩이둘레, 엉덩이길이
- 소매원형 : 소매길이, 앞·뒤 암홀 둘레, 팔꿈치길이
- 스커트원형 : 스커트길이, 허리둘레, 엉덩이둘레, 엉덩이길이
- 바지원형 : 바지길이, 허리둘레, 엉덩이둘레, 엉덩이길이, 밑위길이

(4) 소품의 제도 시 유의 사항

- 사용자에 맞는 크기와 무게를 고려한다.
- 사용 목적에 따른 크기와 너비를 반영한다.
- 기능을 고려한 깊이와 너비를 생각한다.
- 원단 두께와 제봉 방법을 고려하여 디자인한다.

### 3) 재단

(1) 옷감의 방향에 따른 명칭

- 식서(lengthwise grain) : 원단의 경사 방향으로 위사 방향에 비해 안정적이어서 늘어나지 않는다.
- 푸서(crosswise grain) : 원단의 위사 방향(가로) 경사 방향에 비해 약간의 탄성이 있으며 올이 풀린다.
- 바이어스(bias) : 식서나 푸서가 아닌 기울어진 방향이다.
- 정바이어스(true bias) : 원단의 45도 각도 방향으로 스판 원단이 아니더라도 잘

늘어난다. 폭이 넓은 플레어스커트나 드레스 등에 사용하면 자연스러운 드레이프가 생긴다.

- 변부(selvage) : 원단의 식서 방향의 양쪽 가장자리 부분으로 직물의 조직이 단단하다. 구멍이 뚫려 있거나 글씨가 쓰여있는 경우도 있으며 조직이 치밀하고 변형되어 있을 수 있으므로 잘라내고 사용하는 것이 좋다.

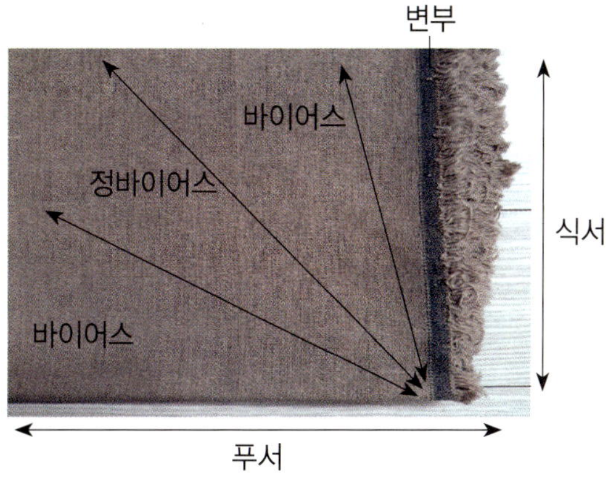


(2) 원단의 준비

- 올이 틀어진 경우 잡아당겨 바로잡는다.
- 안쪽 면에서 스팀을 충분히 주어 수축시켜 다린 후 그늘에서 건조시킨다.

| 소재 | 온도 | 소재 | 온도 | 소재 | 온도 |
|---|---|---|---|---|---|
| 면/마 | 180~200 | 레이온 | 120~150 | 나이론 | 100~130 |
| 양모 | 120~160 | 아세테이트 | 120~130 | 아크릴 | 100~130 |
| 견 | 130~140 | 폴리에스테르 | 100~130 | 폴리비닐알콜 | 100~130 |

(3) 원단의 폭과 단위

- 90cm ≒ 1yd ≒ 1마, 1″(인치)=2.54cm
- 22″-55.88cm (실크, 한복지)
- 44″-111.76cm(인견, 면, 마, 안감. 심지, T/C…)
- 55″-139.7cm
- 광폭 : 150cm 이상(합성섬유)

※ 과거에는 제직기술이 발달하지 않아 천연섬유들의 원단 폭이 좁았으나 최근에는 기술의 발달로 일부 원단들은 천연·합성 섬유에 구애받지 않고 광폭 원단을 생산한다.

(4) 원단의 안과 겉 구분

- 변부에 구멍이 튀어나온 쪽이 겉
- 변부에 글씨가 쓰여있는 경우 바르게 읽히는 쪽이 겉
- 옷감의 식서부분이 위로 굽어 있는 쪽이 겉
- 능직의 모직물은 능선이 오른쪽 위에서 왼쪽 아래로 향하는 쪽
- 능직의 면직물은 능선이 왼쪽 위에서 오른쪽 아래로 향하는 쪽(최근 반대의 경우도 있음)
- 나염의 문양이 선명한 쪽이 겉
- 양면을 비교하였을 때 광택이 있는 쪽이 겉
- 첨모직물의 경우 털이 있는 쪽이 겉
- 빛에 비쳐보아 옷감의 털이 덜 올라온 쪽
- 더블 폭의 모직물은 겉이 안으로 들어가게 말려짐
- 90cm 폭의 원단은 일반적으로 밖으로 향해 말려짐

(5) 패턴의 배치

- 원단의 식서방향으로 위, 아래로 쓸어보아 이색이 있는지 확인
- 흠집이나 변색, 손상이 있는지 확인
- 좌우가 같은 패턴의 경우 겉과 겉이 마주보도록 반으로 접어 재단
- 옷감의 식서방향과 패턴의 식서방향이 나란하도록 배치
- 큰 패턴부터 작은 패턴의 순으로 배치하되 시접량을 고려하여 배치
- 작은 패턴은 큰 패턴의 배치가 끝난 후 사이사이에 배치
- 벨벳, 코듀로이 등 털이 짧은 원단은 털방향이 위로 가도록 함
- 털이 긴 모헤어나 모피 등은 털 방향이 아래로 향하도록 배치
- 무늬가 있는 원단은 위, 아래를 주의하며 배치(ex: 나무, 사람, 꽃, 건물…)
- 스트라이프나 체크무늬의 경우 연결되는 부분의 무늬가 어긋나지 않도록 주의
- 큰 꽃무늬나 얼굴의 경우 주요 형태가 잘리지 않도록 배치
- 복잡한 체크무늬나 문양은 2겹으로 재단하지 않고 한 피스씩 재단하되 같은 짝을 두 번 재단하지 않도록 주의
- 사고 등을 대비하여 원단이 남을 수 있도록 알뜰하게 배치

### (6) 재단 시 주의사항

- 핀은 작업시 찔리지 않도록 한 방향으로 꽂음
- 가위의 한쪽 날은 바닥에 붙여서 재단
- 재단물의 밑에 원단이나 종이 등이 겹쳐지지 않도록 주의하며 재단
- 밑단은 완성선에서 접어올려 재단
- 밀리거나 늘어나지 않도록 주의
- 원단의 안쪽 면에 세탁 후 지워질 수 있는 소재의 초크를 사용하여 재단(연필, 볼펜 사용 불가)
- 패턴지를 떼어내는 경우 원단의 겉면과 안쪽이 구분 될 수 있도록 표시
- 소매의 경우 좌우가 잘 구분되지 않으므로 표시
- 사용한 핀과 바늘 등이 원단에 딸려 사고가 나지 않도록 철저하게 수거

### (7) 시접

- 곡선 부위는 직선 부위보다 시접량이 적음
- 힘을 받는 주머니 위치, 지퍼 위치, 단추 위치 등은 시접이 너무 좁지 않게 자름
- 쉬폰이나 트위드처럼 올이 잘 풀리는 원단은 여유있게 시접량 책정
- 0.5~1cm : 목둘레, 칼라, 진동둘레, 요크, 앞단, 허리선, 절개선
- 1.5~2cm : 옆선, 어깨선, 절개선 등
- 3~4cm : 소매단, 스커트단, 바지단, 재킷단
- 5cm~ : 코트단

### (8) 패턴의 표시

- 초크표시법
- 루울렛표시법
- 실표뜨기법
- 산업패턴식표시법

※ 사용하는 옷감의 특성에 맞게 여러 재단법이 혼용되어 사용

## 3. 소잉디자인

### 1) 소품제작

(1) 소품제작 프로세스

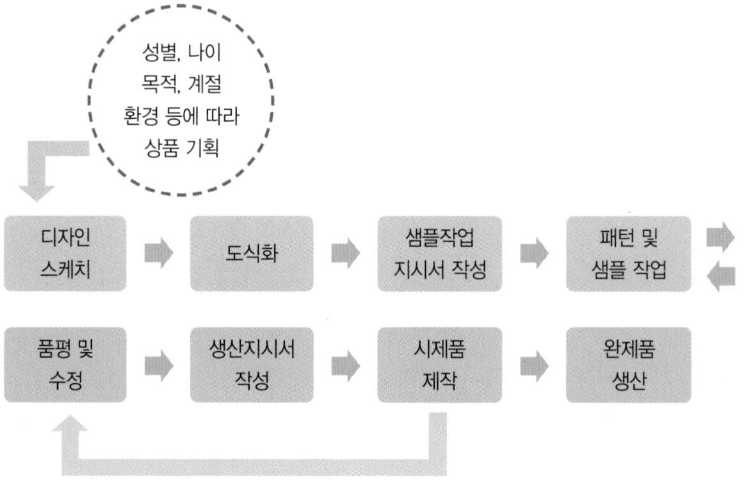


(2) 소품의 종류

- 주방소품 : 앞치마, 주방장갑, 냄비받침, 테이블 보, 테이블 매트, 티 코스트, 수저집, 핸드타월 등
- 인테리어소품 : 가렌트, 룸슈즈, 수납주머니, 미니 커튼, 방석, 쿠션, 의자커버, 티슈커버 등
- 수납용품 : 바구니, 북커버, 생리대 주머니, 노트북 파우치, 스트링 파우치, 반달파우치, 동전지갑, 사각 파우치, 빨래 바구니 등
- 침실용품 : 베개, 이불, 매트, 매트리스 커버, 커튼 등
- 가방 : 에코백, 도트백, 숄더백, 쇼퍼백, 장바구니, 배낭, 도시락가방, 음료수 병 가방 등
- 인형과 장난감 : 아동용 인형, 학습 용구, 장식용 인형, 촉감책 등
- 모자 : 보넷, 챙모자, 선캡, 비니, 베레모, 벙거지 등
- 슈즈 : 여성용 룸슈즈, 남성용 룸슈즈, 아동용 슈즈, 반려동물 슈즈 등
- 반려동물 : 반려견 옷, 목줄, 모자, 소품, 카라, 반려동물 쿠션 및 매트 등

### (3) 의류 제품과의 차이점

- 생활수준이 높아질수록 섬유제품의 사용량이 증가한다.
- 개성의 표출과 그에 따른 공간연출에 효과적이다.
- 장시간 동안 물리적 충격, 마찰, 일광 등을 견딜 수 있는 내구성을 갖춰야 한다.
- 청결을 위한 세탁에 용이해야 한다.
- 오염, 악취, 해충, 미생물에 강해야 한다.
- 인체에 위험하지 않도록 방염성과 안전성이 보장되어야 한다.
- 의류보다 친환경 소재 사용에 적극적이다.

## 2) 의류제작

### (1) 의류제작 프로세스

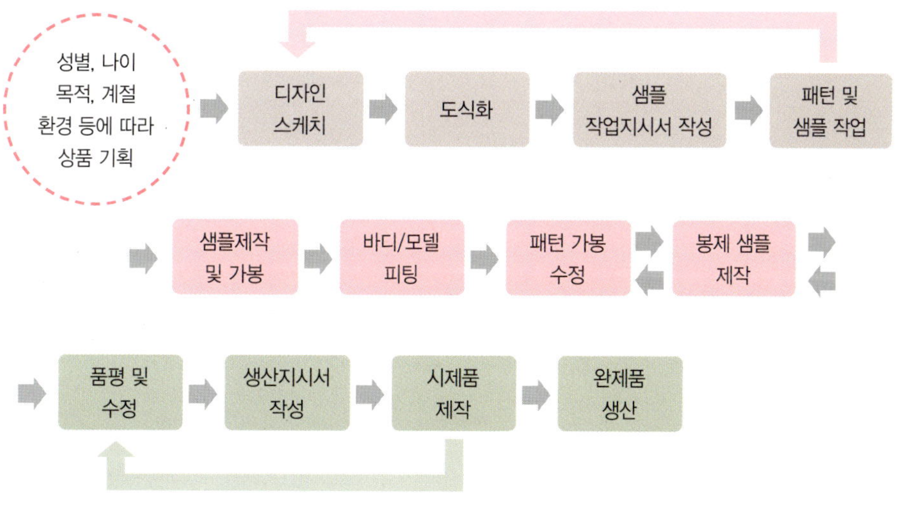


### (2) 의복의 종류

- 성별 및 연령에 따른 분류 : 유아복, 아동복, 주니어복, 여성복, 남성복, 유니섹스 의류, 실버의상
- 아이템에 따른 분류 : 블라우스, 티셔츠, 셔츠, 스커트, 원피스, 투피스, 베스트, 바지, 재킷, 코트, 점퍼, 패딩 등
- 사용상황에 따른 분류 : 환자복, 잠옷, 작업복, 외출복, 브런치룩, 휴향지룩, 스포츠룩 등

### (3) 아이템별 원단 소요량

(단위: cm)

| 종류 | | 폭 | 필요치수 | 계산법 |
|---|---|---|---|---|
| 블라우스 | 반소매 | 150(60") | 80~100 | 블라우스길이+소매길이+시접(7~10) |
| | | 110(44") | 110~140 | (블라우스길이×2)+소매길이+시접(7~10) |
| | 긴소매 | 150(60") | 120~130 | 블라우스길이+소매길이+시접(10~105) |
| | | 110(44") | 125~140 | (블라우스길이×2)+소매길이+시접(10~105) |
| 스커트 | 타이트 | 150(60") | 60~70 | 스커트길이+시접(6~8) |
| | | 110(44") | 130~150 | (스커트길이×2)+시접(12~16) |
| | 플레어(좁은) | 150(60") | 100~120 | (스커트길이×1.5)+시접(0~15) |
| | | 110(44") | 140~160 | (스커트길이×2)+시접(0~15) |
| | 플레어 | 150(60") | 90~100 | (스커트길이×1.5)+시접(6~15) |
| | | 110(44") | 130~150 | (스커트길이×2.5)+시접(5~10) |
| | 플리츠 | 150(60") | 130~150 | (스커트길이×2)+시접(12~16) |
| | | 110(44") | 130~150 | (스커트길이 x 2)+시접(12~16) |
| 원피스 | 반소매 | 150(60") | 110~170 | 옷길이+소매길이+시접(10~15) |
| | | 110(44") | 180~230 | (옷길이×1.2)+소매길이+시접(10~15) |
| | 긴소매 | 150(60") | 110~170 | 옷길이+소매길이+시접(10~15) |
| | | 110(44") | 180~230 | (옷길이×1.2)+소매길이+시접(10~15) |
| 바지 | | 150(60") | 100~110 | 바지길이+시접(8~10) |
| | | 110(44") | 150~220 | {바지길이+시접(8~10)}x 2 |
| 재킷 | 반소매 | 150(60") | 170~190 | 재킷길이+소매길이+시접(20~30) |
| | | 110(44") | 220~270 | (재킷길이×2)+시접(20~30) |
| | 긴소매 | 150(60") | 200~210 | 재킷길이+소매길이+시접(20~30) |
| | | 110(44") | 250~270 | (재킷길이×2) +소매길이+시접(20~30) |
| 코트 | 박스형 | 150(60") | 200~250 | 코트길이+소매길이+시접(15~30) |
| | | 110(44") | 240~280 | (코트길이×2)+소매길이+시접(20~30) |
| | 플레어형 | 150(60") | 220~250 | (코트길이×2)+시접(20~30) |
| | | 110(44") | 300~350 | (코트길이×2)+소매길이+시접(20~30) |
| | 프랜치 소매형 | 150(60") | 220~250 | (코트길이×2)+시접(10~30) |
| | | 110(44") | 260~290 | (코트길이×2.5)+시접(10~30) |

**01** 다음 용구에 대한 설명에 적합한 것은?

> 제도 시 직선을 그리거나 곡선을 구부려 잴 때 사용한다.

① 힙곡자
② 그레이딩자
③ 직각자
④ 줄자

**02** 가정용과 공업용의 차이가 없는 것은?

① 쪽가위
② 재봉바늘
③ 북
④ 북집

**03** 안감에 대한 설명으로 맞지 않는 것은?

① 사용 시 땀이나 오염 등을 흡수
② 외관을 정돈
③ 원단이 늘어나거나 줄어듦을 방지
④ 겉감의 투명도와 무늬의 효과 향상

**04** 단추 선정 시 유의 사항이 아닌 것은?

① 옷감과 조화로운지 살핀다.
② 아이용품에는 삼킬 염려가 없는 똑딱단추나 T단추 등이 안전하다.
③ 옷감의 두께를 고려해야 한다.
④ 단추의 무게는 고려하지 않아도 된다.

**05** 다음 중 재봉기 개발과 상관 없는 사람은?

① 찰스 바이젠탈(Charles F. Weisenthal)
② 발타자르 크램(Balthasar Krems)
③ 아이작 뉴턴 (Isaac Newton)
④ 아이작 메리트 싱거(Isac Merritt Singer)

**06** 편성물이나 스판 소재에 사용하기 적합한 바늘의 모양은?

① 라운드 포인트
② 샤프 포인트
③ 볼 포인트
④ 컷팅 포인트

**07** 공업용 재봉기의 명칭과 역할이 바르게 연결된 것은?

① 실가이드 – 밑실을 감아줌
② 후진누름장치 – 바느질의 진행 방향을 바꿔 되돌아박기를 할 때 쓰임
③ 땀수조절나사 – 땀의 모양을 조절
④ 노루발 압력 조절기 – 노루발을 올리고 내림

**08** 가정용 재봉기에 대한 설명으로 맞는 것은?

① 밑실을 감을 때는 노루발을 올린다.
② 바늘의 납작한 면이 앞을 향하게 꽂아준다.
③ 가정용 재봉기는 윗실 장력을 조절할 수 없다.
④ 반드시 북집을 따로 준비해야 한다.

**09** 오버록 재봉기에 대한 설명으로 틀린 것은?

① 실을 끼우기 어렵다.
② 원단이 잘려 나간다.
③ 2개의 실로 작동한다.
④ 발판이 2개이다.

**10** 재봉기 고장과 원인이 바르게 짝지어진 것은?

① 재봉기가 작동하지 않음 – 윗실 없음
② 바늘이 부러짐 – 바늘이 휘거나 끝이 상함
③ 윗실 끊김 – 노루발이 헐렁하게 끼워짐
④ 밑실 끊김 – 바늘구멍에 비해 굵은 실 사용

**11** 컷워크, 아플리케와 스냅단추, 훅과 아이를 달 때도 사용하는 바느질 방법은?

① 새발뜨기
② 박음질
③ 감침질
④ 버튼홀 스티치

**12** 만드는 방식이 다른 하나는?

① 개더
② 핀턱
③ 셔링
④ 프릴

**13** 체형에 영향을 주는 원인으로 가장 거리가 먼 것은?

① 유전
② 영양상태
③ 정신건강
④ 나이

**14** 다음의 화살표가 의미하는 것은?

① 안단
② 골선
③ 식서
④ 스티치선

**15** 푸서방향에 대한 설명으로 맞지 않는 것은?

① 원단의 위사 방향
② 경사방향에 비해 안정적임
③ 경사방향에 비해 약간의 탄성이 있음
④ 올이 풀림

**16** 주방소품을 디자인 할 때 고려해야 할 사항으로 가장 거리가 먼 것은?

① 사용자의 취향
② 주방의 인테리어
③ 항균성
④ 개수대의 높이

**17** 가방을 디자인 할 때 첫 번째로 고려해야할 요건으로 가장 적합한 것은?

① 안감의 가격
② 부자재의 무게
③ 보온력
④ 사용자의 용도

**18** 아기 용품을 만들 때 갖추어야 할 요건이 아닌 것은?

① 원단을 삶을 수 있는 것이 좋다.
② 통풍이 잘 되는 소재가 좋다.
③ 알록달록한 장식이 많을수록 좋다.
④ 입에 넣어도 안전한 소재인지 고려한다.

**19** 옷에서 고무줄이 사용되는 부위가 아닌 것은?

① 바지 밑단
② 스커트의 허리
③ 소매의 밑단
④ 블라우스의 트임

**20** 소매원형 없이도 만들 수 있는 소매는?

① 프랜치 소매
② 캡 소매
③ 셋 인 슬리브
④ 퍼프 소매

**1회 정답**

| | | | | |
|---|---|---|---|---|
| 01 ② | 02 ① | 03 ③ | 04 ④ | 05 ③ |
| 06 ③ | 07 ② | 08 ① | 09 ③ | 10 ② |
| 11 ④ | 12 ② | 13 ③ | 14 ③ | 15 ② |
| 16 ④ | 17 ④ | 18 ③ | 19 ④ | 20 ① |

**01** 다음 도구에 대한 설명으로 적합한 것은?

| 룰렛과 같이 쓰이고 원단에 선을 베껴 내는데 쓰이며 빨아도 지워지지 않는 경우가 있다. |
|---|

① 수성 초크
② 초자고
③ 기화성 초크
④ 초크 페이퍼

**02** 오버룩 미싱을 사용할 때 필요한 용구가 아닌 것은?

① 6각 미세드라이버
② 북집
③ 핀셋
④ 쪽가위

**03** 심지에 대한 설명으로 맞는 것은?

① 외관을 정돈하고 착용감을 높임
② 겉감의 투명도와 무늬의 효과를 높임
③ 세탁에 의해 원단이 늘어나거나 줄어듬을 방지
④ 정전기 등을 방지하여 겉에서 보여지는 실루엣을 정돈

**04** 여밈 도구가 아닌 것은?

① 단추
② 브레이드
③ 지퍼
④ 벨크로테이프

**05** 오버룩 미싱을 개발한 사람으로 맞는 것은?

① 아이작 메리트 싱거(Isac Merritt Singer)
② 토마스 세인트(Tomas Saint)
③ 조셉 멜로우(Joseph Merrow)
④ 찰스 바이젠탈(Charles F. Weisenthal)

**06** 다음 바늘의 사용처로 맞는 것은?

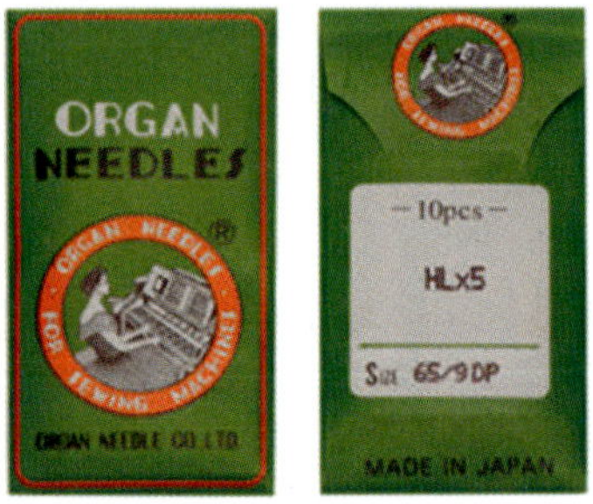


① 가정용 미싱
② 공업용 본봉 미싱
③ 오버룩 미싱
④ 커버스티치 미싱

**07** 편평봉(cover stitches)에 대한 설명으로 옳은 것은?

① 스티치가 시접의 끝을 감싸면서 생기는 스티치이다.
② 위쪽의 실과 아래쪽의 루퍼사가 함께 고리를 만들면서 생기는 스티치이다.
③ 내구성이 부족하다.
④ 티셔츠 밑단에 주로 쓰인다.

**08** 가정용 재봉기의 장점이 아닌 것은?

① 부피가 작고 가벼움
② 다양한 스티치
③ 실을 끼우기 쉽고 조작이 간편함
④ 발판조작으로 실을 자를 수 있다.

**09** 수직가마에 대한 설명으로 맞지 않는 것은?

① 반달가마라고도 불린다.
② 가마가 반회전한다.
③ 수평가마보다 소음이 적다.
④ 내구성이 뛰어남

**10** 재봉 시 실이 계속 끊어져 취한 행동으로 적합하지 않은 것은?

① 바늘의 방향을 확인했다.
② 실의 장력을 체크하였다.
③ 가마에 끼어있는 실이 있는지 확인하였다.
④ 바느질의 땀수를 작게 줄였다.

**11** 직물에 패턴의 완성선을 표시할 때 쓰이는 방법으로 시침실을 사용하는 것은?

① 실표뜨기
② 어슷시침
③ 시침질
④ 박음질

**12** 외솔과 방식은 같으나 겉에서 한 번 더 눌러박는 솔기는?

① 가름솔
② 외솔
③ 통솔
④ 뉨솔

**13** 등길이에 대한 설명으로 맞는 것은?

① 목뒷점에서 줄자를 수직으로 내려 허리선까지의 길이
② 어깨끝점에서 목뒤점을 지나 다른편 어깨끝점까지의 길이
③ 옆목점에서 젖꼭지점을 지나 허리선까지의 길이
④ 바르게 선자세에서 오른쪽 겨드랑점 밑 수평둘레의 길이

**14** 대표적인 인체치수 몇 가지를 이용하여 제도하는 방식은?

① 단촌식
② 장촌식
③ 병용식
④ s-모드식

**15** 소재에 따른 다림질 온도가 바른 것은?

① 면 – 120~150°
② 마 – 130~140°
③ 레이온 – 120~150°
④ 견 – 100~130°

**16** 침구용 소재로 가장 적합하지 않은 것은?

① 면
② 마
③ 인견
④ 폴리에스테르

**17** 수납용 인테리어 소품을 디자인 할 때 고려할 요건으로 거리가 먼 것은?

① 수납위치
② 사용자의 키
③ 수납할 물품의 양
④ 주변과의 조화

**18** 반려동물용품의 소재에 대한 설명으로 가장 맞지 않는 것은?

① 세탁하기 좋은 소재여야 한다.
② 발톱이 걸리거나 올이 뜯기지 않는 소재가 좋다.
③ 오염에 강한 소재가 좋다.
④ 방수가 되어야 한다.

**19** 일명 치마바지라고 불리는 스커트는?

① 개더스커트
② 큐롯스커트
③ 하이웨이스트스커트
④ 고어드스커트

**20** 주머니 봉제 시 주의사항으로 가장 거리가 먼 것은?

① 입구는 늘어나지 않도록 심지처리 한다.
② 주머니 안쪽도 겉감과 같은 원단으로 만드는 것이 좋다.
③ 주머니의 모퉁이는 둥글게 처리한다.
④ 뜯어지지 않도록 두 번 박아준다.

**2회 정답**

| | | | | |
|---|---|---|---|---|
| 01 ④ | 02 ② | 03 ③ | 04 ② | 05 ③ |
| 06 ① | 07 ④ | 08 ④ | 09 ③ | 10 ④ |
| 11 ① | 12 ④ | 13 ① | 14 ② | 15 ③ |
| 16 ④ | 17 ② | 18 ④ | 19 ② | 20 ② |

CHAPTER 04

# 소잉마케팅 및 창업

# 01 패션과 패션산업

## 1. 패션

### 1) 패션의 개념

패션은 사회 현상의 하나로 일정 기간 내에 새로운 상품이나 경향이 사회에 소개된 후 많은 사람들에게 받아들여져 유행하는 양식 또는 유행하는 스타일로 채택되어가는 사회적 전파 과정을 의미한다. 패션디자인은 일정한 기간 내에 사회의 상당수의 사람이 그들의 취미, 기호, 사고방식과 행동 양식 등에 의식적 혹은 무의식적으로 많이 수용하게 되고 전염되는 사회적 동조현상이다.

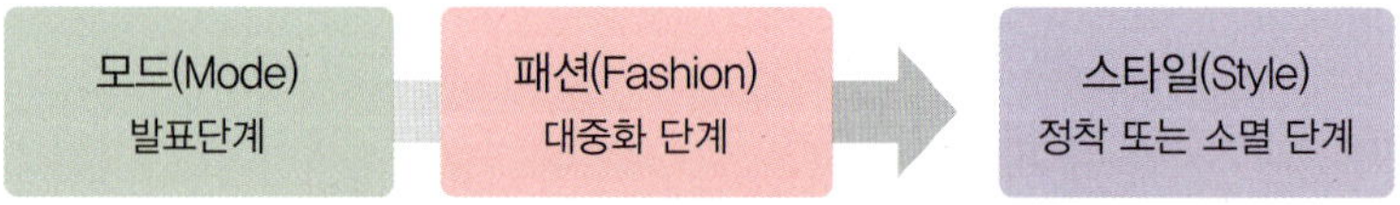


### 2) 패션의 종류

- 하이패션(high fashion) : 패션의 소개단계에서 일부 상류층이나 유행선도자에 의해 받아들여지는 디자인이나 스타일이다.
- 매스패션(mass fashion) : 최신 유행이 전파·확산된 다음에 대중들에 의하여 전파된 패션으로 적정 수준의 가격으로 대량생산에 의해 촉진된다.
- 스타일(style) : 유행이 정착되어 다른 것들과 하나의 대상을 구별하는 특징적인 형태로 남게 된 패션이다.
- 모드(mode) : 새로운 패션이 발표되는 단계이다.

• 포드(fode) : 인기가 있어 많이 판매되고 채택되는 패션이다.

• 보그(vogue) : 가장 광범위한 유행을 의미한다.

• 클래식(classic) : 유행 후 오랜 기간 동안 채택되어 그 가치를 인정하는 스타일로 시간의 제한을 받지 않는 영속적인 패션이다.

• 패드(fad) : 한정된 지역에서 유행하는 현상으로 1년 전후의 짧은 시간 동안 진행되다가 사라지는, 순식간에 소멸되는 패션이다.

• 패션(fashion) : 소개된 모드가 점차 대중화되는 단계이다.

• 붐(boom) : 갑자기 소개되어 급격하게 전파되는 유행하는 단계이다.

• 크레이즈(craze) : 패드와 같이 일시적이나 매우 열광적이고 급격히 퍼져나가는 유행이다.

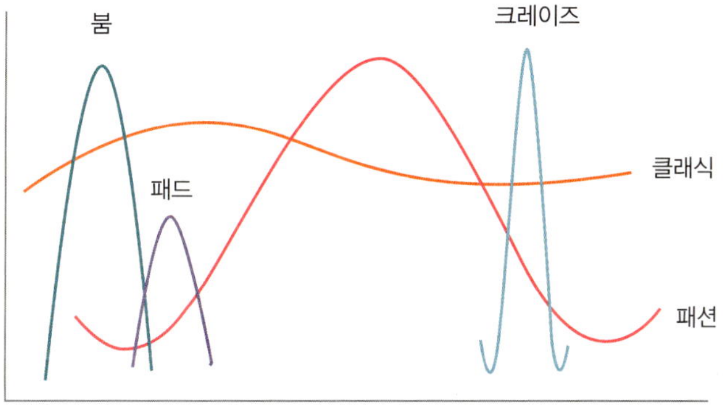


유행의 변화단계

### 3) 패션의 속성

• 가변성 : 대중의 기호와 유행의 변화에 따라 패션의 변화가 만들어 내는 가변성이 있다.

• 모방성 : 패션으로 인정받기 위해서는 동조행동이 선행되어야 한다. 동조행동은 타인의 행동양식을 모방하려는 심리적 욕구를 말한다. 이러한 심리적 욕구는 패션의 유행을 만들어내고 이러한 유행이 모방을 통해 전파되면서 확산된다.

• 반복성 : 지난 패션의 부활 또는 재해석을 바탕으로 영감을 통해 창작되고 발생과 창출, 정점, 소멸과 정착의 주기를 형성하면서 반복되어 대중에게 소개된다.

• 주기성 : 패션의 유행은 대중의 인기도와 관련하여 소비자의 인식 정도에 따라서 새

로운 패션이 등장하고 기존 패션이 소멸하는 과정의 반복되는 주기성을 갖는다. 패션의 주기적 사이클 현상은 다양한 사회적·문화적·경제적 영향에 의해 창조·소개·정착·소멸되는 과정이 주기적으로 반복한다.

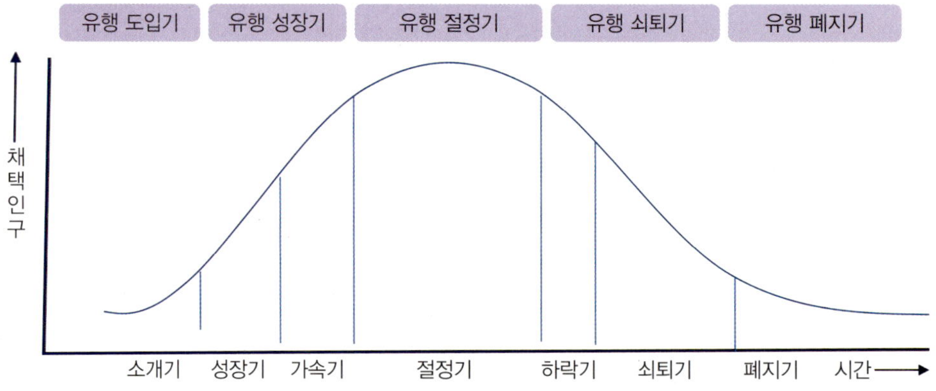


패션의 주기

### 4) 패션의 과정

(1) 유행 도입기(fashion period of introduction)

- 유행 내용을 소개하는 시기로 디자이너들이 새로운 스타일을 만들어 패션쇼를 하거나 전문지, 신문, 잡지 등을 통해서 소개하는 시기이다.

(2) 유행 상승기(fashion period of rise)

- 새로운 스타일이나 신상품이 잡지, TV 등에 소개되고 널리 알려지면 유행 선도자들을 추종하는 집단이 늘어나면서 유행 전파의 상승 곡선을 형성한다.
- 의류 업자들이 의류 상품을 오리지널 디자인 보다 단순화 시키고 소재의 품질을 낮추어 생산함으로써 가격이 낮아지는 시기다.

(3) 유행 절정기(fashion period of peak)

- 상품의 인기가 절정에 달하는 시기이다.
- 대량 생산, 대량 판매가 이루어지는 시기이며, 새로운 디자인의 디테일에 조금씩 변화를 주어 생산해면서 유행이 지속된다.

(4) 유행 쇠퇴기(fashion period of decline)

- 소비자들의 구매 욕구가 감소하는 시기이다.
- 유행하는 의복을 입고는 있지만 더 이상 정상 가격으로 상품을 구매하려 하지 않아 생산이 중단되면서 유행의 하향 곡선이 형성된다.

(5) 유행 폐지기(fashion period of abolition)

- 소비자들이 흥미를 잃어버리게 되고 상품이 아주 싼 가격에도 팔리지 않는 시기이다.
- 패션 선도자들은 또 다른 유행을 시도하게 된다.



### 5) 패션의 전파이론

1. 하향전파 이론(trickle-down theory)
2. 상향전파 이론(bottom-up theory)
3. 수평전파 이론(trickle-across theory)
4. 집합선택 이론(collective selection theory)

패션의 전파이론

(1) 하향전파 이론(trickle-down theory)

- 사회 경제적 상류계층에서 하위계층으로 패션이 전파된다는 게오르크 지멜(Georg Simmel)의 이론이다.
- 상류계층의 패션이 중류계층으로 모방되고 중류계층의 패션이 하류계층으로 다시 모방되는 패션 행동을 말한다.

(2) 상향전파 이론(bottom-up theory)

- 사회 경제적 지위가 낮은 계층인 하위문화집단의 패션이 사회전반으로 전파된다는 그린버그(Greenberg)와 글린(Glynn)의 이론이다.
- 아무 제약 없이 자유롭게 표현된 하위문화의 독창적인 패션이 확산·전파된다고 주장하였다.

(3) 수평전파 이론(trickle-across theory)

- 패션이 비슷한 사회 계층 내에서 수평적으로 전파되어 확산된다는 이론이다.
- 계급사회의 붕괴와 자본주의 사회의 발달이 시작된 1960년대 킹(King)에 의해 주장된 이론이다.

(4) 집합선택 이론(collective selection theory)

- 유행과 관련한 사회현상과의 영향력을 강조한 이론으로 1960년대 초 사회학자 블루머(Blumer)와 스멜서(Smelser)등에 의해 주장되었다.
- 일정한 시기에 일정 지역에서 사회 환경에 영향을 받은 다수 집단 내 소비자들이 공통적 취향(collective taste)을 갖게 되어 이들이 타 계층과 차별화되고자 하는 욕구에 의해 집합적인 선택을 하게 된다는 이론이다.

## 2. 패션산업

### 1) 패션산업의 개념

패션산업(fashion industry)이란 의류산업 외에도 패션과 관련된 상품을 생산·판매하고 알리는 모든 산업을 의미한다.

예를 들어 소재 생산업과 소재 판매업, 의류제조업과 판매업, 부자재 제조업과 판매업, 액세서리 등의 관련업, 패션 관련 출판업과 교육사업, 패션 광고업, 패션 컨설턴트, 패션 정보, 패션 수출입 비즈니스 등과 같은 보조 관련 사업 등이다.

(1) 업 스트림(up-stream)산업 : 제 1차 패션산업으로 섬유, 직물, 가죽, 모피 등의 패션의 원료가 되는 원부자재를 공급하는 업체들로 방적공장과 편·직물 공장, 생지를 구입하여 염색이나 프린트 등의 가공처리를 하여 완제품을 판매하는 컨버터가 포함된다.

(2) 미드 스트림(mid-stream)산업 : 제 2차 패션산업으로 패션상품을 생산하고 제조하는 업체들이 해당된다. 의류뿐 아니라 악세사리, 잡화, 홈패션 등의 제조업체도 포함된다.

(3) 다운 스트림(down-stream)산업 : 제 3차 패션산업으로 유통업체에 해당되는 도매상과 소매상 업체들이다. 국내 패션 유통업체는 백화점, 전문점 및 대리점, 상설할인점, 아울렛, 재래시장을 포함한 홈쇼핑, 인터넷 쇼핑 등이 포함된다.

(4) 부가적 단계에 있는 제4차 패션산업 : 패션산업의 활성화에 기여하는 부가적인 패션산업들을 말하며, 토탈패션으로서의 악세사리 등의 관련업, 광고와 홍보 대행사, 전문잡지나 패션잡지 등의 출판업이 포함된다.

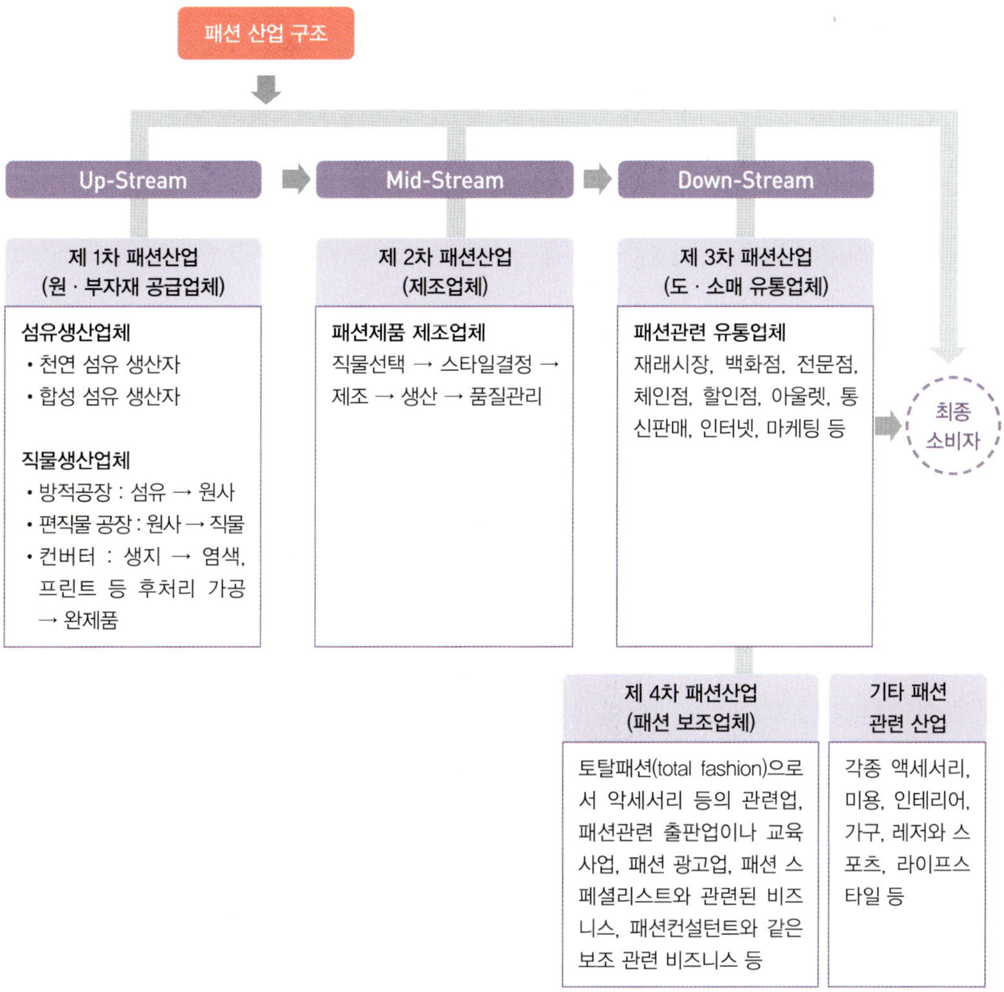


패션 산업 구조

| 패션산업 분류 | | | | | |
|---|---|---|---|---|---|
| 원료 직물 생산 | | 패션제품 생산 | 유통 · 판매업 | 부가적 산업 | |
| 섬유산업 | 텍스타일산업 | 어패럴산업 | 유통산업 | 패션관련산업 | 패션지식산업 |
| 천연 섬유<br>인조 섬유<br>합성 섬유 | 섬유회사<br>직물회사<br>직조회사<br>편직회사<br>염색 · 가공회사<br>원단상사 | 남성복/여성복<br>캐주얼/아동복<br>스포츠웨어<br>레저웨어<br>유니폼<br>언더웨어 | 백화점/전문점<br>대리점/할인점<br>쇼핑몰<br>일반시장<br>통신판매/방문판매<br>TV/홈쇼핑<br>인터넷쇼핑 | 악세서리업<br>신발업<br>모자업<br>화장품업<br>가정용품업<br>인테리어업<br>홈패션업 | 패션전문신문<br>패션전문교육기관<br>패션정보연구소<br>패션잡지<br>바잉오피스<br>패션스튜디오<br>국제양모사무국 |

### 2) 패션산업의 특징

패션산업은 의류생산과 판매에 관련되는 패션산업과 부가 가치를 높일 수 있는 모든 관련 산업을 포함한다.

1. 고부가가치 산업
2. 소비자 지향 산업
3. 경제 변화에 민감한 유행 산업
4. 지식집약 및 정보 지향 산업
5. 아웃소싱의 의존도가 높은 협력 산업
6. 사회 · 문화 · 예술과의 연계성이 높은 감성 산업
7. 첨단산업과의 연계성이 높은 산업

패션산업의 특징

#### (1) 고부가가치 산업

- 상품의 부가가치란 물리적 가치에 디자인, 유행성, 디자이너의 미적 표현 방법 등 심리적 효용가치를 포함한다.
- 패션상품이 만들어지는 과정에서의 상품의 특성과 상품 고유의 이미지와 판매방법, 서비스 등에 의하여 가치가 상대적으로 평가되는 고부가가치 산업이다.

(2) 소비자 지향 산업

- 패션 상품의 경쟁은 소비자의 요구를 성공적으로 반영한 성공적인 마케팅 활동에 좌우된다.
- 소비자와의 지속적인 관계 구축을 통해 소비자의 욕구의 필요에 민첩하게 반응하는 소비자 지향적인 사고와 발상이 요구된다.

(3) 경제 변화에 민감한 유행 산업

- 패션상품은 경제 변화에 민감하게 반응하는 산업이다.
- 대기업 중심의 패션업체는 IMF이후 직접적인 타격을 받았으며 이러한 경향은 소비심리에도 영향을 미쳤다. 패션산업은 이러한 변화에 신속하고 탄력적으로 대응해야 하는 산업이다.

(4) 지식 집약 및 정보 지향 산업

- 급변하는 패션산업에 대처하기 위해 패션시장에 대한 지속적이고 정확한 정보수집 및 분석이 필요하다.
- 패션정보 및 소비자 정보의 신속한 대응을 위해 현대 패션산업은 지식집약 산업 체제로 변해가고 있다.

(5) 아웃소싱의 의존도가 높은 산업

- 아웃소싱(outsourcing)은 외부의 전문 업체를 통해 업무를 진행하는 방식을 말한다. 국내 패션산업은 생산 · 판매 · 유통의 분업을 통한 국내외 협력업체를 활용한 아웃소싱의 비중이 점차 높아지고 있다.

(6) 사회 · 문화 · 예술과의 연계성이 높은 감성 산업

- 패션은 소비자의 취미, 기호, 사고방식, 행동 반영이며, 사회 · 문화의 변화에 연관성을 가지고 나타난다. 이러한 환경적 흐름에 현대인은 물질적인 가치보다는 심리적인 욕망 위주의 감각적인 가치를 추구하는 경향이 있다. 패션산업은 이러한 현상의 반영이라고 할 수 있다.

(7) 첨단산업과의 연계성이 높은 산업

- 패션산업은 첨단 산업의 발달에 따른 첨단 기술이 접목된 기능적인 소재나 디자인, 웨어러블 컴퓨터 등의 패션상품이 개발되고 있다. 또한 패션 산업 현장에도 첨단기술이 반영된 시스템이 도입되면서 첨단 산업과의 연계가 빠르게 진행되고 있다.

# 02
# 패션마케팅

## 1. 패션마케팅

### 1) 패션마케팅의 개념

(1) 마케팅의 개념

마케팅이란 기업이 소비자의 필요와 욕구를 충족시켜주는 적당한 상품을 유통하기 위해 올바른 상품구성과 상품물량을 공급·판매하는 것과 관련된 체계적 경영 활동이다.

① **필요(needs)와 욕구(wants)**

마케팅은 필요와 욕구에서 출발한다. 필요는 사람들이 생활하는데 필요한 본연의 것들이며, 욕구는 필요에 의해 만족시킬 수 있는 구제적 수단이다.

② **제품(products)과 브랜드(brand)**

소비자의 필요와 욕구를 충족시키기 위해 시장에 제공되는 제품을 말하며, 브랜드는 제품이 가지고 있는 이미지이다.

③ **가치(value)와 만족(satisfaction)**

가치는 품질, 가격, 서비스의 결합으로 소비자의 필요와 욕구를 만족시키는 대안의 개념이며 고객만족의 수준이다.

④ **교환**(exchange) **및 거래**(transaction)

마케팅의 핵심개념으로 가치있는 제품이나 서비스를 제공하고 그 대가를 획득하는 행위를 말한다.

⑤ **시장**(market)

제품이나 서비스를 구매할 능력을 갖춘 실제적 혹은 잠재적 고객들의 집합을 의미한다.

(2) 패션마케팅의 개념

패션마케팅이란 패션이라는 특성을 지닌 패션상품을 대상으로 한 마케팅 활동을 의미한다. 패션상품이 제작되는 일련의 과정인 원부자재의 구입부터 의류제조업체에서 제작, 판매상을 거쳐 소비자에게 전달하기까지의 상품 흐름의 단계적이고 다각적인 활동이다.

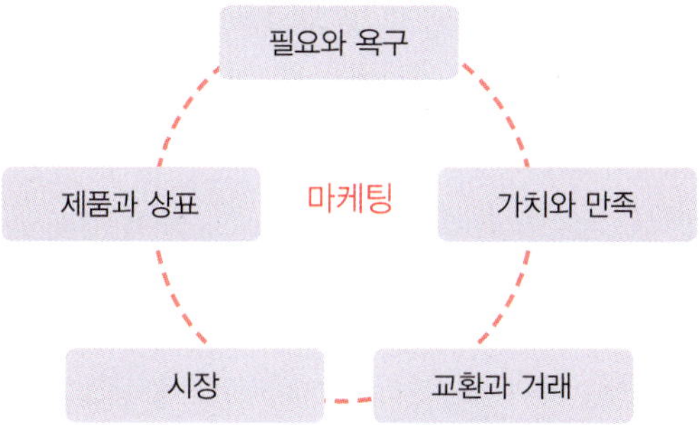


마케팅 핵심개념

(3) 패션마케팅의 중요성

패션마케팅은 소비자들의 요구에 적합한 패션상품을 기획, 제조하고 효율적으로 공급하여 성공적인 판매를 증대하고 기업의 이익추구를 증대하는 것이다. 패션마케팅은 소비자의 요구에 충족하기 위한 적절한 상품, 적절한 가격, 적절한 장소, 적절한 판매촉진, 적절한 정보, 적절한 시기, 적절한 상품구색, 적절한 물량을 제공하는 기업 활동이다.

**패션상품의 특성**

- **시한성(factor of obsolescence) 높다**
  패션상품은 실용적 가치는 변하지 않아도 시간이 흐르면서 부가가치를 잃게 된다.
- **사회 심리적 기준에 선택 된다**
  패션상품은 상품을 선택할 때 중요한 기준이 실용적 측면이기 보다는 패션상품이 가지고 있는 유행성, 신분 상징성, 희소성, 차별성으로 선택된다.
- **가격할인율이 높은 상품이다**
  패션상품은 부가가치가 높은 상품으로 시간이 지남에 따라 상품의 가치가 떨어지고 유행에 민감하게 반응한다.
- **계절적인 요인에 영향을 받는다**
  패션상품은 환경적인 요인 중의 하나인 계절적인 요인의 영향을 많이 받는 상품이다.
- **상품회전율이 빠른 상품이다**
  패션상품은 유행의 변화에 재빠르게 반응하며 공급되고 판매되는, 짧은 상품 수명주기를 가지고 있다

## 2) 패션 마케팅 조사

### (1) 패션 마케팅 조사방법

① **탐색조사** : 마케팅 조사의 초기 단계로 조사 이유를 명확하게 설정하기 위해서 문헌 조사나 전문가 의견조사 등으로 자료를 수집한다.

② **기술조사** : 기술 조사는 있는 그대로의 현황을 파악하여 기술하는 것이다. 브랜드에 대한 소비자 평가, 표적고객의 인구통계적 특성 및 라이프스타일 조사 등의 마케팅 조사이다.

③ **인과조사** : 매출에 미치는 두 가지 이상의 마케팅 변수들 간의 인과관계를 조사하는 것이다.

### (2) 패션 마케팅 조사계획

① **자료의 종류** : 자료는 1차 자료와 2차 자료로 분류된다.

㉠ 1차 자료

- 이미 수집되어 있는 기존 자료이다.
- 2차 자료가 부적합한 경우 1차 자료를 수집한다.
- 수집방법 ; 표본추출법, 응답자 접촉법 등이 있다.

• 자료수집

양적조사법 : 설문조사, 관찰조사, 실험조사 및 행동자료 조사 등

질적조사법 : 심층면접, 표적집단 면접법 등

ⓛ 2차 자료

- 즉각적으로 활용할 수 있는 자료이다.
- 시간과 비용이 절감되므로 2차 자료를 먼저 수집하고 1차 자료를 수집한다.
- 기업 내부 자료 : 손익계산서, 대차대조표 등의 회계 관련 자료, 생산계획 및 제품 입출고, 재고 등 생산 관련 자료, 영업 관련 자료 등이 있다.
- 기업 외부 자료 : 패션예측전문기관 및 패션출판물의 패션경향정보, 마케팅 관련 출판물, 인구통계적 자료 등의 정부기관 및 협회의 간행물 등이 있다.

② **표본설정** : 표본단위, 표본크기, 표본추출 방법의 결정으로 표본단위가 클수록 대표적인 모집단을 설정하면 신뢰도가 높아질 수 있다.

③ **표본추출법**

- 확률 표본추출법 : 간단하게 자료를 수집할 수 있는 단순 무작위 표본추출법
- 비확률 표본추출법 : 보편적으로 사용되는 편의 표본추출법

(3) 자료 분석 및 보고서 작성

마케팅 조사는 조사 자체가 목적이 아니라 실질적인 마케팅 의사결정에 관련된 정보를 얻는데 그 목적이 있으므로 수집된 자료 분석을 통한 그 결과에 대한 보고서를 보고하여야 한다.

### 3) 패션 마케팅의 관리

(1) 패션 마케팅 관리철학

패션 마케팅의 활동은 기업, 고객, 그리고 사회의 세 부분의 영역에 속한다. 성공적인 마케팅 수행은 기업의 목적과 고객의 욕구를 충족시키고 그 구성원이 속한 사회에 공헌하는 것이다.

① **생산 개념**(the production concept)

생산 개념은 제품 수요가 공급을 초과하는 시장 상황에서 기업이 생산의 효율성과 광범위한 유통망을 확보하는 데에 중점을 주는 관리 철학이다.

② **제품 개념**(the product concept)

제품 개념은 소비자의 욕구를 만족시키기 위해 소비자에게 최고의 품질과 성능, 독특한 특성 및 스타일의 제품을 제공하는 것을 중요하게 생각하는 관리 철학이다.

③ **판매 개념**(the selling concept)

판매 개념은 소비자에게 제공하는 상품에 대해 공격적인 영업 및 촉진활동을 펼쳐야 한다고 생각하는 관리 철학이다.

④ **마케팅 개념**(the marketing concept)

마케팅 개념은 소비자의 입장에서 경영활동을 하는 것으로 과도한 시장경책에 직면하여 소비자의 욕구를 파악하여 경쟁사보다 더 나은 경영을 영위하는 것을 목적으로 하는 사고이다.

⑤ **사회적 마케팅 개념**(the societal marketing concept)

사회적 마케팅 개념은 사회 전체의 이익, 소비자 욕구충족, 기업 이윤추구의 세 가지 측면을 모두 고려한 균형 잡힌 마케팅 의사결정을 유도하는 마케팅 관리 철학이다.

### (2) 패션 마케팅의 최신경향

시장의 급속한 변화와 기술혁신, 경기변동, 경쟁심화 등의 급속하게 변화하는 환경에서 생존과 성장은 가장 필수적인 요건이 되었다. 패션산업분야는 기본 서비스를 향상시키고 새로운 융합을 통한 신규 마케팅 개념을 만들어가고 있다.

① **공동 마케팅**(컬래버레이션)

공동마케팅은 제품 및 서비스의 연구, 제품개발, 생산, 판매의 과정 중 기업들의 협력을 통한 높은 마케팅 성과 실현으로, 기업협력에 의한 마케팅으로 시너지 창출효과를 내는 것을 말한다. 공동마케팅은 컬래버레이션(collaboration), 하이브리드 마케팅(hybrid marketing), 코마케팅(co-marketing) 등의 이름으로 사용된다.

② **관계 마케팅**

관계 마케팅(relationship marketing)은 기업과 고객과의 관계를 형성, 유지, 강화하고, 또한 원·부자재 공급자, 유통업자들과의 만족스러운 장기적 관계를 구축하는 것을 목표로 하는 마케팅이다. 새로운 고객을 창출하기보다는 기존 고객과의 관계유지를 통해 장기적 이익을 실현하는 것을 목표로 한다.

③ **체험 마케팅**

체험 마케팅(experiental marketing)은 오감, 인지, 감성, 행동, 관계의 5가지 체험유형을 적절히 통합하여 소비자와 기업 간의 호의적인 관계를 형성하도록 하는 마케팅이다. 기업과 고객과의 접촉과정에서 제공되는 브랜드, 패키지, 광고, 판촉 등의 마케팅 도구들의 통합적인 관리를 통해 감각적·감성적 체험을 제공한다.



## 2. 패션 머천다이징

### 1) 패션 머천다이징 개념

#### (1) 머천다이징 개념

① 머천다이징(merchandising)은 마케팅 활동 중의 하나로, 상품화 계획으로 소비자들에게 판매할 수 있는 '상품'을 만드는 과정이다.

② 미국의 마케팅협회에서는 정확한 상품 또는 서비스를 가장 효과적인 장소, 시간, 가격 그리고 수량을 계획하고 관리하는 것이라고 정의하고 있다.

③ 제조업이나 유통업부분에서는 상품을 시장수요에 부응하도록 시도하는 모든 활동을 지칭한다. 제조업의 중심적 업무로는 제품의 연구·개발과 시장도입활동을 의미하며, 유통업부분에서는 구매활동과 판매활동을 중심적 업무로 본다.

#### (2) 패션 머천다이징 개념

① 머천다이징이라는 용어는 패션마케팅 영역에서 많이 쓰이는데 성공적인 상품의 판매는 상품의 선정이나 상품기획에 의존된다는 사실이 인식되어 있기 때문이다.

② 패션머천다이징이란 소비자의 수요를 예측하고 계획하며, 소비자의 필요와 욕구를 만족시키는 적절한 패션상품(right product)이나 서비스를 적절한 장소(right place), 적절한 시간(right time), 적절한 물량(right quantity)과 적절한 가격(right price)으로 제공하기 위한 상품기획 및 관리 하는 것을 의미한다.

③ 패션관련 기업은 소비자의 욕구를 만족시키면서 다변하는 환경변화에 대응하기 위한 상품을 계획, 개발, 제시하는 하는 과정을 머천다이징이라 하고, 이를 통해서 회사의 매출과 이익을 극대화시키는 것이다.

④ **니스트롬(P.M. Nystrom, 1983)에 의한 정의**

- 예측활동 : 소비자수요와 패션트렌드의 정확한 예측
- 계획활동 : 언제, 무엇을, 얼마만큼, 어디에서, 얼마나 생산할 것인가의 계획
- 상품화 계획과 상품정책 : 상품의 디자인, 생산, 소매업에 있어서의 상품선정 및 구매
- 판매정책 : 효과적인 판매촉진, 광고, 디스플레이, 판매기술 훈련

⑤ 패션머천다이징은 어패럴 머천다이징과 리테일 머천다이징으로 분류된다.

### (3) 어패럴 머천다이징과 리테일 머천다이징

패션머천다이징은 제조업 분야에서는 어패럴 머천다이징(apparel merchandising), 소매업 분야에서는 리테일 머천다이징(retail merchandising)이라 한다.

#### ① 어패럴 머천다이징

패션제품에 대한 상품기획 및 개발업무를 주요업무로 하며 정보수집, 소재선정, 상품디자인, 가격결정, 광고와 판매촉진, 판매지원 등이 포함된다.

#### ② 리테일 머천다이징

패션제품에 대한 구매활동과 판매활동이 주요 업무로, 소비자 욕구를 파악하고 소비자에게 판매하고자 하는 사입상품의 유형과 수량을 결정하고 사입처 선정, 상품사입, 판매계획 및 판매활동을 수행하는 일련의 활동이다. 유통업체의 변화와 해외생산 상품의 수입증가로 인하여 리테일 머천다이징의 중요성이 부각되고 있다.

어패럴 머천다이징과 리테일 머천다이징

| 분류 | | 어패럴 머천다이징 | 리테일 머천다이징 |
|---|---|---|---|
| | | 제조업 | 소매업 |
| 궁극적인 목표 | | 상품판매 | |
| 차이점 | 주요업무 | 상품기획 및 개발업무 | 구매활동과 판매활동 |
| | 기본전략 | 상품전략 | 점포전략 |
| | 업무담당 | 디자이너와 MD | MD와 바이어 |



## 2) 패션 머천다이저의 역할

### (1) 패션 머천다이저

패션 머천다이저(fashion merchandiser)는 상품기획 부분의 진행 및 관리자로서 상품계획에서 판매부분에 이르는 광범위한 직무영역을 담당하고 새로운 브랜드 개발과 상품기획을 하는 전문가로, MD라는 약칭으로 부르기도 한다. 패션 머천다이저의 활동은 크게 기획활동, 사입활동, 판매활동으로 분류하고, 어패럴 머천다이저와 리테일 머천다이저로 나눌 수 있다.

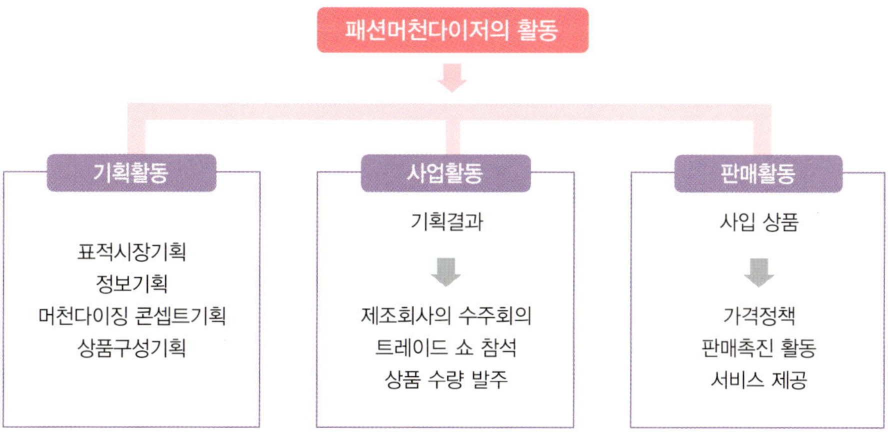


#### ① 어패럴 머천다이저의 역할

어패럴 머천다이저는 의류제조업체의 패션 머천다이징 업무에 참여하는 스페셜리스트로서 프로덕트 매니저(product manager)라고도 한다. 정보분석, 상품기획 및 개발, 판매까지 마케팅 활동을 총괄하는 패션 비즈니스 상품기획 전문가이다.

**어패럴 머천다이저의 업무**

**정보 수집 및 분석**
- 기업환경정보
- 시장정보
- 소비자정보
- 패션정보
- 판매실적정보
- 관련산업정보

**상품기획 업무**
- 타깃마켓설정
- 상품기획 콘셉트 설정
- 타임스케줄설정
- 예산기획
- 시즌콘셉트설정
- 상품구성계획
- 디자인콘셉트설정
- 소재기획
- 컬러기획
- 상품기획설명회
- 샘플제작추진
- 샘플평가와 수정
- 품평회
- 발주수량계획 및 조정

**생산지원 업무**
- 원부자재조달
- 생산의뢰계획
- 생산수량계획
- 생산원가계획
- 제조계획
- 생산납기계획
- 검품 및 보관계획
- 출하 및 재고계획

**판매 및 판매촉진 지원 업무**
- 세일즈미팅 및 판매원교육
- 전시회 계획 및 수주회
- 프로모션 테마 선정 및 스토리 계획
- 비주얼 머천다이징 지원
- 광고계획
- 판매정보 수집

**리테일 머천다이저의 업무**

**영업기획 업무**
- 정보수집 활동
- 시즌 영업기획

**상품기획 업무**
- 상품선정
- 상품가격책정
- 상품구성계획
- 상품분류계획
- 신상품계획

**광고 및 홍보 업무**
- 광고 및 홍보 상품 선정

**VMD 기획 업무**
- 상품 선정
- 스토어 콘셉트 이미지 설정
- 공간 연출

**판매촉진 업무**
- 물량배분
- 재고관리와 부진상품 처리

**매장관리 업무**
- 소규모 소매업체

**일정계획 업무**
- 작업스케줄 및 일정계획 수립

② 리테일 머천다이저의 역할

리테일 머천다이저는 유통업에서 패션머천다이징 업무를 총괄하는 담당자로 바이어의 역할을 포함한다. 패션상품의 구매업무를 수행하는 스페셜리스트인 바이어는 소매점 상품 구매업무를 담당하는 전문가이다.

(2) 패션 머천다이저의 자질

패션 머천다이저는 감도 있는 패션 감성의 기본 자질 외에도 변화하는 시장과 패션트렌드에 대응하기 위해 다음과 같은 자질을 필요로 한다.

패션 머천다이저 자질

| | |
|---|---|
| 논리적 기획력 | 논리적인 사고로 전략적 · 전술적으로 기획하는 능력 |
| 정보 분석 능력 | 다변화하는 소비자 변화, 시장동향 등의 정보 수집 및 분석 능력 |
| 마케팅 능력 | 상품기획 및 개발부터 시정 전개에 관한 총괄적인 마케팅 활동 |
| 계수 관리 능력 | 생산, 판매, 원가, 매출에 관한 계수 개념 |
| 업무 추진 능력 | 기획, 생산에 이르는 제안을 진행할 수 있는 조직적인 사고와 업무 추진 능력 |
| 패션 전문 지식 | 디자인에서 봉제까지 이르는 패션 상품에 관한 전문적인 지식 |
| 정확한 예측력 | 패션에 관한 전문지식을 토대로 성공적인 판매를 위한 상품을 기획할 수 있는 예측력 |
| 협상 능력 | 공급업체와 판매업체, 홍보 등 긍정적인 결과를 위한 협상 능력 |
| 공감 관리 능력 | 구성원들과의 공감과 협력을 통한 신뢰성을 구축할 수 있는 공감 관리 능력 |

(3) 패션 머천다이저의 업무수행 타입

① **상인형 머천다이저** : 원단과 어패럴 영업업무의 오랜 경험으로 상품기획보다는 상품을 구매하여 도·소매업체에게 좋은 가격으로 판매하는 것에 관심을 갖는 유형이다.

② **계수관리형 머천다이저** : 섬유나 의류 이외의 상품을 취급하는 대규모의 기업에서 볼 수 있는 유형으로 판매예산, 재고예산 등을 정확하게 할당하여 수치화하는 유형이다.

③ **감각인간형 머천다이저** : 패션 브랜드에서 볼 수 있는 유형으로 젊은 세대를 대상으로 상품기획에 적극적으로 참여하는 머천다이저이다. 소비자 우선보다는 창의성을

우선하고 논리적인 면보다는 감각적인 면이 우선되는 유형이다.

④ **전문관리형 머천다이저** : 브랜드 개념을 명확히 설정하여 상품기획에서 매장전개 및 광고 등의 마케팅활동을 체계적으로 추진하는 유형이다.

⑤ **고감도형 머천다이저** : 고감도 소비자의 요구를 파악·예측하여 상품기획에서 부터 매장연출까지 일관성을 가지고 전체적으로 총괄하는 디렉터적인 능력을 가진 유형이다.

(4) 패션 머천다이징 부문의 스페셜리스트

① **패션 디자이너**(fashion designer) : 의류제조업에서 패션 트렌드를 분석하여 패션 디자인을 창조하는 사람으로, 오트쿠튀르나 프레타포르테에서 작품의 창조성에 의해 디자인하거나 기성복 디자이너는 대량생산과 대량소비의 유통형태를 통해서 디자인 하는 전문가이다.

② **패션 머천다이저**(fashion merchandiser) : 패션마케팅을 기초로 하는 상품의 기획, 생산, 판매, 판매촉진 등을 총괄하는 상품기획 전문가이다.

③ **패션 코디네이터**(fashion coordinator)

- 유통업계에서 패션 코디네이터는 스타일리스트(stylist)와 동의어로 사용된다.
- 제조업계에서는 패션 디렉터(fashion director)의 동의어로, 패션트렌드를 예측하여 상품의 기획, 생산, 구매, 판매 및 판매 촉진 등의 부분별 활동을 유기적으로 연결하는 역할을 한다.

④ **컬러리스트**(colorist) : 색채를 전문적으로 다루는 전문가로 상품의 색상을 결정하는 색채에 관한 모든 업무를 담당하고 책임지는 전문가이다.

⑤ **텍스타일 디자이너**(textile desiger) : 각종 천이나 섬유제품을 개발하는 전문가이다.

⑥ **모델리스트**(modelist) : 샘플작업지시서나 생산지시서에 기재된 도식화를 토대로 실물을 제작하기 위하여 광목을 사용하여 패턴을 제작하는 전문가이다.

⑦ **패터니스트**(patternist) : 샘플용 패턴과 대량생산이 결정된 상품에 대한 패턴을 대량생산에 사용할 수 있도록 수정하여 그레이딩의 기본이 되는 마스터 패턴을

만드는 역할을 한다.

⑧ **그레이더**(grader) : 대량생산이 결정된 상품의 패턴을 사이즈별 공업용패턴으로 전개시키는 작업을 하는 전문가이다.

⑨ **마커**(maker) : 대량생산투입이 결정된 패턴으로 사이즈별 그레이딩이 끝난 후에 실제 사용원단에 마킹 작업을 하는 전문가이다.

⑩ **커터**(cutter) : 대량생산체제에서 그레이딩과 마킹 작업을 하고 연단한 원단을 커팅기계로 재단하는 일을 담당한다.

⑪ **패션 컨버터**(fashion converter) : 공장에서 나온 가공이 되지 않은 원단을 구입하여 가공한 후 완제품을 만들어 판매하는 직물산업 분야의 전문가이다.

⑫ **패션 애널리스트**(fashion analyst) : 패션정보를 수집, 정리 및 분석하는 전문가이다.

⑬ **인스펙터**(inspector) : 대량생산된 완제품을 검사하여 일정한 검사 기준에 따라서 상품으로서의 가치를 부여하는 작업을 한다.

⑭ **디스플레이 디자이너**(display designer) : 상품진열을 하거나 전시 및 쇼 등 선전을 위하여 작품이나 상품을 기획된 테마와 목적에 의해 진열하는 일을 담당한다.

⑮ **패션 바이어**(fashion buyer) : 상품의 구매를 행하는 유통업부분의 상품 기획 전문가이다.

⑯ **니트 디자이너**(knit designer) : 니트를 소재로 하여 디자인을 하는 전문가를 말한다.

⑰ **프로덕트 매니저**(product manager) : 생산관리 담당자로 일정한 품질의 제품을 일정한 기간에 기대원가로 일정한 수량을 생산하기 위한 활동을 예측·계획·통제하는 전문가이다.

⑱ **봉제사**(seamster/seamstress/dressmaker) : 견본 제작과 대량생산시스템의 봉제 담당자로, 숙련된 봉제기술과 패션에 대한 이해와 지식을 갖추어야 한다.

# 03
# 패션 브랜드 기획

## 1. 패션 정보 분석

### 1) 정보 수집과 환경조사

마케팅기획을 도출하기 위해서는 정확한 정보의 수집을 필요로 한다. 마케팅 정보를 수집하고 가공하여 효율적인 의사결정 단서로 활용하기 위한 시스템 운영을 마케팅 정보시스템(MIS ; marketing information system)이라고 한다.

#### (1) 마케팅 외적 환경 정보

① **인구통계적 환경** : 패션 제품을 판매할 수 있는 시장의 크기와 시장을 구성하는 소비자의 특성에 관한 정보를 말한다. 인구규모, 지역별 · 연령별 · 교육수준별 · 직업별 · 인구의 증감, 인구의 이동, 가구의 구성 수와 규모에 관한 내용을 포함한다.

② **정치적 환경** : 정치적 사건의 발생, 국제관계의 변화, 정부나 관련기업의 법이나 규제로 인한 변화된 환경 등 정책 변화에 따른 규제나 기준들을 말한다.

③ **경제적 환경** : 소비자의 구매력과 소비 형태에 영향을 미치는 요인으로 고용수준, 소비자의 채무수준, 일반적인 경제정보, 소득수준의 변화, 경제지표, 경기변동, 정부의 경제정책 변화, 실업률 등 경제 상황을 나타내는 구체적 지표에 관한 내용을 포함한다.

④ **사회적 환경** : 사회구조의 변화, 인구구조의 변화와 같은 일반적인 사회 환경정보와 소비자의 라이프 스타일의 변화, 소비에 대한 의식구조 등 사회적 환경을 변화시키는 요인에 해당된다.

⑤ **문화적 환경** : 특정 사회 내의 가치관과 신념 등으로 개인의 취향과 선호도에 영향을 미친다. 산업구조의 변화, 문화 예술의 관심도, 미적·종교적 개념 등이다.

⑥ **자연적 환경** : 산업 발달에 따른 자연환경에 대한 규제가 강화되면서 이에 대한 관심들이 상품에 반영되었다. 이와 같은 생각들은 상품 재료 공급이나 재료 수급, 생산단계의 공해 규제 등으로 이어지고 기업들의 그린 마케팅, 에코산업 개념 등이 도입되고 있다.

⑦ **기술적 환경** : 기술발달로 인한 신제품 개발, 원재료의 개량, 제조공정의 발달, 제품의 생산 품질의 향상 등은 상품에 긍정적인 효과를 주는 환경 요소이다.

| | |
|---|---|
| 정치적 환경 | 정치적 사건, 정책으로 변화된 환경 |
| 경제적 환경 | 지표, 소득수준 등 일반적 경제 정보 |
| 사회적 환경 | 사회구조, 화제거리 등의 요인 |
| 문화적 환경 | 사회 내 존재하는 신념과 가치관 |
| 자연적 환경 | 자연환경에 대한 관심과 각종 규제 |
| 기술적환경 | 기술발달로 인한 긍적적인 효과 |

마케팅 외적 환경

(2) 마케팅 내적 환경 정보 : 기업 내부의 환경으로 기업이 통제할 수 있는 기업의 문화 및 조직, 자금상황 등이 포함된다.

### 2) 패션시장 정보

(1) 시장 현황 정보

전체 패션시장과 세분시장의 크기와 성장률, 분석하고자 하는 업체의 시장점유율 등 기업의 생존 및 성장가치 가능성을 판단하는 기초자료이다.

(2) 경쟁업체

표적시장에서 경쟁이 되는 경쟁업체의 정보, 상품구성, 목표와 전략, 평가 등 경쟁업체의 여러 정보를 분석한다.



CHAPTER 04. 소잉마케팅 및 창업

### 3) 패션 소비자 정보

소비자 정보는 소비자의 인구통계학적 정보와 소비자의 기호와 욕구가 반영된 심리적 요인에 대한 정보를 수집, 분석하여 상품기획에 반영하기 위한 소비자 행동 특성에 대한 조사이다. 소비자의 소비 형태가 합리적·기능적 소비 욕구에서 표현적 욕구를 위한 소비 형태로 변화함에 따라 중요성이 강조되고 있다.

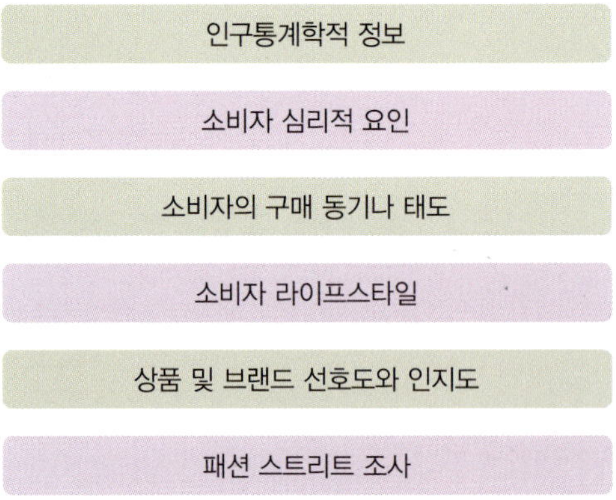


패션 소비자 정보

### 4) 패션 트렌드 정보

패션 정보는 패션디자인을 전개하기 위한 패션 시장의 상품 분석으로 다음 시즌 상품 기획을 결정하는데 큰 영향을 미치는 정보요소이다. 국내·외 패션 정보조사를 통해 패션 경향을 예측하고 패션 시장 및 소비동향, 업체동향, 패션 전반에 대한 소식, 인적 정보 등이 모두 포함된다.

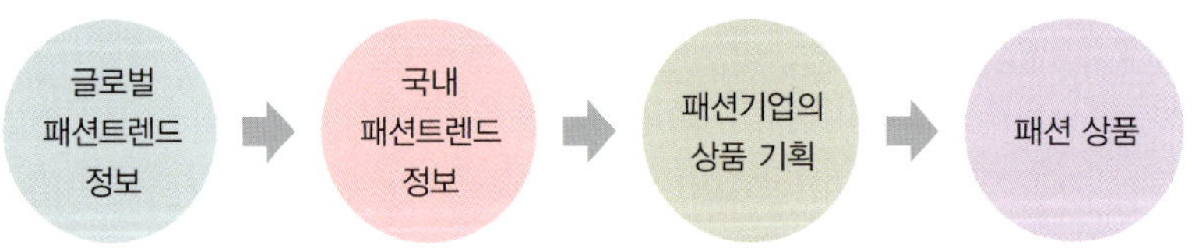


패션트렌드 정보 전개 과정

## 2. 브랜드 분석

### 1) 브랜드 분석

(1) 브랜드 이미지(brand image)

브랜드 이미지는 기업이나 상품이 연상되는 이미지이다. 브랜드 이미지의 설정 과정은 마케팅 정보분석을 통해 상품명을 결정하고 브랜드 이미지 설정을 위한 B.I(brand identity) 작업을 실시한다. 브랜드의 구성요소는 브랜드 네임(brand name), 브랜드 마크(brand mark), 라벨링 & 태그(labelling & tag), 기타 패키지(pakage)에 의해 구성된다.

① **브랜드 네임**(brand name) : 브랜드의 이름, 상표

② **브랜드 마크**(brand mark) : 브랜드 네임을 대표하는 이미지

③ **라벨링 & 태그**(labelling & tag) : 패션 제품에 부착하는 브랜드 네임을 표시한 부자재

④ **기타 패키지**(package) : 쇼핑백, 케이스 등 제품 포장에 사용되는 부자재

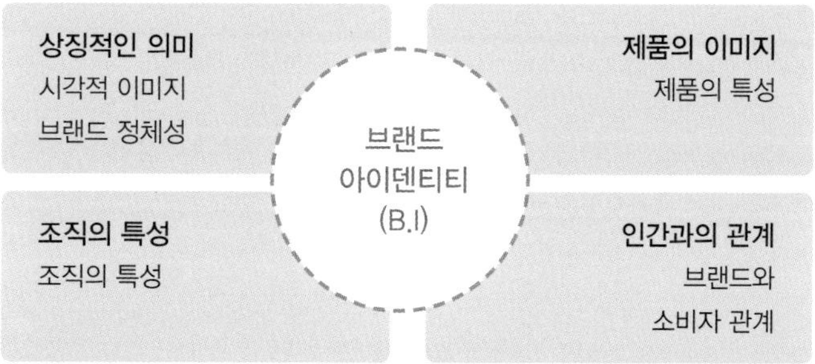


출처 : 엄소희, 장윤이, 패션상품디자인기획, 교문사, 재구성

브랜드 이미지

(2) 브랜드 이미지(brand identity)

B.I는 브랜드의 정체성 또는 독창성을 의미하는 것으로 타 브랜드와 구별된다. 브랜드의 구성요소는 시각적인 외적 요소와 기업이 추구하는 정체성을 내적 요소로 이루어진다.

- 내적 구성요소 : 기업이 추구하는 브랜드의 목표, 콘셉트, 타겟 등의 정체성
- 외적 구성요소 : 브랜드 네임, 브랜드 마크, 라벨링과 태그, 기타 패키지

(3) 브랜드 콘셉트(brand concept)

브랜드 콘셉트(brand concept)는 브랜드의 기본 방향으로 정확한 브랜드의 이미지와 정책(policy)에 의한 기업의 성격을 결정하는 것을 의미한다. 구체적인 브랜드 콘셉트는 패션 타입(fashion type), 패션 마인드(fashion image), 패션 감각(fashion taste), 패션 필링(fashion feeling), 패션 어케이전(fashion occasion), 패션 이미지(fashion image), 패션 트렌드 이미지(fashion trend image)를 설정한다.

브랜드 콘셉트

<table>
<tr><td rowspan="3">패션 타입<br>(Fashion Type)</td><td colspan="2">클래식 타입(classic type)</td></tr>
<tr><td colspan="2">페미닌 타입(feminine type)</td></tr>
<tr><td colspan="2">스포티 타입 (sporty type)</td></tr>
<tr><td rowspan="3">패션 마인드<br>(Fashion Mind)</td><td colspan="2">주니어 · 영 마인드(junior-young mind)</td></tr>
<tr><td colspan="2">어덜트 · 커리어 마인드 (adult-career mind)</td></tr>
<tr><td colspan="2">미시 마인드(missy mind)</td></tr>
<tr><td rowspan="4">패션 감각<br>(Fashion Taste)</td><td colspan="2">컨서버티브(conservative)</td></tr>
<tr><td colspan="2">컨템퍼러리(contemporary)</td></tr>
<tr><td colspan="2">트렌디(trendy)</td></tr>
<tr><td colspan="2">아방가르드(avant-garde)</td></tr>
<tr><td rowspan="5">패션 필링<br>(Fashion Feeling)</td><td colspan="2">아메리칸 필링(american feeling)</td></tr>
<tr><td colspan="2">유럽피안 필링(european feeling)</td></tr>
<tr><td colspan="2">이탈리안 필링(italian feeling)</td></tr>
<tr><td colspan="2">런던 필링(london feeling)</td></tr>
<tr><td colspan="2">재패니즈 필링(japanese feeling)</td></tr>
<tr><td rowspan="3">패션 어케이전<br>(Fashion Occasion)</td><td rowspan="2">on-duty</td><td>official occasion (formal occasion)</td></tr>
<tr><td>social occasion (public occasion)</td></tr>
<tr><td>off-duty</td><td>private occasion (active occasion)</td></tr>
</table>

① **패션 타입**(fashion type)

- 클래식 타입(classic type) : 시대를 초월하여 가치를 인정하는 스타일
- 페미닌 타입(feminine type) : 여성스럽고 우아한 스타일
- 스포티 타입 (sporty type) : 활동적이고 실용적인 스타일

② **패션 마인드**(fashion mind)

- 주니어 · 영 마인드(junior-young mind) : 학생 · 사회 초년생의 개성과 유행에 민감한 패션 마인드
- 어덜트 · 커리어 마인드 (adult-career mind) : 현대적이고 트래디셔널한 이미지로 전문적이고 유행에 민감한 도회적 스타일을 즐기는 마인드
- 미시 마인드(missy mind) : 자신만의 스타일을 연출하고 수준있는 디자인, 품질을 추구하는 미의식

③ **패션 감각**(fashion taste)

- 컨서버티브(conservative) : 보수적인 스타일 감각
- 컨템퍼러리(contemporary) : 현대적 스타일 감각
- 트렌디(trendy) : 트렌디한 스타일 감각
- 아방가르드(avant-garde) : 새로운 스타일을 즐기는 감각

④ **패션 필링**(fashion feeling)

- 아메리칸 필링(american feeling) : 캘리포니아의 스포티 캐주얼과 뉴욕풍의 커리어 감각 스타일
- 유럽피안 필링(european feeling) : 색상 배색 중심의 파리지엥 스타일
- 이탈리안 필링(italian feeling) : 화려한 배색과 패턴의 엘레강스 스타일
- 런던 필링(london feeling) : 클래식한 브리티쉬 트래디셔널과 실험적 스타일
- 재패니즈 필링(japanese feeling) : 동양적 젠 스타일과 하라주쿠 영 감각 스타일

⑤ **패션 어케이전**(fashion occasion)

- on-duty
- off-duty
  - official occasion (formal occasion) : 출근, 통학 등의 공적인 생활을 위한 패션 타입

- social occasion (public occasion) : 쇼핑, 모임 등 사교생활을 위한 패션 타입
- private occasion (active occasion) : 휴식, 여가활동 등 사적인 생활을 위한 패션 타입

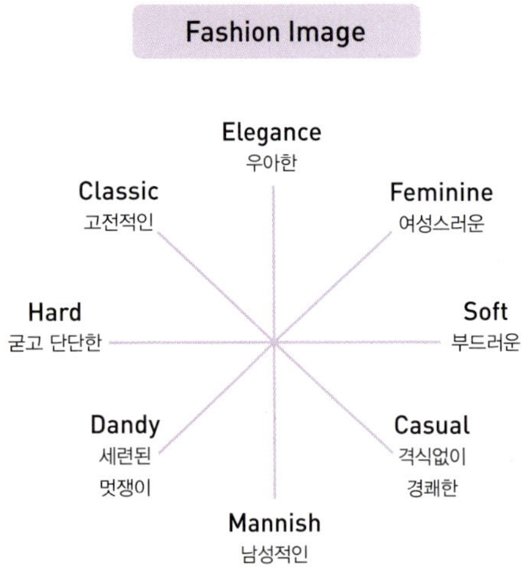


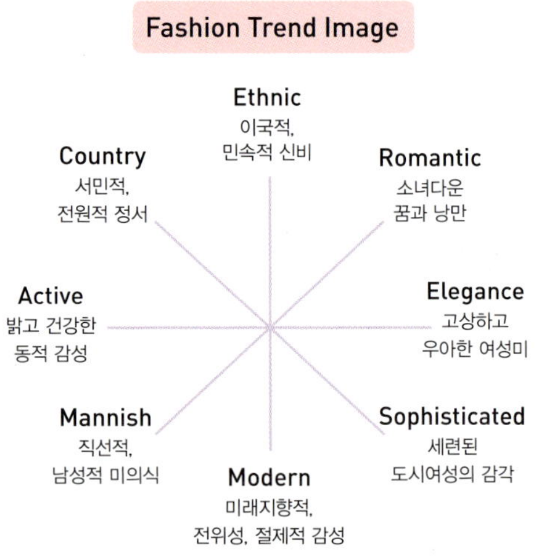


## 3. STP 전략

STP(Segmentation, Targeting, Positioning Strategy)란 마케팅 대상이 되는 표적시장 설정을 위해 소비자들의 욕구의 다양성과 차이점을 파악하는 시장을 세분화(market segmentation)하고 소비자 집단의 목표시장을 선정하여 결정하는 표적시장선정(market targeting)과 목표시장별 포지셔닝(market positioning) 전략으로 이루어진다.

### 1) 시장세분화

#### (1) 시장세분화 개념

시장세분화는 하나의 제품시장을 세분화 기준들을 사용하여 유사한 동질 집단으로 나

누는 것을 말한다. 인구통계적, 심리학적 기준으로 소비자의 충성도, 사용량, 사용태도, 구매단계, 추구하는 혜택 등 소비행동을 분류하는 기준이다.

### (2) 시장세분화 전제조건

① **타당성** : 세분시장 내에서 동질성이 있어야 하며 세분시장 간에는 차이가 존재하여야 한다.

② **측정가능성** : 세분시장의 규모 및 소비자 구매 고객의 특성을 측정할 수 있어야 한다.

③ **실체성** : 세분시장은 충분한 매출과 이익을 창출할 수 있는지 적정 규모가 있어야 한다.

④ **접근가능성** : 세분시장에 기업의 마케팅전략을 효과적으로 전달 할 수 있어야 한다.

⑤ **신뢰성** : 세분화된 시장은 일관된 행동 특성이 일정기간 유지되어야 한다.

### (3) 시장세분화 기준

#### ① 소비자 중심 세분화 변수

시장세분화는 고객특성에 따른 변수로, 인구통계적 변수, 지리적 변수, 심리적 기준으로 분류할 수 있다.

- 인구통계적 기준 : 인구통계적 기준은 연령, 성별, 소득, 직업, 교육 수준 등을 포함한 변수를 이용한 분류기준으로 집단 간의 특성이 소비행동에 미치는 영향이 크고 측정이 용이하여 일반적으로 많이 사용된다.

| 시장세분화 변수 기준 | | | 세분화가능 변수 | | | | | | | | |
|---|---|---|---|---|---|---|---|---|---|---|---|
| | | | 연령, 성별, 소득, 직업, 교육 수준 | | | | | | | | |
| 소비자 중심 세분화 변수 | 인구통계적 변수 | 연령 | 인펀트 0~2세 | 토들러 3~6세 | 차일드 7~12세 | 주니어 13~17세 | 영 18~22세 | 어덜트 23~27세 | 미시 28~37세 | 미시즈 38세이상 | 실버미시즈 50세 이상 |
| | | 성별 | 남성 | 여성 | 남녀공용 | | | | | | |
| | | 직업 | 전문직 | 회사원 | 자영업 | 판매 · 서비스 | 학생 | 주부 | 교사 · 공무원 | 파트타임 | 기타 |
| | | 소득 | 100만원 미만 | 100~149만원 | 150~199만원 | 200~249만원 | 250~299만원 | 300~399만원 | 그 이상 | | |
| | | 학력 | 중졸 | 고졸 | 대재중퇴 | 대졸 | 대학원졸 | 기타 | | | |
| | | 가족 | 1인 | 2인 | 3인 | 4인 | 5인 | | | | |

• 지리적 기준 : 소비자가 거주하는 지역과 지역의 규모가 분류의 기준이 된다.

<table>
<tr><td colspan="3" rowspan="2">시장세분화 변수기준</td><td colspan="8">세분화 가능 변수</td></tr>
<tr><td colspan="8">소비자가 거주하는 지역</td></tr>
<tr><td rowspan="2">소비자 중심 세분화 변수</td><td rowspan="2">지리적 변수</td><td>지역</td><td colspan="3">농어촌</td><td colspan="3">중소도시</td><td colspan="2">대도시</td></tr>
<tr><td>규모</td><td>만명 이하</td><td>1~2만</td><td>2~5만</td><td>5~10만</td><td>10~30만</td><td>30~50만</td><td>50~100만</td><td>100만이상</td></tr>
</table>

### ② 제품중심 세분화 변수

• 심리적 기준 : 상품이나 브랜드에 대한 소비자의 충성도, 사용량, 사용태도, 구매단계, 추구하는 이미지, 라이프스타일 등이 항목의 변수가 된다.

<table>
<tr><td colspan="3" rowspan="2">시장세분화 변수기준</td><td colspan="8">세분화 가능 변수</td></tr>
<tr><td colspan="8">소비자의 심리적 특성을 반영하는 변수</td></tr>
<tr><td rowspan="10">제품 중심 세분화 변수</td><td colspan="2">패션감도</td><td colspan="2">컨서버티브</td><td colspan="2">컨템퍼러리</td><td colspan="2">트렌디</td><td colspan="2">아방가르드</td></tr>
<tr><td colspan="2">패션 수용도</td><td colspan="2">패션선도자</td><td colspan="2">패션추종자</td><td>패션 전기수용자</td><td colspan="2">패션후기수용자</td><td>패션 무관심자</td></tr>
<tr><td colspan="2">감도</td><td colspan="3">고</td><td colspan="3">중</td><td colspan="2">저</td></tr>
<tr><td colspan="2">감성이미지</td><td>로맨틱</td><td>엘레강스</td><td>소피스티케이티드</td><td>모던</td><td>매니시</td><td>액티브</td><td>컨트리</td><td>에스닉</td></tr>
<tr><td colspan="2">패션이미지</td><td>엘레강스</td><td>페미닌</td><td>소프트</td><td>캐주얼</td><td>매니시</td><td>댄디</td><td>하드</td><td>클래식</td></tr>
<tr><td colspan="2">패션 마인드</td><td colspan="3">주니어 · 영 마인드</td><td colspan="3">어덜트 · 커리어 마인드</td><td colspan="2">미시 마인드</td></tr>
<tr><td rowspan="4">라이프스타일</td><td>10대</td><td colspan="2">소극적 타인지향형</td><td colspan="2">낭만적 미추구형</td><td colspan="2">현대적 패션지향형</td><td colspan="2">평범 무관심형</td></tr>
<tr><td>20대</td><td colspan="2">전통적 평범형</td><td colspan="2">지성적 단정지향형</td><td colspan="2">타인의식적 패션지향형</td><td colspan="2">과시적 감각지향형</td></tr>
<tr><td>30대</td><td colspan="2">보수적 소극형</td><td colspan="2">현대적 감각지향형</td><td colspan="2">보편적 편의추구형</td><td colspan="2">평범 무난형</td></tr>
<tr><td>40대</td><td colspan="3">보수적 품위중시형</td><td colspan="3">과시적 브랜드지향형</td><td colspan="2">소극적 평범형</td></tr>
</table>

- 상품기획적 기준 : 상품기획의 필요한 구체적인 항목을 기준으로 의복의 종류, 용도, 가격수준, 품질수준, 브랜드 특성 등이 분류된다.

<table>
<tr><th colspan="2" rowspan="2">시장세분화 변수기준</th><th colspan="13">세분화 가능 변수</th></tr>
<tr><th colspan="13">제품변수</th></tr>
<tr><td rowspan="5">제품<br>중심<br>세분화<br>변수</td><td>아이템</td><td>CT</td><td>JK</td><td>JP</td><td>SH</td><td>BL</td><td>OP</td><td>TP</td><td>VT</td><td>SK</td><td>PT</td><td>KN</td><td>SW</td><td>TS</td></tr>
<tr><td>용도</td><td colspan="2">포멀웨어</td><td colspan="2">비즈니스웨어</td><td colspan="2">타운웨어</td><td colspan="2">캐주얼웨어</td><td colspan="2">스포츠웨어</td><td colspan="2">레저웨어</td><td>홈웨어</td></tr>
<tr><td>가격수준</td><td colspan="3">Prestige</td><td colspan="3">Better</td><td colspan="2">Volum better</td><td colspan="3">Volum</td><td colspan="2">Budget</td></tr>
<tr><td>품질수준</td><td colspan="5">고</td><td colspan="4">중</td><td colspan="4">저</td></tr>
<tr><td>브랜드 특성</td><td colspan="4">내셔널브랜드</td><td colspan="3">디자이너브랜드</td><td colspan="3">캐릭터브랜드</td><td colspan="3">프라이빗브랜드</td></tr>
</table>

- 유통기준적 기준 : 패션 기업의 영업형태 및 점포의 소재유형, 소비자의 쇼핑지역 등이 유통 변수의 분류항목이된다.

<table>
<tr><th colspan="2" rowspan="2">시장세분화<br>변수기준</th><th colspan="9">세분화 가능 변수</th></tr>
<tr><th colspan="9">유통 변수</th></tr>
<tr><td rowspan="2">제품중심<br>세분화<br>변수</td><td>영업별<br>형태</td><td>백화점</td><td>대형마트</td><td>대리점</td><td>전문점</td><td>아울렛</td><td>편집매장</td><td>재래시장</td><td>인터넷<br>쇼핑몰</td><td>TV<br>홈쇼핑</td></tr>
<tr><td>쇼핑<br>지역</td><td colspan="2">서울중심가</td><td colspan="2">서울<br>아파트단지</td><td>서울 외곽</td><td colspan="2">대도시<br>중심가</td><td>중소도시<br>중심가</td><td>지방</td></tr>
</table>

### 2) 시장표적화

표적 시장(target market)의 세부 시장의 한계를 정하는 것으로 시장의 매력도를 평가하여 기업에 적절하다고 평가되는 세분 시장을 표적 시장으로 결정하는 과정을 말한다.

#### (1) 시장의 매력도 평가

세분화된 시장별로 3C_고객(customer), 경쟁(competition), 회사(company)의 시장성, 경쟁수준, 자사의 적합성을 평가한다.

① 고객 : 세분화된 시장이 적절한 시장규모, 성장 가능성, 세분시장별 잠재수요를 평가한다.

② **경쟁** : 현재의 경쟁자나 잠재적 경쟁자의 마케팅활동 정도를 파악하여 경쟁사의 진입가능성과 현재 또는 잠재적 대체상품의 유무를 평가한다.

③ **회사** : 기업의 목표와 기업의 현황인 인적·물적·기술적 자원의 조사를 통한 기존 브랜드의 마케팅믹스 요소를 연계하여 세분시장에 경쟁할 수 있는지를 평가한다.

(2) 표적시장 선정 전략

시장세분화를 통한 매력도 평가 후 경쟁우위를 확보할 수 있는 세분시장을 선정하게 된다. 선정된 세분시장은 차별적 마케팅전략, 비차별적 마케팅 전략, 집중적 마케팅 전략, 완전한 시장세분화를 통한 마케팅전략을 제시한다.

① **차별화 마케팅 전략**(differentiated marketing strategy)

둘 이상의 세분시장들을 표적시장으로 선정하여 각각 다른 마케팅 프로그램을 진행하는 전략이다. 소비자의 다양한 욕구에 맞추어 차별화된 다양한 상품을 개발하여 고객의 욕구를 충족시킬 수 있다. 반면, 각각의 상품에 대한 마케팅믹스 전략을 실행해야해서 비용이 많이 드는 단점이 있다. 하위시장의 특성에 맞는 제품을 생산, 판매하는 마케팅 전략이다.

② **비차별화 마케팅 전략**(undifferentiated marketing strategy)

시장을 세분화하지 않고 전체시장을 대상으로 하는 마케팅활동이다. 세분화된 시장들 중에 가장 규모가 큰 세분시장을 표적으로 마케팅믹스 프로그램을 제공하는 전략으로, 표준 상품을 대량생산하여 광고 비용, 유통 비용을 절감 할 수 있다. 패션상품의 경우 양말, 티셔츠 등과 같은 아이템이 속한다.

③ **집중적 마케팅 전략**(concentrated marketing strategy)

세분화된 시장들 중에서 기업이 경쟁력을 가질 수 있는 한·두개의 세분시장(틈새시장)을 집중적으로 공략하는 전략이다. 기업의 자본이 한정되어 있을 때 시장 점유율이 높은 시장에 집중함으로써 자본을 효율적으로 운영할 수 있다.

④ **완전한 시장세분화**(exreme market segmentation)

소비자 개개인의 필요와 욕구를 반영하여 상품을 개발하는 것으로 소비자의 욕구를 충족 시켜주는 장점이 있으나 비용이 많이 든다는 단점이 있는 전략이다.

### 3) 브랜드 포지셔닝

(1) 포지셔닝의 개념

포지셔닝(positioning)이란 경쟁기업들과 효과적으로 경쟁하기 위하여 유사시장 내에서 경쟁사의 상품과 비교하여 상대적 위치를 자리매김하는 전략적 과정이다. 소비자가 제품과 관련하여 중요하게 생각하는 속성을 경쟁 브랜드가 차지하는 상대적 위치를 그림으로 나타낸 지각도를 통해 틈새시장(niche market)을 파악하고 자사 제품과 경쟁사의 위치를 파악할 수 있다.

(2) 포지셔닝 분석의 장점

① 포지셔닝 지각도를 통한 틈새시장을 파악할 수 있다.

② 자사상품의 현 위치를 파악하여 소비자의 자사상품에 대한 인지도를 확인 할 수 있다.

③ 포지셔닝 지각도를 통해 경쟁사와 경쟁 상태를 알 수 있다.

④ 소비자가 중요하게 생각하는 속성을 파악하여 제품 개발에 반영할 수 있다.

⑤ 기업이 원하는 자사제품의 포지셔닝을 확립했는지 확인할 수 있다.

(3) 포지셔닝 전략 프로세스

기업의 포지셔닝은 일반적으로 5단계의 과정을 거쳐 마케팅 전략을 수립한다.

**① 1단계 : 소비자 분석**

해당 제품군에 소비자 기호나 욕구 등의 심리적 요인과 소비자의 구매 동기나 태도, 소비자 라이프 스타일, 광고효과 정보 조사, 패션스트리트 조사의 소비자 분석을 말한다.

**② 2단계 : 경쟁사 분석**

경쟁사의 경쟁 제품의 전략, 유통, 가격, 판매, 광고 등의 조사를 통해 자사보다 우위 요소들이 무엇인지 분석한다.

**③ 3단계 : 경쟁사의 포지션 분석**

경쟁사 분석을 통한 포지셔닝맵을 작성하여 소비자들의 인지도를 분석한다.

**④ 4단계 : 자사의 포지셔닝 분석**

소비자 분석과 경쟁사 분석, 경쟁사의 포지션 분석에 의한 정보를 근거로 적합한 자사의 포지션을 결정하는 단계이다. 소비자의 선호도와 인지도를 파악하여 세분시장에서 경쟁사의 강·약점을 파악한다.

⑤ **5단계 : 포지셔닝 평가 및 리포지셔닝**

자사의 제품이 목표로 한 위치에 정확하게 포지셔닝 되었는지를 확인하고, 지속적인 조사를 통해 자사 제품의 포지셔닝을 확인하여야 한다. 다변하는 시장상황에 따라 소비자의 기호와 욕구는 계속 변화한다. 이에 자사 제품의 목표 포지션을 이동시키는 리포지셔닝(repositioning)이 요구되기도 한다.

| 소비자 분석 | 경쟁사 분석 |
|---|---|
| 소비자 심리적 요인 | 전략과 자본력, 조직구성 |
| 소비자의 구매 동기나 태도 | 상품 및 브랜드 이미지와 인지도 |
| 소비자 라이프스타일 | 상품과 가격 정책 |
| 패션스트리트 조사 | 판매 및 유통 |
| 광고 효과와 정보 분석 | 마케팅 전략 |

(4) 포지셔닝 전략 유형

① 제품 속성에 의한 포지셔닝 : 품질과 가격의 특성에 의해 분류

② 사용 상황에 의한 포지셔닝 : TPO의 특성에 따라 분류

③ 이미지에 의한 포지셔닝 : 제품의 속성, 패션이미지에 따른 분류

④ 착용자에 의한 포지셔닝 : 착용자의 성별, 연령 등에 의한 분류

## 4. 브랜드 전략

### 1) SWOT 분석

(1) SWOT 분석의 개념

기업의 환경 분석을 통해 강점(strength)과 약점(weakness), 기회(opportunity)와 위협(threat)요인을 파악하고 이를 바탕으로 마케팅 전략을 수립하는 기법이다.

(2) SWOT 분석

강점과 약점, 기회와 위협의 4요소에서 출발한 SWOT 분석은 내부 환경분석을 통해 강점과 약점을 파악하고, 외부 환경분석을 통해 기회와 위협을 파악하여 강점의 최대화와 약점의 최소화, 기회의 활용과 위협의 억제를 위한 마케팅 전략을 만들어 내는 것을 의미한다.

1 **강점(strength)**
자사 내부요인 중 가장 강점으로 인정되는 부분
Ex) 충분한 자본금, 기술력, 인력, 상품가격

2 **기회(opportunity)**
외적 환경에서 기대되는 요소
동일한 외적 환경도 기업에 따라 기회 또는 위협으로 전환
Ex) 환율의 변화, 수입관세의 변화, 법인세 인하, 판매 채널의 다양화

3 **약점(weakness)**
자사 내부의 가장 약점이 되는 요소
Ex) 신규 브랜드의 낮은 인지도, 경험 부족

4 **위협(threat)**
외적 환경으로 인한 위협요소
Ex) 정치적 · 경제적 환경의 변화

SWOT 분석에 따른 전략

- SO 전략(강점-기회 전략) : 시장의 기회를 활용하기 위해 강점을 사용하는 전략
- ST 전략(강점-위협 전략) : 시장의 위협을 회피하기 위해 강점을 사용하는 전략
- WO 전략(약점-기회 전략) : 약점을 극복함으로써 시장의 기회를 활용하는 전략
- WT 전략(약점-위협 전략) : 시장의 위협을 회피하고 약점을 최소하는 전략

SWOT 분석

### 2) 4P's Mix 전략

마케팅믹스(marketing mix)는 기업이 자사의 마케팅 목표를 추구하기 위해 사용하는 브랜드 전략의 중요한 도구이다. 상품(product), 가격(price), 유통(place), 촉진(promotion)의 4가지 요소의 첫 글자를 모아 4P's라 하고, 이들의 기본방향을 설정하는 전략이다. SWOT분석을 통해 기본전략이 수립되면 적합한 상품을 합리적인 가격으로 생산하여 효율적인 유통과 촉진을 통해 시장에 선보인다.

4P's Mix 전략은 마케팅 요소 중 가장 중요한 상품, 유통, 가격, 촉진의 4가지로 구성된다.

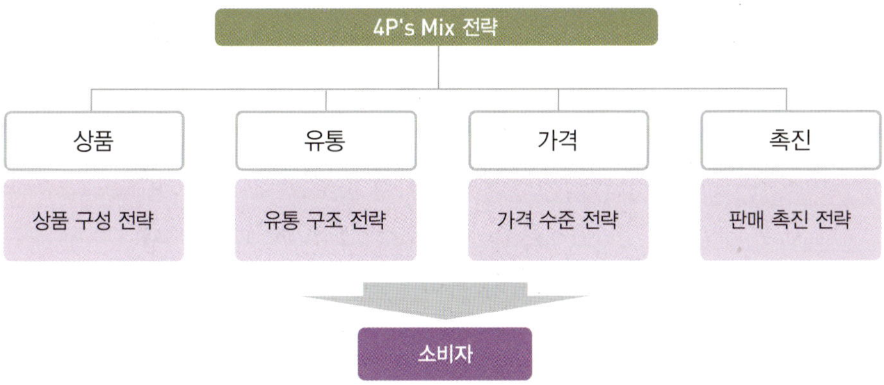


(1) 상품

① 구매관행에 의한 분류

- 편의품(convenience goods) : 소비자가 습관적으로 구입하는 상품으로 손쉽게 최소한의 노력으로 구매하는 상품이다.
- 선매품(shopping goods) : 소비자가 가격, 품질, 디자인 등을 비교한 후 구매하는 상품으로 여러 점포를 방문하여 비교하고 구매하는 상품이다. 편의품보다 구매빈도가 낮으나 상대적으로 가격이 높다.
- 전문품(specialty goods) : 우수한 품질과 독특한 특성을 보유하고 있는 상품으로 브랜드 이미지가 상품구매에 중요한 영향을 미치는 상표식별이 가능한 상품이다.

② 유행성에 의한 분류

- 베이직 상품(basic goods) : 유행의 변화에 크게 영향을 받지 않는 상품으로 꾸준한 수요가 발생하는 상품이다.
- 뉴베이직 상품(new basic goods) : 지난 시즌에 유행한 트렌디 상품 중에 차기 시즌에 소비자들의 수요가 예상되는 상품이다.
- 트렌드 상품(trend goods) : 해당 시즌의 유행 트렌드가 반영된 상품으로 심미적 가치가 반영된 패션성이 강한 상품이다.

③ 소매점포 상품구성에 의한 분류

- 중점상품 : 높은 매출과 이익이 예상되는 주력제품으로 회전력이 높은 상품이다.
- 보완상품 : 중점상품을 보완하는 상품으로 특수고객의 욕구를 만족시키는 상품이다.

• 전략상품 : 상품이나 점포의 품위 향상을 위한 고가 상품이나 쇼윈도 디스플레이용의 상품으로 기획상품이 이에 속한다.

**④ 관여 정도에 의한 분류**

• 고관여 패션상품 : 유행 초기 상품으로 높은 신분 상징성을 가지는 상품이다.

• 저관여 패션상품 : 실용성이 높고 표준화된 스타일의 저가 상품들이다.

(2) 유통

**① 유통의 개념과 유형**

• 유통은 생산된 제품이나 서비스가 유통 과정을 통해 적합한 시기에 소비자에게 이동하는 과정을 의미한다.

• 패션상품의 유통경로는 일반적으로 제조업 → 도매업 → 소매업 → 소비자로 이루어진다.

• 패션유통경로 조직은 통합적 유통경로, 수직적 마케팅(VMS:vertical marketing system), 수평적 마케팅 시스템(HMS:horizontal marketing system)으로 구분할 수 있다.

㉠ 통합적 유통경로 : 패션상품의 제조업자가 직접 유통경로 기능을 수행하는 것으로 판매원의 고용이나 점포 임대 등의 많은 투자비가 든다.
예) 우편이나 전화에 의한 통신판매, 방문판매, 인터넷을 통한 전자상거래

㉡ 독립적 유통경로 : 제조업자가 패션상품의 유통을 독립적 유통업자에게 일임하는 것으로 제조업자의 투자비가 필요하지 않다. 중간상의 수에 따라 네 가지 유형으로 분류된다.

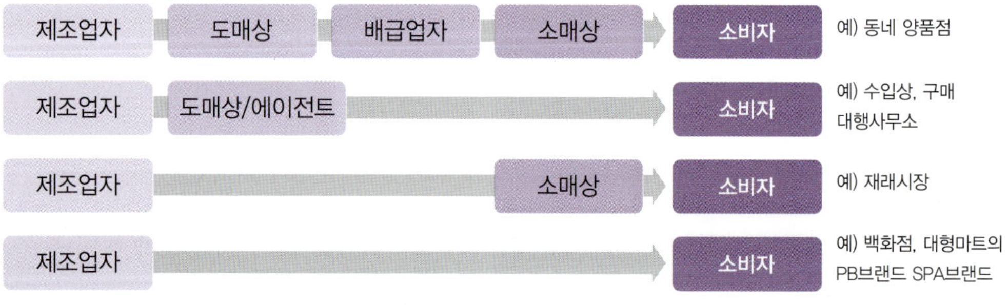

㉢ 수직적 마케팅 시스템 : 소유권에 따라 관리형 VMS, 계약형 VMS, 기업형 VMS으로 분류된다.

- 관리형 VMS : 유통경로 구성원 중에 가장 규모가 큰 주도적인 기업에 의해 생산 및 유통이 통제되는 마케팅 시스템이다.
- 계약형 VMS : 생산과 유통에 있어 독립적인 기업들이 상호 경제적 이익을 얻기 위해 계약을 체결하고 그 계약에 따라 수직적 통합방법이다. 예) 프랜차이즈, 대리점
- 기업형 VMS : 기업이 생산과 유통을 소유·관리하는 유형이다.

예) 전방통합(제조업자가 유통업체를 통한 소유)
후방통합(유통업자가 제조업체를 통한 소유)

㉣ 수평적 마케팅 시스템 : 같은 유통경로 단계에 둘 이상의 기업이 서로 협력하는 시스템으로 마케팅 활동에 필요한 자본을 상호 보완하고, 다양한 마케팅 전략을 공유하는 시스템이다.

예) 소규모 소매상들을 거대 유통구조로 만든 것으로 밀리오레, 두타 등이 있다.

(3) 가격

가격은 소비자가 상품이나 서비스를 구매하여 사용함으로써 얻게 되는 가치를 의미한다.

① **가격 결정시 고려할 사항**

- 가격결정 목표 설정 : 상대적 고가 전략, 유사가격 전략, 상대적 저가 전략
- 수요결정 : 가격변화와 수요변화와 관계(=수요의 가격탄력성)
- 원가추정 : 원가의 하한선 확인 및 원가절감을 이용한 가격전략
- 경쟁 제품의 가격과 상품 분석 : 경쟁사 제품의 가격과 제품의 품질 파악을 통한 가격 전략
- 가격 결정 방법 : 원가 중심 가격 결정법, 목표이익 가격 결정법, 가치기준 가격 결정법, 경쟁 기준 가격 결정법, 할인 판매 가격 결정법

## ② 가격 결정 방법

1

**원가 중심 가격 결정법(마진율 가격법)**
제품원가에 표준이익을 더하여 가격 선정 방법
**제품원가 = 원 · 부자재 비용 + 임가공비, 표준이익을 마진(margin)**

2

**목표이익 가격 결정법**
**목표수익률**(ROI : return on investment) 원가에 목표수입을 달성하기 위한 판매가격을 산정하는 방법
(경쟁사와의 제품차별화가 이뤄지지 않으면서 가격경쟁에서 뒤쳐질 수 있는 위험)

3

**가치기준 가격 결정법**
고객이 인지하는 가격과 제품의 품질에 비해 낮은 가격을 책정하는 방법으로 SPA **브랜드와 같은 다품종 제품의 빠른 회전율을 유도**하여 생산과정에서의 원가절감 프로세스를 통해 손실을 최소화하는 시스템 구축으로 가격 결정하는 방법

4

**할인 판매 가격 결정법**
다음 시즌을 위해 상품 회전율을 높이고 재고를 정리하기 위한 전략
- 가격 인하 : 세일 기간이나 대량판매시 할인, 현금 할인, 계절 할인 등
- 판촉 할인 : 고객 유치를 위한 이벤트, 유도상품의 저마진 정책 등
- 차별적 할인 : 학생 할인, 경로별 차별 할인, 주말 할인, 타임 세일 등

5

**경쟁사 모방 가격 결정법**
브랜드 포지셔닝에서의 경쟁사 가격을 기준으로 유사한 가격을 책정
- 상대적 고가 전략 : 경쟁제품보다 높은 가격을 책정하는 전략으로 자사 브랜드 및 제품의 인지도 및 선호도가 높거나, 제품이 사회적 지위나 건강, 아름다움 등의 상징적 의미를 많이 갖는 고가품, 전문품, 보석, 화장품 등과 같은 제품에 사용하는 전략
- 유사가격 전략 : 경쟁사와 비슷한 수준의 가격전략으로 제품에 있어 4P's mix 중 가격보다는 제품, 판촉 등의 다른 요소들의 중요한 역할
- 상대적 저가 전략 : 경쟁사보다 낮은 가격으로 시장점유율을 높이는 전략으로 가격에 민감한 소비자, 경쟁기업이 많을 때 사용

6

**소비자 중심 가격 산정법**
소비자가 지각하는 제품의 가치에 맞춰 가격을 결정하는 방법으로, 표적시장 소비자에게 충분한 가치가 제공
최종소비자가 : 제품원가 + 유통 및 재고비용 + 제반 수수료 + 세금 및 기타비용 + 회사마진 + 부가가치

출처 : 엄소희, 장윤이, 패션상품디자인기획, 교문사

(4) 촉진

촉진(promotion)은 제품을 소비자에게 구매하도록 설득하고 자극하는 마케팅이다. 광고, PR · 홍보, 인적판매, 판매촉진 등의 프로모션 활동을 프로모션 믹스(promotion mix)라고 한다.

① **광고**

마케팅 커뮤니케이션 개념으로서의 광고란 명시된 광고주에 의해 자사의 정보를 제공하거나 구매를 자극하는 모든 커뮤니케이션 활동을 의미한다.

- 장점 : 신속한 메시지 전달과 감각적 표현 전달이 가능하며 단기적 효과가 있다.
- 단점 : 상세한 정보 전달에 제한이 있고 대상의 세분화 및 광고효과 측정이 어렵다
- 이성적 광고 : 상품의 장점을 논리적으로 설득하는 광고이다.
- 감성적 광고 : 소비자의 감성을 자극하는 광고이다.

② PR·**홍보**

- PR(public relation) : PR이란 기업을 위해 대외의 관계에서 우호적 이미지를 유지하기 위한 노력하는 것을 말한다. 소비자, 정보기관, 언론, 시민단체, 지역주민 등이 기업에 대한 긍정적인 이미지를 갖게 하여 상호관계를 증진시키는 모든 활동이다.
- 홍보(publicity) : 홍보는 비용을 지불하지 않고 대중매체에 기업에 관하여 기사형식으로 쓰는 메세지로 뉴스성이 있고 정확해야 한다.
- 보도자료(news releases) : 보도자료는 회사의 인물, 상품, 스페셜 이벤트 등에 대한 내용으로 미디어 편집자가 홍보기사를 쓸 수 있는 일차적인 자료이다.

③ MPR(marketing public relations)**의 활용수단**

MPR은 PR의 전술적인 도구와 홍보를 접목시켜 상품이나 브랜드 판매를 촉진시키는 판촉전략이다. MPR의 활용수단으로는 간행물 발행, 뉴스거리의 개발, 이벤트 개발, 협찬 활동 등이 있다.

- 간행물 발행 : 사내보, 사외보, 카탈로그, 리플릿 등의 인쇄매체
- 뉴스거리 개발 : 자사브랜드나 제품과 연관된 기사거리
- 이벤트 개발 : 신제품 런칭 기자회견, 패션쇼 등의 이벤트나 행사
- 협찬 : 영화, TV드라마, 뮤직 비디오, 게임 소프트 등 엔터테인먼트 콘텐츠 속에

기업의 제품을 소품이나 배경으로 사용하는 PPL(product placement)를 활용한 간접 광고

④ **인적판매**

인적판매(personal selling)은 판매원이 직접 고객과 대면하여 자사의 패션제품이나 서비스를 구입하도록 하는 커뮤니케이션 활동이다.

⑤ **판매촉진**

판매촉진(sales promotion)은 거래처나 최종 소비자를 대상으로 하는 광고, 홍보, 인적판매를 포함한 다양한 마케팅 커뮤니케이션 활동으로, 판매촉진 수단으로는 패션소매점의 비주얼머천다이징, 패션쇼와 같은 스페셜 이벤트, 판촉물, 경품, 쿠폰 등을 활용한 판매촉진 도구가 있다.

### 3) 브랜드 기획 프로세스

패션 브랜드 기획
정보 분석
마케팅 환경정보
패션정보
소비자정보
패션정보
표적시장 설정
시장세분화
시장표적화
시장포지셔닝
머천다이징 콘셉트 설정
4P's 믹스전략
B.I
브랜드이미지 및 시즌콘셉트 설정
상품구성
상품구성계획
예산기획
타임스케줄 작성
디자인개발
디자인콘셉트설정
코디네이트기획
색채기획
소재기획
디자이닝
샘플제작 및 수정
가격결정
품평 및 수주
품평회
수주회
수량결정
테스트마케팅
생 산
생산의뢰
원부자재투입
양산용 샘플 확인
유통 및 판매
유통경로설정
판매계획
물류관리
판매정보시스템
판매촉진
프로모션계획
VMD계획
광고 및 홍보계획
소비자
평가 및 제안

# 04
# 소잉공방 창업

## 1. 창업 기획

### 1) 창업 아이템 선정

소잉디자인 창업자는 개략적인 창업 순서를 염두에 두고 창업을 진행시켜 나가야 한다.

#### (1) 창업자 여건 분석

창업자는 자신의 개인적·경제적·환경적 여건을 확인해야 한다. 창업의 성공 여부는 개인의 기본적인 성격이나 사회 경험 등과 밀접한 관계가 있다. 창업자의 전문지식이나 능력, 흥미, 근무 경험, 성격, 적성 등의 객관적인 요건들은 중요한 요소가 되며, 가족 등 주변의 환경 분석을 통해 적정한 창업 전략을 탐색해야 한다.

#### (2) 사업 아이템 선정

경기변동에 따른 업종 변화를 고려하여 성장률과 안정성이 높은 업종에 관심을 두어 그 업종에 자신만의 특화 할 수 있는 아이템을 모색한다.

#### (3) 정보 수집 및 비교 분석

브랜드의 내부 정보인 상품, 소비자의 선호도, 가격 등의 정보와 경쟁 브랜드 등의 외부 정보를 면밀히 조사, 검토, 분석하여 성공 가능성을 높인다. 또한, 사업장 선정 시에는 주변 환경, 유동 인구, 수요자, 경쟁관계 등을 철저히 조사 분석해야 한다.

#### (4) 창업 자금 및 사업성 분석

선정하고자 하는 사업 아이템에 적합한 초기 창업 자금을 확보하여 적절한 방안을 강구하고 사업성과의 여부를 확인하고 사업성 분석을 철저히 한다.

(5) 사업 계획 수립

선정한 사업 아이템의 정확한 정보 수집, 업종 단계에 맞는 사업계획을 수립한다. 사업 아이템을 선정한 후에도 발생할 수 있는 변수를 확인하고, 문제가 발생할 경우에는 창업을 보류하여 처음부터 면밀히 검토한다.

(6) 사업장 결정

입지의 중요성을 인식하여 최적의 위치를 선정한다. 특히, 서비스업이나 소매점의 창업 시에는 위치 선정이 사업의 승패를 좌우한다.

(7) 창업 개시

매출액 예상, 수익성 검토 후 개업을 준비한다. 창업 후의 성패는 주변 여건을 고려한 적절한 사업 아이템과 창업자 본인의 끊임없는 노력에 달려 있다.

### 2) 창업 아이템 유형

(1) 새로운 마켓의 형성

새로운 시장을 형성할 수 있는 분야로, 기존 시장에 존재하지 않는 상품과 서비스를 새로 공급하는 것을 말하는 것으로 새로운 시장을 형성하여 그 업종에 진출할 수 있다.

(2) 새로운 기술의 대두

새로운 기술의 발달로 새로운 기술을 활용한 변화된 시장에 적합한 새로운 제품과 서비스를 제공하는 것을 말한다.

(3) 보완된 기능이나 세분화된 서비스의 제공

기존의 상품이나 서비스에 변화된 새로운 방식이나 혜택을 제공하는 것으로 틈새시장이나 리치산업 등이 해당된다. 기존의 시장에서 좀 더 세분화되어 나타나는 틈새시장에 적합한 부가된 기능이나 세분화된 서비스 등이 이에 해당된다.

### 3) 창업 아이템 선정 전략

사업의 주체나 아이템, 자금, 전략, 기업형태를 고려한 창업 아이템을 선정하여 창업을 계획함에 있어서 그 핵심 요소는 5W 1H로 분류 할 수 있다.

- Who : 사업주체, 사업적성 및 경영능력 보유
- What : 최근 5~6년 동안의 트렌드 변화에 적합한 아이템 선정
- When : 창업 시기 결정
- Where : 위치, 크기, 인테리어, 설비 등을 고려한 좋은 입지 결정
- How : 자금조달 및 최적 사업 규모 결정, 사업형태 결정, 경영 및 사업전략 결정
- Why : 사업목적 및 경영철학의 결정

### 4) 창업 아이템 선정 순서

#### (1) 창업정보 수집

창업하고자 하는 업종에 대한 정보를 수집한다. 신문, 잡지, 전문서적, 인터넷, 창업 사이트나 창업 강좌 등을 통해 정보를 수집하거나 수집된 정보를 분석한다.

#### (2) 업종 선정

관심 있는 업종 중에서 시장성, 성장 가능성, 자금력, 기술력, 경영능력, 마케팅 능력 등을 고려하여 2~3개의 아이템을 선정한다. 관심 있는 분야의 기존 기업의 창업자나 현재 그 분야에 종사하고 있는 현직 종사자들을 통해 현 업계의 현황과 정보를 수집한다. 특히, 사업을 그만 둔 창업자나 퇴직한 종사원의 의견도 참고한다.

#### (3) 정밀 분석

선정된 2~3개의 창업 아이템에 대한 구체적인 정보를 토대로 정밀하게 분석해야 한다. 한번 결정된 아이템은 사업상의 손실로 연결되기 때문에 거의 변경하기 불가능하다. 외부 전문가 또는 제3의 창업전문가의 의견과 판단에 의해 분석을 할 수 있다.

#### (4) 사업 타당성 분석

사업타당성 분석은 사업의 성공 가능성 여부를 파악하기 위하여 창업자의 사업수행 능력이나 사업의 시장성, 수익성, 경제성, 기술성 등을 분석하는 것을 말한다. 사업타당성

분석은 창업이나 신규 사업을 전개할 때 발생 할 수 있는 경우의 수를 고려하여 사업의 실패를 예방하는 사전 장치라고 할 수 있다.

### 5) 창업자금

창업자금에는 자기자본과 차입자본으로 구성된다. 가장 이상적인 비율은 자기자본과 차입자본이 70:30이다. 자기자본이 전부인 경우는 신중하지 못한 의사결정을 내리기가 쉽고, 차입자금이 많으면 심리적 압박이 심해져 성급한 경영판단을 내리기가 쉽다. 차입금이 전체 자본금의 30%인 경우는 자금 활용의 신중성과 이자에 대한 강제된 부담감으로 안정적이고 효율적인 경영을 할 수 있다.

#### (1) 창업자금 종류

창업자금은 기본적으로 시설자금, 운전자금, 예비자금 분류된다.

- 시설자금 : 공장시설, 건축, 생산설비, 부대시설, 사무집기 등에 소요되는 비용이다.
- 운전자금 : 인건비, 재료비, 제반 경비 등을 말한다.
- 예비자금 : 일종의 비상금으로 시설, 운전자금의 10%를 계산한 비용이다.

#### (2) 창업 단계별 소요자금

창업 시 예상되는 소요자금은 창업의 단계나 사업의 성장단계에 따라 분류된다.

- 창업초기 자금 : 창업초기에 필요한 가장 기본적인 자금으로 사무실 임대료, 인건비, 인테리어비용, 사무용품비, 기타활동비, 홈페이지 제작, 특허 출원비, 카탈로그 제작 등의 자금이 필요하다. 창업초기 자금은 가급적 자기자본으로 충당하나 홈페이지 제작이나 특허 출원 등은 국가기관이나 지방자치단체의 지원을 받는 경우가 있어서 이를 활용할 수 있다.
- 개발자금 : 제품의 개발에 필요한 자금으로 자기자금과 정부출연자금 등으로 활용한다. 신기술, 신제품 연구, 개발, 시험, 시장조사, 사업계획 등에 소요되는 자금이다.
- 운전자금 : 제품의 생산 및 판매를 위한 마케팅 활용자금이다. 운전자금은 원재료 구입, 인건비 등 의 운영자금으로 1회전 운전자금(원재료비, 인건비, 재료비, 제 경비)을 산정하는 것이 자금 활용에 용이하다.

### (3) 창업자금 조달 계획

소요자금 규모 및 조달능력 여부 검토 후, 향후 3개년의 추정재무제표 및 현금흐름표를 작성하여 자금조달의 충분성과 안전성을 검토한다. 자금 조달의 형태는 내부자금과 외부자금, 또는 자기자본과 타인자본으로 구분할 수 있다.

- 내부자금 : 기업 내부에 축적된 감가상각충당금과 사내유보금으로 이자를 지급하지 않고 외부의 영향을 받지 않는 이상적인 자금조달이다. 기업 설립자본금, 이익잉여금, 사내유보금, 감가상각충당금 등이 포함된다.
- 외부자금 : 기업에서 주식이나 사채를 발행하여 자금을 조달하는 자금과 타인에게 빌린 차입금을 말한다.
- 직접금융에 의한 자금 : 창업자가 자금조달시에 지분투자에 의한 자금 조달을 하는 것을 말하며, 개인 투자가의 출자금, 벤처캐피탈의 지분투자, 기업공개나 주식공모의 형태로 이루어진다.
- 간접금융에 의한 자금 : 은행과 같은 금융기관에 필요한 자금을 빌리는 형태이다. 창업 초기에는 정부의 정책자금에 관심을 가지고 적극 활용할 수 있는 방안을 찾아야 한다.

### (4) 창업자금 조달 통로

#### ① 자기자금

- 창업자 자금 : 보유현금, 예금, 적금, 퇴직금, 유가증권 매각 대금, 부동산 매각 대금
- 현물 출자금 : 창업자, 투자가가 출자한 현물(사업장, 차량, PC 등)
- 투자가 자금 : 주주 출자금, 동업자 자금, 기관투자가 자금, 후원금

#### ② 타인자금

- 정책금융 : 창업 지원 자금(정부, 지자체, 공공기관 등)
- 일반금융 : 은행, 저축은행, 보험사, 리스, 신탁회사
- 기타금융 : 친인척 차입금, 동료 차입금, 사금융 차입금

## 2. 사업성 분석

### (1) 사업성 분석 의의

- 사업의 성공가능성을 체계적으로 점검하는 것으로 계획적인 사업과 관련된 제반 요소를 분석하는 것이다.
- 창업 혹은 신규로 진출하고자 하는 사업의 가치를 평가하는 것으로, 사업아이템에 대한 분석을 기초로 하여 기타 창업요소와 요건에 대해 검토하는 것이다.
- 시장 분석, 기술 분석, 재무 분석, 공익성 분석 등 단계적으로 구분하여 사업성을 분석한다.
- 사업계획의 수립과 개선의 기회를 부여 할 수 있다.



### (2) 사업성 분석 내용

사업성 분석의 내용은 시장분석, 재무분석, 기술분석, 공익성 분석으로 분류할 수 있다.

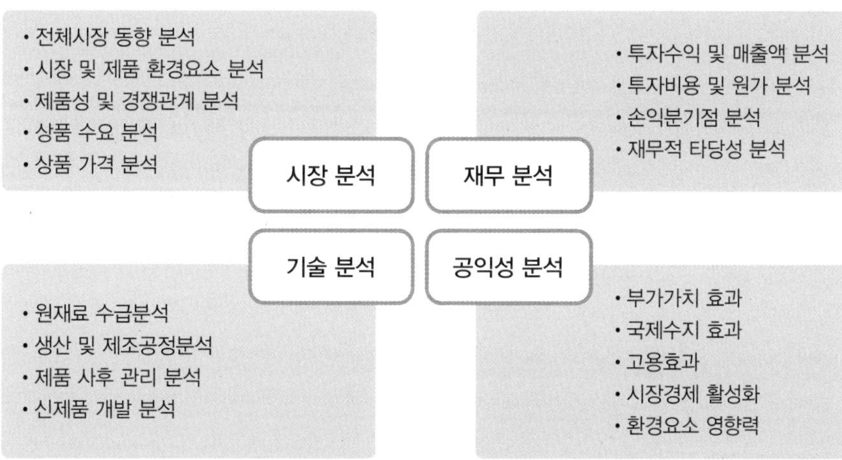


### (3) 사업성 분석의 필요성

- 사업계획에 필요한 요소를 명확히 파악할 수 있다.
- 창업자나 경영자가 사업분야에 있어서의 경영능력이 향상된다.
- 사업계획의 수립과 개선의 기회가 부여된다.

## (4) 사업성 분석 단계

### ① 사업계획 수행 능력 평가

창업자의 적성과 자질, 경험과 지식, 업종선택의 적합성, 경영능력 등을 평가한다.

| 구분 | 내용 |
|---|---|
| 적성과 자질 | • 선천적인 능력에 대한 평가로서 사업에 대한 모험심<br>• 성공에 대한 집념, 리더십, 의지력, 성격, 체력, 소질 등을 평가 |
| 경험과 지식 | • 창업 관련 경험, 학문과 지식<br>• 사회적 지위 및 신용 등을 평가 |
| 업종 선택의 적합성 | • 정확한 시장예측능력을 가지고 유망업종 선택 여부<br>• 제품수명주기 고려한 사업 아이템 선정 여부 |
| 경영 능력 | • 환경 변화에 대한 대처능력 여부<br>• 기술 보유 및 경영 능력 평가 |

### ② 기술분석 단계

- 계획 제품의 용도 · 품질 · 경쟁성 분석
  - 제품의 용도 및 소비처, 제품의 기능, 물리적 · 화학적 특징, 품질 및 기술의 수준
  - 제품 및 기술의 경쟁성, 국내 · 외 경쟁업체 현황, 기술의 장래성 등 분석
- 입지조건과 환경 분석
  - 자연적 입지인자, 경제적 입지인자, 사회적 입지인자 분석
- 계획 시설의 적정성 및 장래성 분석
  - 주요 계획 시설 및 계획 시설의 적정성
  - 시설 상호간의 효율성과 균형 여부
  - 시설 배치의 합리성, 계획 시설의 장래성 등
- 생산 및 재고 분석
  - 생산방식과 생산공정의 효율성
  - 생산능력 및 가동률 현황 등

### ③ 시장분석 단계

| 시장 분석 범위 | 시장 분석 내용 |
|---|---|
| 전체시장의 동향분석 | • 시장의 전체적 규모<br>• 표적 시장에 대한 시장세분화<br>• 시장 변화 추세분석<br>• 소비자의 구성과 분포<br>• 경쟁 제품과 유사품의 특성 및 구조<br>• 제품의 유통경로 |
| 제품성 및 경쟁관계 분석 | • 경쟁 제품과 자사 제품의 장 · 단점 분석<br>• 품질 수준 비교<br>• 경쟁사 현황(재무 상태 · 영업실적 · 가격경쟁력)<br>• 동종업계 조사<br>• 동업자 또는 유사제품과의 경쟁상태 및 향후 경쟁<br>• 국내 · 외 가격 구조 및 가격 동향<br>• 국내의 제품 수급동향 및 중장기 수급 전망<br>• 시장 특성 및 구조<br>• 제품 포지셔닝<br>• 경쟁제품의 출현 가능성 |
| 상품의 수요분석 | • 경쟁업체의 시장점유율<br>• 지역별 판매 가능성<br>• 소비자에 대한 시장조사 및 시장 점유율 예측<br>• 수요에 대한 예측<br>• 판매처, 판매조직 및 유통경로<br>• 해외시장 분석에 의한 수출 가능성 |
| 상품가격 분석 | • 가격 결정<br>• 매출액 추정 |
| 시장 · 제품 환경 분석 | • 시장 및 제품의 환경 분석, 판매전략 |

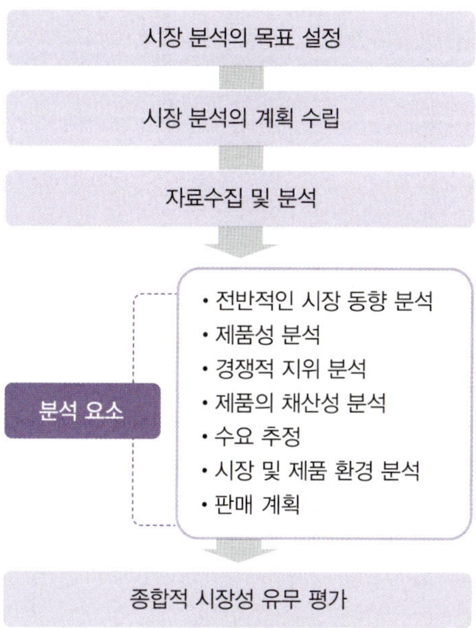


시장 분석 절차

④ 재무 분석 단계

- 시장 · 기술 분석을 통해 획득한 자료를 종합하여 재무제표를 추정하고, 필요한 자본의 규모를 결정하며 투자안의 경제성을 평가한다.
- 재무 분석은 시장 분석과 기술 분석에서 나타난 결과를 가지고 창업 업종의 사업화에 필요한 소요 자금 및 창업 후의 수익성을 분석한다(재무 분석=경제성 분석).
- 시장 분석을 통해 장 · 단기적으로 예측되는 수입계획과 지출계획을 비교하여 재무의 타당성을 평가한다.
- 재무 분석은 추정재무제표를 근거로 하여 미래의 경영 상태와 자금흐름 그리고 손익 분기점 분석을 포함한다.

재무 분석 범위와 내용

| 재무 분석 범위 | 재무 분석 내용 |
| --- | --- |
| 투자 수익 및 매출액 분석 | • 매출액 및 판매 목표를 토대로 손익계산서 분석 |
| 투자비용 및 원가 분석 | • 원가 및 비용추정<br>• 원부자재 소요 검토<br>• 노무비 및 인건비 검토<br>• 투자시설에 대한 감가상각비<br>• 제조 활동에 필요한 유틸리티 및 연구 개발비 등의 제조경비<br>• 판촉 활동과 관련된 판매비 및 일반 관리비<br>• 원리금 상환 및 기술료 지급 등의 영업비용<br>• 주문량 및 재고량 등에 기초한 제조원가 |
| 손익분기점 분석 | • 운영자금과 현금 흐름표<br>• 경제성 분석<br>• 손익 분기점 분석<br>• 재무 상태 및 경영 성과분석 |
| 재무적 타당성 분석 | • 자금수지 분석<br>• 할인율 추정<br>• 위험 분석 |

## ⑤ 사업에 대한 위험 요소 분석

| 위험 요소 | 위험 요소 분석 |
|---|---|
| 정책변동 | • 조세, 관세정책 및 금융지원제도의 변경<br>• 금리 및 환율의 변동<br>• 생산제품에 대한 중소기업 고유 업종 해제 및 수입개방 등 |
| 시장경쟁 변동 | • 경쟁 기업 진입<br>• 판매 단가 조정 |
| 생산요소 변동 | • 주요원자재(수입, 내수)파동 가능성<br>• 생산량 및 생산수율, 판매량, 가동률 변동요인 발생 여부<br>• 전략 제품의 변경 및 제품 믹스의 실패 |
| 기타 | • 시설자금 및 소요운전자금의 적기 조달 실패<br>• 입지조건 부적합<br>• 자연환경 및 공해 규제<br>• 기타 사업계획서에 대한 위험 요소 등 |



## ⑥ 사업성 분석 절차

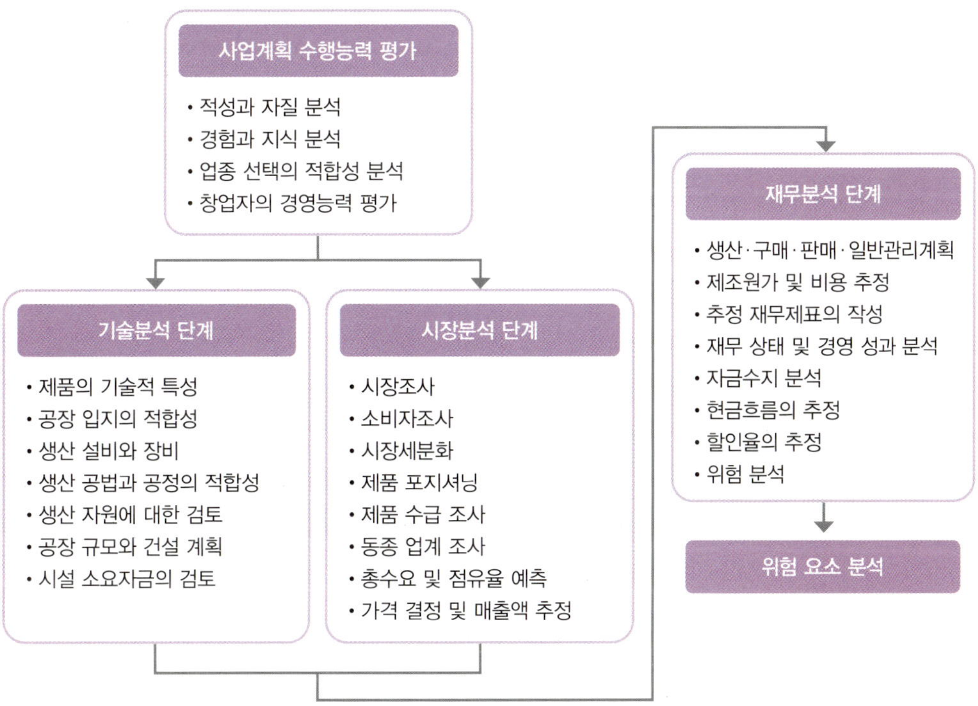

### 4) 사업계획서

(1) 사업계획서의 개념

① 사업계획서는 단순한 개발 연구계획서가 아니다.
② 무엇을 어떻게 기획, 생산, 판매하여 이익을 실현할 것인가를 기술한다.
③ 사업아이템의 기술적 타당성뿐만 아니라 사업아이템이 판매시장에서 성공 가능할 수요 가치가 있는 지를 설명해야 한다.
④ 사업계획서의 작성 과정을 통해 명확한 사업타당성 분석이 필요하다.
⑤ 사업타당성 분석을 위한 창업과정에서의 3가지 핵심요소(driving forces)는 다음과 같다.

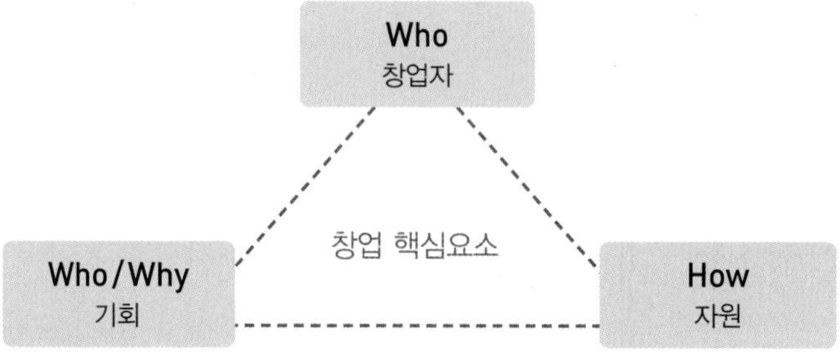


- Who(누가) : 기업가 및 창업팀(team)
- What(무엇을) / Why(왜) : 기회(opportunity)
- How(어떻게) : 자원(resource)

(2) 사업계획서 내용

① **사업계획서 요약** (summary)
사업계획(business plan)의 핵심적인 내용을 구체적으로 작성해야 한다.

② **상품 및 서비스** (product and service)
제공하는 제품 및 서비스의 가치, 장점 및 단점, 기존 제품의 차별화 등을 설명한다.

③ **시장 및 경쟁** (market and competition)

시장규모, 시장 성장성, 경쟁정도 및 경쟁력 등을 시장조사하여 분석한다.

④ **마케팅** (marketing)

상품, 가격, 유통, 촉진 등의 전반적인 마케팅 전략을 기획한다.

⑤ **설계 및 개발계획**(business system)

상품 개발 현황과 제품 및 서비스가 연구·개발되어 소비자에게 판매되는 전체 과정을 계획한다.

⑥ **조직 및 인력** (organization and HR)

사업 추진 단계별로 필요한 조직 형태를 제시한다.

⑦ **기회와 위험** (opportunities and risks)

사업에 내재된 기회와 위험을 분석하여 위험에 대한 대응 방안 및 기회의 활용방안을 도출한다.

⑧ **실행 일정** (implementation schedule)

사업 추진에 대한 향후 주요 활동 및 일정을 계획한다.

⑨ **재무 계획** (financial planning)

사업계획서의 모든 요소를 종합하여 사업의 수익성을 계수적으로 표현하여 사업 추진에 필요한 자금조달 규모를 예측하는 기본 자료로 활용된다.

사업계획서에 포함되어야 할 주요 내용

| 항목 | 주요 내용 |
|---|---|
| 사업계획서 요약문 | • 사업 개념(business concept)<br>• 구체적인 기회 및 전략<br>• 목표시장 및 시장 추이<br>• 경쟁우위, 경제성, 수익성, 수확 잠재력<br>• 창업팀 구성 |
| 상품 및 서비스 | • 제품 및 서비스<br>• 제품 및 서비스의 개발 단계 설명<br>• 제품 및 서비스의 기술적, 제도적(법적), 관습적(소비자 행동적), 제휴적(타 업체와의 연계 필요), 사회여론적(문화적)<br>• 장애요인의 해결 방안을 제시 |
| 시장 및 경쟁 | • 수요자 : 목표시장, 시장 세분화, 수요자특성 등<br>• 시장 규모<br>• 시장 성장성<br>• 경쟁정도 및 경쟁력<br>• 예상 시장 점유율 및 예상 매출규모<br>• 지속적인 시장조사 및 평가 |
| 마케팅 | • 전반적인 마케팅 전략<br>• 가격(price) : 가격정책<br>• 유통(place) : 판매망 및 판매전술<br>• 촉진(promotion) : 광고 및 판촉활동<br>• 상품(product) : 상품, 서비스 및 제품 보증 정책 |
| 설계 및 개발계획 | • 제품개발 현황 및 관련 업무<br>• 기술 공급 및 네트워킹 가능성<br>• 제휴 분야 및 업계 설정<br>• 개발 인력 및 개발비용<br>• 특허권 등에 관한 사항 |
| 조직 및 인력 | • 경영조직<br>• 핵심 창업인력<br>• 경영능력 및 경영권<br>• 인사정책 및 계획<br>• 고용계약 및 보너스 관련정책 |
| 기회 및 위험 | • 기회와 위험 분석<br>• 예상되는 위험의 관리 방안 및 활용방안<br>• 기술개발 위험도 분석 |
| 실행 일정 | • 전반적인 사업추진 일정 |
| 재무계획 | • 영업실적, 손익계산서 및 대차대조표 [실적이 있는 경우]<br>• 추정 손익계산서 (pro forma income statements)<br>• 추정 대차대조표 (pro forma balance sheets)<br>• 추정 현금 흐름표 (pro forma cash flow statements)<br>• 손익분기점 계산<br>• 비용 관리 등 |

## 3. 공방창업

### 1) 사업자 등록

(1) 사업자 등록

사업자등록은 세무서나 인터넷 홈텍스에서 신청이 가능하다. 신분증과 거주지 또는 사무실 임대 계약서를 지참하고 세무서에 방문해서 신청하면 대부분 즉시 발급되고, 제조업 등 특수한 경우엔 세무서 직원이 사무실을 방문하여 직접 확인하는 과정을 거쳐 사업자등록증이 발급된다.

**신고 대상**

재화 또는 용역을 공급하는 사람

**신고서 제출서**

사업장 관할 세무서장

**첨부 서류**

① 신분증
② 임대차계약서 사본(사업장을 임차한 경우)
등기부등본 사본(거주지가 자가)
③ 인허가 등 사업을 영위하는 경우
– 허가 · 등록 신고증 사본
– 허가(등록, 신고)전에 등록하는 경우
– 허가(등록)신청서 등 사본 또는 사업계획서
④ 동업계약서(공동사업자인경우)
⑤ 자금출처명세서

**신고서 기재사항**

① 인적사항
• 상호(단체명), 전화번호, 성명(대표자), 주민등록번호, 사업장소재지, FAX번호
② 사업장 현황
• 업종 : 영위할 사업의 주업테, 주종복 기재
• 개업일 : 재회 또는 용역의 거래 개시일 기재
• 종업원 수 : 고용계약에 의한 상시 근무자
• 사이버몰 명칭과 도메인 기입
• 사업장 구분
• 사업자금 명세 : 자기자금/타인자금
• 사업자단위과세 적용신고 여부
• 전자세금계산서
• 전자우편주소

사업자등록 신고 절차

• 사업상 독립적으로 재화 또는 용역을 공급하는 사람은 사업자등록을 해야 한다.
• 사업자는 사업장마다 사업 개시일부터 20일 이내에 사업장 관할 세무서장에게 사업자등록을 신청해야 한다.
• 신규로 사업을 시작하려는 사람은 사업개시일 이전이라도 사업자등록을 신청할 수 있다.
• 사업자등록의 신청 내용은 관리되며, 납세 성실도를 검증하는 기초자료가 된다.

(2) 통신판매업 등록

통신판매업은 인터넷, 신문, 잡지 등의 매체를 통하여 상품 및 용역을 제공하는 것으로 '전자상거래 등에서의 소비자보호에 관한 법률'의 규정에 의거하여 관할 시, 군, 구청 지역과에서 '통신판매업신고'를 한다.

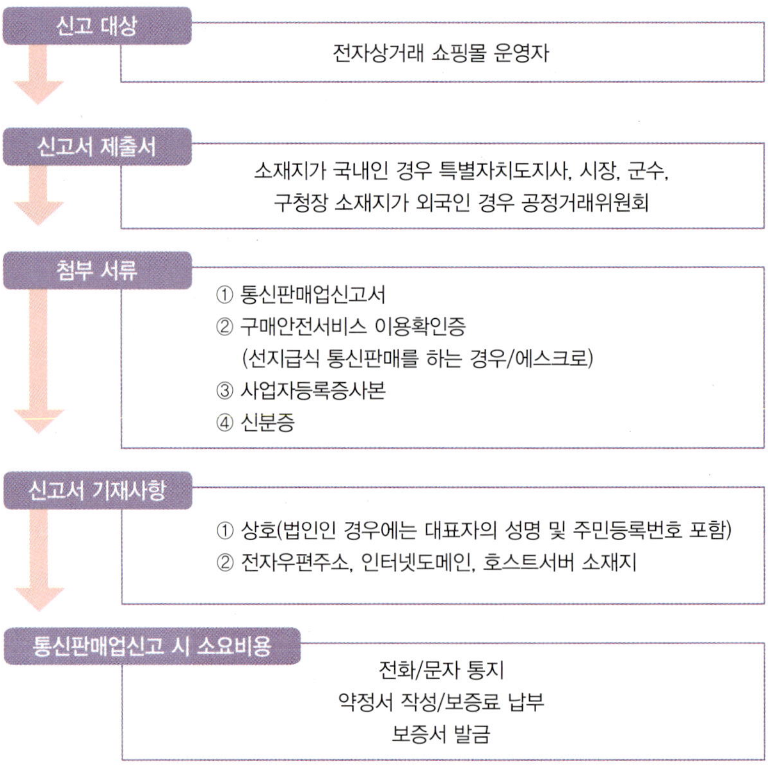


통신판매업신고

■ 부가가치세법 시행규칙 [별지 제4호서식] <개정 2015.3.6.>

홈택스(www.hometax.go.kr)에서도 신청할 수 있습니다.

# 사업자등록 신청서(개인사업자용)
# (법인이 아닌 단체의 고유번호 신청서)

※ 사업자등록의 신청 내용은 영구히 관리되며, 납세 성실도를 검증하는 기초자료로 활용됩니다.
아래 해당 사항을 사실대로 작성하시기 바라며, 신청서에 본인이 자필로 서명해 주시기 바랍니다.

※ [ ]에는 해당되는 곳에 √표를 합니다.

| 접수번호 | | 처리기간 | 3일(보정기간은 불산입) |
|---|---|---|---|

## 1. 인적사항

<table>
<tr><td>상호(단체명)</td><td rowspan="2">전화번호</td><td>(사업장)</td></tr>
<tr><td rowspan="2">성명(대표자)</td><td>(자택)</td></tr>
<tr><td></td><td>(휴대전화)</td></tr>
<tr><td>주민등록번호</td><td>FAX번호</td><td></td></tr>
<tr><td colspan="3">사업장(단체) 소재지 층 호</td></tr>
</table>

## 2. 사업장 현황

<table>
<tr><td rowspan="4">업 종</td><td rowspan="2">주업태</td><td rowspan="2"></td><td rowspan="2">주종목</td><td rowspan="2"></td><td rowspan="2">주생산 요소</td><td rowspan="2"></td><td>주업종 코드</td><td rowspan="2">개업일</td><td rowspan="2">종업원 수</td></tr>
<tr><td></td></tr>
<tr><td rowspan="2">부업태</td><td rowspan="2"></td><td rowspan="2">부종목</td><td rowspan="2"></td><td rowspan="2">부생산 요소</td><td rowspan="2"></td><td>부업종 코드</td><td rowspan="2"></td><td rowspan="2"></td></tr>
<tr><td></td></tr>
<tr><td>사이버몰 명칭</td><td colspan="4"></td><td colspan="2">사이버몰 도메인</td><td colspan="3"></td></tr>
</table>

<table>
<tr><td rowspan="3">사업장 구분</td><td rowspan="2">자가 면적</td><td rowspan="2">타가 면적</td><td colspan="3">사업장을 빌려준 사람 (임 대 인)</td><td colspan="3">임대차 명세</td></tr>
<tr><td>성 명 (법인명)</td><td>사업자 등록번호</td><td>주민(법인) 등록번호</td><td>임대차 계약기간</td><td>(전세) 보증금</td><td>월 세</td></tr>
<tr><td>㎡</td><td>㎡</td><td></td><td></td><td></td><td>. . . ~ . . .</td><td>원</td><td>원</td></tr>
</table>

<table>
<tr><td rowspan="2">허 가 등 사업 여부</td><td rowspan="2">[ ]신고 [ ]등록<br>[ ]허가 [ ]해당 없음</td><td rowspan="2">주류면허</td><td>면허번호</td><td>면허신청</td></tr>
<tr><td></td><td>[ ]여 [ ]부</td></tr>
<tr><td>개별소비세 해당 여부</td><td colspan="4">[ ]제조 [ ]판매 [ ]입장 [ ]유흥</td></tr>
</table>

<table>
<tr><td>사업자금 명세 (전세보증금 포함)</td><td>자기자금</td><td>원</td><td>타인자금</td><td>원</td></tr>
<tr><td>사업자 단위 과세 적용 신고 여부</td><td colspan="2">[ ]여 [ ]부</td><td>간이과세 적용 신고 여부</td><td>[ ]여 [ ]부</td></tr>
<tr><td>전자우편주소</td><td></td><td>국세청이 제공하는 국세정보 수신동의 여부</td><td colspan="2">[ ]동의함<br>[ ]동의하지 않음</td></tr>
</table>

<table>
<tr><td rowspan="2">그 밖의 신청사항</td><td>확정일자 신청 여부</td><td>공동사업자 신청 여부</td><td>사업장소 외 송달장소 신청 여부</td><td>양도자의 사업자등록번호 (사업양수의 경우에만 해당함)</td></tr>
<tr><td>[ ]여 [ ]부</td><td>[ ]여 [ ]부</td><td>[ ]여 [ ]부</td><td></td></tr>
</table>

210mm×297mm[백상지 80g/㎡ 또는 중질지 80g/㎡]

### 2) 정부지원제도

창업 초기에는 창업에 대한 정부나 지방자치단체 혹은 금융기관 등의 정부지원제도를 적극적으로 활용할 수 있다. 창업 자금과 경영 자금을 지원하는 다양한 지원정책들이 있지만 해마다 일찍 소진되는 경우가 많기 때문에 지원정책의 내용을 잘 파악하여 재빠르게 지원해야 한다. 전년도 자금지원정책을 참고해서 자금지원정책을 미리 준비하는 것이 유리하나, 매해마다 정책 변화에 따라 정부지원정책이 변동이 생길 수 있으므로 새해 정부 자금지원정책을 확인할 필요가 있다. 초기창업자금은 처음부터 여유 있게 예산을 세우는 것이 안전하며 특히 비용 항목은 자세히 구분하는 것이 좋다.

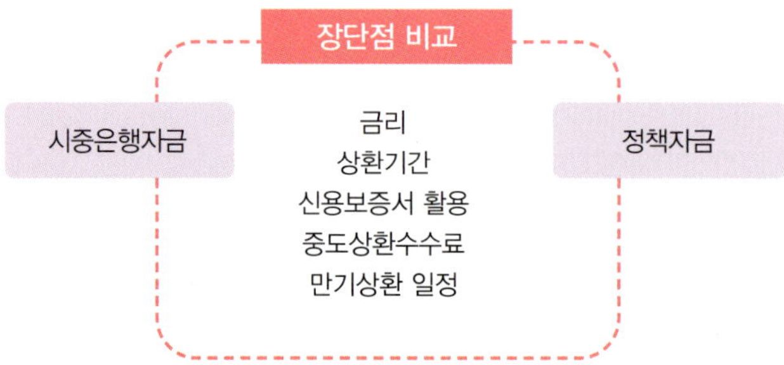


**보증금지 및 제한기업 (1)**

**보증금지기업**

- 기금(기보, 신보, 보증재단, 산보, 수출신보)에 대위변제를 하고 구상채권이 남아 있는 기업
- 기금이 보증한 어음의 부도로 대위변제 한 후 회수하지 못한 어음의 발행인
- 위 상기 각 항의 자가 이사 이상의 임원 및 대표자로 등재되어 있는 기업
- 위 상기 각 항의 자가 개인기업의 대표자로 있는 기업
- 위 상기 각 항의 자가 공동 대표자 또는 경영 실권자로 있는 기업

**보증금지 및 제한기업 (2)**

**보증제한기업**

- 금융거래 확인서 기준일 현재 연체 중인 기업
- 최근 3개월 이내 30일 이상 또는 10일 이상 4회 이상 연체사실이 있는 기업
- 기업 또는 대표자(실제경영자 포함)가 신용관리정보가 등록되어 있는 기업
- 기금이 대위변제를 하고 구상권이 남아있는 기업의 연대보증인이 대표자로 있는 기업
- 부실자료 제출기업으로 보증제한 기간(2년)이 경과하지 아니한 기업
- 각 기금이 규제중인 신용보증 사고기업

## 기타

**기타제한**

- 대위변제기업의 주 채무 연대보증인, 어음법상 채무자, 구상채무 인수인 등
- 대출금을 용도 외로 유용한 기업
- 최근 1년 이내 대표자(경영실권자 및 배우자 포함) 거주지 및 사업장에 가압류, 가처분, 경매사실이 있는 기업 (단, 임차의 경우 또는 보증채무에 의한 경우 제외)
- 국세 체납 중인 기업(심사일 현재 완납 시 제외)

**대출보증 실행 후 유의사항**

- 상환 및 신용관리
  - 원금 및 이자 기일 내 상환
  - 기업경영, 금융거래 등 신용 관리 철저
- 휴/폐업 및 사업장이전 신고 의무
  - 사업자등록증 변경사항
  - 거주지 이전, 전화번호 변경 통보
- 가압류 등 사전 구상권 행사
  - 폐업
  - 3개월 이상 영업하지 아니한 때
  - 채무 불이행자 정보 등록 사유

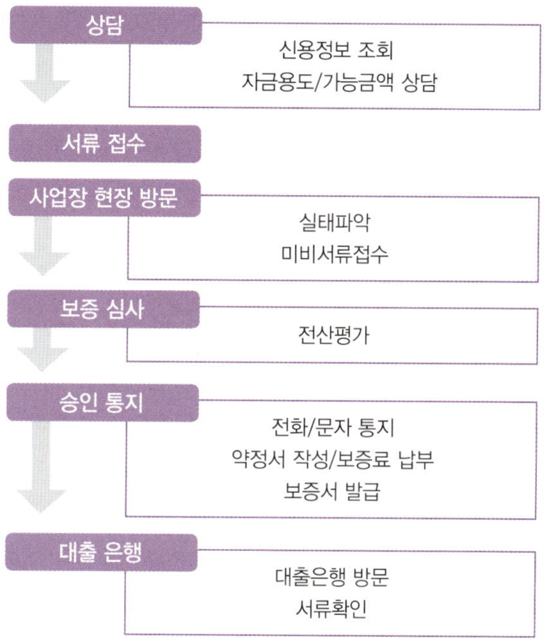


정책자금 대출절차

## 정책자금 관련 사이트

- 기업마당 : www.bizinfo.go.kr
- 소상공인시장진흥공단 : www.semas.or.kr
- 중소기업정책자금종합센터 : www.smbcs.co.kr
- 중소벤처기업부 : www.mss.go.k
- 기술 보증기금 : www.kibo.or.kr:444
- 중소벤처기업진흥공단 : www.kosmes.or.kr
- 한국 산업기술 평가원 : www.keit.re.kr
- 근로복지공단 : www.kcomwel.or.kr
- 고용노동부 : www.moel.go.kr
- 여성기업종합정보포털 : www.wbiz.or.kr
- 소상공인마당 ; www.sbiz.or.kr
- 중소기업정책자금지원센터 : www.sbac.co.kr/
- 기술혁신 개발사업 : www.smtech.go.kr
- 신용 보증기금 : www.shinbo.co.kr
- 중소기업기술개발사업종합센터 : www.smtech.go.kr
- 정보통신 연구 진흥원 : www.iita.re.kr
- 여성가족부 : www.mogef.go.kr

자금지원정책

| 사업명 | 수행기관 | 관련 사이트 |
|---|---|---|
| 소상공인특별자금 | 소상공인시장진흥공단 | www.semas.or.kr |
| 소상공인 경영안정자금 | | |
| 소상공인 성장기반자금 | | |
| 창업기업지원자금 | 중소벤처기업진흥공단 | www.kosmes.or.kr |
| 신성장기반자금(융자) | | |
| 사업전환자금 | | |
| 개별기술사업화자금 | | |
| 제조현장스마트화자금 | | |
| 기술사업성우수기업전용 | | |
| 글로벌진출지원사업 | | |
| 청년전용창업자금 | | |
| 재창업자금 | | |
| 긴급경영안정사업 | | |
| 투융자복합금융(융자) | | |
| 구조개선전용자금 | | |
| 여성가장 창업자금 지원 | 중소벤처기업부 | www.mss.go.kr |

참고 : 2018년 진행되었던 자금지원정책

• 예시 : 2019년 소상공인 정책자금 융자계획 공고

### 소상공인 정책자금

① 공통 지원 자격
[소상공인 보호 및 지원에 관한 법률]상 소상공인 : 상시근로자 5인 미만 업체
(제조업, 건설업, 운수업, 광업 : 상시근로자 10인 미만 업체)

② 일반경영안정자금 지원 확대
소상공인이 일자리안정자금 수급으로 인하여 상시근로자가 5인이상 10인 미만이 되는 경우
일반경영안정자금에 한하여 지원 가능
(단, 긴급경영안정자금, 고용안정지원자금, 소상공인특별경영안정자금은 제외)

※각 자금별 선착순 마감

| 구분 | 세부 | 신청요건 |
|---|---|---|
| 성장기반자금 | 소공인 특화자금<br>(일반) | (직접대출) 제조업을 영위하는 10인 미만의 소공인 |
| | 소공인 특화자금<br>(자동화설비) | (직접대출) 제조업을 영위하는 10인 미만의 자동화설비 도입하여 운영 중이거나 도입하고자 하는 소공인 |
| | 성장촉진자금 | (직접대출) 업력 3년 이상이며 자동화설비 도입하여 운영중이거나 도입하고자 하는 소상인 |
| | | (대리대출) – 업력 3년 이상 소상인<br>– 업력 3년 이상, 소상공인 컨설팅 이수 |
| 경영안정자금 | 일반경영<br>안정자금 | (일반경영) 업력 1년 이상 소상공인 |
| | | (경영초기) 업력 1년 미만, 중소벤처기업부 장관이 정한 교육과정을 수료한 소상공인(대리대출),사관학교 졸업생 중 창업자(직접대출) |
| | | (고용안정지원) 고용노동부 일자리 안정자금 수급 소상공인 사업주 |
| | | (사업전환) '소상공인 재창업패키지'교육을 이수한 소상공인 |
| | | (소상공인특별) 고용노동부 지정 고용위기지역, 산업통상자원부 지정 |
| | | (긴급경영) 재해확인증을 발급받은 소상공인<br>* 정책자금 확인서 발급 없이 진행 |
| | 사회적 경제기업<br>전용자금 | (직접대출) 협동조합, 사회적기업(예비사회적기업 포함),<br>마을기업, 자활기업 * 협동조합,사회적기업,마을기업,자활기업 |
| | 임차소상공인<br>전용자금 | (직접대출) 폐업 또는 이전 등의 사유로 임차계약 만료 전 점포정리가 필요하나 임차보증금 미반환으로 애로를 겪는 업체 |
| | 생활혁신형<br>창업지원 연계자금 | (직접대출) 생활혁신형 창업지원사업에 선정된 소상공인 중 창업업체<br>(직접대출) |
| | 청년고용 특별자금 | (청년고용) 대표자가 만 39세 이하인 사업자 또는 신청일 기준 상시근로자 2인 이상 시 50% 이상 청년근로자를 고용 중이거나 최근 1년 이내 청년근로자 1인 이상 고용하고 유지 중인 소상공인 |

③ 융자조건

- 자금별 대출금리(매분기별로 변동)

※ '19년 3/4분기 정책자금 금리(2019.07.10.부터 적용)

| 구분 | 세부 | 신청요건 |
|---|---|---|
| 성장기반 자금 | 소공인특화자금 | (일반) 연 2.42% |
| | | (자동화) 연 2.22% |
| | 성장촉진자금 | (일반) 연 2.38% |
| | | (자동화) 연 2.02% |
| | | 3년 이내 컨설팅 이수 시 연 2.02% (대리대출에 한함) |
| 경영안정자금 | 일반경영 안정자금 | (일반경영) 연 2.42% 단, 장애인기업 연 2.00%(고정금리) |
| | | (창업초기) 연 2.42% |
| | | (고용안정지원) 연 2.50%(고정금리) |
| | | (사업전환) 연 2.02% |
| | | (소상공인특별) 연 2.00%(고정금리)<br>* (포항경영애로) 2.00%(고정금리) |
| | | (긴급경영) 연 2.00%(고정금리)<br>* (긴급경영) 포항 지진피해 1.50%(고정금리)<br>* (긴급경영) 강원산불 피해 1.50%(고정금리) |
| | 사회적 경제기업 전용자금 | (사회적기업) 연 2.22% |
| | 임차소상공인 전용자금 | (임차소상공인) 연 2.42% |
| | 생활혁신형 창업지원 연계자금 | (생활혁신형 창업지원연계자금) 연 2.5%(고정) |
| | 청년고용특별자금<br>• 청년고용특별자금1<br>• 청년고용특별자금2 | (청년고용) 연 2.22%<br>(청년고용) 연 2.02%<br>(청년고용) 연 1.82% |

④ 융자절차

- 대리대출(공통)

| ❶ 신청 · 접수 | → | ❷ 평가 | → | ❸ 대출 |
|---|---|---|---|---|
| 정책자금지원대상 확인서 발급 | | 신용보증서 발급 (신용, 재정상태, 경영능력, 사업성 등 평가) | | 신용, 담보, 보증 등을 통한 대출 |
| 소상공인시장진흥공단 | | 보증기관, 은행 | | 은행 |

- 직접대출

자금종류 : 소공인특화자금, 소상공인 사관학교 연계자금, 성장촉진자금자동화설비),성공불융자, 임차소상공인 전용자금, 사회적경제기업 전용자금

* 위 자금의 경우 별도의 신용보증기관 및 은행 방문 없이 소상공인시장진흥공단 지역센터에서 신청 · 접수 및 평가를 통해 대출실행

출처 : 소상공인시장진흥공단

### 3) 지식재산권

지식재산권은 발명 · 상표 · 디자인 등의 산업재산권으로 산업발전을 목적으로 하며, 문학 · 음악 · 미술 작품 등에 관한 저작권은 문화발전을 목적으로 한다. 산업재산권과 저작권의 총칭으로 지적재산권, 지적소유권이라고 한다.

#### (1) 산업재산권

특허권, 실용신안권, 상표권 및 의장권을 총칭하며, 산업 및 경제활동과 관련된 사람의 정신적 창작물이나 창작된 방법을 인정하는 무체재산권을 총칭하는 용어다.

**① 특허권**

산업재산권 중에 가장 고도의 기술성을 가진 것으로, '공고일로부터 15년'에서 '출원일로부터 20년'으로 변경되었다. 특허로 등록되기 위해서는 산업상 목적으로 이용 가능한 기능성, 신규성, 진보성이 충족되어야 한다.

**② 실용신안권**

기존의 물품을 개량하여 실용성과 유용성을 높인 고안을 출원하여 부여받는 권리이다. 특허제도 운용 과정에 있어서 개량발명 또는 소발명을 보호 · 장려하고 기술발전을 촉진하여 산업 발달에 이바지하기 위해 실용신안 제도를 도입했다. 출원 후 약 6~8개월 후에 권리를 부여받고 출원일로부터 10년간 지속된다.

**③ 디자인권**

산업적 물품 또는 제품의 독창적이고 장식적인 외관 형상의 보호를 위하여 등록을 통하여 허용된 권리이며 산업재산권의 하나이다. 과거엔 '의장권'이라 하였으나, 2004년 12월 '의장법'이 '디자인보호법'으로 개정되면서, '의장권'도 '디자인권'으로 명칭이 바뀌었다.

**④ 상표권**

상표권은 상품을 생산 · 제조 · 가공 또는 판매하는 상품을 다른 상품과 식별하고자 기호나 문자, 도형 등을 사용하여 '상표'를 표시한다. 상표권은 그 상표를 특허청에 출원하여 등록함으로써 부여받는 전용권을 말한다.

(2) 특허권

① **특허목적** : 특허제도는 발명을 보호·장려함으로써 국가산업의 발전을 도모하기 위한 것이며(특허법 제1조), 이를 달성하기 위하여 기술공개의 대가로 특허권을 부여하는 것이다.

- 기술공개 → 기술축적 및 공개기술 활용 → 산업발전
- 독점권부여 → 산업화 촉진 및 발명의욕 고취 → 산업발전

② **특허요건** : 특허권을 받기 위하여 출원 발명이 갖추어야 할 요건은 다음과 같다.

- 기능성 : 출원 발명은 산업에 실용적으로 이용 가능한 기능성
- 신규성 : 출원하기 전에 이미 알려진 선행기술이 아닌 새로운 기술
- 진보성 : 기존 기술로부터 쉽게 생각해 낼 수 없는 혁신성

③ **특허효력** : 특허효력의 존속기간은 출원일로부터 20년이며(실용신안권 10년), 속지주의에 의해 권리를 획득한 국가 내에서만 효력이 발생한다.

④ **출원서류 구성**

- 출원서 : 출원인, 대리인, 출원일 및 발명의 명칭 등
- 명세서 : 발명의 목적, 구성 및 효과, 특허발명의 보호범위
- 도　면 : 기술구성을 도식하여 발명을 명확히 설명
- 요약서 : 기술정보로 활용하기 위해 발명의 요약정리

(3) 디자인권

① **성립요건** : 다양한 종류의 디자인 중 디자인보호법의 보호 개체인 디자인으로 성립하기 위해서 구비해야 할 요건은 물품성, 형태성, 시각성, 심미성이다.

② **등록요건** : 출원 디자인에 대하여 등록 디자인으로서의 독점 배타권을 부여할 가치가 있는 디자인인지 판단하기 위해서는 공업상 이용 가능성, 신규성, 창작성이 있어야 한다.

**디자인 등록을 받을 수 없는 디자인**

- 국기, 국장 등과 동일 또는 유사한 디자인으로 다른 디자인과 결합되어 있는 디자인
- 사회적 윤리기준을 감안한 공공의 질서나 선량한 풍속을 문란하게 할 염려가 있는 디자인
- 타인의 물품과 혼동을 가져올 염려가 있는 디자인
- 타인의 저명상표 또는 비영리법인의 표장을 차용한 디자인
- 물품의 기능을 확보하는데 불가결한 형상만으로 된 디자인

### (3) 상표권

상품을 생산, 판매하는 자가 자기의 상품을 타인의 상품과 식별되도록 하기 위하여 사용하는 기호, 문자, 도형, 입체적 형상 또는 이들의 결합을 말한다.

① **상표의 기능** : 자타상품식별기능, 출처표시기능, 품질보증기능, 광고선전기능

② **상표의 종료**

- 상　　표 : 유형의 상품에 사용
- 서비스표 : 서비스업에 사용
- 단체표장 : 동종 업자들이 공동으로 사용
- 업무표장 : 비영리 업무를 수행하는 곳에 사용

**등록될 수 없는 상표**

**식별력이 없는 상표 (상품의 출처를 나타내지 못하는 상표)**

- 상품의 명칭 자체 : 호도과자, CAR, 청바지, 정로환, YOGURT 등
- 상품의 산지, 품질, 원재료 등의 표시 : 금산인삼, 특급, Silk, 학생용
- 잘 알려진 지명 : 한국, 서울, 대전, 한강, 백두산, 불국사, LONDON
- 흔히 있는 성 또는 명칭 : 김, 이, 박 사장, Lee, TOM 등
- 간단하고 흔히 있는 표장 : 한글 1차, 영문2자, 간단한 기호 등
- 기타 상품의 출처를 표시하지 못하는 상표

**01** 패션에 대한 개념으로 맞지 않는 것은?

① 패션은 사회 현상의 하나로 일정 기간 내에 발생된다.
② 패션은 취미, 기호, 사고방식과 행동양식에 반영된다.
③ 패션은 계속 지속된다.
④ 패션은 무의식적으로 수용되는 사회적 동조현상이다.

**02** 다음 설명에 해당하는 용어로 가장 적절한 것은?

| 패션의 소개단계에서 일부 상류층이나 유행선도자에 의해 받아들여지는 디자인이나 스타일이다. |
|---|

① 하이패션(high fashion)
② 매스패션(mass fashion)
③ 클래식(classic)
④ 패션(fashion)

**03** 다음에서 설명하는 패션의 산업 구조로 가장 적절한 것은?

| 섬유, 직물, 가죽, 모피등의 패션의 원료가 되는 원부자재를 공급하는 업체들로 방적공장과 편 · 직물 공장, 생지를 구입하여 염색이나 프린트 등의 가공처리를 하여 완제품을 판매하는 컨버터가 포함된다. |
|---|

① 제 1차 패션산업
② 제 2차 패션산업
③ 제 3차 패션산업
④ 제 4차 패션산업

**04** 패션상품의 특성에 대한 설명으로 맞지 않는 것은?

① 사회 심리적 기준에 선택 된다.
② 가격할인율이 낮은 상품이다.
③ 계절적인 요인에 영향을 받는다.
④ 상품회전율이 빠른 상품이다.

**05** 다음에서 설명하는 마케팅의 핵심개념의 맞는 것은?

| 마케팅의 핵심개념으로 가치있는 제품이나 서비스를 제공하고 그 대가를 획득하는 행위를 말한다. |
|---|

① 필요(needs)와 욕구(wants)
② 제품(products)과 브랜드(brand)
③ 가치(value)와 만족(satisfaction)
④ 교환(exchange) 및 거래(transaction)

**06** 패션 머천다이저가 갖추어야 하는 조건이 아닌 것은?

① 정보 분석 능력
② 소극적 기획력
③ 계수관리 능력
④ 패션 전문 지식

**07** 다음 중 (　　)안에 공통적으로 들어가는 용어로 가장 적절한 것은?

> (　　)분석은 기업의 환경 분석을 통해 강점(strength)과 약점(weakness), 기회(opportunity)와 위협(threat)요인을 파악하고 마케팅으로 전략을 수립하는 기법으로, 내부환경 분석을 통해 강점과 약점을 파악하고, 외부환경 분석을 통해 기회와 위협을 파악하여 마케팅 전략을 만들어 내는 것을 의미한다.

① 4P's Mix 전략
② SPT 마케팅 전략
③ SWOT분석
④ 3C분석

**08** 마케팅믹스(marketing mix)는 기업이 자사의 마케팅 목표를 추구하기 위해 사용하는 브랜드 전략에서 중요한 도구이다. 다음에서 설명하는 마케팅 용어는?

> 영업형태 전략, 판매 전략, 지역 전략, 매장수량 전략

① 상품(product)
② 가격(price)
③ 유통(place)
④ 촉진(promotion)

**09** 창업기획 시 고려해야 할 조건에 맞지 않는 것은?

① 사업아이템 선정
② 정보 분석 및 비교 분석
③ 창업 자금 및 사업성 분석
④ 창업자의 선호 상품

**10** 사업성 분석 단계에서 시장 분석의 과정으로 적합한 것은?

① 시장 분석의 계획수립 → 시장 분석의 목표설정 → 자료 수집 및 분석 → 시장성유무평가
② 시장 분석의 목표설정 → 시장 분석의 계획수립 → 자료 수집 및 분석 → 시장성 유무평가
③ 자료 수집 및 분석 →시장 분석의 계획수립 → 시장 분석의 목표설정 → 시장성 유무평가
④ 시장성 유무평가→시장 분석의 계획수립 →시장 분석의 계획수립 → 시장 분석의 계획수립

**1회 정답**

| | | | | |
|---|---|---|---|---|
| 01 ③ | 02 ① | 03 ① | 04 ② | 05 ④ |
| 06 ② | 07 ③ | 08 ③ | 09 ④ | 10 ② |

**01** 패션의 속성이 아닌 것은 ?

① 가능성
② 가변성
③ 모방성
④ 주기성

**02** 다음 설명에 해당하는 용어로 가장 적절한 것은?

> 유행 후 오랜 기간 동안 채택되어 그 가치를 인정하는 스타일로 시간의 제한을 받지 않는 영속적인 패션이다.

① 하이패션(high fashion)
② 매스패션(mass fashion)
③ 클래식(classic)
④ 패션(fashion)

**03** 다음 설명에 적당한 패션의 과정은?

> • 새로운 스타일이나 신상품이 잡지, TV 등에 소개되고 널리 알려지면 유행 선도자들을 추종하는 집단이 늘어나는 시기이다.
> • 의류 업자들이 의류 상품을 오리지널 디자인 보다 단순화 시키고 소재의 품질을 낮추어 생산함으로써 가격이 낮아지는 시기다.

① 유행 도입기(fashion period of introduction)
② 유행 상승기(fashion period of rise)
③ 유행 절정기(fashion period of peak)
④ 유행 쇠퇴기(fashion period of decline)

**04** 다음 중 패션 마케팅 전략인 3C분석의 구성 요소에 속하지 않는 것은?

① 고객
② 자사
③ 위협
④ 경쟁사

**05** 리테일 머천다이저(retail merchandiser)의 주된 업무는?

① 정보의 수집 · 분석
② 디자인 콘셉트 설정
③ 상품기획 및 개발
④ 상품구매 및 판매

**06** 어패럴 머천다이저의 과정으로 적합한 것은?

① 영업기획 → 상품기획 → 광고 및 홍보 기획 → 판매 촉진
② 정보 수집 및 분석 → 상품기획 → 생산지원 → 판매 및 판매촉진 지원
③ 상품기획 → 영업기획 → 생산지원 → 판매 촉진
④ 정보 수집 및 분석 → 영업기획 → 상품기획 → 광고 및 홍보 기획

**07** 다음에서 설명하는 STP 마케팅전략의 시장세분화 기준에 해당하지 않는 과정으로 것은?

① 신체적 기준
② 심리학적 기준
③ 인구통계적 기준
④ 유통구조적 기준

**08** 최근에 각광받는 판촉으로 국내외 의류 업체에서 많이 이용하고 있는 판매촉진 도구는 ?

> 영화, TV드라마, 뮤직 비디오, 게임 소프트 등 엔터테인먼트 콘텐츠 속에 기업의 제품을 소품이나 배경으로 상품을 노출시키는 간접광고이다.

① VM(Visual Merchandising)
② PPL(Product in placement)
③ CF(Commercial Film)
④ PR(Public Relations)

**09** 다음에서 설명하는 창업 자금의 조달 계획에 의한 자금 조달 형태는?

> 기업 내부에 축적된 감가상각충당금과 사내유보금으로 이자를 지급하지 않고 외부의 영향을 받지 않는 이상적인 자금조달이다. 기업 설립자본금, 이익잉여금, 사내유보금, 감각상당충당금 등이 포함된다.

① 내부자금
② 외부자금
③ 직접금융에 의한 자금
④ 간접금융에 의한 자금

**10** 다음 사업성 분석에 대한 설명이 아닌 것은?

① 사업의 성공가능성을 체계적으로 점검하는 것이다.
② 사업계획에 필요한 필요 요소를 명확히 파악할 수 있다.
③ 사업계획의 수립과 개선의 기회 부여 할 수 있다.
④ 기존의 사업자는 필요하지 않는 과정이다.

**2회 정답**

| 01 ① | 02 ③ | 03 ② | 04 ③ | 05 ④ |
|---|---|---|---|---|
| 06 ② | 07 ① | 08 ② | 09 ① | 10 ④ |

# PART 2

# 소잉디자이너 자격 2급

## 실기과정

CHAPTER **01**

# 소잉디자인 및 실무

# 소잉디자이너 자격 2급 실기과정(주관식) 커리큘럼

| | 작품명 | 패턴 | 난이도 | 기본재료 | 연습포인트 | 바느질기법 | 형태 예시 |
|---|---|---|---|---|---|---|---|
| 1 | 스트링<br>파우치 | | 중 | 원단<br>스트링 | • 시간배분<br>• 디자인<br>• 스트링 끼움 방법<br>• 터널트임 봉제<br>• 홑겹 | 끈 넣기<br>직선 봉제<br>스트링 입구 봉제 |  |
| 2 | 양면<br>에코백 | | 중 | 원단 | • 시간배분<br>• 사이즈<br>• 끈의 위치와 길이<br>• 주머니<br>• 양면 | 끈 만들기<br>끈 박기<br>안주머니 박기<br>창구멍 뒤집기 |  |
| 3 | 주방<br>바란스<br>커튼 | | 하 | 원단 | • 사이즈<br>• 직선 봉제<br>• 커튼 디자인에 따른 봉 넣는 방식 | 끈 고리 만들기<br>고리 끼워 박기<br>직선 봉제 |  |
| 4 | 걸이형<br>티슈커버 | | 중 | 원단 | • 입체사각 재단방법<br>• 사이즈<br>• 가름솔 봉제 | 바닥면 만들기<br>얇은 끈 박기<br>가름솔 봉제 | 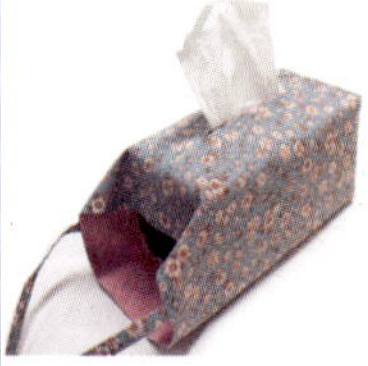 |
| 5 | 카드지갑 | | 중 | 원단<br>단추 또는<br>스냅 | • 사이즈<br>• 창구멍 뒤집기 | 겉감과 안감 봉제<br>사각코너 시접 처리<br>창구멍 공그르기<br>손스냅 달기<br>(버튼홀스티치 손바느질) |  |
| 6 | 카페<br>앞치마<br>(허리<br>앞치마) | | 중 | 원단 | • 시간배분, 사이즈<br>• 주머니의 위치와 크기<br>• 원단 활용<br>• 끈 만들기<br>• 몸판과 허리끈 끼워 박기 | 주머니 봉제<br>허리끈 만들기 |  |

|  | 작품명 | 패턴 | 난이도 | 기본재료 | 연습포인트 | 바느질기법 | 형태 예시 |
|---|---|---|---|---|---|---|---|
| 7 | 지퍼<br>클러치백 |  | 중상 | 원단<br>접착솜<br>또는 심지<br>지퍼<br>고리<br>끼움라벨 | • 사이즈<br>• 손잡이 디자인<br>• 지퍼 달기<br>• 고리 활용 | 겉감과 안감 봉제<br>지퍼 봉제<br>손잡이 봉제<br>고리 또는 끼움라벨 봉제 |  |
| 8 | 주방장갑 | ○ | 중상 | 원단<br>접착솜 | • 원단과 두꺼운 솜 누비기<br>• 바이어스 재단과 봉제<br>• 곡선봉제와 시접 처리 | 바이어스 봉제<br>곡선 봉제<br>곡선 시접 처리 |  |
| 9 | 룸슈즈 | ○ | 상 | 원단<br>누빔솜<br>미끄럼방지원단 | • 다양한 디자인<br>• 좌우 사이즈 동일<br>• 두꺼운 원단 봉제<br>• 깔끔한 마무리 | 곡선 봉제<br>(시접 가위집 내기)<br>창구멍 공그르기 |  |
| 10 | 쿠션커버 |  | 상 | 원단<br>파이핑<br>(면스트링)<br>일반지퍼<br>시판용 바이어스 | • 주제에 맞는 디자인<br>• 사이즈<br>• 원단의 활용<br>• 파이핑 | 직선 봉제<br>파이핑 봉제<br>지퍼 달기 |  |
| 11 | 유아<br>반바지 | ○ | 중 | 원단<br>고무줄 | • 고무줄의 처리방법<br>• 다양한 솔기<br>• 원단의 활용 | 고무줄 넣기<br>솔기처리 |  |
| 12 | 랩스커트 |  | 중상 | 원단<br>손스냅 | • 시간배분<br>• 사이즈<br>• 식서방향 재단<br>• 원단의 활용<br>• 주름분량 계산하기 | 옆선 봉제<br>허리끈 달기<br>플리츠 주름 잡기<br>손스냅 달기<br>(버튼홀스티치 손바느질) |  |

## 1. 스트링 파우치

| 완성사이즈 | 가로 24cm × 세로 30cm |
|---|---|
| 재료 | 원단 1/4마, 스트링(끈) 2마 |
| 작업과제 | 여행 갈 때나 가벼운 소품들을 챙겨 다닐 수 있도록 홑겹의 원단으로 스트링 입구 위쪽 3cm 여유분이 생기도록 장식 스트링 파우치를 만드시오. |
| 바느질기법 | • 끈 넣기 • 직선봉제 • 스트링 입구 봉제 |
| 작업순서 | 1. 파우치의 안쪽 면에 입구부터 시접 1cm, 안단선 5cm, 겉 부분 여유분 3cm, 스트링이 들어갈 시접 2cm를 표시한다. 양 옆선과 밑바닥은 오버록을 한다. 1cm 시접으로 스트링이 들어가는 부분을 제외하고 옆선과 밑바닥 부분을 박는다.<br>2. 봉제한 다음 솔기 시접을 양쪽으로 가르고 다린 후 스트링이 들어가는 입구까지 시접부분을 0.5cm로 눌러 박는다.<br>3. 뒤집어서 겉면 입구의 안단으로 들어갈 부분을 5cm, 시접 1cm를 초크로 표시한다.<br>4. 입구 부분의 시접 1cm를 접어서 다린다.<br>5. 안단 시접 5cm를 한 번 더 안쪽으로 접어 다린다. 접은 안단 시접의 가장자리 부분을 겉면과 고정되도록 상침 봉제한다.<br>6. 뒤집어서 겉면의 안단 봉제선에서 스트링이 들어갈 부분을 2cm 간격을 띄어 표시한 후 한 번 더 상침 봉제한다.<br>7. 스트링 입구에 옷핀으로 끈을 넣고 한 바퀴 돌려서 나온다. 다른 한쪽 스트링도 반대편에서 스트링을 넣어서 한 바퀴 돌려서 뺀다. 양쪽으로 끈을 넣고 잡아당긴 후 끈의 끝부분은 묶어서 매듭 마무리한다. |
| 심화과정 | 1. 끈 만들어서 끼우기<br>2. 양면 스트링 파우치 만들기<br>3. 바닥면 만들기<br>4. 가방끈을 달아서 다용도로 활용하기 |

## 작업순서

**재료** 원단 1/4마, 스트링(끈) 2마

1

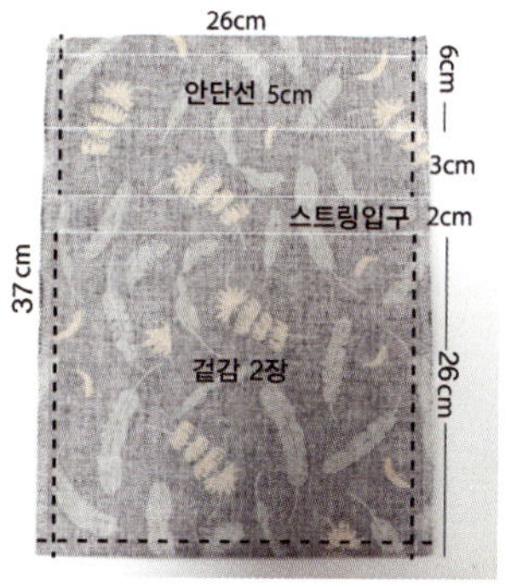


파우치의 안쪽 면에 입구부터 시접 1cm, 안단선 5cm, 겉 부분 여유분 3cm, 스트링이 들어갈 시접 2cm를 표시한다. 양 옆선과 밑바닥은 오버록을 한다. 1cm 시접으로 스트링이 들어가는 부분을 제외하고 옆선과 밑바닥 부분을 박는다.

2

봉제한 다음 솔기 시접을 양쪽으로 가르고 다린 후 스트링이 들어가는 입구까지 시접부분을 0.5cm로 눌러 박는다.

3

뒤집어서 겉면 입구의 안단으로 들어갈 부분을 5cm, 시접 1cm를 초크로 표시한다.

4

입구 부분의 시접 1cm를 접어서 다린다.

5

안단시접 5cm를 한 번 더 안쪽으로 접어 다린다. 접은 안단 시접의 가장자리 부분을 겉면과 고정되도록 상침 봉제한다.

6 뒤집어서 겉면의 안단 봉제선에서 스트링이 들어갈 부분을 2cm 간격을 띄어 표시한 후 한 번 더 상침 봉제한다.

7 스트링 입구에 옷핀으로 끈을 넣고 한 바퀴 돌려서 나온다. 다른 한쪽 스트링도 반대편에서 스트링을 넣어서 한 바퀴 돌려서 뺀다. 양쪽으로 끈을 넣고 잡아 당긴 후 끈의 끝부분은 묶어서 매듭 마무리한다.

8 완성

MEMO

## 2. 양면 에코백

| 완성사이즈 | 가로 33cm × 세로 37cm, 어깨끈 총길이 60cm, 끈 폭 3cm, 안주머니 가로 18cm × 세로 20cm |
|---|---|
| 재료 | 원단 겉감 1마, 안감 1마 |
| 작업과제 | 가볍게 메고 다닐 수 있는 실용적인 에코백으로 겉, 안감이 있어 양면 사용 가능하도록 하고, 안감에 휴대폰이나 작은 소지품이 들어갈 정도의 사이즈로 주머니를 달고, 어깨에 메고 다닐 수 있는 끈길이로 제작하시오. |
| 바느질기법 | • 끈 만들기 • 끈 박기 • 안주머니 박기 • 창구멍 뒤집기 |
| 작업순서 | 1. 안감의 주머니를 재단해서 전체 테두리 시접을 1cm씩 표시하고, 주머니의 입구는 안단 시접 2cm를 표시한다. 주머니 옆선과, 바닥 부분의 시접을 1cm씩 접어 다린다. 주머니 입구는 1cm 접고 안단 시접을 2cm 한 번 더 접어 고정되도록 가장자리 부분에 상침 봉제한다.<br>2. 안감 겉면 가방의 입구에서 10cm정도 내려와서 주머니의 위치를 시침핀으로 고정한다. 주머니의 입구 부분을 제외하고 3면의 가장자리를 박는다. 주머니의 입구는 튼튼하도록 되돌아 박기를 한다.<br>3. 가방의 끈은 폭 12cm × 길이 62cm로 재단해서 양쪽의 시접을 3cm씩 접어서 다림질한다. 3cm 폭이 되도록 다시 반을 접은 후 양쪽의 가장자리 부분을 상침 봉제해서 가방끈을 완성한다.<br>4. 겉감 2장 겉면의 중심선에서 양쪽으로 6cm씩 총 12cm 간격이 되도록 표시한다. 겉감 시접에 끈 시접을 맞춰 겉감 위에 가방끈을 고정해서 미리 시침 봉제해 놓는다. 겉감의 겉면과 안감의 겉면이 서로 맞닿게 겹쳐두고 가방 입구 부분을 시접 1cm로 봉제한다.<br>5. 봉제한 겉, 안감 입구의 시접은 가름솔 한다. 겉, 안감의 겉면끼리 각각 맞닿도록 펼쳐서 안감 옆 부분에 창구멍을 남기고 옆선과 바닥 부분을 봉제한다.<br>6. 이때 겉감과 안감의 입구부분과 옆선 부분의 봉제선이 교차되는 부분의 솔기 시접은 가름솔 해야 뒤집었을 때 가지런해진다.<br>7. 안감의 창구멍으로 뒤집은 다음 창구멍은 상침 봉제하거나, 공그르기해서 마감한다. 가방을 뒤집어서 안감은 겉감 속으로 넣어 가방의 입구 가장자리를 상침 봉제한다. 가방 입구를 상침 봉제하면 안감이 밀려올라오지 않고 가방끈이 단단하게 고정된다. |
| 심화과정 | 1. 바닥면 만들기 |

## 작업순서

**재료** 원단 겉감 1마, 안감 1마

**1**

안감의 주머니를 재단해서 전체 테두리 시접을 1cm씩 표시하고, 주머니의 입구는 안단 시접 2cm를 표시한다. 주머니 옆선과, 바닥 부분의 시접을 1cm씩 접어 다린다. 주머니 입구는 1cm 접고 안단 시접을 2cm 한 번 더 접어 고정되도록 가장자리 부분에 상침 봉제한다.

**2**

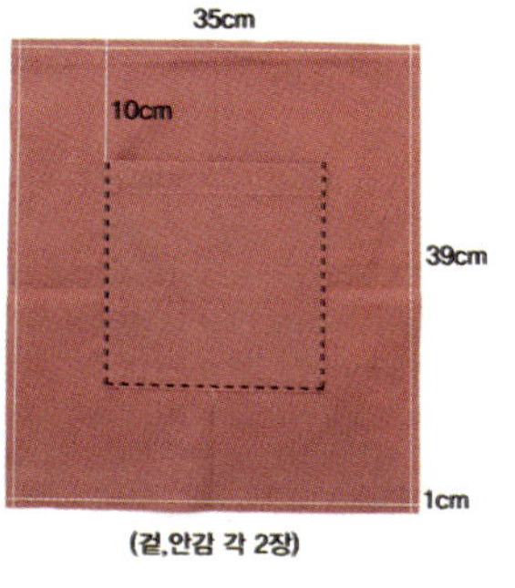


안감 겉면 가방의 입구에서 10cm 정도 내려 와서 주머니의 위치를 시침핀으로 고정한다. 주머니의 입구 부분을 제외하고 3면의 가장자리를 박는다. 주머니의 입구는 튼튼하도록 되돌아 박기를 한다.

**3**

가방의 끈은 폭 12cm×길이 62cm로 재단해서 양쪽의 시접을 3cm씩 접어서 다림질한다. 3cm 폭이 되도록 다시 반을 접은 후 양쪽의 가장자리 부분을 상침 봉제해서 가방끈을 완성한다.

**4**

겉감 2장 겉면의 중심선에서 양쪽으로 6cm씩 총 12cm 간격이 되도록 표시한다. 겉감 시접에 끈 시접을 맞춰 겉감 위에 가방끈을 고정해서 미리 시침 봉제해 놓는다. 겉감의 겉면과 안감의 겉면이 서로 맞닿게 겹쳐두고 가방 입구 부분을 시접 1cm로 봉제한다.

**5**

봉제한 겉, 안감 입구의 시접은 가름솔한다. 겉, 안감의 겉면끼리 각각 맞닿도록 펼쳐서 안감 옆 부분에 창구멍을 남기고 옆선과 바닥 부분을 봉제한다.

이때 겉감과 안감의 입구부분과 옆선 부분의 봉제선이 교차되는 부분의 솔기 시접은 가름솔 해야 뒤집었을 때 가지런해진다.

안감의 창구멍으로 뒤집은 다음 창구멍은 상침 봉제하거나, 공그르기해서 마감한다. 가방을 뒤집어서 안감은 겉감 속으로 넣어 가방의 입구 가장자리를 상침 봉제한다. 가방 입구를 상침 봉제하면 안감이 밀려올라오지 않고 가방끈이 단단하게 고정된다.

완성

MEMO

## 3. 주방 바란스커튼

| 완성사이즈 | 가로 120cm × 세로 35cm, 고리 9개 (폭 3cm × 길이 14cm) |
|---|---|
| 재료 | 원단 1마 (폭 130cm 이상) |
| 작업과제 | 커튼봉에 직접 끼워서 편리하게 사용할 수 있는 고리 형태의 주방 바란스 커튼을 만드시오. |
| 바느질기법 | • 끈 고리 만들기 • 고리 끼워 박기 • 직선봉제 |
| 작업순서 | 1. 커튼 원단 가로 126cm 세로 41cm 커튼 고리 가로 10cm 세로 16cm를 각각 재단해 놓는다.<br>2. 커튼의 상 하단, 양 옆선 시접량을 3cm씩 초크로 표시한다. 가로 완성사이즈 120cm를 15cm 간격으로 나눠 커튼 상단에 표시해 놓는다.<br>3. 커튼 고리 만들기 – 고리 안쪽으로 2cm씩 양쪽의 시접을 접어서 다림질한다.(커튼봉의 지름에 따라 고리 길이는 조절하여 만든다.)<br>4. 고리의 완성폭이 3cm가 되도록 다시 반을 접어서 가장자리 부분을 상침 봉제한다.<br>5. 커튼 고리가 달리는 상단 부분 시접 1cm, 옆선 시접 1cm, 밑단 시접 1cm씩 접어 다림질한다.<br>6. 커튼의 윗부분을 제외하고 옆선 시접 2cm를 접고, 밑단 시접 2cm 다시 접어 다림질한다. 옆선과 밑단 시접을 2번 접어박기 형태로 봉제한다.<br>7. 커튼 상단의 안단 시접을 2cm 다시 접어 다린다. 양끝에 달리는 고리는 커튼 옆선의 가장자리에 맞춰 달고 나머지 고리의 중심을 15cm 간격으로 맞춰서 놓는다. 커튼 상단의 안단 시접 2cm에 고리 시접은 1cm만 끼워서 안단 가장자리 부분과 고리를 함께 상침 봉제한다.<br>8. 안단쪽으로 고리를 올려 고정되도록 상침 봉제한다. |
| 심화과정 | 1. 커튼의 상단을 터널형으로 제작해서 봉에 끼웠을 때 주름 느낌이 나도록 제작하기<br>2. 끈으로 묶어서 봉에 걸 수 있는 여성스러운 스타일로 제작하기 |

## 작업순서

**재료** 원단 1마(폭 130cm 이상)

**1**

커튼 원단 가로 126cm × 세로 41cm, 커튼 고리 가로 10cm × 세로 16cm를 각각 재단해 놓는다.

**2**

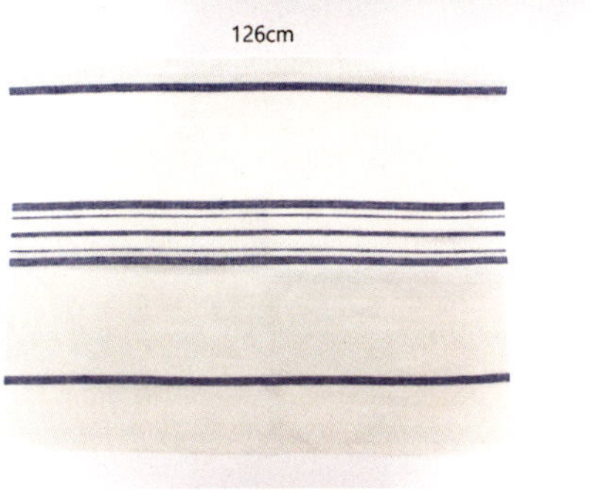


커튼의 상 하단, 양 옆선 시접량을 3cm씩 초크로 표시한다. 가로 완성사이즈 120cm를 15cm 간격으로 나눠 커튼 상단에 표시해 놓는다.

**3**

커튼 고리 만들기 - 고리 안쪽으로 2cm씩 양쪽의 시접을 접어서 다림질한다.(커튼봉의 지름에 따라 고리길이는 조절하여 만든다.)

**4**

고리의 완성폭이 3cm가 되도록 다시 반을 접어서 가장자리 부분을 상침 봉제한다.

**5**

커튼 고리가 달리는 상단 부분 시접 1cm, 옆선 시접 1cm, 밑단 시접 1cm씩 접어 다림질한다.

커튼의 윗부분을 제외하고 옆선 시접 2cm를 접고, 밑단 시접 2cm 다시 접어 다림질한다. 옆선과 밑단 시접을 2번 접어박기 형태로 봉제한다.

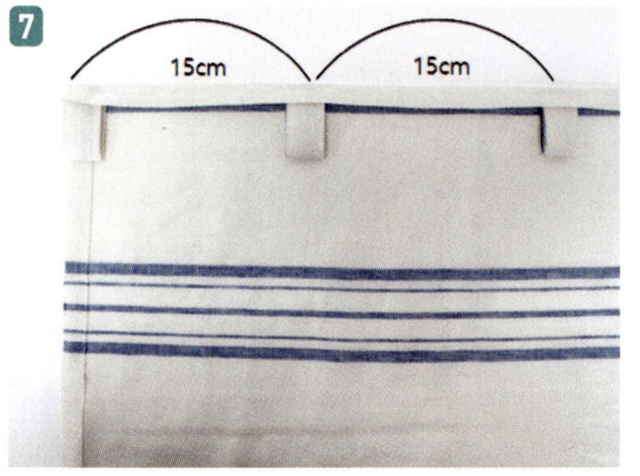


커튼 상단의 안단 시접을 2cm 다시 접어 다린다. 양끝에 달리는 고리는 커튼 옆선의 가장자리에 맞춰 달고 나머지 고리의 중심을 15cm 간격으로 중심에 맞춰서 놓는다. 커튼 상단의 안단 시접 2cm에 고리 시접은 1cm만 끼워서 안단 가장자리 부분과 고리를 함께 상침 봉제한다.

안단쪽으로 고리를 올려 고정되도록 상침 봉제한다.

완성

MEMO

## 4. 걸이형 티슈커버

| | |
|---|---|
| 완성사이즈 | 30cm × 12cm × 12cm정도, 손잡이 끈 길이 30cm, 끈 폭 1.5cm |
| 재료 | 원단 겉감 1/2마, 원단 안감 1/2마 |
| 작업과제 | 벽에 걸어서도 사용할 수 있도록 손잡이를 달고, 안감이 있는 티슈커버를 만드시오. |
| 바느질기법 | • 바닥면 만들기 • 얇은 끈 박기 • 가름솔 봉제 |
| 작업순서 | 1. 티슈커버의 사각모양을 전개도 형태로 재단한다. 양옆선과 바닥을 표시한 부분대로 봉제하고, 티슈가 나오는 입구(창구멍)를 제외하고 박는다. 안감도 동일하게 봉제한다.<br>2. 겉감의 옆선과 바닥을 봉제한 시접은 가름솔해서 다린다. 옆선과 바닥의 가름솔기 부분의 중심을 맞춰서 1cm 시접으로 양쪽을 박으면 사각형의 바닥 모양이 된다. 안감도 동일한 방법으로 봉제한다.<br>3. 손잡이 끈은 길이 32cm 폭 5cm 재단해서 양쪽의 중심선 안쪽으로 1cm씩 시접을 접은 후 중심을 접어 다린다. 손잡이 끈 가장자리 양쪽 부분을 상침 봉제한다.<br>4. 겉감을 뒤집어서 겉면 양옆선의 중심선 위치에 손잡이 끈을 상침 봉제한다.<br>5. 겉감의 겉면과 안감의 겉면이 서로 맞닿도록 겹쳐 넣는다. 겹쳐진 겉감과 안감의 입구 부분을 1cm 시접으로 봉제한다.<br>6. 티슈가 나오는 입구 부분으로 겉감이 나오도록 뒤집는다. 봉제한 겉, 안감의 입구 시접을 정리해서 다린다.<br>7. 티슈가 나오는 입구 부분은 잘 맞춰서 시침핀으로 고정한 후 손바느질로 공그르기를 하거나 장식 상침한다. |
| 심화과정 | 1. 가방 입구에 고리와 단추를 달아서 여밈 하기<br>2. 테이블에 올려두고 사용 가능하게 끈을 묶는 형식으로 만들기 |

## 작업순서

**재료** 원단 겉감 1/2마, 안감 1/2마

**1**

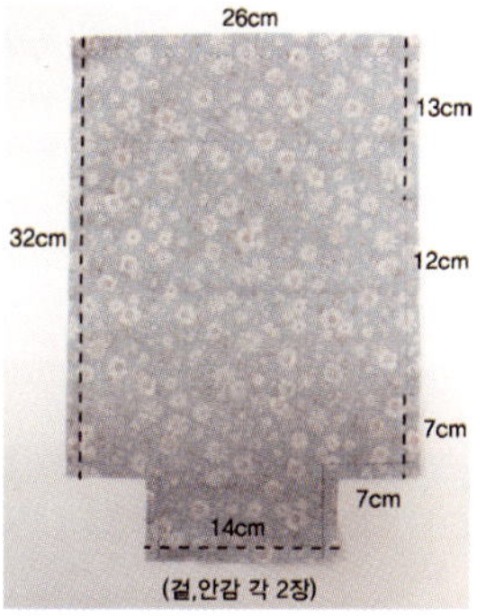


티슈커버의 사각모양을 전개도 형태로 재단한다. 양옆선과 바닥을 표시한 부분대로 봉제하고, 티슈가 나오는 입구(창구멍)를 제외하고 박는다. 안감도 동일하게 봉제한다.

**2**

겉감의 옆선과 바닥을 봉제한 시접은 가름솔해서 다린다. 옆선과 바닥의 가름솔기 부분의 중심을 맞춰서 1cm 시접으로 양쪽을 박으면 사각형의 바닥 모양이 된다. 안감도 동일한 방법으로 봉제한다.

**3**

손잡이 끈은 길이 32cm 폭 5cm 재단해서 양쪽의 중심선 안쪽으로 1cm씩 시접을 접은 후 중심을 접어 다린다. 손잡이 끈 가장자리 양쪽 부분을 상침 봉제한다.

**4**

겉감을 뒤집어서 겉면 양옆선의 중심선 위치에 손잡이 끈을 상침 봉제한다.

**5**

겉감의 겉면과 안감의 겉면이 서로 맞닿도록 겹쳐 넣는다. 겹쳐진 겉감과 안감의 입구 부분을 1cm 시접으로 봉제한다.

티슈가 나오는 입구 부분으로 겉감이 나오도록 뒤집는다. 봉제한 겉, 안감의 입구 시접을 정리해서 다린다.

티슈가 나오는 입구부분은 잘 맞춰서 시침핀으로 고정한 후 손바느질로 공그르기를 하거나 장식 상침한다.

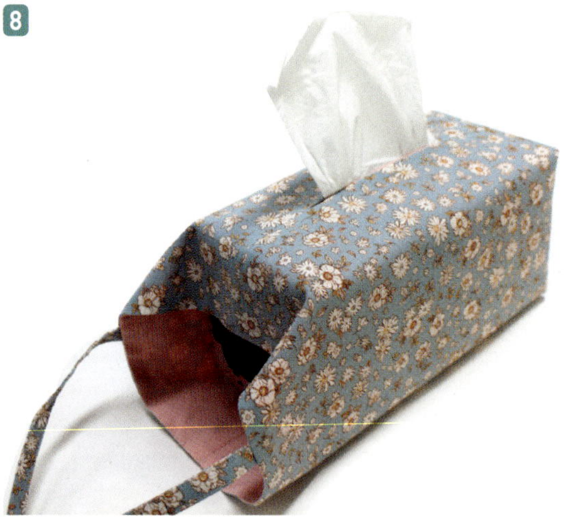

완성

MEMO

## 5. 카드지갑

| 완성사이즈 | 가로 12cm × 세로 8cm, 카드 덮개 높이 6cm |
|---|---|
| 재료 | 원단 겉감 1/8마, 안감 1/8마, 스냅 |
| 작업과제 | 카드나 명함 등 간단하게 챙겨서 다닐 수 있는 카드지갑을 손스냅을 달아서 편리하게 여밈하고, 창구멍이 보이지 않도록 만드시오. |
| 바느질기법 | • 겉감과 안감봉제 • 사각코너 시접 처리 • 창구멍 공그르기<br>• 손스냅 달기 (버튼홀 스티치 손바느질) |
| 작업순서 | 1. 겉, 안감의 겉면을 맞닿게 두고 안쪽의 카드 입구 부분을 0.5cm 시접으로 박아서 연결한다.<br>2. 봉제한 부분의 시접을 가름솔해서 다린다.<br>3. 겉감의 카드가 들어가는 부분의 겉면끼리 맞닿도록 접어서 양 옆선을 0.5cm 시접으로 박는다. 이때 카드 입구의 봉제된 부분의 시접이 겹쳐 박히지 않도록 한다. 안감의 카드가 들어가는 부분도 겉면끼리 맞닿도록 접는다. 안감의 몸판부분의 옆선을 겉감과 동일한 방법으로 봉제하되 안감 한쪽에 창구멍을 남겨 놓는다.<br>4. 카드 몸판부분의 겉, 안감을 겹치게 두면 카드의 덮개 부분도 겉면끼리 겹쳐지게 된다.(카드 몸판 부분의 겉, 안감 4장을 겹쳐서 한 번에 봉제해도 되며, 이때도 안감 옆선의 창구멍은 남기고 봉제해야 한다.)<br>5. 카드 덮개 부분의 양끝 모서리 부분은 둥글게 굴려서 봉제한 후 모서리 부분의 시접은 대각선으로 잘라서 시접량을 최대한 줄인다.<br>6. 겸자 등을 이용해서 안감 옆선의 창구멍으로 뒤집은 후 시접을 정리해서 다림질한다. 안감의 창구멍 부분은 공그르기로 마무리한다.(창구멍을 지갑 덮개부분이나 입구 쪽으로 하게 되면 봉제마감 부분이 노출되기 때문에 안감의 옆선이나 바닥부분 등 보이지 않는 곳으로 두는 것이 적당하다.)<br>7. 안감을 겉감 안쪽으로 넣고 시접 정리 후 다림질한다. 카드 덮개 부분에 스냅을 달아서 여밈한다. 손 스냅을 달때 오목하게 생긴 것은 카드 몸판 쪽으로, 볼록한 것은 카드 덮개 쪽에 버튼홀 스티치로 튼튼하게 단다. |
| 심화과정 | 1. 카드 수납 칸 추가해서 만들기<br>2. 덮개와 몸판의 원단을 각각 다르게 만들기 |

## 작업순서

**재료** 원단 겉감 1/8마, 안감 1/8마, 스냅

**1**

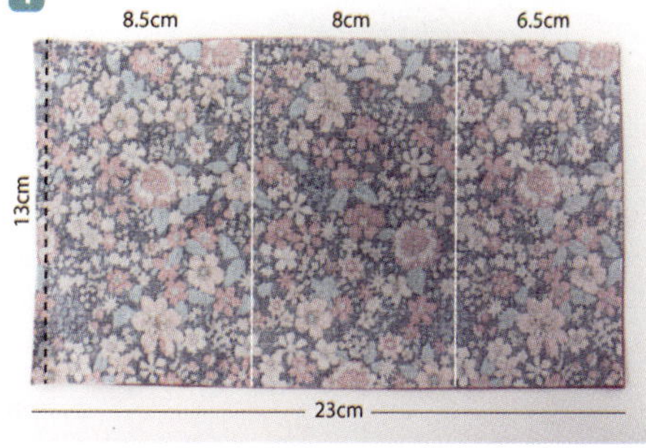


겉, 안감의 겉면을 맞닿게 두고 안쪽의 카드 입구 부분을 0.5cm 시접으로 박아서 연결한다.

**2**

봉제한 부분의 시접을 가름솔해서 다린다.

**3**

겉감의 카드가 들어가는 부분의 겉면끼리 맞닿도록 접어서 양 옆선을 0.5cm 시접으로 박는다. 이때 카드 입구의 봉제된 부분의 시접이 겹쳐 박히지 않도록 한다. 안감의 카드가 들어가는 부분도 겉면끼리 맞닿도록 접는다. 안감의 몸판부분의 옆선을 겉감과 동일한 방법으로 봉제하되 안감 한쪽에 창구멍을 남겨 놓는다.

**4**

카드 몸판 부분의 겉, 안감을 겹치게 두면 카드의 덮개 부분도 겉면끼리 겹쳐지게 된다. (카드 몸판부분의 겉, 안감 4장을 겹쳐서 한 번에 봉제해도 되며, 이때도 안감 옆선의 창구멍은 남기고 봉제해야 한다.)

**5**

카드 덮개 부분의 양끝 모서리 부분은 둥글게 굴려서 봉제한 후 모서리 부분의 시접은 대각선으로 잘라서 시접량을 최대한 줄인다.

**6**

겸자 등을 이용해서 안감 옆선의 창구멍으로 뒤집은 후 시접을 정리해서 다림질한다. 안감의 창구멍 부분은 공그르기로 마무리한다.(창구멍을 지갑 덮개부분이나 입구 쪽으로 하게 되면 봉제마감 부분이 노출되기 때문에 안감의 옆선이나 바닥부분 등 보이지 않는 곳으로 두는 것이 적당하다.)

**7**

안감을 겉감 안쪽으로 넣고 시접 정리 후 다림질한다. 카드 덮개 부분에 스냅을 달아서 여밈한다. 손 스냅을 달때 오목하게 생긴 것은 카드 몸판 쪽으로, 볼록한 것은 카드 덮개 쪽에 버튼홀스티치로 튼튼하게 단다.

**8**

완성

MEMO

## 6. 카페 앞치마(허리앞치마)

| | |
|---|---|
| 완성사이즈 | 가로 75cm × 세로 40cm, 허리끈 전체 길이 180cm, 허리끈 폭 2.5cm, 주머니 30cm × 15cm |
| 재료 | 원단 1마 |
| 작업과제 | 카페에서 간단하게 허리에만 두르고 작업할 수 있도록 주머니가 있는 앞치마를 만드시오. |
| 바느질기법 | • 주머니 봉제 • 허리끈 만들기 |
| 작업순서 | 1. 완성사이즈의 옆면, 밑면은 시접을 각각 3cm 두고 윗면은 시접 2.5cm를 두고 재단한다. 앞치마의 몸판 부분의 옆선 시접 1cm를 먼저 접어 다린 후, 밑단의 시접 1cm도 접어 다린다. 다시 한번 옆선의 시접 2cm를 접어 다린 후, 밑단의 시접 2cm도 접어 다린다.<br>2. 앞치마의 몸판 부분은 허리선을 제외하고 옆선과 밑단을 전체적으로 접은 안단의 끝부분을 ㄷ 자 모양으로 봉제한다.<br>3. 허리끈 만들기-허리끈은 길이 182cm × 폭 10cm로 재단해서 먼저 한쪽 시접을 2.5cm 접어서 다림질한다.<br>4. 양쪽 끝 옆선을 0.5cm 정도 접은 다음 반대쪽 시접 2.5cm를 접는다.<br>5. 한번 더 1/2폭을 접을 때 그림과 같이 허리단 부분으로 끼워 넣으면 허리끈의 시접을 예쁘게 마무리 할 수 있다.<br>6. 앞치마의 몸판 부분의 뒤면 위에 재단해 놓은 허리끈을 올려놓고 중심을 잘 맞춰서 시침핀으로 고정한다. 허리끈 시접부분과 앞치마 허리부분을 봉제한다.<br>7. 안쪽에서 봉제한 허리끈을 앞치마의 앞 겉면 쪽으로 시접 정리를 해서 넘긴다. 앞치마의 앞부분의 허리끈 시접을 다림질로 정리하고, 시침핀으로 고정해 놓은 뒤 상침 봉제한다. 이때 몸판 왼쪽 끈에서부터 허리 부분을 지나 오른쪽 허리끈까지 한번에 박는다.<br>8. 앞치마 주머니 부분에 로고나 자수를 넣을 경우 재봉기로 미리 박아놓는다.<br>9. 주머니는 양옆과 밑부분의 시접은 1cm씩, 윗부분은 3.5cm 시접을 두고 재단한다. 양옆과 밑부분을 시접 1cm씩 접는다. 주머니 입구 부분은 시접 1cm 접고, 안단 분량 2.5cm를 다시 접어 다림질한다. 주머니 입구의 안단 시접 부분만 상침 봉제한다. 앞치마의 몸판 부분 중앙에 주머니 위치를 시침핀으로 고정해 놓은 뒤 주머니 오른쪽 부분부터 ㄷ 자 모양으로 상침 봉제 한다. 중심 부분을 봉제하여 주머니를 나눈다. |
| 심화과정 | 1. 허리에 다트를 넣어 입체적인 앞치마 만들기<br>2. 허리에 주름을 넣어서 여성스러운 디자인으로 만들기<br>3. 가슴 부분까지 감싸는 일반형 앞치마로 만들기 |

## 작업순서

**재료** 원단 1마

**1**

완성사이즈의 옆면, 밑면은 시접을 각각 3cm 두고 윗면은 시접 2.5cm를 두고 재단한다. 앞치마의 몸판 부분의 옆선 시접 1cm를 먼저 접어 다린 후, 밑단의 시접 1cm도 접어 다린다. 다시 한번 옆선의 시접 2cm를 접어 다린 후, 밑단의 시접 2cm도 접어 다린다.

**2**

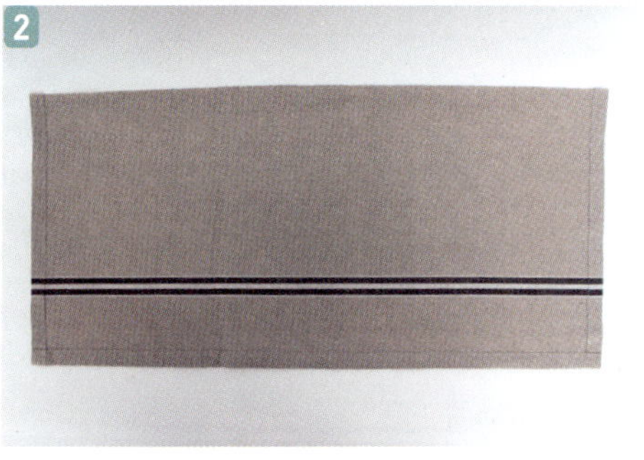

앞치마의 몸판 부분은 허리선을 제외하고 옆선과 밑단을 전체적으로 접은 안단의 끝부분을 ㄷ자 모양으로 봉제한다.

**3**

허리끈 만들기 - 허리끈은 길이 182cm × 폭 10cm로 재단해서 먼저 한쪽 시접을 2.5cm 접어서 다림질한다.

**4**

양쪽 끝 옆선을 0.5cm 정도 접은 다음 반대쪽 시접 2.5cm를 접는다.

**5**

한번 더 1/2폭을 접을 때 그림과 같이 허리단 부분으로 끼워 넣으면 허리끈의 시접을 예쁘게 마무리 할 수 있다.

6

앞치마의 몸판 부분의 뒤면 위에 재단해 놓은 허리끈을 올려놓고 중심을 잘 맞춰서 시침핀으로 고정한다. 허리끈 시접부분과 앞치마 허리부분을 봉제한다.

7

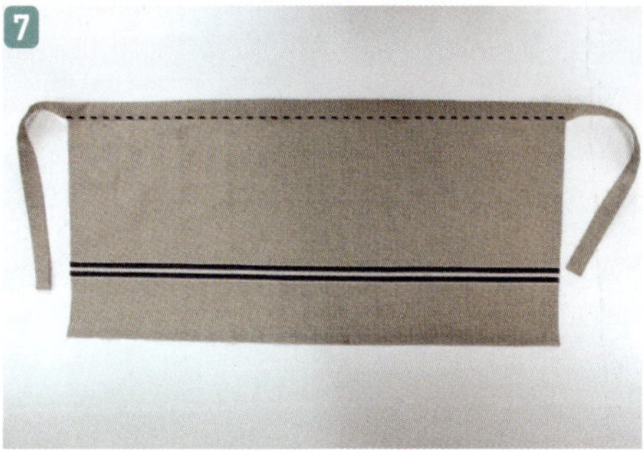

안쪽에서 봉제한 허리끈을 앞치마의 앞 겉면 쪽으로 시접 정리를 해서 넘긴다. 앞치마의 앞부분의 허리끈 시접을 다림질로 정리하고, 시침핀으로 고정해 놓은 뒤 상침 봉제한다. 이때 몸판 왼쪽 끈에서부터 허리 부분을 지나 오른쪽 허리끈까지 한번에 박는다.

8

앞치마 주머니 부분에 로고나 자수를 넣을 경우 재봉기로 미리 박아놓는다.

9

주머니는 양옆과 밑부분의 시접은 1cm씩, 윗부분은 3.5cm 시접을 두고 재단한다. 양옆과 밑부분을 시접 1cm씩 접는다. 주머니 입구 부분은 시접 1cm 접고, 안단 분량 2.5cm를 다시 접어 다림질한다. 주머니 입구의 안단 시접 부분만 상침 봉제한다. 앞치마의 몸판 부분 중앙에 주머니 위치를 시침핀으로 고정해 놓은 뒤 주머니 오른쪽 부분부터 ㄷ 자 모양으로 상침 봉제한다. 중심 부분을 봉제하여 주머니를 나눈다.

8

완성

MEMO

## 7. 지퍼 클러치백

| | |
|---|---|
| 완성사이즈 | 가로 30cm × 세로 25cm, 고리 폭 1cm 길이 5cm |
| 재료 | 원단 겉감 1/4마, 안감 1/4마(겉, 안감 폭 130cm 이상), 접착솜 또는 접착심지 1/2마, 지퍼 1개 |
| 작업과제 | 지퍼로 여밈을 하고, 옆 부분에 고리를 달아 장식이나 끈을 달아서도 사용할 수 있도록 클러치백을 만드시오. |
| 바느질기법 | • 겉감과 안감 봉제 • 지퍼 봉제 • 손잡이 봉제 • 고리 또는 끼움라벨 봉제 |
| 작업순서 | 1. 지퍼를 달기 전에 지퍼 겉면 끝부분에 겉감 원단을 대고 0.5cm 시접으로 박은 뒤 원단으로 지퍼를 감싼 후 끝을 한 번 더 접는다. 겉감 원단으로 감싼 지퍼 끝을 고정해서 박아둔다.<br>2. 겉감의 안쪽에 접착솜 이나 심지를 붙인 다음, 겉감 겉면 위쪽에 지퍼의 시작 부분을 접어 시침핀으로 고정한 후 지퍼 달기 노루발을 이용해서 시접 0.7cm를 두고 박는다.<br>3. 겉감과 지퍼를 봉제한 부분을 따라 안감을 지퍼 아래에 두고 한 번 더 봉제한다.(2, 3번 과정이 한 번에 가능하면 겉감, 지퍼, 안감을 한 번에 봉제해도 된다.)<br>4. 겉감과 안감을 봉제한 뒤, 시접은 겉감 쪽으로 넘겨서 위쪽에서 누름상침 봉제한다. (장식의 효과 외에도 누름상침 시 원단이 밀리지 않는다.)<br>5. 클러치 옆면에 끼워 넣을 고리는 폭 1cm, 길이 5cm 정도가 되도록 상침 봉제한다.<br>6. 겉감의 옆면 부분에 고리를 반 접어서 양쪽으로 미리 고정해둔다. D링 부자재가 있는 경우 고리에 미리 끼워 놓고 박아두면 된다. 반대편도 겉감에 지퍼를 달고 안감과 함께 봉제 후 시접을 정리해서 겉감 윗면에 상침봉제를 한다.<br>7. 겉감은 겉감끼리 겉면이 맞닿게 두고, 안감은 안감의 겉면끼리 맞닿게 펼쳐둔다. 안감 옆면 부분의 창구멍을 제외하고 옆면과 바닥을 모두 시접 0.7cm를 두고 봉제한다.<br>8. 바닥의 모서리 부분은 둥글게 굴려서 봉제하거나, 직각으로 봉제 후 시접은 대각선으로 잘라서 정리한다.<br>9. 창구멍으로 뒤집어서 시접을 정리한 후 창구멍 부분을 상침봉제하거나, 공그르기로 마감한 다음 안감을 겉감 속으로 넣어 완성한다. |
| 심화과정 | 1. 바닥면 만들기<br>2. 덮개가 있는 장식 클러치 만들기<br>3. D링 고리 달고 손잡이 달기 |

## 작업순서

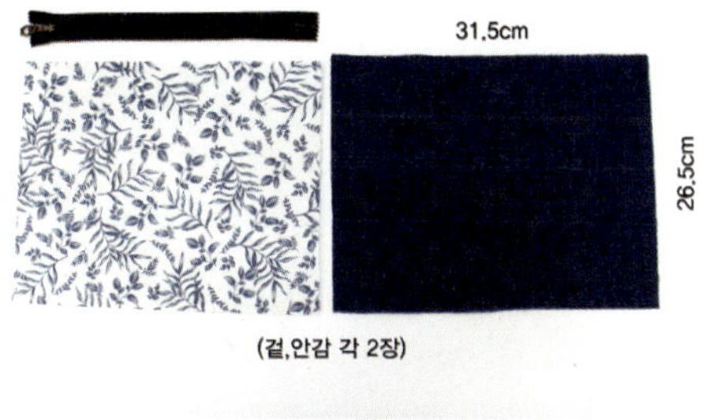


**재료** 원단 겉감 1/4마, 안감 1/4마(겉, 안감 폭 130cm 이상), 접착솜 또는 접착심지 1/2마, 지퍼 1개

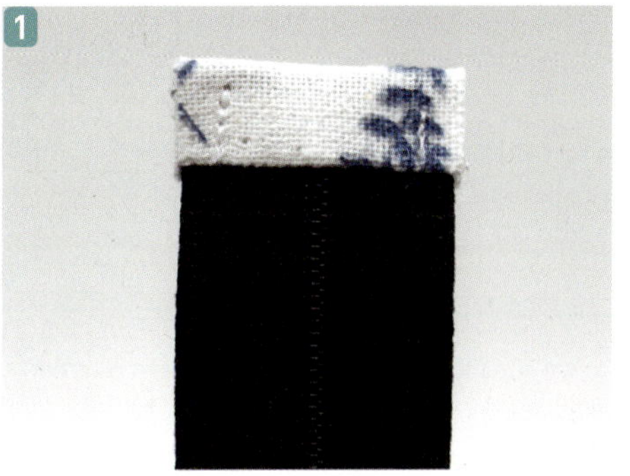

1 지퍼를 달기 전에 지퍼 겉면 끝부분에 겉감 원단을 대고 0.5cm 시접으로 박은 뒤 원단으로 지퍼를 감싼 후 끝을 한 번 더 접는다. 겉감 원단으로 감싼 지퍼 끝을 고정해서 박아둔다.

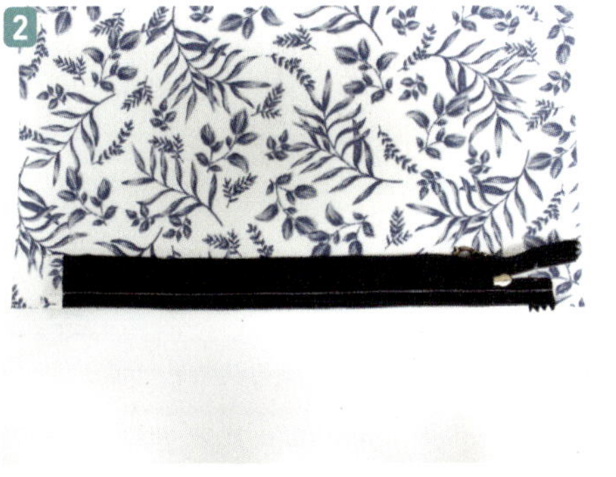

2 겉감의 안쪽에 접착솜 이나 심지를 붙인 다음, 겉감 겉면 위쪽에 지퍼의 시작 부분을 접어 시침핀으로 고정한 후 지퍼 달기 노루발을 이용해서 시접 0.7cm를 두고 박는다.

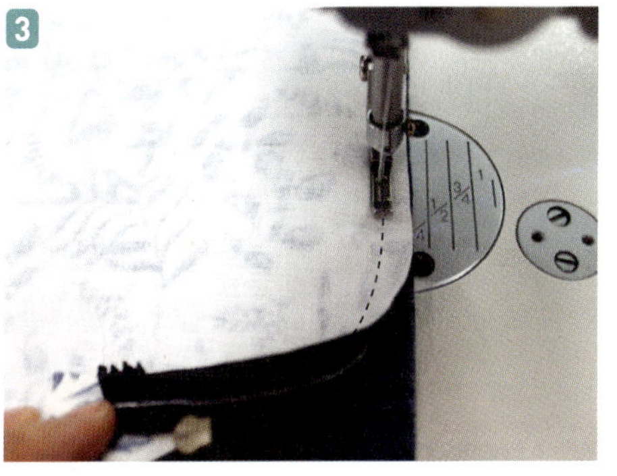

3 겉감과 지퍼를 봉제한 부분을 따라 안감을 지퍼 아래에 두고 한 번 더 봉제한다.(2,3번 과정이 한 번에 가능하면 겉감, 지퍼, 안감을 한 번에 봉제해도 된다.)

4 겉감과 안감을 봉제한 뒤, 시접은 겉감 쪽으로 넘겨서 위쪽에서 누름상침 봉제한다.(장식의 효과 외에도 누름상침 시 원단이 밀리지 않는다.)

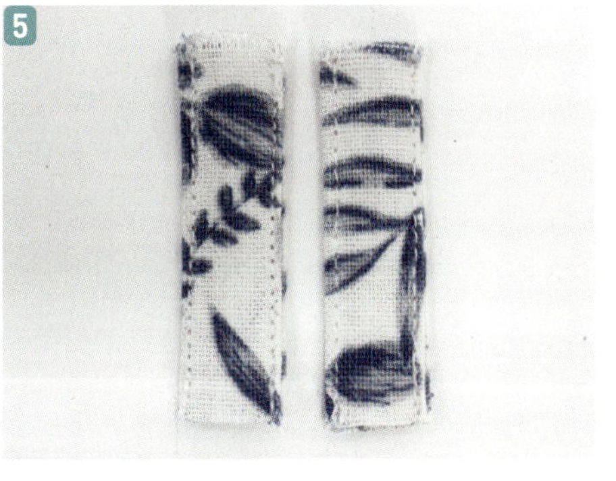

5 클러치 옆면에 끼워 넣을 고리는 폭 1cm, 길이 5cm 정도가 되도록 상침 봉제한다.

겉감의 옆면 부분에 고리를 반 접어서 양쪽으로 미리 고정해둔다. D링 부자재가 있는 경우 고리에 미리 끼워 놓고 박아두면 된다. 반대편도 겉감에 지퍼를 달고 안감과 함께 봉제 후 시접을 정리해서 겉감 윗면에 상침 봉제를 한다.

겉감은 겉감끼리 겉면이 맞닿게 두고, 안감은 안감의 겉면끼리 맞닿게 펼쳐둔다. 안감 옆면 부분의 창구멍을 제외하고 옆면과 바닥을 모두 시접 0.7cm를 두고 봉제한다.

바닥의 모서리 부분은 둥글게 굴려서 봉제하거나, 직각으로 봉제 후 시접은 대각선으로 잘라서 정리한다.

창구멍으로 뒤집어서 시접을 정리한 후 창구멍 부분을 상침봉제 하거나 공그르기로 마감한 다음 안감을 겉감 속으로 넣어 완성한다.

완성

MEMO

## 8. 주방장갑

※ 실기 과정 뒷부분에 해당 패턴 있음

| | |
|---|---|
| 완성사이즈 | 가로 17cm × 세로 26cm, 바이어스길이 40cm 가량 |
| 재료 | 원단 겉감 1/2마, 안감 1/2마, 접착솜 1/2마, 바이어스원단 1/4마 |
| 작업과제 | 손목까지 충분히 덮는 길이로 안전하게 사용할 수 있도록 6온스 접착솜을 이용해서 도톰하게 만들고, 장갑의 입구는 바이어스 테이프로 마무리 하시오. |
| 바느질기법 | • 바이어스 봉제 • 곡선 봉제 • 곡선 시접 처리 |
| 작업순서 | 1. 겉감 안감 각각 시접을 0.7cm를 두고 2장씩 재단한다. 접착솜은 시접 없이 2장 재단해서 겉감 안쪽면에 붙인다. 겉감의 겉면끼리 맞닿게 겹쳐놓고 장갑 입구 직선부분을 제외하고 장갑 모양대로 봉제한 다음 0.5cm 시접을 두고 자른 뒤 곡선 부분을 전체적으로 가위집을 준다.<br>2. 안감은 완성선 보다 0.2cm 정도 안쪽으로 봉제 후 0.5cm 시접으로 자른 뒤 곡선 부분을 전체적으로 가위집을 내준다.<br>3. 겉, 안감을 각각 봉제한 후 겉감을 뒤집는다.<br>4. 겉감 속으로 안감을 그대로 넣고 장갑 입구의 둘레를 시침핀으로 고정한 뒤 박는다<br>5. 정바이어스 테이프 만들기-정사각형 원단의 45도의 사선으로 그리거나 원단을 반 접는다. 5cm 폭으로 재단한다.(정사각형 원단이 아니더라도 각도를 45도로 맞춰서 정바이어스로 재단하면 된다.)<br>6. 자른 바이어스 원단의 길이가 짧은 경우, 끝부분의 어슷한 모양을 교차하도록 놓고 0.5cm 시접으로 봉제해서 이으면 길게 사용할 수 있다. 봉제한 부분의 시접은 가름솔 한다.<br>7. 바이어스 테이프의 1/2을 접는다. 바이어스 테이프의 한쪽면 1/4을 접는다.<br>8. 장갑 입구의 둘레 겉면에 바이어스 테이프를 올려놓고 1.2cm 시접으로 봉제한다. 바이어스 테이프를 안쪽으로 접어 보내어 상침 봉제하거나, 공그르기로 마무리한다. |
| 심화과정 | 1. 옆선에 고리를 달아서 걸이용으로 제작<br>2. 겉감 원단과 솜을 누벼서 제작 |

## 작업순서

**재료** 원단 겉감 1/2마, 안감 1/2마, 접착솜 1/2마 바이어스원단 1/4마

**1**

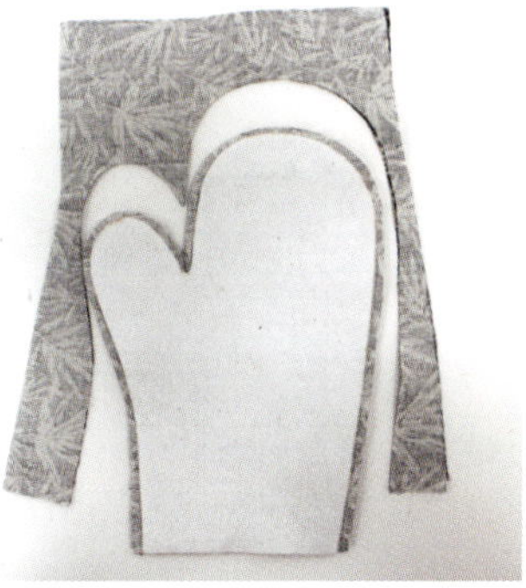

겉감 안감 각각 시접을 0.7cm를 두고 2장씩 재단한다. 접착솜은 시접 없이 2장 재단해서 겉감 안쪽면에 붙인다. 겉감의 겉면끼리 맞닿게 겹쳐놓고 장갑 입구 직선 부분을 제외하고 장갑 모양대로 봉제한 다음 0.5cm 시접을 두고 자른 뒤 곡선 부분을 전체적으로 가위집을 준다.

**2**

안감은 완성선 보다 0.2cm 정도 안쪽으로 봉제 후 0.5cm 시접으로 자른 뒤 곡선 부분을 전체적으로 가위집을 내준다.

**3**

겉, 안감을 각각 봉제한 후 겉감을 뒤집는다.

**4**

겉감 속으로 안감을 그대로 넣고 장갑 입구의 둘레를 시침핀으로 고정한 뒤 박는다.

**5**

정바이어스 테이프 만들기 - 정사각형 원단의 45도의 사선으로 그리거나 원단을 반 접는다. 5cm 폭으로 재단한다.(정사각형 원단이 아니더라도 각도를 45도로 맞춰서 정바이어스로 재단하면 된다)

6

자른 바이어스 원단의 길이가 짧은 경우, 끝부분의 어슷한 모양을 교차하도록 놓고 0.5cm 시접으로 봉제해서 이으면 길게 사용할 수 있다. 봉제한 부분의 시접은 가름솔 한다.

7

바이어스 테이프의 1/2을 접는다. 바이어스 테이프의 한쪽면 1/4을 접는다.

8

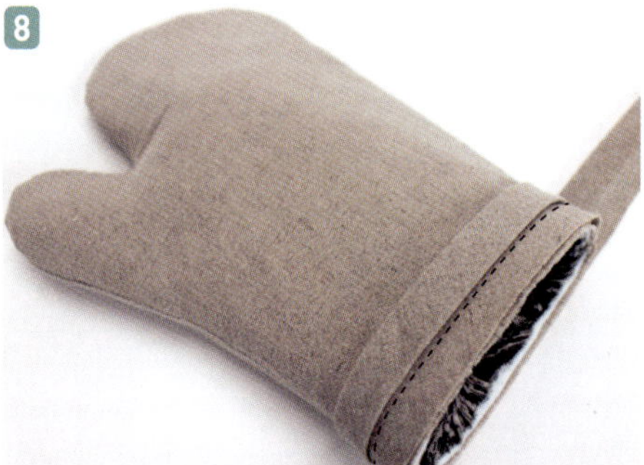

장갑 입구의 둘레 겉면에 바이어스 테이프를 올려놓고 1.2cm 시접으로 봉제한다. 바이어스 테이프를 안쪽으로 접어 보내어 상침 봉제하거나, 공그르기로 마무리한다.

9

완성

MEMO

## 9. 룸슈즈

※ 실기 과정 뒷부분에 해당 패턴 있음

| 완성사이즈 | 발길이 240mm 정도 |
|---|---|
| 재료 | 원단 겉감 1/4마, 안감 1/2마, 접착솜 1/2마, 미끄럼방지 원단 1/4마 |
| 작업과제 | 발등을 감싸는 디자인으로, 쿠션감이 있으며 집안에서 신어도 미끄러지지 않도록 바닥 부분에 미끄럼방지 원단을 대고 만드시오. |
| 바느질기법 | • 곡선 봉제 (시접 가위집내기) • 창구멍 공그르기 |
| 작업순서 | 1. 겉감, 안감을 각각 시접을 0.7cm를 두고 2장씩 재단한다. 슈즈의 발등 부분인 겉감 2장의 안쪽면에 접착솜을 다림질로 부착한다. 접착솜을 재단할 때는 시접 없이 재단한다.<br>2. 안감, 미끄럼방지원단을 각각 시접을 0.7cm를 두고 2장씩 재단한다. 발바닥 안감 안쪽면에 접착솜을 시접 없이 재단해서 다림질로 부착한다.<br>3. **Tip.** 접착솜이 아닌 누빔솜을 사용할 경우<br>가정용 재봉기의 누빔 패턴을 이용해서 발바닥면 안쪽에 누빔솜을 고정해 놓은 뒤 전체적으로 누빈다.(접착솜 사용시 누비기 과정을 생략한다.)<br>4. 겉감 슈즈 발등의 뒷부분을 각각 이어서 봉제하고 시접은 가름솔로 가른다. 겉감 2장과 안감 2장씩 준비한다.<br>5. 슈즈 발등 부분의 겉감과 안감의 겉면 부분이 맞닿게 고정해 놓은 뒤에 발이 들어가는 입구 부분을 봉제하고, 곡선부분은 가위집을 내어 시접을 정리한다. 겉, 안감을 봉제 했을 때 솔기 시접을 가름솔로 정리해야 교차되는 시접 부분이 두꺼워지는 것을 막을 수 있다.<br>6. 슈즈의 발등부분을 뒤집어서 시접을 정리하여 다리미로 형태를 잡아놓는다. 시접이 밀리지 않도록 안감 부분을 누름상침 봉제를 하거나, 장식상침 봉제를 해도 된다.<br>7. 슈즈 발등 부분의 겉감과 발바닥 겉감용 미끄럼방지 원단의 겉면을 맞닿게 시침핀으로 고정해놓고 봉제한다.<br>8. 발등 부분 안감의 겉면과 발바닥 안쪽면 겉면이 맞닿게 시침핀으로 고정해 놓은 뒤 봉제한다. 이때, 안감의 옆 부분으로 뒤집을 수 있도록 창구멍 부분을 남겨두고 봉제한다.<br>9. 뒤집은 다음 시접부분은 다림질하고 창구멍부분은 공그르기나 감침질해서 마무리 한다. |
| 심화과정 | 1. 바이어스 테이프로 전체적으로 감싸는 디자인으로 제작하기<br>2. 슬리퍼 형태로 뒷부분을 접어 박는 방식으로 제작하기 |

## 작업순서

**재료** 원단 겉감 1/4마, 안감 1/2마
접착솜 1/2마, 미끄럼방지 원단 1/4마

**1**

겉감, 안감을 각각 시접을 0.7cm를 두고 2장씩 재단한다. 슈즈의 발등 부분인 겉감 2장의 안쪽면에 접착솜을 다림질로 부착한다. 접착솜을 재단할 때는 시접 없이 재단한다.

**2**

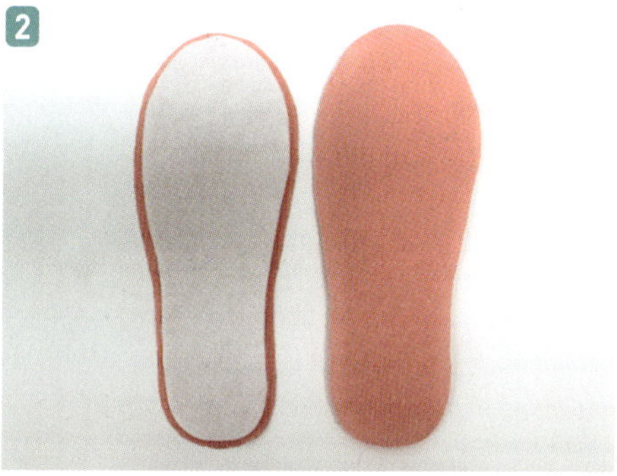

안감, 미끄럼방지원단을 각각 시접을 0.7cm를 두고 2장씩 재단한다. 발바닥 안감 안쪽면에 접착솜을 시접 없이 재단해서 다림질로 부착한다.

**3**

**Tip.** 접착솜이 아닌 누빔솜을 사용할 경우
가정용 재봉기의 누빔 패턴을 이용해서 발바닥면 안쪽에 누빔솜을 고정해 놓은 뒤 전체적으로 누빈다.(접착솜 사용시 누비기 과정을 생략한다.)

**4**

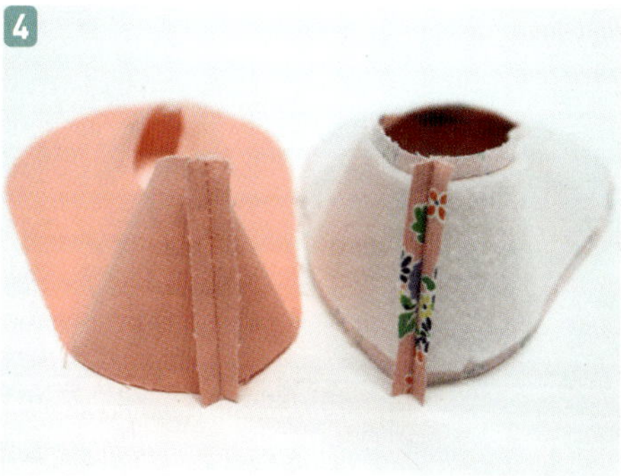

겉감 슈즈 발등의 뒷부분을 각각 이어서 봉제하고 시접은 가름솔로 가른다. 겉감 2장과 안감 2장씩 준비한다.

**5**

슈즈 발등 부분의 겉감과 안감의 겉면 부분이 맞닿게 고정해 놓은 뒤에 발이 들어가는 입구부분을 봉제하고, 곡선부분은 가위집을 내어 시접을 정리한다. 겉, 안감을 봉제 했을 때 솔기 시접을 가름솔로 정리해야 교차되는 시접 부분이 두꺼워지는 것을 막을 수 있다.

6

슈즈의 발등 부분을 뒤집어서 시접을 정리하여 다리미로 형태를 잡아놓는다. 시접이 밀리지 않도록 안감 부분을 누름상침 봉제를 하거나, 장식상침 봉제를 해도 된다.

7

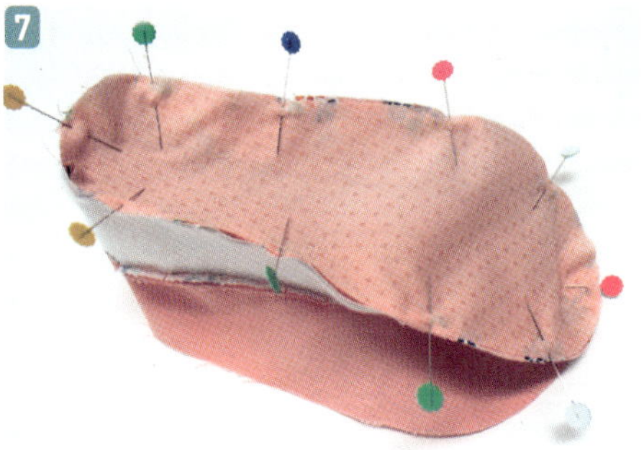

슈즈 발등 부분의 겉감과 발바닥 겉감용 미끄럼방지 원단의 겉면을 맞닿게 시침핀으로 고정해놓고 봉제한다.

8

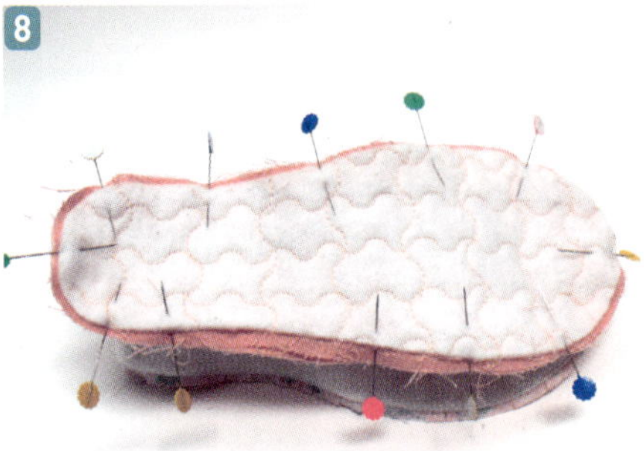

발등부분 안감의 겉면과 발바닥 안쪽면 겉면이 맞닿게 시침핀으로 고정해 놓은 뒤 봉제한다. 이때, 안감의 옆 부분으로 뒤집을 수 있도록 창구멍 부분을 남겨두고 봉제한다.

9

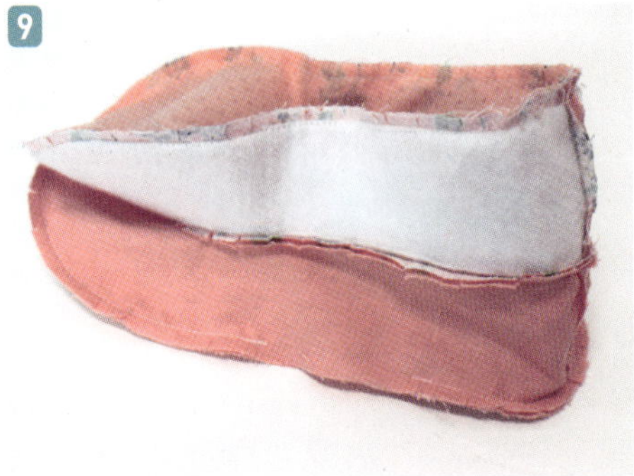

뒤집은 다음 시접부분은 다림질하고 창구멍부분은 공그르기나 감침질해서 마무리한다.

10

완성

MEMO

## 10. 쿠션커버

<table>
<tr><td>완성사이즈</td><td>가로 40cm × 세로 40cm</td></tr>
<tr><td>재료</td><td>원단 1마, 파이핑끈 (면 스트링) 2마, 일반지퍼 1개 (롤지퍼 40cm), 시판용 바이어스 2마</td></tr>
<tr><td>작업과제</td><td>파이핑 끈을 직접 만들어서 쿠션 테두리 장식 디테일로 사용하고, 뒷부분에 일반 지퍼를 안보이도록 달아서 여밈 할 수 있도록 만드시오.</td></tr>
<tr><td>바느질기법</td><td>• 직선 봉제 • 파이핑 봉제 • 지퍼 달기</td></tr>
<tr><td>작업순서</td><td>1. 42cm × 42cm로 재단한 앞면 원단의 테두리 시접은 각 1cm로, 오버록 처리 후 파이핑 노루발을 이용해 파이핑을 장식 봉제한다.(파이핑끈 만들기는 바이어스 테이프를 3cm 폭으로 만들어 면 스트링을 끼워 박아서 만든다.)<br>2. 모서리 부분에 파이핑을 달때는 파이핑 원단에 가위집을 내면서 박아야 자연스러운 곡선을 만든다.<br>3. 쿠션 뒷면은 42cm × 23cm으로 2장 재단해서 겉면이 맞닿게 두고, 지퍼 다는 부분의 시접을 2cm 표시한 후 양쪽 끝부분을 3cm씩 박는다. 지퍼 다는 시접은 미리 오버록 처리하는 것이 편리하다.<br>4. 지퍼의 윗쪽 덮개 부분은 2cm, 아래쪽으로 들어가는 지퍼 부분은 1.5cm가 되도록 표시해서 시접을 다린다.<br>5. 아래쪽으로 들어가는 지퍼 부분은 지퍼노루발을 이용해서 달고, 양쪽 끝부분에서 1cm 더 박는다.(지퍼 고리는 이때 끼워준다.)<br>6. 위쪽 지퍼 덮개 부분은 1.5cm 폭으로 ㄷ 자 모양으로 상침 봉제한다. 양쪽 끝부분은 지퍼 고리가 빠지지 않도록 단단하게 박는다. 지퍼를 달고 뒷면이 완성되면 테두리 시접을 오버록 처리한다.<br>7. 쿠션의 앞, 뒷면의 겉면끼리 대고 시침핀으로 고정한다. 앞면의 파이핑을 봉제된 부분을 따라 한 번 더 파이핑 노루발을 이용해서 앞, 뒷면을 전체적으로 봉제한다. 지퍼가 창구멍의 역할을 하기 때문에, 지퍼를 열어 뒤집어서 시접을 정리한다.</td></tr>
<tr><td>심화과정</td><td>1. 디테일 장식으로 셔링, 주름 만들어 달기<br>2. 콘솔지퍼를 달아서 양면 활용 가능하도록 제작하기</td></tr>
</table>

## 작업순서

**재료** 원단 앞-가로42cm × 세로 42cm
뒤-가로42cm × 세로 23cm(2장)
파이핑끈 (면 스트링) 2마
일반지퍼 1개 (롤지퍼 40cm)
시판용 바이어스 2마

42cm×42cm로 재단한 앞면 원단의 테두리 시접은 각 1cm로, 오버록 처리 후 파이핑 노루발을 이용해 파이핑을 테두리 장식 봉제한다.(파이핑끈 만들기는 바이어스 테이프를 3cm 폭으로 만들어 면 스트링을 끼워 박아서 만든다.)

모서리 부분에 파이핑을 달 때는 파이핑 원단에 가위집을 내면서 박아야 자연스러운 곡선을 만든다.

쿠션 뒷면은 42cm×23cm으로 2장 재단해서 겉면이 맞닿게 두고, 지퍼 다는 부분의 시접을 2cm 표시한 후 양쪽 끝부분을 3cm씩 박는다. 지퍼 다는 시접은 미리 오버록 처리하는 것이 편리하다.

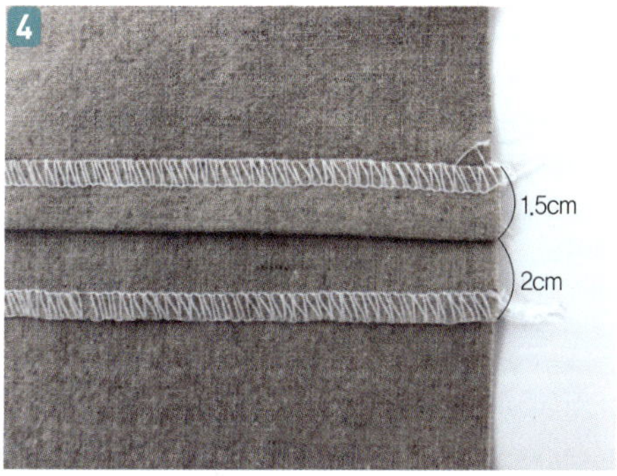


지퍼의 윗쪽 덮개 부분은 2cm, 아래쪽으로 들어가는 지퍼 부분은 1.5cm가 되도록 표시해서 시접을 다린다.

아래쪽으로 들어가는 지퍼 부분은 지퍼노루발을 이용해서 달고, 양쪽 끝부분에서 1cm 더 박는다.(지퍼 고리는 이때 끼워준다.)

6

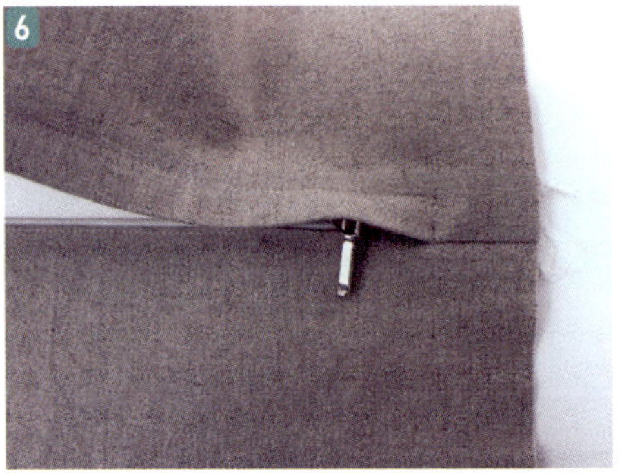

위쪽 지퍼 덮개 부분은 1.5cm 폭으로 ㄷ 자 모양으로 상침 봉제한다. 양쪽 끝부분은 지퍼 고리가 빠지지 않도록 단단하게 박는다. 지퍼를 달고 뒷면이 완성되면 테두리 시접을 오버록 처리한다.

7

쿠션의 앞, 뒷면의 겉면끼리 대고 시침핀으로 고정한다. 앞면의 파이핑을 봉제된 부분을 따라 한 번 더 파이핑 노루발을 이용해서 앞, 뒷면을 전체적으로 봉제한다. 지퍼가 창구멍의 역할을 하기 때문에 지퍼를 열어 뒤집어서 시접을 정리한다.

8

완성

MEMO

## 11. 유아 반바지

※ 실기 과정 뒷부분에 해당 패턴 있음

| 완성사이즈 | 90호 가로 33cm × 세로 22cm |
|---|---|
| 재료 | 원단 1/2마, 사각고무줄 1cm 1마 |
| 작업과제 | 아이들이 편하게 입고 활동할 수 있게 허리 부분과 밑단 부분에 고무줄을 넣어 유아용 호박 반바지를 만드시오 |
| 바느질기법 | • 고무줄 넣기 • 솔기처리 |
| 작업순서 | 1. 반바지 패턴을 2장의 원단을 겹쳐놓고 안쪽면에 시접표시 후 재단한다. 허리와 밑단 부분의 시접은 각각 3cm, 밑위 부분과 옆선은 1cm씩 한다.<br>2. 반바지 좌우 옆선을 각각 오버록 처리 후 1cm 시접 부분을 박고 가름솔한다. 바지통 한쪽을 뒤집어 겉면끼리 맞닿게 다른 쪽에 끼워 넣고 바지 앞뒤 중심선과 밑위 부분을 전체적으로 봉제한다.<br>3. 밑위 부분은 봉제 후 2장의 시접을 한 번에 오버록 처리한다.<br>4. 바지 한쪽을 빼서 밑위 부분과 옆선의 교차부분이 잘 맞았는지 확인하고 시접을 한쪽으로 정리한다.<br>5. 시접을 정리한 후 겉부분에서 상침 봉제한다. 허리부분의 시접 1cm를 먼저 접어 다리고, 고무줄이 들어갈 2cm를 다시 접어서 다림질한다. 고무줄이 들어갈 창구멍 부분을 2cm 정도 남겨놓고 가장자리를 상침 봉제한다.<br>6. 바지 양쪽 밑단 부분도 허리와 동일하게 시접을 다리고 고무줄 입구 2cm 정도 남겨놓고 끝단을 봉제한다.<br>7. 옷핀을 이용해서 고무줄을 허리부분과 밑단에 넣어 사이즈를 조절한다. 사이즈를 맞춰놓고 고무줄을 연결한 후 창구멍 부분도 박아서 마감한다. |
| 심화과정 | 1. 허리, 밑단에 고무줄을 원단과 한 번에 봉제하는 방법으로 제작하기<br>2. 밑단에 고무줄을 넣어 프릴 형태의 장식 효과가 나오도록 제작하기 |

## 작업순서

**재료** 원단 1/2마, 사각고무줄 1cm 1마

1

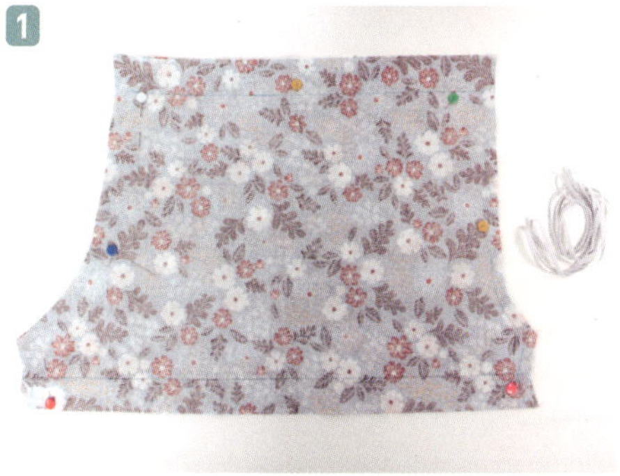

반바지 패턴을 2장의 원단을 겹쳐놓고 안쪽면에 시접 표시 후 재단한다. 허리와 밑단 부분의 시접은 각각 3cm, 밑위 부분과 옆선은 1cm씩 한다.

2

반바지 좌우 옆선을 각각 오버록 처리 후 1cm 시접 부분을 박고 가름솔한다. 바지통 한쪽을 뒤집어 겉면끼리 맞닿게 다른 쪽에 끼워 넣고 바지 앞뒤 중심선과 밑위 부분을 전체적으로 봉제한다.

3

밑위 부분은 봉제 후 2장의 시접을 한 번에 오버록 처리한다.

4

바지 한쪽을 빼서 밑위 부분과 옆선의 교차부분이 잘 맞았는지 확인하고 시접을 한쪽으로 정리한다.

5

시접을 정리한 후 겉부분에서 상침 봉제한다. 허리 부분의 시접 1cm를 먼저 접어 다리고, 고무줄이 들어갈 2cm를 다시 접어서 다림질한다. 고무줄이 들어갈 창구멍 부분을 2cm 정도 남겨놓고 가장자리를 상침 봉제한다.

6

바지 양쪽 밑단 부분도 허리와 동일하게 시접을 다리고 고무줄 입구 2cm 정도 남겨놓고 끝단을 봉제한다.

7

옷핀을 이용해서 고무줄을 허리부분과 밑단에 넣어 사이즈를 조절한다. 사이즈를 맞춰놓고 고무줄을 연결한 후 창구멍 부분도 박아서 마감한다.

8

완성

# MEMO

## 12. 랩스커트

<table>
<tr><td>완성사이즈</td><td>허리둘레 100cm(스커트를 펼쳤을때), 밑단둘레 240cm, 총기장 60cm,<br>허리끈(긴쪽) 170cm (짧은쪽) 70cm, 허리폭 2cm</td></tr>
<tr><td>재료</td><td>원단 2마(폭 140cm), 긴끈 172cm × 8cm(1장), 짧은끈 72cm × 8cm(1장)</td></tr>
<tr><td>작업과제</td><td>허리에 플리츠 주름을 잡아 허리끈으로 여밈을 해서 입을 수 있는 랩스커트 형태로 제작하시오</td></tr>
<tr><td>바느질기법</td><td>• 옆선봉제 • 허리끈 달기 • 플리츠 주름 잡기 • 손스냅달기(버튼홀스티치 손바느질)</td></tr>
<tr><td>작업순서</td><td>1. 겉감 2장을 마주하도록 겹쳐놓고 한쪽 옆선의 시접을 1cm로 봉제후 오버록 처리한다.(일반적으로 주름의 양은 2배~2.5배 정도로 계산한다.)<br>2. 표시해놓은 주름 분량을 도구를 이용해서 주름량을 2cm씩(필요량 4cm 35개 정도) 접어서 넣으면서 시침질로 봉제한다.<br>3. 스커트의 양옆선 시접 1cm를 접고, 다시 안단 시접 2cm씩을 접어서 다린다.<br>4. 스커트 밑단 시접도 1cm를 접어 다린 후 다시 2cm를 접어서 다린다. 스커트 옆선의 안단부터 봉제 후 밑단과 교차되는 부분에서는 되돌아 박기로 한 번 더 봉제 후 밑단을 이어서 박는다.<br>5. 긴 허리끈의 완성폭은 2cm, 길이는 스커트 허리길이보다 약 70cm 이상 길게 제작한다. 여몄을 때 안쪽으로 들어가는 끝 겉면에서 긴 허리끈을 끝 시접 1cm를 남기고 허리를 따라 핀 고정한다. 1cm 남긴 시접을 뒤쪽으로 접어 놓고 허리를 따라 봉제한다.<br>6. 긴 허리끈을 위로 올려 시접을 정리하면 옆선과 긴 허리끈의 가장자리가 깔끔하게 정리된다. 스커트 안쪽의 허리 바느질선이 덮이도록 허리끈을 두고 위에서 시침핀으로 고정한다.<br>7. 긴 허리끈 접은 부분을 따라 겉면에서 한 번에 상침 봉제를 한다.(끈 끝 마무리는 앞치마 허리끈 만들기 참고)<br>8. 양옆으로 허리끈을 묶어서 여밈을 할 수 있도록 다른 한쪽은 짧은 허리끈을 70cm 정도로 제작해서 다른 한쪽 허리부분에 0.5cm 시접으로 박는다. 허리끈 박은 0.5cm 시접 쪽으로 허리끈을 넘긴다.<br>9. 허리끈을 넘기고 1cm 정도로 박음질하여 시접이 보이지 않도록 한다.<br>10. 스커트 안쪽으로 들어가 허리와 고정되는 부분은 손스냅을 달아 마무리한다.(허리 사이즈에 따라 조절한다.)</td></tr>
<tr><td>심화과정</td><td>1. 허리에 셔링을 잡아서 제작하기(주름노루발 사용)<br>2. 허리 주름 없이 플레어로 재단해서 플레어 랩스커트로 제작하기</td></tr>
</table>

## 작업순서

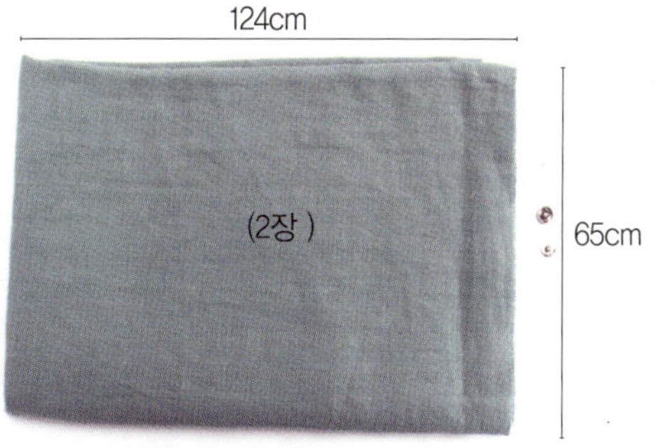


**재료** 원단 2마(폭 140cm)
긴끈 172cm×8cm(1장)
짧은끈 72cm×8cm(1장)

1

겉감 2장을 마주하도록 겹쳐놓고 한쪽 옆선의 시접을 1cm로 봉제후 오버록 처리한다.(일반적으로 주름의 양은 2배~2.5배 정도로 계산한다.)

표시해놓은 주름 분량을 도구를 이용해서 주름량을 2cm씩(필요량 4cm 35개 정도) 접어서 넣으면서 시침질로 봉제한다.

스커트의 양옆선 시접 1cm를 접고, 다시 안단 시접 2cm씩을 접어서 다린다.

스커트 밑단 시접도 1cm를 접어 다린 후 다시 2cm를 접어서 다린다. 스커트 옆선의 안단부터 봉제 후 밑단과 교차되는 부분에서는 되돌아 박기로 한 번 더 봉제 후 밑단을 이어서 박는다.

긴 허리끈의 완성폭은 2cm, 길이는 스커트 허리길이보다 약 70cm 이상 길게 제작한다. 여몄을 때 안쪽으로 들어가는 끝 겉면에서 긴 허리끈을 끝 시접 1cm를 남기고 허리를 따라 핀고정한다. 1cm 남긴 시접을 뒤쪽으로 접어 놓고 허리를 따라 봉제한다.

6

긴 허리끈을 위로 올려 시접을 정리하면 옆선과 긴 허리끈의 가장자리가 깔끔하게 정리된다. 스커트 안쪽의 허리 바느질선이 덮이도록 허리끈을 두고 위에서 시침핀으로 고정한다.

7

긴 허리끈 접은 부분을 따라 겉면에서 한 번에 상침 봉제를 한다.(끈 끝 마무리는 앞치마 허리끈 만들기 참고)

8

양옆으로 허리끈을 묶어서 여밈을 할 수 있도록 다른 한쪽은 짧은 허리끈을 70cm 정도로 제작해서 다른 한쪽 허리부분에 0.5cm 시접으로 박는다. 허리끈 박은 0.5cm 시접 쪽으로 허리끈을 넘긴다.

9

허리끈을 넘기고 1cm 정도로 박음질하여 시접이 보이지 않도록 한다.

10

스커트 안쪽으로 들어가 허리와 고정되는 부분은 손스냅을 달아 마무리한다.(허리 사이즈에 따라 조절한다.)

11

완성

# PART 3

# 기출문제 및 부록

## 필기과정 (객관식)

## 실기과정 (주관식)

# 소잉디자이너
## 자격 2급 필기과정(객관식)

# 소잉디자이너 2급 자격시험 기출문제 01회

| 자격종목 | 시험시간 | 수험번호 | 이름 | A형 |
|---|---|---|---|---|
| 소잉디자이너2급 | 60분 | | | |

※ 시험문제지는 답안카드와 반드시 같이 제출하여야 합니다.

〈소잉디자인 15문항〉

**1.** 다음에 대한 설명으로 가장 올바른 것은?

> 인간의 생활 전반에 필요한 제품이나 도구를 생산하는 일련의 행위들로, 인간과 물체의 관계를 중심으로 설계한 디자인이다.

① 전달디자인
② 제품디자인
③ 공간디자인
④ 시각디자인

**2.** 선의 종류에서 직선의 유형으로 가장 거리가 먼 것은?

① 수직선
② 수평선
③ 사선
④ 파상선

**3.** 형태에 대한 설명으로 (　)안에 들어갈 말로 가장 올바른 것은?

> (　)실루엣은 모래시계의 형태를 본뜬 실루엣으로 허리는 좁고 힙을 풍성하게 부풀려 가슴부분을 넓힌 X자형 실루엣을 말한다.

① 스트레이트 실루엣
② 시스 실루엣
③ 아워글라스 실루엣
④ 벌크 실루엣

**4.** 다음은 색의 이미지와 패션이미지에 대한 설명이다. 색상으로 가장 올바른 것은?

| 색의 이미지 | 패션이미지 |
|---|---|
| 지성, 미래, 도시, 지향적, 우아한, 겸손, 미래, 쇠퇴, 무관심, 후회 | 도시적인, 보수적인, 기계적인, 세련된, 멋진, 불안한, 애매한, 우울한 |

① 빨강
② 주황
③ 회색
④ 검은색

**5.** 재질의 결정요인에 해당하지 않는 것은?

① 섬유의 성질
② 실의 종류
③ 옷감의 조직
④ 봉제구성 가공

**6.** 비례에 대한 설명으로 가장 올바른 것은?

> 특정 부분을 대조적으로 크거나 작게 하여 시각적 미를 추구하는 것으로 1 : 4, 1 : 5, 1 : 6 등의 비율을 말한다.

① 조화비례
② 유사비례
③ 대조비례
④ 연속비례

**7.** 다음은 디자인 원리에 대한 설명이다. 이 원리에 해당하는 것은?

> 다수의 단위들이 결합되어 조화의 미를 이룰 수 있도록 질서감을 부여하기 위한 디자인 원리이다.

① 균형
② 비례
③ 강조
④ 통일

**8.** 질서를 위한 조형원리로 가장 거리가 먼 것은?

① 균형
② 비례
③ 리듬
④ 조화

**9.** (  )안에 들어갈 말로 가장 올바른 것은?

> (  )는 디자인 업계의 실무에서 꼭 필요한 과정으로 제품 제작을 위한 기초적인 설계, 또는 제작된 제품을 정확하게 묘사하는 것을 말한다.

① 크로키
② 도식화
③ 패션일러스트레이션
④ 디포메이션

**10.** 다음 팬츠에 대한 설명으로 가장 올바른 것은?

> 허리에서부터 무릎까지는 좁고 무릎 아래에서 바짓단까지 종 모양으로 넓어진 형태의 바지이다.

① 배기팬츠
② 벨보텀팬츠
③ 카고팬츠
④ 조드퍼즈팬츠

**11.** 블라우스에 대한 설명으로 가장 올바른 것은?

> 목둘레에 연결된 긴 끈으로 앞쪽에서 리본처럼 묶여 있는 블라우스이다.

① 블루종 블라우스
② 보 블라우스
③ 새시 블라우스
④ 페전트 블라우스

**12.** 재킷에 대한 설명으로 올바르게 모두 묶은 것은?

① 노포크 재킷-아프리카의 밀림 지역에서 사냥 및 탐험을 할 때 입는 투박한 스타일의 포켓이 많은 실용적인 재킷이다.

② 블레이저 재킷-남성용의 세미 포멀한 재킷으로 턱시도 재킷이나 에드워디안 스타일의 재킷을 말한다.
③ 샤넬 재킷- 노칼라 재킷의 가장자리에 브레이드로 장식한 클래식한 스타일의 재킷이다.
④ 디너 재킷-스탠드 칼라에 에폴렛이나 브레이드 등의 장식을 달고 금속 단추 장식을 한다.

**13.** 패션 코디네이션에 대한 설명으로 가장 올바른 것은?

| '계절에 알맞은'의 의미로 한 계절에 제한하지 않고 시즌에 따라서 몇 시즌을 적절하게 착용하는 것을 말한다. |
|---|

① 플러스 원 코디네이션
② 시즈너블 코디네이션
③ 레이어드 코디네이션
④ 미스 매치 코디네이션

**14.** 코디네이션 방법에 대한 설명으로 틀린 것은?

① 동일소재의 코디네이션은 심플하고 차분한 이미지를 전달한다.
② 패션이미지가 다른 소재를 이용하면 대조적인 이미지 연출이 어렵다.
③ 같은 무늬에 색상만 다르게 연출하면 지루할 수 있는 연출에 변화를 줄 수 있다.
④ 무늬의 크기에 따른 코디네이션은 전체적으로 통일감을 주면서 무늬의 크기에 따라 변화를 추구할 수 있다.

**15.** 다음은 어떤 문서에 대한 설명인가?

| 생산이 결정된 제품 생산에 대한 의뢰 내용을 작성하는 문서이다. 디자이너는 도식화와 부자재, 제품의 사이즈를 작성하고, 패션 MD는 색상과 사이즈별 생산량을 기재하고 패터니스트는 원단과 부자재의 요척 및 소요량 등을 작성한다. |
|---|

① 생산계획서
② 작업지시서
③ 샘플작업지시서
④ 생산의뢰서

〈소잉소재기획 15문항〉

**16.** 소잉소재기획에 대한 설명으로 가장 거리가 먼 것은?

① 소잉디자인 제품을 생산하는 데 적합한 소재를 선정한다.
② 소잉소재에 대한 이론과 지식을 바탕으로 소잉소재기획을 한다.
③ 제품에 맞는 소잉소재기획은 제품의 부가가치를 높일 수 있다.
④ 소비자의 니즈보다는 디자이너의 생각을 우선시한다.

**17.** 권축(Crimp)에 대한 설명으로 바르지 못한 것은?

① 섬유가 길이 방향으로 굴곡이 있거나 꼬여 있는 상태를 말한다.
② 양모가 대표적이며 인조섬유도 방적성을 위해 권축을 만들수 있다.
③ 권축이 있으면 방적성, 레질리언스, 마찰강도가 향상된다.

④ 섬유의 꼬임 때문에 촉감은 까슬까슬하다.

**18.** 다음 중 섬유의 외관적 성능에 대한 설명으로 올바른 것은?

① 초기탄성률은 섬유가 힘에 의해 눌리거나 비틀리거나 구겨지는 등의 압력을 받았다가 원래의 상태로 돌아가려는 성질이다.
② 광택은 원단의 강연성과 무게와 관련이 있다.
③ 드레이프성이 좋은 원단은 견, 아세테이트, 나일론, 폴리에스테르 등이 있다.
④ 레질리언스가 좋으면 구김이 잘 생긴다.

**19.** 섬유소재의 조건에 대한 설명으로 가장 올바른 것은?

| 섬유가 힘에 의해 눌리거나 비틀리거나 구겨지는 등의 압력을 받았다가 원래의 상태로 돌아가려는 성질 |
|---|

① 드레이프성
② 레질리언스
③ 열가소성
④ 염색견뢰도

**20.** 내일광성이 가장 좋은 섬유는?

① 견
② 레이온
③ 폴리에스테르
④ 아크릴

**21.** 면섬유에 대한 설명으로 바르지 못한 것은?

① 천연 꼬임으로 방적성과 탄성이 우수하다.
② 탄성과 레질리언스가 우수하여 구김이 잘 가지 않고 잘 펴진다.
③ 내일광성이 약해 세균과 곰팡이에 대한 피해가 있으므로 보관에 주의해야 한다.
④ 염색성이 우수하다.

**22.** 다음 그림이 설명하는 섬유의 단면으로 가장 올바른것은??

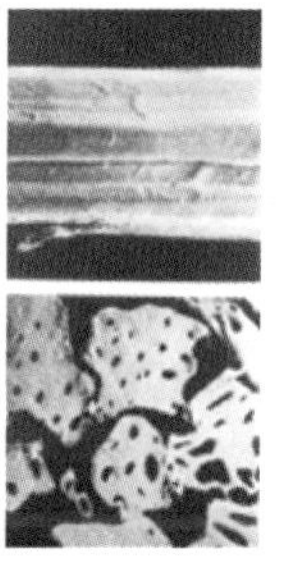

① 아마(린넨)
② 저마(모시)
③ 대마(삼베)
④ 황마

**23.** 레이온의 한 종류인 모달의 특징으로 맞는 것은?

① 산화구리암모니아 용액을 사용한다.
② 생산비가 높다.
③ 레이온의 단점인 세탁수축율을 2% 이내로 조절하였다.
④ 너도밤나무 펄프만을 사용한다.

**24.** 합성섬유의 성질로서 이에 적합한 섬유는 무엇인가?

| • 강도와 신도가 강하고 우수한 마찰 및 마모강도를 가짐<br>• 흡습성이 낮아 땀을 흡수시키지 못하고 정전기가 발생<br>• 스타킹, 란제리 등 얇은 의복이나 양말, 운동복, 노동복 등에 사용 |
|---|

① 나일론
② 폴리에스테르
③ 아크릴
④ 폴리우레탄

**25.** 실의 종류에 대한 설명으로 가장 올바른 것은?

| 천연사 중의 하나로 견고하여 신사복의 단추를 달 때 사용된다. |
|---|

① 면사
② 견사
③ 마사
④ 나일론

**26.** 수자직에 대한 설명으로 올바른 것은?

① 기본이 되는 조직으로 경사와 위사가 한 올씩 교차한다.
② 경사 또는 위사가 두 올 이상 교차되어 능선이 대각선으로 보인다.
③ 조직점이 규칙적이지 않게 분산시켜 경사 또는 위사만 보인다.
④ 경사와 위사를 두 올 이상을 평직처럼 엮는다.

**27.** 웨일방향으로 겉뜨기와 안뜨기를 교대로 배열하며 가로방향으로 신축성이 우수하고 스웨터나 니트 셔츠의 소매단에 주로 쓰이는 조직은?

① 평편
② 고무편
③ 펄편
④ 레이스편

**28.** 다음 설명에 해당하는 것은?

| 실을 엮거나 꼬거나 바늘로 뜨거나 매듭을 져서 만든 다공성 패브릭의 한 종류 |
|---|

① 펠트
② 부직포
③ 레이스
④ 접합포

**29.** 안료에 대한 설명으로 맞는 것은?

① 물, 기름에 녹지 않고 물리적인 방법으로 섬유표면에 부착하는 물질
② 물, 기름에 용해되어 섬유에 염착하는 물질
③ 자외선은 흡수하고 청색의 단파장은 복사하는 물질
④ 정련으로 제거되지 않은 색소를 제거하는 물질

**30.** 다음 설명에 해당하는 것은?

| 면섬유나 면직물을 20~25% 수산화나트륨 용약에 담궜다가 씻는 것으로 냉온의 수축을 방지하며 광택이 증가하고 강도, 흡습성, 염색성이 좋아진다. |
|---|

① 머서화가공
② 축융가공
③ 캘린더가공
④ 플리츠가공

〈소잉테크닉 20문항〉

**31.** 인체의 치수를 재거나 곡선을 잴 때 사용하는 것으로 가장 적합한 것은?

① 줄자
② 그레이딩자
③ 힙곡자
④ 직각자

**32.** 다음에 설명하는 재단용구로 가장 올바른 것은?

| 루울렛과 같이 쓰이며 먹지와 같이 밑에 원단에 선을 베껴내는데 쓰인다. |
|---|

① 재단가위
② 시침핀
③ 초크
④ 초크페이퍼

**33.** 안감을 사용하는 이유로 가장 적합한 것은?

① 원단이 늘어나는 것을 방지한다.
② 탄력을 보강한다.
③ 실루엣을 정돈한다.
④ 원단이 미어지는 것을 방지한다.

**34.** 다음에 설명하는 소잉부자재로 가장 올바른 것은?

| 탄성이 있는 두 개 금속의 양옆을 고정하여 힘을 주어 누르면 벌어지는 방식으로 간단한 동전지갑이나 파우치 등의 입구에 사용한다. |
|---|

① 프레임
② 바네
③ 핸들
④ 지퍼

**35.** 다음에 설명하는 재봉방식에 가장 올바른 것은?

| • 내구성이 부족하다.<br>• 봉사 한올이 위아래로 오르내리는 핸드스티치를 의미한다.<br>• 라벨, 장식용으로 사용된다. |
|---|

① 수봉
② 본봉
③ 이중환봉
④ 편평봉

**36.** 가정용에 사용되는 재봉바늘의 종류로 가장 올바른 것은?

① DB×1
② DC×1
③ DB×1, DM×13
④ HA

**37.** 다음에 설명하는 바늘 번호로 가장 올바른 것은?

| 천의 두께 | 천의종류 | 재봉사 |
|---|---|---|
| 중간 두께 | 린넨, 모슬린, 면 깅엄, 포플린, 양복지 | 면사 50/3<br>나이론 60/3<br>폴리에스테르 60/3 |

① 9호
② 11호
③ 14호
④ 16호

**38.** 가정용 재봉기에 대한 설명으로 거리가 먼 것은?

① 부피가 작고 가볍다.
② 바늘의 납작한 면이 앞으로 향하게 끼운다.
③ 공업용 재봉기에 비해 속도가 느리다.
④ 수평가마는 저소음이며 밑실 상태확인 및 교체가 간편하다.

**39.** 미싱으로 재봉 시 윗실 끊김 현상이 일어나는 원인에 해당하지 않는 것은?

① 실 끼우는 방법 틀림
② 반달에 홈이 생김
③ 가마에 실이 감김
④ 바늘이 휘거나 끝이 상함

**40.** 바늘이 부러지는 원인으로 가장 거리가 먼 것은?

① 바늘이 휨
② 바늘 끝이 상함
③ 원단을 무리하게 당김
④ 북집 나사가 너무 세게 조여짐

**41.** 시침보다 견고하게 할 때 사용하며 재킷의 칼라나 라펠, 안단, 심지를 고정할 때 사용하는 바느질 방법은?

① 실표뜨기
② 공그르기
③ 휘갑치기
④ 어슷시침

**42.** 얇은 끈에 바이어스를 감싸 솔기 사이에 껴서 박는 바느질 방법에 해당하는 것은?

① 외솔
② 통솔
③ 쌈솔
④ 파이핑

**43.** 다음 기호에 대한 설명으로 올바른 것은?

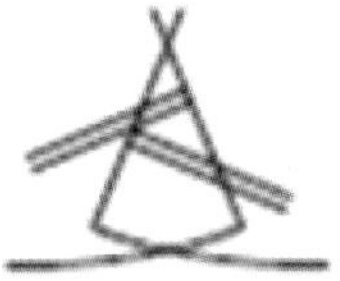

① 다트
② 선의 교차
③ 외주름
④ 맞주름

**44.** 원형 제도에 필요한 치수로 가장 적절하지 않은 것은?

① 길원형 - 등길이, 가슴둘레, 허리둘레
② 토루소원형 - 등길이, 가슴둘레, 허리둘레, 엉덩이둘레, 엉덩이길이
③ 스커트원형 - 스커트길이, 허리둘레, 엉덩이둘레, 엉덩이길이
④ 바지원형 - 바지길이, 허리둘레, 엉덩이둘레, 엉덩이길이

**45.** 원단의 겉과 안의 구분 방법에 대해 올바른 것은?

① 변부에 글씨가 쓰여 바르게 읽히는 쪽이 안쪽이다.
② 첨모직물의 경우 털이 있는 쪽이 안쪽이다.
③ 변부에 구멍이 튀어나온 쪽이 겉쪽이다.
④ 더블 폭의 모직물은 안이 겉으로 들어가게 말려진다.

**46.** 다림질 온도를 순서대로 바르게 나열한 것은?

① 나일론 〈 레이온 〈 아크릴 〈 마
② 나일론 〈 아세테이트 〈 견 〈 면
③ 레이온 〈 아크릴 〈 면 〈 마
④ 견 〈 폴리에스테르 〈 양모 〈 면

**47.** 커튼을 제작할 때 필요한 치수가 아닌 것은?

① 창문의 높이
② 창문의 넓이
③ 커튼봉의 두께
④ 사용자의 키

**48.** 소품 제작 프로세스의 순서가 맞게 놓인 것은?

| |
|---|
| 1. 디자인 스케치 |
| 2. 생산지시서 작성 |
| 3. 도식화 |
| 4. 품평 및 수정 |
| 5. 시제품 제작 |
| 6. 샘플작업지시서 작성 |
| 7. 패턴 및 샘플작업 |
| 8. 완제품 생산 |

① 1→4→5→6→7→3→2→8
② 1→3→6→7→4→2→5→8
③ 1→4→6→7→3→5→2→8
④ 1→3→2→6→4→7→5→8

**49.** 유아용 옷을 제작하였다. 가장 바람직한 것은?

① 후드를 조절 할 수 있도록 끈을 넣어주었다.
② 여아들이 좋아하는 보석 같은 단추를 달아주었다.
③ 고급시장의 니즈를 반영하여 실크로 제작하였다.
④ 여린 피부에 자극이 없도록 라벨을 부드러운 소재로 사용하였다.

**50.** 150cm(60")폭의 원단으로 재킷길이 65cm, 소매길이 45cm의 재킷을 제작할 때 필요한 원단 소요량으로 가장 적합한것은?

① 100-110cm
② 110-120cm
③ 130-140cm
④ 140-150cm

〈소잉마케팅 및 창업 10문항〉

**51.** 패션의 전파에 대한 설명으로 가장 올바른 것은?

| |
|---|
| 한정된 지역에서 유행하는 현상으로 1년 전후의 짧은 시간 동안 진행되다가 사라지는, 순식간에 소멸되는 패션이다. |

① 패드
② 패션
③ 스타일
④ 클래식

**52.** 패션 머천다이저의 자질에 대한 설명으로 가장 거리가 먼 것은?

① 소극적 기획력
② 정보 분석 능력
③ 계수 관리 능력
④ 공감 관리 능력

**53.** 다음 패션산업에 대한 설명에 해당하는 것은?

| 패션의 원료가 되는 원부자재를 공급하는 업체들로 방적공장과 편직물 공장, 생지를 구입하여 염색이나 프린트 등의 가공처리를 하여 완제품을 판매하는 컨버터가 포함된다. |
|---|

① 업 스트림 산업
② 미드 스트림 산업
③ 다운 스트림 산업
④ 부가적 단계의 패션산업

**54.** 다음에서 설명하는 마케팅의 개념으로 가장 올바른 것은?

| 제품이나 서비스를 구매할 능력을 갖춘 실제적 혹은 잠재적 고객들의 집합을 의미한다. |
|---|

① 필요와 욕구
② 제품과 브랜드
③ 가치와 만족
④ 시장

**55.** 어패럴 머천다이저의 업무 과정으로 적합한 것은?

① 영업기획→상품기획→광고 및 홍보 기획→판매촉진
② 영업기획 → 상품기획 → 판매촉진 →광고 및 홍보 기획
③ 정보 수집 및 분석→상품기획→생산지원→판매 및 판매촉진 지원
④ 상품기획 → 생산지원 → 정보 수집 및 분석→판매 및 판매촉진 지원

**56.** 다음에서 설명하는 브랜드 이미지로 가장 올바른 것은?

| 패션 제품에 부착하는 브랜드 네임을 표시한 부자재 |
|---|

① 브랜드 네임
② 브랜드 마크
③ 라벨링 & 태그
④ 케이스

**57.** STP 전략 중 소비자집단의 목표시장을 선정하여 결정하는 것은?

① 시장세분화
② 시장표적화
③ 시장포지셔닝
④ 시장기획화

**58.** 가격 결정 시 고려할 사항과 거리가 먼 것?

① 가격결정 목표 설정 – 상대적 고가격 전략, 유사가격 전략, 상대적 저가격 전략

② 공급결정 – 가격변화와 공급변화와 관계
③ 원가추정 – 원가의 하한선 확인 및 원가절감을 이용한 가격전략
④ 경쟁제품의 가격과 상품 분석 – 경쟁사 제품의 가격과 제품의 품질파악을 통한 가격고려

**59.** 사업계획서에 대한 설명으로 가장 거리가 먼 것은?

① 사업계획서는 단순한 개발 연구계획서이다.
② 무엇을 어떻게 기획, 생산, 판매하여 이익을 실현할 것인가를 기술한다
③ 사업아이템이 판매시장에서 성공 가능할 수요 가치가 있는 지를 설명해야 한다
④ 사업계획서의 작성과정을 통해 명확한 사업타당성 분석이 필요하다.

**60.** 다음 지식재산권에 대한 설명으로 맞는 것은?

| 산업적 물품 또는 제품의 독창적이고 장식적인 외관 형상의 보호를 위하여 등록을 통하여 허용된 권리이다. |
|---|

① 특허권
② 실용신안권
③ 디자인권
④ 상표권

# 소잉디자이너 2급 자격시험 기출문제 02회

| 자격종목 | 시험시간 | 수험번호 | 이름 | A형 |
|---|---|---|---|---|
| 소잉디자이너2급 | 60분 | | | |

※ 시험문제지는 답안카드와 반드시 같이 제출하여야 합니다.

〈소잉디자인 15문항〉

**1.** 다음에 대한 설명으로 가장 올바른 것은?

> 디자인은 경제적 가치를 고려하여 적은 비용으로 최대의 가치를 만들어 내는 것을 말한다.

① 기능성
② 심리성
③ 심미성
④ 경제성

**2.** 디자인의 조형요소에 포함되지 <u>않는</u> 것은?

① 선
② 색채
③ 질감
④ 균형

**3.** 실루엣에 대한 설명으로 가장 올바른 것은?

> “칼집”이라는 뜻으로 몸에 적당히 밀착되며, 날씬하고 길게 보이도록 의도된 실루엣을 말한다.

① 시스 실루엣
② 튜블러 실루엣
③ 시프트 실루엣
④ 돔 실루엣

**4.** 색채의 가법 혼합에 대한 설명으로 올바른 것은?

① 색료의 혼합에 의해 새로운 색채를 만들어 내는 것을 말한다.
② 혼합하는 색광이 많을수록 명도의 정도가 높아진다.
③ 3원색은 빨강, 노랑, 파랑이다.
④ 혼합된 색의 명도는 색의 수에 상관없이 혼합 전 색들의 평균 명도가 된다.

**5.** 림프(Limp)한 직물의 특징으로 올바른 것은?

① 부드럽고 나긋나긋하며 흐느적거리는 연약한 느낌의 소재
② 모직물의 거친 표면과 마섬유의 까슬까슬한 표면에서 느낄 수 있는 느낌의 소재
③ 푹신푹신한 이미지의 소재
④ 화려하고 호화스러운 광택이 있는 소재

**6.** 리듬의 종류에 대한 설명으로 맞는 것은?

① 연속 – 동일한 성질을 가진 디자인 요소가 규칙적이고 동일하게 반복되어 있는 것

② 전환 – 같은 단위가 한 방향으로 동일한 순서로 계속 진행되어 직관적으로 알 수 있는 상태
③ 교차 – 디자인 과정에서 두 가지 이상의 단위가 연속과 반복의 결합으로 이루어진 것
④ 점진 – 하나의 단위가 다른 방향이나 상태를 바꾼다는 것으로 디자인에 따라 조건과 위치가 연속적으로 변화하는 원리

**7.** 흥미를 위한 조형원리로 가장 거리가 먼 것은?

① 균형
② 리듬
③ 대비
④ 변화

**8.** 디자인 조형원리에 설명으로 가장 올바른 것은?

| 다수의 단위들이 결합되어 조화의 미를 이룰 수 있도록 질서감을 부여하기 위한 디자인 원리이다. |
|---|

① 통일
② 대비
③ 집중
④ 방사

**9.** 도식화에 대한 설명으로 맞지 않는 것은?

① 도식화는 제품 제작을 위한 기초적인 설계 또는 제작된 제품을 정확하게 묘사하는 것
② 실물제작을 위한 기본적인 작업지시용 설계도
③ 제작하고자 하는 디자인을 입체적으로 착장한 것 같이 표현
④ 윤곽선과 구성선, 디테일을 정확한 치수로 표기

**10.** 다음 스커트에 대한 설명으로 가장 올바른 것은?

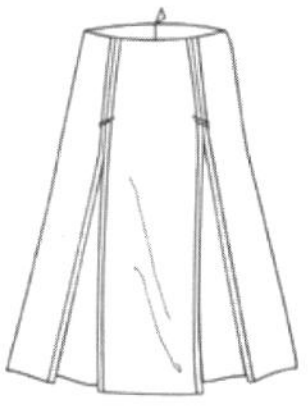

| 옷감을 사다리꼴로 재단하여 여러 폭을 이어 만든 형태의 스커트이다. 허리부분은 잘 맞고 스커트 단으로 갈수록 넓어진다. |
|---|

① 플레어 스커트
② 요크 스커트
③ 고어드 스커트
④ 랩어라운드 스커트

**11.** 코트에 대한 설명으로 맞는 것은?

① 피코트–래글런슬리브가 달린 심플한 디자인으로 하단은 플레어를 넣어 여유가 있는 코트
② 발마칸코트–선원들이 방한용을 입었던 상의에서 유래된 두꺼운 천으로 만든 마린 감각의 코트
③ 체스터필드코트–너치드라펠에 싱글 또는 더블브레스트로 허리선이 드러나지 않는 형태의 가장 포멀한 코트

④ 더플코트–오버코트보다 간편하게 입을 수 있는 기장이 상반신을 덮을 정도의 짧은 심플한 코트

**12.** 다음 설명에 대한 것으로 가장 올바른 것은?

| 재봉기를 이용하여 천으로 에코백, 파우치, 티슈커버, 카드지갑, 앞치마, 클러치, 주방장갑, 쿠션커버 등 생활소품 을 만드는 공예이다. |
|---|

① 패브릭소품
② 패션디자인
③ 인테리어디자인
④ 산업디자인

**13.** 다음에서 설명하는 코디네이션은?

| 기본적인 상식에서 벗어나거나 본래의 용도를 벗어나는 의외의 조화를 말한다. 고유의 패션 아이템이 가진 이미지에서 벗어나 디자인이나 색상, 무늬의 이질적인 감각의 조화로 코디네이트하는 것으로 파격적인 이미지로 시선을 끄는 연출법이다. |
|---|

① 플러스 원 코디네이션
② 크로스오버 코디네이션
③ 미스 매치 코디네이션
④ 시즈너블 코디네이션

**14.** (　)안에 들어갈 말로 가장 올바른 것은?

| (　)는 발주의 유사한 개념으로 특정 업무를 지시하기 위하여 작성하는 서식이다. 구성항목은 발주처명, 외부업체명, 품명, 규격, 수량, 의뢰일, 납기일, 작업컬러, 발주 내역, 전화번호, 주의사항, 메모 등이 있다. |
|---|

① 생산계획서
② 수행계획서
③ 업무계획서
④ 작업지시서

**15.** 샘플작업지시서를 작성할 때 기재하는 항목이 <u>아닌</u> 것은?

① 사이즈
② 도식화
③ 원단 및 부자재 스왓치
④ 주민등록번호

〈소잉소재기획 15문항〉

**16.** 다음의 성질을 가진 섬유의 종류는 무엇인가?

| • 천연꼬임으로 방적성과 탄성이 우수함<br>• 탄성과 레질리언스가 좋지 못하여 구김이 잘 생기고 형체안전성이 좋지 않음<br>• 속옷 및 모든 의류용 소재, 양말, 손수건, 침구, 타월, 식탁보 등으로 사용 |
|---|

① 면　　② 마
③ 견　　④ 모

**17.** 섬유의 단면이 다음과 같은 것은?

① 면
② 마
③ 양모
④ 아세테이트

**18.** 섬유소재 조건의 내구적 성능에 대한 설명으로 가장 거리가 먼 것은?

① 촉감과 광택, 질감 등 시각적인 감각에 영향을 받는다.
② 섬유가 사용 중에 물리적 자극을 견디는 성능을 말한다.
③ 마찰강도는 마찰에 견디는 힘이다.
④ 파열강도는 섬유가 특정한 방향이 아닌 모든 방향에 대해서 견디는 힘이다.

**19.** 소잉디자이너가 갖추어 할 요건으로 가장 거리가 먼 것은?

① 매출목표의 달성
② 정보수집력
③ 상품기획력
④ 미적감각

**20.** 실에 대한 설명으로 바르지 못한 것은?

① 단사는 방적공정을 통해 만들어진 한 올의 실을 말한다.
② 견, 인조섬유 등의 장섬유를 가지고 만든 것을 필라멘트사 라 한다.
③ 방모사는 가늘고 긴 양모를 쓴 고급실로 개버딘, 트로피컬, 샤크스킨 등이 있다.
④ 실의 꼬임이 증가하면 실의 강도가 향상되나 딱딱하고 광택이 감소한다.

**21.** 다음의 설명하는 섬유의 가공으로 가장 올바른 것은?

| 생지의 불순물을 제거하는 공정 |
|---|

① 정련
② 표백
③ 염색
④ 필링

**22.** 다음의 설명으로 가장 올바른 것은?

| 마찰로 인해 섬유표면에 필(Pill)이 작게 뭉치는 현상 |
|---|

① 필링성
② 수축성
③ 내약품성
④ 내세탁성

**23.** 양모의 특징에 해당하지 않는 것은?

① 탄성과 레질리언스가 천연섬유 중 가장 우수하다.
② 매우 매끄럽고 우아한 광택이 난다.
③ 권축으로 인해 가볍고 보온성이 우수하여 겨울용 소재로 좋다.
④ 산에 강하고 알칼리에 약해 물세탁이 어렵다.

**24.** 아세테이트 섬유에 대한 설명으로 바르지 못한 것은?

① 면 린터나 목재펄프를 초산섬유소로 만들고 아세톤에 용해 시켜 건식 방사하여 제조한다.
② 우수한 드레이프성과 흡습성이 좋아 정전기가 생기지 않는다.
③ 열가소성이 있어 양모와 같이 권축을 줄 수 있다.
④ 물세탁에 의해 손상되기 쉽고 광택이 떨어진다.

**25.** 다음의 그림이 설명하는 직물의 조직으로 가장 올바른 것은?

① 평직
② 능직
③ 수자직
④ 산형능직

**26.** 편성물의 설명에 대한 것으로 올바르지 않은 것은?

① 평편은 가장 기본적인 조직으로 저지라고 한다.
② 웨일 방향으로 겉뜨기와 안뜨기를 교대로 배열한 것을 고무편이라 한다.
③ 코스 방향으로 겉뜨기와 안뜨기가 교대로 배열된 것을 펄편이라 한다.
④ 작은 육각형의 그물조직인 경편성물을 트리코트라 한다.

**27.** 다음 설명에 해당하는 것은?

- 제직, 편성의 과정을 거치지 않고 실을 불규칙하게 배열하여 화학적, 열적, 기계적 방법으로 고정시켜 만든다.
- 방향성이 없으며 가장자리가 풀리지 않는다.

① 펠트
② 부직포
③ 레이스
④ 접합포

**28.** 열가소성이 좋은 섬유가 아닌 것은?

① 폴리에스테르
② 나이론
③ 양모
④ 트리아세테이트

**29.** 다음 설명에 해당하는 인조섬유는?

- 신축성이 있는 스판덱스(Spandex)로 듀폰사의 라이크라(Lycra)가 대표적이다.
- 수영복, 파운데이션, 란제리, 브래지어 등에 사용된다.

① 나일론
② 폴리에스테르
③ 폴리프로필렌
④ 폴리우레탄

**30.** 직물 가공에 대한 설명으로 올바른 것은?

> 직물에 정전기를 방지하는 가공으로 직물에 계면활성제를 처리하면 손쉽게 유연가공의 효과를 낼 수 있으나 영구적이지 못하다.

① 머서화 가공
② 듀어러블 프레스 가공
③ 라미네이트가공
④ 대전방지가공

〈소잉테크닉 20문항〉

**31.** 패턴제도 시 직선을 그리거나 곡선을 구부려 잴 때 사용하며 일반 모눈자에 비해 유연하여 쉽게 구부러지는 도구로 적합한 것은?

① 그레이딩자
② 힙곡자
③ 직각자
④ 줄자

**32.** 다음에 설명하는 재봉용구로 가장 올바른 것은?

> 바느질을 뜯을 때 사용되나 옷감도 같이 찢어지는 경우가 있으므로 사용 시 주의를 요한다.

① 손바늘
② 쪽가위
③ 실뜯개
④ 송곳

**33.** 다음 설명에 해당하는 지퍼의 종류는?

> 겉에서 잠갔을 때 지퍼 이가 보이지 않고 지퍼고리만 보이는 것이 특징으로 사용 시 지퍼 이 부분을 다려서 사용한다.

① 콘실지퍼
② 양면지퍼
③ 코일지퍼
④ 비슬론지퍼

**34.** 레이스의 종류에 해당하지 않는 것은?

① 엠브로더리레이스
② 러셀레이스
③ 토션레이스
④ 브레이드레이스

**35.** 미싱으로 재봉 시 바늘과 실의 관계에 대한 설명으로 올바르지 않는 것은?

① 바늘과 실이 너무 굵을 경우 퍼커링이 발생하여 실이 끊어지거나 소재가 상한다.
② 실이 얇으면 땀의 강도가 약해진다.
③ 얇은 재봉사에 바늘이 너무 두꺼우면 실이 마찰로 인해 중간에 끊어지는 현상이 생긴다.
④ 굵은 재봉사에 바늘이 너무 얇으면 바늘땀이 튀는 원인이 된다.

**36.** 편평봉(Cover Stitches)에 대한 설명으로 옳은 것은?

① 스티치가 시접의 끝을 감싸면서 생기는 스티치이다.
② 위쪽의 실과 아래쪽의 루퍼사가 함께 고리를 만들면서 생기는 스티치이다.
③ 내구성이 부족하다.
④ 티셔츠 밑단에 주로 쓰인다.

**37.** 다음 중 오버록 재봉바늘의 기호로 맞는 것은?

① DB
② DC
③ DO
④ HA

**38.** 재봉사의 종류에 대한 설명으로 올바른 것은?

① 스펀봉사는 폴리에스테르와 코튼을 혼방한 봉사이다.
② 나이론봉사는 내마모성과 신도가 좋으나 열에 약하다.
③ 스티치봉사는 장섬유를 잘게 잘라 방적한 것이다.
④ 견봉사는 광택과 염색성이 좋고 합성사보다 내열성, 강도 내마모성이 강하다.

**39.** 다음 그림이 설명하는 공업용 노루발로 가장 올바른 것은?

① 턱주름 노루발
② 테프론 노루발
③ 말아박기 노루발
④ 지퍼 노루발

**40.** 공업용 오버록 재봉기에 대한 설명으로 바르지 못한 것은?

① 오른쪽 발판은 노루발을 들어 올려준다.
② 칼날이 작동하므로 칼날의 끝에 원단을 맞추어 작동시켜야 한다.
③ 원단이 없는 상태로 5cm 정도 더 박아 실을 옆으로 빼서 잘라준다.
④ 오버록된 실은 시접을 박을 때 오버록 사이로 실을 통과하여 같이 박아주면 풀리지 않는다.

**41.** 다음에서 설명하는 장식바느질로 가장 올바른 것은?

| 원단을 중간~좁은 폭으로 잘라 한쪽을 시접 처리 후 턱이나 개더를 박아 다른 쪽 원단에 박음. 드레스, 블라우스, 아동복 등의 네크라인과 소맷부리 등 에 사용 |
|---|

① 개더
② 셔링
③ 러플
④ 프릴

**42.** 다음 그림이 설명하는 기초바느질로 가장 올바른 것은?

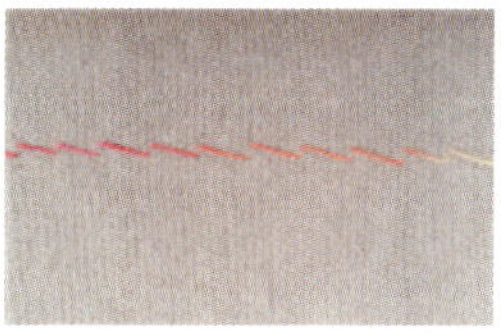

① 감침질
② 새발뜨기
③ 휘감치기
④ 어슷시침

**43.** 길원형 제도에 필요한 치수로 가장 거리가 먼 것은?

① 등길이
② 가슴둘레
③ 허리둘레
④ 소매길이

**44.** 장식 바느질에 대한 설명으로 올바른 것은?

① 셔링은 일정한 간격과 깊이로 가로 또는 세로로 박아준다.
② 턱은 박음선을 일정한 간격으로 두고 평행하게 박아 당긴다.
③ 스모킹은 천이나 레이스의 날실을 뽑아 씨실 다발을 묶거나 원단의 양쪽을 장식적인 스티치나 새발뜨기로 연결하는 것이다.
④ 퀼팅은 겉감과 안감 사이에 솜을 넣고 바느질하여 입체적인 무늬를 돋보이게 한다.

**45.** 소품 제도 시 유의사항에 해당하지 않는 것은?

① 사용자의 기호를 고려한다.
② 사용목적에 따른 크기와 너비를 반영한다.
③ 기능을 고려한 깊이와 너비를 생각한다.
④ 원단 두께와 재봉방법을 고려하여 디자인한다.

**46.** 재단 시 패턴의 배치 방법에 대한 설명으로 올바른 것은?

① 작은 패턴을 배치 후 큰 패턴을 배치하여 재단한다.
② 좌우가 같은 패턴의 경우 겉과 겉이 마주보도록 반으로 접어 재단한다.
③ 벨벳, 코듀로이 등 털이 짧은 원단은 털 방향이 아래로 가게 한다.
④ 스트라이프나 체크무늬의 경우 원단의 위, 아래를 주의하며 배치한다.

**47.** 의복 제작 시 시접을 줄 때 필요 치수로 가장 거리가 먼 것은?

① 0.5~1cm : 목둘레, 칼라, 진동둘레, 요크, 앞단
② 2.5cm : 옆선, 어깨선, 절개선 등
③ 3~4cm : 소매단, 스커트단, 바지단, 재킷단
④ 5cm : 코트단

**48.** 다림질 온도가 가장 높은 소재는?

① 마
② 양모
③ 견
④ 아크릴

**49.** 110cm(44inch)의 폭의 원단으로 스커트길이 60cm의 타이트스커트를 제작할 때 필요한 원단 소요량으로 가장 적합한 것은?

① 60~70cm
② 100~120cm
③ 130~150cm
④ 170~190cm

**50.** 소품 제작이 의류제품과 다른 점으로 올바르지 않은 것은?

① 개성의 표출과 그에 따른 공간연출에 효과적이다.
② 생활수준이 높아질수록 섬유제품의 사용량이 증가한다.
③ 장시간 동안 물리적 충격, 마찰, 일광 등을 견딜 수 있는 내구성을 갖춰야 한다.
④ 의류보다 친환경 소재 사용에 소극적이다.

〈소잉마케팅 및 창업 10문항〉

**51.** 다음 패션의 전파에 대한 설명으로 올바른 것은?

| 패드와 같이 일시적이나 매우 열광적이고 급격히 퍼져나가는 유행하는 패션이다. |
|---|

① 모드(Mode)
② 보그(Vogue)
③ 붐(Boom)
④ 크레이즈(Craze)

**52.** 다운 스트림 산업에 대한 설명으로 올바른 것은?

① 패션의 원료가 되는 원부자재를 공급하는 업체들
② 패션상품을 생산하고, 제조하는 업체들
③ 패션산업으로 유통업체에 해당되는 도매상, 소매상 업체들
④ 패션산업의 활성화에 기여하는 부가적인 패션산업들

**53.** 패션상품의 특성에 대한 설명으로 틀린 것은?

① 가격할인율이 높은 상품이다.
② 계절적인 요인에 영향을 받는다.
③ 상품회전율이 빠른 상품이다.
④ 시한성이 낮다.

**54.** 어패럴 머천다이저의 업무 과정으로 적합한 것은?

① 영업기획 → 상품기획 → 광고 및 홍보 기획 → 판매촉진
② 영업기획 → 상품기획 → 판매촉진 → 광고 및 홍보 기획
③ 정보 수집 및 분석 → 상품기획 → 생산지원 → 판매 및 판매촉진 지원
④ 상품기획 → 생산지원 → 정보 수집 및 분석 → 판매 및 판매촉진 지원

**55.** 패션머천다이징 부분의 스페셜리스트 설명으로 가장 올바른 것은?

| 패션마케팅을 기초로 하는 상품의 기획, 생산, 판매, 판매촉진 등을 총괄하는 상품기획 전문가이다. |
|---|

① 패션컨버터
② 패션머천다이저
③ 패션코디네이터
④ 패션애널리스트

**56.** 패션 감각으로 가장 거리가 먼 것은?

① 클래식 타입
② 컨서버티브
③ 트렌디
④ 아방가르드

**57.** 시장세분화의 전제조건에 대한 설명으로 틀린 것은?

① 세분시장 내에서 동질성이 있어야 하고 세분시장 간에는 차이가 없어야 한다.
② 세분시장의 규모 및 소비자 구매 고객의 특성을 측정할 수 있어야 한다.
③ 세분시장에 기업의 마케팅전략을 효과적으로 전달할 수 있어야 한다.
④ 세분시장은 충분한 매출과 이익을 창출 할 수 있는지 적정 규모가 있어야 한다.

**58.** SWOT 분석에 해당하지 않은 것은?

① 강점 - 자사 내부요인 중 가장 강점으로 인정되는 부분
② 기회 - 외적 환경에서 기대되는 요소
③ 약점 - 자사내부의 가장 약점이 되는 요소
④ 촉진 - 소비자에게 구매하도록 설득하는 프로모션 활동

**59.** 창업을 위한 재무분석 시 손익분기점의 내용에 대한 설명으로 맞지 않는 것은?

① 자금수지분석
② 운영자금과 현금흐름표
③ 경제성분석
④ 경영성과분석

**60.** 다음에서 설명하는 산업재산권의 종류는?

| 산업적 물품 또는 제품의 독창적이고 장식적인 외관 형상의 보호를 위하여 등록을 통하여 허용된 권리이다. |
|---|

① 특허권
② 실용신안권
③ 디자인권
④ 상표권

# 소잉디자이너 2급 자격시험 기출문제 정답

## 1회 정답

| 01 ② | 02 ④ | 03 ③ | 04 ③ | 05 ② | 06 ③ | 07 ④ | 08 ③ | 09 ② | 10 ② |
|---|---|---|---|---|---|---|---|---|---|
| 11 ② | 12 ③ | 13 ② | 14 ② | 15 ④ | 16 ④ | 17 ④ | 18 ③ | 19 ② | 20 ④ |
| 21 ② | 22 ③ | 23 ④ | 24 ① | 25 ③ | 26 ③ | 27 ② | 28 ③ | 29 ① | 30 ① |
| 31 ① | 32 ④ | 33 ③ | 34 ② | 35 ① | 36 ④ | 37 ③ | 38 ② | 39 ④ | 40 ④ |
| 41 ④ | 42 ④ | 43 ② | 44 ④ | 45 ③ | 46 ② | 47 ④ | 48 ② | 49 ④ | 50 ③ |
| 51 ① | 52 ① | 53 ① | 54 ④ | 55 ③ | 56 ③ | 57 ② | 58 ② | 59 ① | 60 ③ |

## 2회 정답

| 01 ④ | 02 ④ | 03 ① | 04 ② | 05 ① | 06 ③ | 07 ① | 08 ① | 09 ③ | 10 ③ |
|---|---|---|---|---|---|---|---|---|---|
| 11 ③ | 12 ① | 13 ③ | 14 ④ | 15 ④ | 16 ④ | 17 ① | 18 ① | 19 ① | 20 ③ |
| 21 ① | 22 ① | 23 ② | 24 ② | 25 ④ | 26 ④ | 27 ② | 28 ③ | 29 ④ | 30 ④ |
| 31 ① | 32 ③ | 33 ① | 34 ④ | 35 ③ | 36 ④ | 37 ② | 38 ② | 39 ① | 40 ① |
| 41 ③ | 42 ④ | 43 ④ | 44 ④ | 45 ① | 46 ② | 47 ② | 48 ① | 49 ③ | 50 ④ |
| 51 ④ | 52 ③ | 53 ④ | 54 ③ | 55 ② | 56 ① | 57 ① | 58 ④ | 59 ① | 60 ③ |

# 소잉디자이너 2급 자격시험 모의고사 답안지

| 감독관 확인란 | |
|---|---|

| 성명 | |
|---|---|

| 수험번호 | | | | | | | |
|---|---|---|---|---|---|---|---|
| | | | | | | | |
| ⓞ ① ② ③ ④ ⑤ ⑥ ⑦ ⑧ ⑨ | ⓞ ① ② ③ ④ ⑤ ⑥ ⑦ ⑧ ⑨ | ⓞ ① ② ③ ④ ⑤ ⑥ ⑦ ⑧ ⑨ | ⓞ ① ② ③ ④ ⑤ ⑥ ⑦ ⑧ ⑨ | ⓞ ① ② ③ ④ ⑤ ⑥ ⑦ ⑧ ⑨ | ⓞ ① ② ③ ④ ⑤ ⑥ ⑦ ⑧ ⑨ | ⓞ ① ② ③ ④ ⑤ ⑥ ⑦ ⑧ ⑨ | ⓞ ① ② ③ ④ ⑤ ⑥ ⑦ ⑧ ⑨ |

| 생년월일 | | | | | |
|---|---|---|---|---|---|
| | | | | | |
| ⓞ ① ② ③ ④ ⑤ ⑥ ⑦ ⑧ ⑨ | ⓞ ① ② ③ ④ ⑤ ⑥ ⑦ ⑧ ⑨ | ⓞ ① ② ③ ④ ⑤ ⑥ ⑦ ⑧ ⑨ | ⓞ ① ② ③ ④ ⑤ ⑥ ⑦ ⑧ ⑨ | ⓞ ① ② ③ ④ ⑤ ⑥ ⑦ ⑧ ⑨ | ⓞ ① ② ③ ④ ⑤ ⑥ ⑦ ⑧ ⑨ |

| 시험유형선택 | |
|---|---|
| A형 | ○ |
| B형 | ○ |

**OMR카드 작성요령**

1. 컴퓨터용 싸인펜을 사용할것.
2. 수험번호와 생년월일은 아라비아 숫자로 기재하고, 아래 마킹란에 까맣게(●) 표기 하시오.
3. 모든 기재사항은 좌측칸 부터 기재.
4. 답안 중복 표기는 오답처리.

| 문항 | 정답 | 문항 | 정답 | 문항 | 정답 |
|---|---|---|---|---|---|
| 1 | ① ② ③ ④ | 21 | ① ② ③ ④ | 41 | ① ② ③ ④ |
| 2 | ① ② ③ ④ | 22 | ① ② ③ ④ | 42 | ① ② ③ ④ |
| 3 | ① ② ③ ④ | 23 | ① ② ③ ④ | 43 | ① ② ③ ④ |
| 4 | ① ② ③ ④ | 24 | ① ② ③ ④ | 44 | ① ② ③ ④ |
| 5 | ① ② ③ ④ | 25 | ① ② ③ ④ | 45 | ① ② ③ ④ |
| 6 | ① ② ③ ④ | 26 | ① ② ③ ④ | 46 | ① ② ③ ④ |
| 7 | ① ② ③ ④ | 27 | ① ② ③ ④ | 47 | ① ② ③ ④ |
| 8 | ① ② ③ ④ | 28 | ① ② ③ ④ | 48 | ① ② ③ ④ |
| 9 | ① ② ③ ④ | 29 | ① ② ③ ④ | 49 | ① ② ③ ④ |
| 10 | ① ② ③ ④ | 30 | ① ② ③ ④ | 50 | ① ② ③ ④ |
| 11 | ① ② ③ ④ | 31 | ① ② ③ ④ | 51 | ① ② ③ ④ |
| 12 | ① ② ③ ④ | 32 | ① ② ③ ④ | 52 | ① ② ③ ④ |
| 13 | ① ② ③ ④ | 33 | ① ② ③ ④ | 53 | ① ② ③ ④ |
| 14 | ① ② ③ ④ | 34 | ① ② ③ ④ | 54 | ① ② ③ ④ |
| 15 | ① ② ③ ④ | 35 | ① ② ③ ④ | 55 | ① ② ③ ④ |
| 16 | ① ② ③ ④ | 36 | ① ② ③ ④ | 56 | ① ② ③ ④ |
| 17 | ① ② ③ ④ | 37 | ① ② ③ ④ | 57 | ① ② ③ ④ |
| 18 | ① ② ③ ④ | 38 | ① ② ③ ④ | 58 | ① ② ③ ④ |
| 19 | ① ② ③ ④ | 39 | ① ② ③ ④ | 59 | ① ② ③ ④ |
| 20 | ① ② ③ ④ | 40 | ① ② ③ ④ | 60 | ① ② ③ ④ |

# 소잉디자이너 2급 자격시험 모의고사 답안지

| 감독관 확인란 | |
|---|---|

| 성명 | |
|---|---|

| 수험번호 | | | | | | | |
|---|---|---|---|---|---|---|---|
| | | | | | | | |
| ⓪ | ⓪ | ⓪ | ⓪ | ⓪ | ⓪ | ⓪ | ⓪ |
| ① | ① | ① | ① | ① | ① | ① | ① |
| ② | ② | ② | ② | ② | ② | ② | ② |
| ③ | ③ | ③ | ③ | ③ | ③ | ③ | ③ |
| ④ | ④ | ④ | ④ | ④ | ④ | ④ | ④ |
| ⑤ | ⑤ | ⑤ | ⑤ | ⑤ | ⑤ | ⑤ | ⑤ |
| ⑥ | ⑥ | ⑥ | ⑥ | ⑥ | ⑥ | ⑥ | ⑥ |
| ⑦ | ⑦ | ⑦ | ⑦ | ⑦ | ⑦ | ⑦ | ⑦ |
| ⑧ | ⑧ | ⑧ | ⑧ | ⑧ | ⑧ | ⑧ | ⑧ |
| ⑨ | ⑨ | ⑨ | ⑨ | ⑨ | ⑨ | ⑨ | ⑨ |

| 생년월일 | | | | | |
|---|---|---|---|---|---|
| | | | | | |
| ⓪ | ⓪ | ⓪ | ⓪ | ⓪ | ⓪ |
| ① | ① | ① | ① | ① | ① |
| ② | ② | ② | ② | ② | ② |
| ③ | ③ | ③ | ③ | ③ | ③ |
| ④ | ④ | ④ | ④ | ④ | ④ |
| ⑤ | ⑤ | ⑤ | ⑤ | ⑤ | ⑤ |
| ⑥ | ⑥ | ⑥ | ⑥ | ⑥ | ⑥ |
| ⑦ | ⑦ | ⑦ | ⑦ | ⑦ | ⑦ |
| ⑧ | ⑧ | ⑧ | ⑧ | ⑧ | ⑧ |
| ⑨ | ⑨ | ⑨ | ⑨ | ⑨ | ⑨ |

| 시험유형선택 | |
|---|---|
| A형 | ○ |
| B형 | ○ |

**OMR카드 작성요령**

1. 컴퓨터용 싸인펜을 사용할것.
2. 수험번호와 생년월일은 아라비아 숫자로 기재하고, 아래 마킹란에 까맣게(●) 표기 하시오.
3. 모든 기재사항은 좌측칸 부터 기재.
4. 답안 중복 표기는 오답처리.

| 문항 | 정답 | 문항 | 정답 | 문항 | 정답 |
|---|---|---|---|---|---|
| 1 | ① ② ③ ④ | 21 | ① ② ③ ④ | 41 | ① ② ③ ④ |
| 2 | ① ② ③ ④ | 22 | ① ② ③ ④ | 42 | ① ② ③ ④ |
| 3 | ① ② ③ ④ | 23 | ① ② ③ ④ | 43 | ① ② ③ ④ |
| 4 | ① ② ③ ④ | 24 | ① ② ③ ④ | 44 | ① ② ③ ④ |
| 5 | ① ② ③ ④ | 25 | ① ② ③ ④ | 45 | ① ② ③ ④ |
| 6 | ① ② ③ ④ | 26 | ① ② ③ ④ | 46 | ① ② ③ ④ |
| 7 | ① ② ③ ④ | 27 | ① ② ③ ④ | 47 | ① ② ③ ④ |
| 8 | ① ② ③ ④ | 28 | ① ② ③ ④ | 48 | ① ② ③ ④ |
| 9 | ① ② ③ ④ | 29 | ① ② ③ ④ | 49 | ① ② ③ ④ |
| 10 | ① ② ③ ④ | 30 | ① ② ③ ④ | 50 | ① ② ③ ④ |
| 11 | ① ② ③ ④ | 31 | ① ② ③ ④ | 51 | ① ② ③ ④ |
| 12 | ① ② ③ ④ | 32 | ① ② ③ ④ | 52 | ① ② ③ ④ |
| 13 | ① ② ③ ④ | 33 | ① ② ③ ④ | 53 | ① ② ③ ④ |
| 14 | ① ② ③ ④ | 34 | ① ② ③ ④ | 54 | ① ② ③ ④ |
| 15 | ① ② ③ ④ | 35 | ① ② ③ ④ | 55 | ① ② ③ ④ |
| 16 | ① ② ③ ④ | 36 | ① ② ③ ④ | 56 | ① ② ③ ④ |
| 17 | ① ② ③ ④ | 37 | ① ② ③ ④ | 57 | ① ② ③ ④ |
| 18 | ① ② ③ ④ | 38 | ① ② ③ ④ | 58 | ① ② ③ ④ |
| 19 | ① ② ③ ④ | 39 | ① ② ③ ④ | 59 | ① ② ③ ④ |
| 20 | ① ② ③ ④ | 40 | ① ② ③ ④ | 60 | ① ② ③ ④ |

# 소잉디자이너 2급 자격시험 모의고사 답안지

| 감독관 확인란 | |
|---|---|

| 성명 | |
|---|---|

**수험번호**

| | | | | | | | |
|---|---|---|---|---|---|---|---|
| ⓞ | ⓞ | ⓞ | ⓞ | ⓞ | ⓞ | ⓞ | ⓞ |
| ① | ① | ① | ① | ① | ① | ① | ① |
| ② | ② | ② | ② | ② | ② | ② | ② |
| ③ | ③ | ③ | ③ | ③ | ③ | ③ | ③ |
| ④ | ④ | ④ | ④ | ④ | ④ | ④ | ④ |
| ⑤ | ⑤ | ⑤ | ⑤ | ⑤ | ⑤ | ⑤ | ⑤ |
| ⑥ | ⑥ | ⑥ | ⑥ | ⑥ | ⑥ | ⑥ | ⑥ |
| ⑦ | ⑦ | ⑦ | ⑦ | ⑦ | ⑦ | ⑦ | ⑦ |
| ⑧ | ⑧ | ⑧ | ⑧ | ⑧ | ⑧ | ⑧ | ⑧ |
| ⑨ | ⑨ | ⑨ | ⑨ | ⑨ | ⑨ | ⑨ | ⑨ |

**생년월일**

| | | | | | |
|---|---|---|---|---|---|
| ⓞ | ⓞ | ⓞ | ⓞ | ⓞ | ⓞ |
| ① | ① | ① | ① | ① | ① |
| ② | ② | ② | ② | ② | ② |
| ③ | ③ | ③ | ③ | ③ | ③ |
| ④ | ④ | ④ | ④ | ④ | ④ |
| ⑤ | ⑤ | ⑤ | ⑤ | ⑤ | ⑤ |
| ⑥ | ⑥ | ⑥ | ⑥ | ⑥ | ⑥ |
| ⑦ | ⑦ | ⑦ | ⑦ | ⑦ | ⑦ |
| ⑧ | ⑧ | ⑧ | ⑧ | ⑧ | ⑧ |
| ⑨ | ⑨ | ⑨ | ⑨ | ⑨ | ⑨ |

| 시험유형선택 | |
|---|---|
| A형 | ○ |
| B형 | ○ |

**OMR카드 작성요령**

1. 컴퓨터용 싸인펜을 사용할것.
2. 수험번호와 생년월일은 아라비아 숫자로 기재하고, 아래 마킹란에 까맣게(●) 표기 하시오.
3. 모든 기재사항은 좌측칸 부터 기재.
4. 답안 중복 표기는 오답처리.

| 문항 | 정답 | 문항 | 정답 | 문항 | 정답 |
|---|---|---|---|---|---|
| 1 | ① ② ③ ④ | 21 | ① ② ③ ④ | 41 | ① ② ③ ④ |
| 2 | ① ② ③ ④ | 22 | ① ② ③ ④ | 42 | ① ② ③ ④ |
| 3 | ① ② ③ ④ | 23 | ① ② ③ ④ | 43 | ① ② ③ ④ |
| 4 | ① ② ③ ④ | 24 | ① ② ③ ④ | 44 | ① ② ③ ④ |
| 5 | ① ② ③ ④ | 25 | ① ② ③ ④ | 45 | ① ② ③ ④ |
| 6 | ① ② ③ ④ | 26 | ① ② ③ ④ | 46 | ① ② ③ ④ |
| 7 | ① ② ③ ④ | 27 | ① ② ③ ④ | 47 | ① ② ③ ④ |
| 8 | ① ② ③ ④ | 28 | ① ② ③ ④ | 48 | ① ② ③ ④ |
| 9 | ① ② ③ ④ | 29 | ① ② ③ ④ | 49 | ① ② ③ ④ |
| 10 | ① ② ③ ④ | 30 | ① ② ③ ④ | 50 | ① ② ③ ④ |
| 11 | ① ② ③ ④ | 31 | ① ② ③ ④ | 51 | ① ② ③ ④ |
| 12 | ① ② ③ ④ | 32 | ① ② ③ ④ | 52 | ① ② ③ ④ |
| 13 | ① ② ③ ④ | 33 | ① ② ③ ④ | 53 | ① ② ③ ④ |
| 14 | ① ② ③ ④ | 34 | ① ② ③ ④ | 54 | ① ② ③ ④ |
| 15 | ① ② ③ ④ | 35 | ① ② ③ ④ | 55 | ① ② ③ ④ |
| 16 | ① ② ③ ④ | 36 | ① ② ③ ④ | 56 | ① ② ③ ④ |
| 17 | ① ② ③ ④ | 37 | ① ② ③ ④ | 57 | ① ② ③ ④ |
| 18 | ① ② ③ ④ | 38 | ① ② ③ ④ | 58 | ① ② ③ ④ |
| 19 | ① ② ③ ④ | 39 | ① ② ③ ④ | 59 | ① ② ③ ④ |
| 20 | ① ② ③ ④ | 40 | ① ② ③ ④ | 60 | ① ② ③ ④ |

# 소잉디자이너

## 자격 2급 실기과정(주관식)

20 년도 일반검정 제 회

| 자격종목 | 시험시간 | 수험번호 | 이름 |
|---|---|---|---|
| 소잉디자이너2급 | 1시간 | | |

# 소잉디자이너 2급 자격검정시험(주관식)

1. 다음과 같은 형태의 안감에 주머니가 있는 에코백에 대한 디자인 컨셉과 포인트, 타켓을 서술하고 작업지시서를 작성하시오.(사이즈나 색상, 부자재 등은 작성자의 의도에 따라 기재할 수 있습니다.)

※ 최소 사이즈는 A4(210 x 297mm)보다 커야 합니다. 반드시 잘 읽고 작성하여 주시오.

| | |
|---|---|
| 디자인 컨셉 | 〈모범 답안 예시〉<br>가을, 겨울 시즌에 20~30대의 뉴트로의 감성으로 고풍스럽거나 촌스러워 보이는 소재와 색상을 사용한다. 개성과 아날로그한 감성을 즐기는 젊은 세대의 특성을 감안하여 손바느질을 추가하여 핸드메이드적인 감성을 불어 넣는다. 내부와 외부는 심플하지만 사용자의 편의에 맞게 핸드폰과 무선이어폰을 간편하게 꺼낼 수 있도록 한다. |
| 디자인 포인트 | 〈모범 답안 예시〉<br>겉감은 굵은 코듀로이를 사용하여 고풍스러움을 주되 채도가 높은 보라색을 사용하여 촌스러운 느낌도 동시에 준다. 끈은 파랑색의 매끄럽고 광택이 있는 것을 사용하여 70년대의 나이론 느낌을 더한다.<br>가방 입구의 옆면 일부에 굵은 실로 버튼홀 스티치로 포인트를 준다.<br>안감에는 기능적으로 핸드폰 주머니와 무선이어폰 주머니를 만들고 무선이어폰이 빠지지 않도록 벨크로를 달아준다.<br>또한 에코백에는 여밈이 없는 것을 감안하여 중요한 물건이나 파우치등을 고정 할 수 있는 링을 안쪽에 달아 실용성을 높인다. |
| 타 켓 | 〈모범 답안 예시〉 아날로그한 감성을 즐기는 20~30대 여자 |

20　　년도 일반검정 제　　회

| 자격종목 | 시험시간 | 수험번호 | 이름 |
|---|---|---|---|
| 소잉디자이너2급 | 1시간 | | |

# 작업지시서

| Item | 에코백 | 작성일 | 2022. 10 . 15 |
|---|---|---|---|

Design Sketch(도식화 or 도면)

〈모범 답안 예시〉

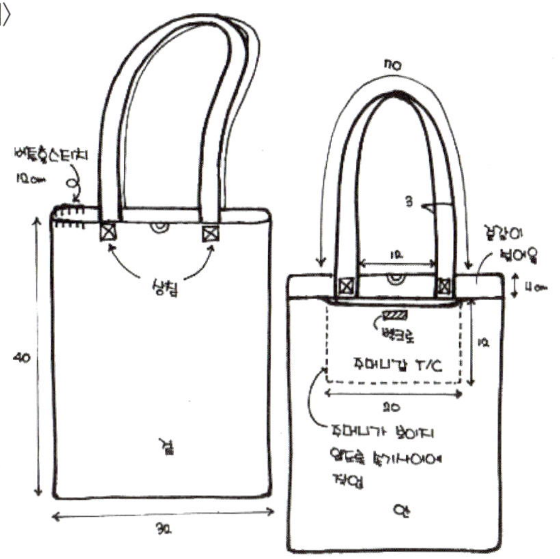


사이즈 (단위: ㎝)
에코백완성 : 가로 32cm × 세로 40cm
가방끈 : 폭 3cm × 길이 70cm
주머니 : 가로 20cm × 세로 12cm

## 주 의 사 항

〈모범 답안 예시〉
코듀로이는 결방향 주의할 것!
(앞뒤를 따로따로 재단하고 결방향은 위로 향하게)
가방끈은 겉에서 ⊠로 눌러 박을 것.
우측 상단에 버튼홀 스티치는 1cm간격으로 12cm
양쪽 모퉁이 안감과 겉감 고정 할 것.
주머니 양쪽 미어지지 않게 양 끝에 상침

## 원단 Swatch

| 주조색 | 보조색 | 강조색 |
|---|---|---|
| | | |
| 비 율 : 50% | 비 율 : 40% | 비 율 : 10% (9:1) |

## 원 · 부자재 내역

| 품 명 | 규격/구분 | 소요량 |
|---|---|---|
| 8골코듀로이 | 57" | 1/2yd |
| 면트윌 | 44" | 1/2yd |
| T/C | 44" | 1/4yd |
| 폴리웨이빙끈 | 30mm | 145cm |
| 실 | 40수 | 1콘 |
| 털실 | | 1m |
| 벨크로(흰색) | 15mm | 3cm |
| D링 | 20mm | 1개 |

20 년도 일반검정 제 회

| 자격종목 | 시험시간 | 수험번호 | 이름 |
|---|---|---|---|
| 소잉디자이너2급 | 1시간 | | |

**2. 다음은 티슈커버 제작방법의 일부입니다. 순서에 맞게 배치하시오.**

| ① | ② | ③ | ④ |
|---|---|---|---|
| 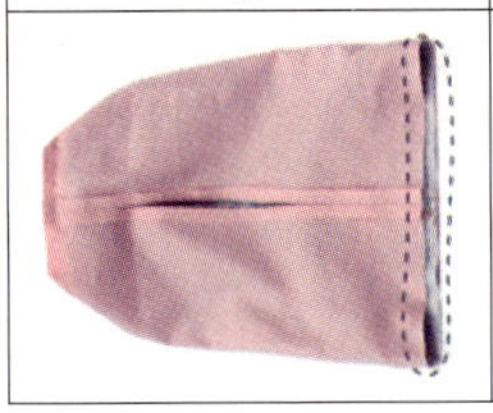 | 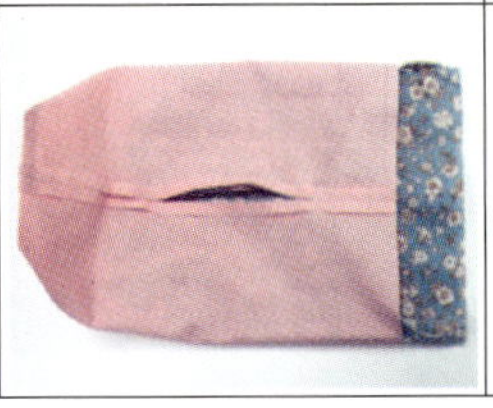 | 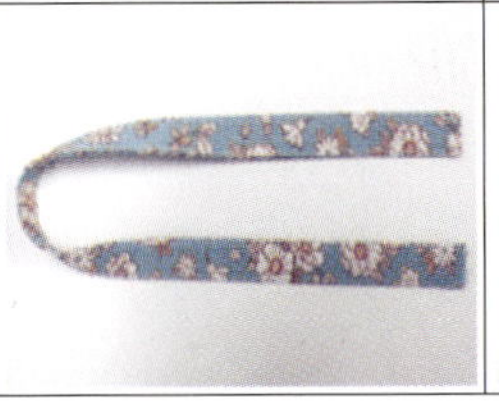 | 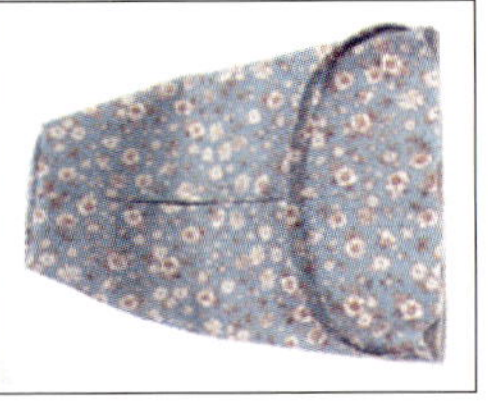 |

〈모범 답안 예시〉 ③ → ④ → ② → ①

**3. 티슈커버 제작공정 중 다음 작업 공정에 대해 상세하게 기술하시오.**

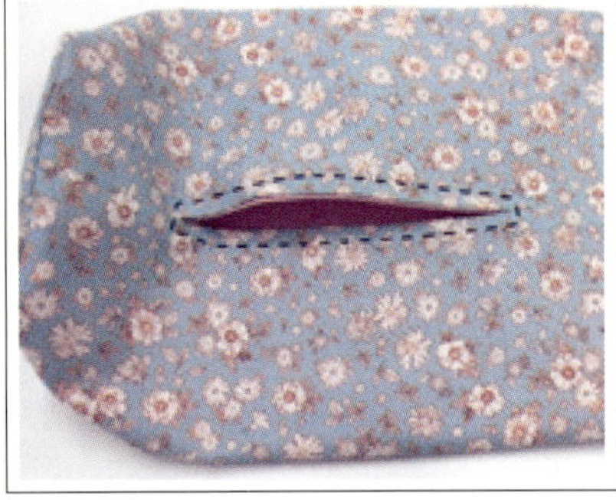

〈모범 답안 예시〉

티슈가 나오는 입구 부분에 대한 공정으로 마지막 단계에 해당된다. 겉감과 안감의 입구 부분은 잘 맞춰서 시침핀으로 고정한 후 손바느질로 공그르기를 하거나 장식상침한다. 이때 안감이 밀려나오지 않도록 주의하며 장식상침을 할 때는 양끝의 모서리 부분이 사용 중 미어지지 않도록 되돌아 박아주는 것이 좋다.

**4. 다음과 같은 디자인의 티슈커버의 장점과 단점, 개선방향을 쓰시오.**

〈모범 답안 예시〉

- 장점 : 손잡이가 있어 벽에 걸어서 사용 할 수 있다. 기존의 티슈커버와는 디자인이 달라 개성이 있다.
- 단점 : 바닥에 놓고 사용할 경우 걸기적거릴 수 있으며 티슈케이스가 고정되지 않아 쉽게 빠지거나 노출된 케이스와 커버가 조화롭지 않을 수 있다.
- 개선방향 : 손잡이 부분을 하나가 아닌 두 개로 만들어 리본으로 묶으면 끈으로도 사용하고 포개어 입구를 여며주는 방식으로도 활용할 수 있다.

주방장갑

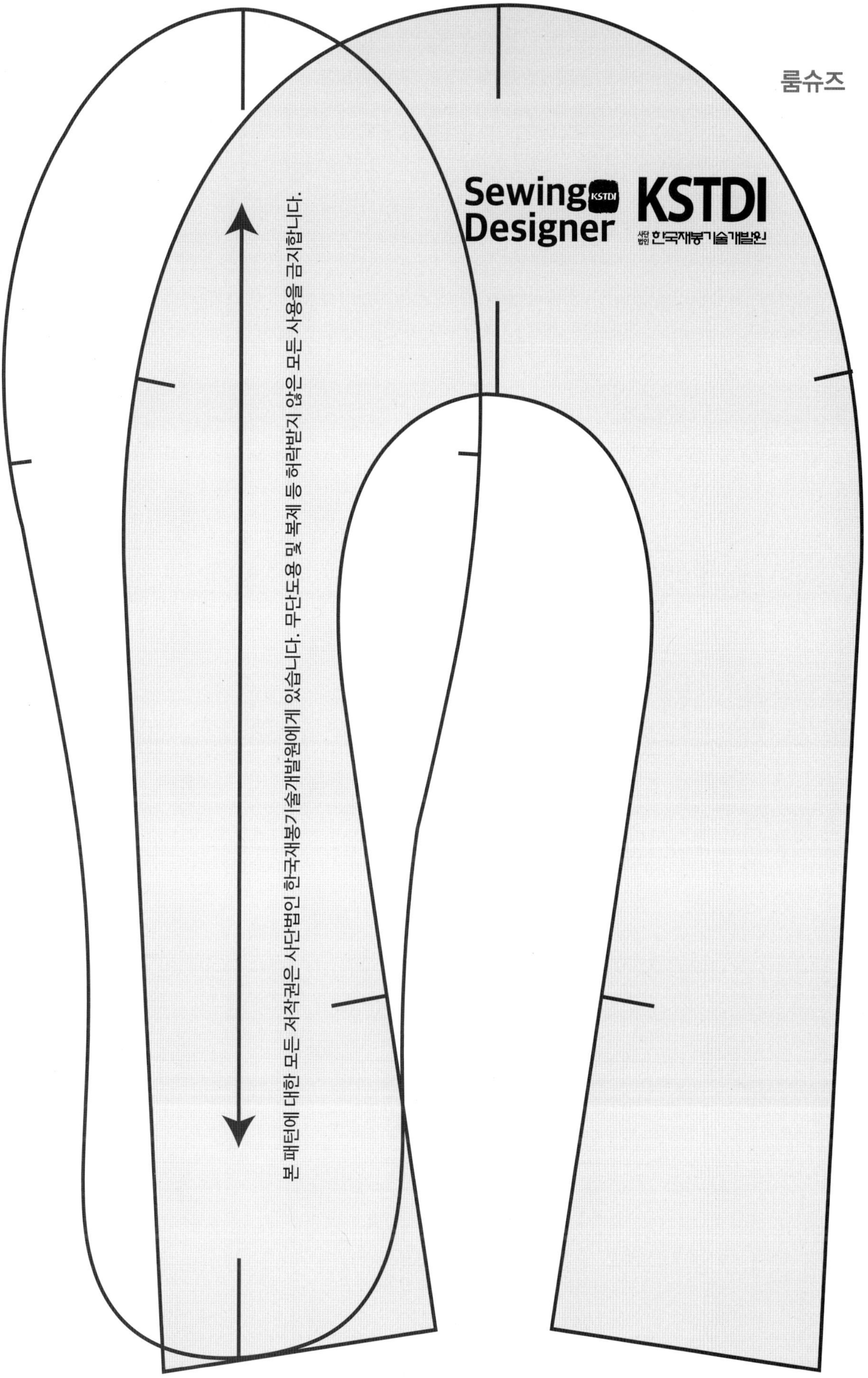

Sewing Designer KSTDI
사단법인 한국재봉기술개발원

유아 반바지

앞

Sewing Designer KSTDI
사단법인 한국재봉기술개발원

중앙

유아 반바지

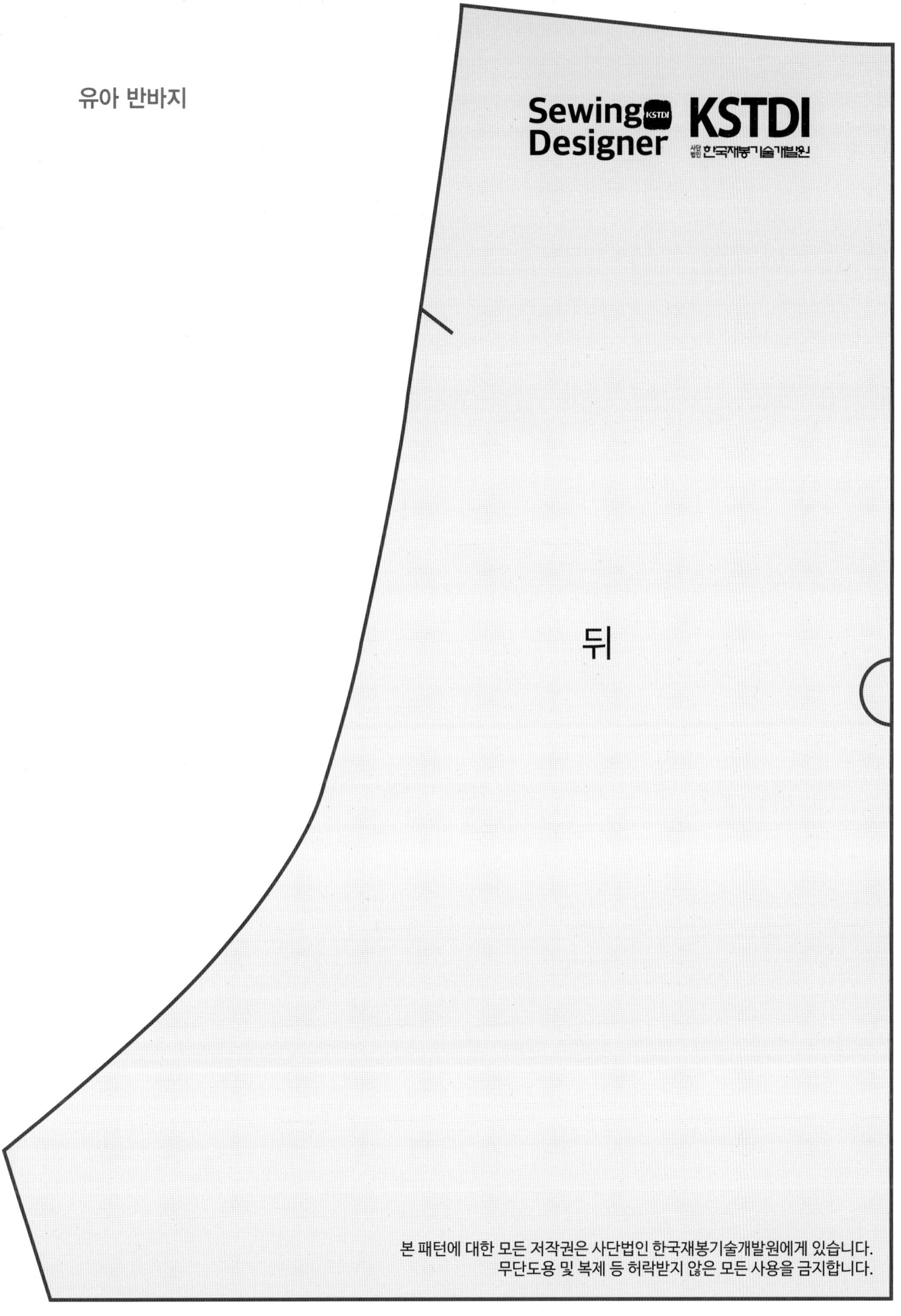

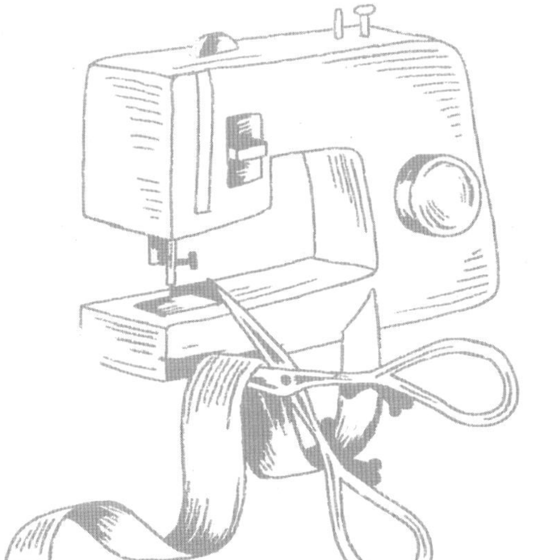

회원 가입 하면 혜택이 이~만큼

# 더핸즈
# 회원가입 이벤트

더핸즈의 가족이 되어주세요.
신규 회원 가입 해주신 모든 분들께 혜택을 제공해 드립니다.

SINGER
WORLD No.1 SINCE 1851

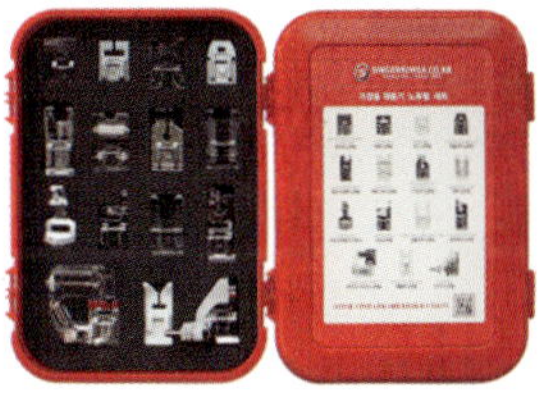

더핸즈 신규 회원 가입 앱전용 이벤트
**[싱거정품] 노루발 15종 세트**
**9,900원**

반가운 더핸즈 가족
**신규회원 가입시**
**앱 전용 무료배송 쿠폰**

더핸즈 앱에서
**간편 포토 리뷰 작성시**
**최대 300포인트 지급**

재봉기 명칭과 기능설명 부터 20,000원 상당의 소품만들기까지!

## 싱거협력공방
## 프리데이 클래스
Free Day Class

자세한 사항은 하단 QR코드 스캔을 통해 확인하실 수 있습니다.

싱거협력공방
**프리데이 클래스**

한번에 쇼핑
**핸드메이드 부자재**

싱거정품 노루발 15종
**9,900원**

## 저자 소개

### 실기 감수 이지은

의상전공
1992년 퀼트 시작
2007년 네모의꿈 공방 창업
현재 네모의꿈(서교동)에서 소품, 의류 수업 공방 운영
소잉창업과정 운영

아기옷&소품(북하우스), 쉽게 따라하는 핸드메이드 생리대(북센스) 공동저자
2016년 YTN 청년 창업 런웨이 출연
2017년, 2018년 한국소잉디자이너협회 회장
다수의 핸드메이드 전시 기획

### 안 별

현) 이음피움 봉제역사관 관장
　베리준오 디자인센터 섬유 상품 책임 연구원
　한양여자대학교 패션디자인학과 외래교수

홍익대학교 대학원 패션디자인 박사
홍익대학교 산업미술대학원 패션디자인 석사
Parsons school of Design (summer course), New York, USA
Ecole de la Chanbre Syndicale de la couture Parisienne(special course), Paris, France

한양대학교 주얼리·패션디자인학과 겸임교수 역임
신성대학교 겸임교수 역임
서경대학교, 원광대학교, 한양여자대학교, 신구대학교, 서울디지털문화대학교 외래교수 역임
국제패션디자인전문학교 강사 역임
디아프(DIAF) 패션디자인전문학교 외래교수
서울시 아리수 상수도사업본부 근무복 심사위원 위촉
서울시 관광협회 심사위원 위촉
사단법인 한국미술협회 강원미술대전 심사위원 위촉
철도경찰복 복제개선 용역 선임연구원

파티온 대표

### 전시
2014 Seoul Modern Art Show, 예술의 전당 한가람 미술관 3F, 서울
2016 초대전 〈A FINE DAY〉, Gallery IANG, 서울,
2018 초대전 〈Where are you from?〉 Gallery IANG, 서울
2018 대한민국명품봉제페스티벌 신진디자이너 패션쇼. 제이그랜하우스, 서울

### 저서
패션드레이핑 기초, 한양대학교 출판부 : 서울

## 김흥진

현) 서울서부여성발전센타 강사
인천여성가족재단 강사
MY TAILOR 대표

동덕여자대학교 패션전문대학원 의상학 박사수료
동덕여자대학교 패션전문대학원 의상학 석사
홍익대학교 조형대학 미술학사
Italia, Milano, Istituto Secoli, Assistente Di Prodotto E Di Processo(여성복 2년 과정)
Italia, Milano, IIstituto Secoli, Modellista Industriale(남성복 주말 2년 과정)
용인송담대학, 청강문화산업대학교, 서울디지털문화대학교, 신한대학교 외래교수 역임
이노패션학원, SD패션디자인전문학교, 라사라패션디자인전문학교, 국제패션디자인전문학교,
사사다패션디자인전문학교 강사 역임
서울남부여성발전센터 강사 역임

고용노동부 직업능력개발훈련교사 3급
한국산업인력공단 컬러리스트기사
한국산업인력공단 패션디자인산업기사
한국산업인력공단 한복기능사
한국산업인력공단 편물기능사
한국산업인력공단 양장기능사 보
한국소잉산업진흥원 소잉디자이너
이레평생교육원 가죽공예 3급

## 저자 소개

**전시**
2004 송미령교수 정년기념 의상전, 동덕여자대학교 디자인연구센터 갤러리, 서울
2005 Korean Beauty, Milleplateaux Gallery, Paris
2006 Korea Young Designer's Fashion Show, Hong Kong

## 김은희

현)사단법인 한국소잉산업진흥원 이사장
현)한국소잉디자이너협회 회장

숙명여자대학교 영어영문학과 졸업
서울 광고아카데미 광고마케팅과정 최우수 수료
미국 University of Illinois 영어학 Top Advanced Class 수료

한국소잉산업진흥원 및 한국소잉디자이너협회 설립
싱거코리아 마케팅 이사

서울시 중구여성새로일하기센터 일자리협력망 위원 위촉
대구시 달구벌여성인력개발센터 일자리협력망 위원 위촉
경기도 수원여성인력개발센터 핸드메이드 공모전 심사위원 위촉
핸드아티코리아 패브릭챌린지 조직위원회 위원 위촉

**논문**
한국패션비즈니스학회 2017 추계학술대회, 논문 및 학술발표
: [국내 소잉교육 현황에 관한 연구: 전문직업군 확립을 위한 소잉디자이너 자격 활성화 방안 모색]

## 참고문헌


강숙녀, 이영숙, 안민영 (2005). 패턴의 원리와 활용. 경춘사.
강순희, 서미아 (2008). 의복의 입체구성. 교문사.
고은주 (2001). 패션정보산업. 경춘사.
공석붕, 소황옥 (2004). 패션소재론. 경춘사.
권형신, 김지혜 (2013). 패션과 색채. 경춘사.
김문영 (2012). 패션상품기획실무. 와이북.
김성련 (2000). 개정3판 피복재료학. 교문사.
김순구, 이미영 (2006). 실무를 위한 디스플레이. 경춘사.
김영옥,이숙녀, 정미애 (2007). 패션재봉틀의 원리와 사용법. 경춘사.
김영자 (1992). 실무를 위한 패션디자인. 경춘사.
김은애 외 7인 (2009). 패션 소재기획과 정보. 교문사.
김인경, 강은란, 윤서용 (2007). 패션디자인 산업기사. 시대고시기획.
김인화 (1996). 기초재봉실기. 한국산업인력공단.
김정규, 박정희 (2008). 패션소재기획. 교문사.
김정숙 외 4인 역 (2011). 여성복 패턴메이킹. 예학사.
김정숙 외 4인 역 (2011). 패턴메이킹의 원리. 예학사.
김정숙, 김용숙, 권수애, 이범우 (2009). 의류제품 생산과 봉제과학. 교학연구사.
김칠순 외 7인 (2005). 패션디자인. 교문사.
김칠순, 오선숙, 홍성순 (2005). 패션마케팅. 한올출판사.
김학문 (2009). 실무 머천다이징 50가지 포인트. 한국체인스토어협회출판부.
김현주 (2010). 패션머천다이징 용어사전. 교학연구사.
민철홍 외 4인 (1994). 디자인사전. 안그라픽스.
박숙현 (2004). 패션디자인론. 예학사
박연선 (2007). COLOR(색채용어사전). 예림.
박치수, 안민영 (2009). 패션도식화. 경춘사.
박혜선 (2007). 패션마케팅과 머천다이징. 학문사.
박혜원 외 4인 (2006). 현대패션디자인. 교문사.
사공수연 외 5인 (2010). 패션 샵매니저. 시대고시기획.
사공수연, 강수경 (2007). 패션 비주얼 머천다이저(VMD). 시대고시기획.
사공수연, 이영주, 임현경 (2011). 패션 머천다이징의 모든것. 시대고시기획.
서지혜, 조오현 (2004). 양장기능사 총론. 라사라패션정보.
소잉스토리 (2011). 소잉 부자재 가이드 BOOK. 코하스.
손미영 외 4인 (2008). 고객을 사로잡는 패션 MD 성공전략. 한국방송통신대학교출판부.
손미영 외 4인 (2013). 패션리테일링과 머천다이징.한국방송통신대학교출판부.
손미영, 이은영, 이윤정 (2007). 패션마케팅. 한국방송통신대학교출판부.
손희순 외 4인 (2009). 컴퓨터패션디자인 운용마스터. 교학연구사.
송화순, 김인영, 김혜림 (2012). 텍스타일. 교문사.
심낙훈 (2006). 디스플레이 마케팅. 국제.
심낙훈 (2007). 비주얼머천다이징 & 디스플레이. 우용출판사.
심미숙, 김병희 (2006). 개정판 패션섬유소재. 교학연구사.
안광호, 황선진, 정찬진 (2005). 패션마케팅. 수학사.
안병기 (2004). 피복재료학. 경춘사.
안병기 (2006). 패션 트렌드정보 기획론. 경춘사.
엄소희, 장윤이 (2015). 패션상품디자인기획. 교문사.
엄소희, 유진경 (2008). 패션디자인을 위한 포트폴리오. 예림.
오선희 (1997). 봉제과학. 예학사유동근 (2010). 통합마케팅. 한경사.
유재정, 김병희 (2009). 소재기획을 위한 의류소재. 경춘사.
유지선 (2009). 어패럴 생산 시스템. 교학연구사.

유지선, 이호정 (2008). 패션비즈니스 시스템론. 교학연구사.
유진경, 홍인숙 (2012). 패션 마켓리서치와 마케팅. 경춘사.
윤민희 (2008). 새로운 조형예술의 이해. 예경.
이경희, 이은경 (2017). 뉴패션디자인플러스발상. 교문사.
이금희 (2006). Flat Drawing. Vol. 1/3. 경춘사.
이규혜, 이유리, 이윤정 (2012). 패션바잉과 머천다이징. 시그마프레스.
이미연, 임지완 (2008). 실무 도식디자인 북. 교학연구사.
이민경, 김현주 (2006). 패션머천다이징 용어사전. 경춘사.
이부련 (2002). 패션마케팅. 형설출판사.
이승희 외 3인 옮김 (2008). 패션리테일링. 시그마프레스.
이승희, 김미숙, 황진숙 옮김 (2006). 패션과 소비자행동. 시그마프레스.
이영주 (1996). VMD에 따른 패션디스플레이. 미진사.
이은경 외 5인 (2008). 샵마스터. 교학연구사.
이은영 (1997). 패션마케팅. 교문사.
이은영 (2003). 복식디자인론. 교문사.
이은영, 정인희 (2004). 의류학 연구 방법론. 교문사.
이전숙 (2012). 패션섬유소재. 교학연구사.
이형숙 외 2인 (2003). 스포츠웨어 생산. 교학연구사.
이형숙, 남윤자 (2001). 여성복구성. 교학연구사.
이호정 (1997). 패션비즈니스사전. 교학연구사.
이호정 (1999). 패션디자인. 교학연구사.
이호정 (2002). 패션머천다이징. 교학연구사.
이호정 (2010). 패션비즈니스 시스템론. 교학연구사.
이호정, 강경영 (2006). 패션리테일링. 교문사.
이호정, 강동균, 김경아 (2013). 새로운 의류상품학. 와이북.
이호정, 김문영 (2008). 패션산업과 정보. 교학연구사.
이호정, 여은아 (2007). 패션유통. 교학연구사.
이호정, 정송향 (2012). 패션머천다이징 실제. 교학연구사.
임영균, 안광호, 김상용 (2010). 고객지향적 유통관리. 학현사.
임원자 (2003). 의복구성학: 설계 및 봉제. 교문사
장은영 (2011). 패션유통과 마케팅. 교학연구사.
정상길 (2006). 마케팅 중심 시각의 패션시장조사. 패션비즈.
정상길 (2013). 통합된 패션머천다이징 1, 2권. 커뮤니케이션북스
정인희 (2011). 패션시장을 지배하라. 시공아트.
정인희 외 7인 (2010). 패션상품의 인터넷마케팅. 교문사.
조복희 (2004). 생활과학 연구방법론. 교문사.
채서일 (1998). 마케팅. 학현사.
천종숙 (2005). 의류상품학. 교문사.
최경미, 이준옥, 이형숙, 남윤자 (2007). 스커트, 팬츠. 교학연구사.
최경미, 이준옥, 이형숙, 남윤자 (2009). 여성복 재킷. 교학연구사.
최선영 외 3인 (2005). 21세기 패션마케팅. 창지사.
최인려, 방혜경, 정은주, 안현숙, 김월순 (2007). 패션소재와 봉제. 교문사.
한국색채연구소 (2011). 컬러리스트. 지구문화사
한성지, 김이영 (2014). 패션디자인. 교학연구사.
한성지, 홍인숙 (2008). 패션상품디자인. 교학연구사.
홍병숙 (1998). 패션상품과 소비자행동. 수학사.
홍인숙, 유진경 (2015). 패션머천다이징 산업기사. 경춘사.
Leslie Davis Burns, Nancy O. Bryant, 이선재 역 (2000). 패션비즈니스. 학문사.
CODE COLLECTIONS 21, 22, 23, 24, 예림.